Typen internationalen Wachstums von Unternehmen –
eine kontingenztheoretische Analyse

Stephan Schulze

Typen internationalen Wachstums von Unternehmen –
eine kontingenztheoretische Analyse

Bibliografische Information der Deutschen Nationalbibliothek

Die Deutsche Nationalbibliothek verzeichnet diese Publikation in der Deutschen Nationalbibliografie; detaillierte bibliografische Daten sind im Internet über http://dnb.d-nb.de abrufbar.

1. Aufl. - Göttingen : Cuvillier, 2013

978-3-95404-398-9

Dissertation, ESCP Europe Wirtschaftshochschule Berlin, 2012.
Titel: Typen internationalen Wachstums von Unternehmen –
eine kontingenztheoretische Analyse

© CUVILLIER VERLAG, Göttingen 2013

Nonnenstieg 8, 37075 Göttingen

Telefon: 0551-54724-0

Telefax: 0551-54724-21

www.cuvillier.de

Alle Rechte vorbehalten. Ohne ausdrückliche Genehmigung des Verlages ist es nicht gestattet, das Buch oder Teile daraus auf fotomechanischem Weg (Fotokopie, Mikrokopie) zu vervielfältigen.

1. Auflage, 2013

Gedruckt auf säurefreiem Papier

978-3-95404-398-9

Inhaltsverzeichnis

Inhaltsverzeichnis I

Abbildungsverzeichnis VIII

Abkürzungsverzeichnis XI

Symbolverzeichnis XIII

1 Einführung   1

1.1 Problemstellung und Relevanz des Themas 1
1.2 Theoretische Ansatzpunkte und Forschungsbedarf 8
    1.2.1 Umfang der bisherigen Forschung 8
    1.2.2 Ansatzpunkte in der Wachstumsforschung 11
    1.2.3 Ansatzpunkte in der Internationalisierungsforschung 14
    1.2.4 Forschungsbedarf 17
1.3 Begriffliche Einordnung 18
1.4 Vorgehen und Struktur der Arbeit 23

2 Überblick über das für das internationale Wachstum relevante Forschungsfeld 29

2.1 Die Wachstumsforschung 29
   2.1.1 Richtungen des Unternehmenswachstums 30
   2.1.2 Kontextfaktoren des Unternehmenswachstums 34
      2.1.2.1 Überblick über bestehende Arbeiten 34
      2.1.2.2 Externe Faktoren 39
      2.1.2.3 Interne Faktoren 41
      2.1.2.4 Demografische Faktoren 44

2.2 Die Internationalisierungsforschung 46
   2.2.1 Dynamik der Internationalisierung 47
   2.2.2 Kontextfaktoren der Internationalisierung 51
      2.2.2.1 Überblick über bestehende Arbeiten 52
      2.2.2.2 Externe Faktoren 56
      2.2.2.3 Interne Faktoren 59
      2.2.2.4 Demografische Faktoren 61

2.3 Verknüpfung von Internationalisierungs- und Wachstumsforschung 63

2.4 Fazit 68

3 Das theoretische Modell 73

3.1 Bestimmungsfaktoren des internationalen Wachstums 73
   3.1.1 Statische Faktoren 74
      3.1.1.1 Statische Faktoren zur Bestimmung des Wachstums 74
      3.1.1.2 Statische Faktoren zur Bestimmung der Internationalisierung .. 77
      3.1.1.3 Statische Faktoren zur Bestimmung des internationalen Wachstums 80
   3.1.2 Dynamische Faktoren 83
      3.1.2.1 Überblick 83
      3.1.2.2 Dynamische Faktoren des internationalen Wachstums 84
   3.1.3 Synthese: Bestimmungsfaktoren des internationalen Wachstums 89

3.2 Kontextfaktoren des internationalen Wachstums 93
   3.2.1 Eignung des Industrial-Organization-Ansatzes als Denkgerüst zur Erklärung des Unternehmenswachstums 94
      3.2.1.1 Die Branchenkräfte und das Unternehmenswachstum 95
      3.2.1.2 Die Unternehmensstrategie und das Unternehmenswachstum 96
      3.2.1.3 Der Unternehmenserfolg und das Unternehmenswachstum 99
      3.2.1.4 Kritische Würdigung der IO-Ansätze 101
   3.2.2 Auswahl eines geeigneten Erklärungsmodells 102
      3.2.2.1 Überblick über verschiedene Erklärungsmodelle 103
      3.2.2.2 Auswahl eines geeigneten Erklärungsmodells 111
   3.2.3 Beschreibung des IR-Modells 115
      3.2.3.1 Allgemeiner Aufbau des Modells 115
      3.2.3.2 Rahmendimensionen – Systematisierung externer Faktoren .. 120
      3.2.3.3 Zelldimensionen – Systematisierung von Gestaltungsparametern 126
   3.2.4 Kritische Würdigung des IR-Modells 136

3.3 Zusammenführung von Kontext- und Bestimmungsfaktoren 139
   3.3.1 Der internationale Wachstumstyp 140
   3.3.2 Der multinationale Wachstumstyp 144
   3.3.3 Der globale Wachstumstyp 146
   3.3.4 Der gemischte Wachstumstyp 149

4 Das empirische Vorgehen 155

4.1 Entwicklung eines empirischen Gesamtkonzepts 155
    4.1.1 Anforderungen an das empirische Gesamtkonzept 155
    4.1.2 Überblick und Bewertung verschiedener empirischer Verfahren 157
        4.1.2.1 Die Clusteranalyse 158
        4.1.2.2 Die Multidimensionale Skalierung (MDS) 159
        4.1.2.3 Die Regressionsanalyse 160
        4.1.2.4 Die Diskriminanzanalyse 161
    4.1.3 Einordnung des empirischen Verfahrens in ein analytisches Gesamtkonzept 161

4.2 Datenbeschaffung und Datenaufbereitung 163
    4.2.1 Bewertung und Auswahl möglicher Datenquellen 163
    4.2.2 Beschreibung der Datenbasis 164
    4.2.3 Aufbereitung der Rohdaten 166

4.3 Operationalisierung der Merkmale des internationalen Wachstums 168
    4.3.1 Die Wachstumsrate 168
    4.3.2 Die Wachstumsstärke 171
    4.3.3 Die Faktorkorrelation 172
    4.3.4 Der Faktorverlauf 174

4.4 Vorgehen bei der Datenauswertung 177
    4.4.1 Phase I – Die clusteranalytische Lösung 178
        4.4.1.1 Vorgehen bei der clusteranalytischen Lösung 178
        4.4.1.2 Auswahl der Variablen und Objekte 180
        4.4.1.3 Auswahl eines geeigneten Distanzmaßes 182
        4.4.1.4 Festlegung des Clusteralgorithmus 189
        4.4.1.5 Transformation der Variablen 195
        4.4.1.6 Durchführung der Clusteranalyse 197
        4.4.1.7 Bestimmung der Clusteranzahl 197
        4.4.1.8 Modellprüfung der Clusterlösung 200
    4.4.2 Phase II – Die inhaltliche Interpretation der Clusterlösung 205
        4.4.2.1 Vorgehen bei der inhaltlichen Interpretation 205
        4.4.2.2 Test auf Signifikanz der Gruppenunterschiede 207
        4.4.2.3 Vergleich von Richtung und Ausmaß der Gruppenunterschiede 208

5 Empirische Ergebnisse 209

5.1 Deskriptive Auswertung der Datenbasis 209
5.1.1 Allgemeiner Überblick über die Datenbasis 210
5.1.2 Deskriptive Auswertung der Bestimmungsfaktoren 212
5.1.2.1 Die Wachstumsrate 212
5.1.2.2 Die Wachstumsstärke 214
5.1.2.3 Die Faktorkorrelation 217
5.1.2.4 Der Faktorverlauf 218
5.1.3 Deskriptive Auswertung der externen Kontextfaktoren 219
5.1.3.1 Kernbranche der Unternehmen 220
5.1.3.2 Unternehmenssitz 224

5.2 Entwicklung der clusteranalytischen Lösung 226
5.2.1 Auswahl der Variablen und Objekte 226
5.2.2 Bestimmung der Clusteranzahl 228
5.2.3 Modellprüfung der Clusterlösung 229
5.2.4 Ergebnisse der Clusteranalyse 232

5.3 Inhaltliche Interpretation der Clusterlösung 236
5.3.1 Test auf Signifikanz der Gruppenunterschiede 236
5.3.1.1 Überblick über relevante Variablen zur Trennung der Cluster .237
5.3.1.2 Beitrag der Wachstumsrate zur Trennung der Cluster 238
5.3.1.3 Beitrag der Wachstumsstärke zur Trennung der Cluster 240
5.3.1.4 Beitrag der Faktorkorrelation zur Trennung der Cluster 242
5.3.1.5 Beitrag des Faktorverlaufs zur Trennung der Cluster 243
5.3.2 Vergleich von Richtung und Ausmaß der Gruppenunterschiede 244
5.3.2.1 Der internationale Wachstumstyp 245
5.3.2.2 Der multinationale Wachstumstyp 247
5.3.2.3 Der global gemischte Wachstumstyp 249
5.3.2.4 Die auslandfokussierten vermögensintensiven Unternehmen .251

5.4 Zusammenfassung und Bewertung der empirischen Ergebnisse 253
5.4.1 Existenz von Typen des internationalen Wachstums 253
5.4.2 Einfluss der Branchenfaktoren auf das internationale Wachstum 257
5.4.3 Kritische Bewertung der Ergebnisse 261

6 Diskussion der Ergebnisse 263

6.1 Zusammenfassung der Ergebnisse 263

6.2 Implikationen für die Literatur zum internationalen Management 265

    6.2.1 Beitrag zu den dynamischen Ansätzen der Internationalisierung 266

    6.2.2 Konzeptionelle Erweiterung der IO-Ansätze 268

    6.2.3 Methodik zur Bestimmung des internationalen Wachstums 269

6.3 Implikationen für die Unternehmensführung 271

6.4 Einschränkungen der vorliegenden Arbeit 273

    6.4.1 Einschränkungen hinsichtlich des Umfangs der Untersuchung 273

    6.4.2 Methodische Einschränkungen 275

    6.4.3 Konzeptionelle Einschränkungen 277

6.5 Ausblick 277

Anhang 279

Quellenverzeichnis 325

Abbildungsverzeichnis

Abb. 1: Vergleich der Umsatzentwicklung von British Petroleum und Microsoft. 3

Abb. 2: Verschiedene Wachstumsgrößen von British Petroleum im Vergleich. 5

Abb. 3: Umsatzwachstum bei Automobilherstellern und bei Mineralölunternehmen. 7

Abb. 4: Übersicht der Artikel zu den Themen Internationalisierung und Wachstum nach Zeitschriften. 10

Abb. 5: Richtungen des Wachstums – Überblick über wichtige Ansätze. 33

Abb. 6: Überblick über Kontextfaktoren des Wachstums. 39

Abb. 7: Theorien und Ansätze der Internationalisierung. 51

Abb. 8: Überblick über Kontextfaktoren der Internationalisierung (Formen der Markteintritts- und Marktbearbeitungsstrategien). 56

Abb. 9: Empirische Untersuchungen zum Zusammenhang von Internationalisierung und Erfolg. 67

Abb. 10: Systematisierung der Faktoren zur Bestimmung der Unternehmensgröße. 75

Abb. 11: Systematisierung der Faktoren zur Bestimmung der Internationalisierung. 78

Abb. 12: Dynamische Bestimmungsfaktoren des internationalen Wachstums. 88

Abb. 13: Bestimmungsfaktoren des internationalen Wachstums. 93

Abb. 14: Überblick über IO-Ansätze mit Bezug zum internationalen Management. 103

Abb. 15: Vergleichender Überblick über internationale Modelle des IO-Ansatzes. 107

Abb. 16: Strategien im Spannungsfeld zwischen Koordination und Konfiguration. 108

Abb. 17: Kooperationsstrategien in Abhängigkeit von Produktstandardisierung und Kundenerfahrung/-einfluss. 111

Abb. 18: Vergleichender Überblick über internationale Modelle des IO-Ansatzes. 112

Abb. 19:	Grundschema matrixgestützter Kontingenzansätze.	117
Abb. 20:	Übersicht über matrixgestützte Kontingenzansätze.	120
Abb. 21:	Berücksichtigte Faktoren zur Bestimmung der Rahmendimensionen im IR-Schema.	122
Abb. 22:	Einordnung der Branchen im IR-Schema.	125
Abb. 23:	Reaktion von Unternehmen auf die in einer Branche wirkenden Kräfte.	128
Abb. 24:	Unternehmenstypologien im Spannungsfeld zwischen Integration und Differenzierung – Versuch der Parallelisierung.	131
Abb. 25:	Charakteristika des internationalen Strategietyps.	133
Abb. 26:	Charakteristika des multinationalen Strategietyps.	134
Abb. 27:	Charakteristika des globalen Strategietyps (globale Rationalisierung).	135
Abb. 28:	Charakteristika des Mischstrategietyps.	136
Abb. 29:	Vermutetes internationales Wachstumsprofil des internationalen Unternehmenstyps.	143
Abb. 30:	Vermutetes internationales Wachstumsprofil des multinationalen Unternehmenstyps.	146
Abb. 31:	Vermutetes internationales Wachstumsprofil des globalen Unternehmenstyps.	149
Abb. 32:	Vermutetes internationales Wachstumsprofil des gemischten Unternehmenstyps.	152
Abb. 33:	UNCTAD-Liste der 100 weltweit größten Unternehmen – Beschreibung der Datenfelder.	165
Abb. 34:	Beispiel für homogene und heterogene Wachstumsverläufe.	176
Abb. 35:	Überblick über häufig verwendete Distanzmaße.	184
Abb. 36:	Beispiel für ähnliche und unähnliche Merkmalsprofile.	185
Abb. 37:	Beschreibung der Unähnlichkeitsmaße für metrische Variablen.	187
Abb. 38:	Übersicht über häufig verwendete Clusteralgorithmen.	190
Abb. 39:	Beschreibung der hierarchisch-agglomerativen Clusterverfahren.	194
Abb. 40:	Durchschnittliche Wachstumsrate aller betrachteten Unternehmen.	213
Abb. 41:	Durchschnittliche Wachstumsstärke aller betrachteten Unternehmen.	214

Abb. 42:	Verteilung der Unternehmen entsprechend ihrer Wachstumsstärke.	216
Abb. 43:	Korrelationen zwischen den Wachstumsindikatoren.	218
Abb. 44:	Konzentration der Wachstumsindikatoren.	219
Abb. 45:	Verteilung der Wachstumsraten nach Kernbranchen.	221
Abb. 46:	Verteilung der Wachstumsstärke nach Branchen.	223
Abb. 47:	Verteilung der Wachstumsraten nach Regionen/Ländern.	225
Abb. 48:	Clusterzuordnung der Unternehmen.	233
Abb. 49:	Mittelwertvergleich der Wachstumsmerkmale in den einzelnen Clustern.	235
Abb. 50:	Verteilung der Wachstumsraten nach Clustern.	239
Abb. 51:	Verteilung der Wachstumsstärke nach Clustern.	241
Abb. 52:	Vergleich der Wachstumsprofile des internationalen Wachstumstyps und der wenig wachsenden inlandbezogenen Unternehmen.	247
Abb. 53:	Vergleich der Wachstumsprofile des multinationalen Wachstumstyps und der in- und auslandfokussierten Unternehmen.	249
Abb. 54:	Vergleich der Wachstumsprofile des global gemischten Wachstumstyps und der stark wachsenden Netzwerkunternehmen.	250
Abb. 55:	Vergleich der Wachstumsprofile des global gemischten Wachstumstyps und der auslandorientierten vermögensintensiven Unternehmen.	253
Abb. 56:	Überblick über die Wachstumstypen und deren Wachstumsmerkmale.	256
Abb. 57:	Verknüpfung von Branchenkräften und Wachstumstypen im IR-Schema.	259

Abkürzungsverzeichnis

ANOVA	Analysis of Variance
Aufl.	Auflage
BP	British Petroleum
bzw.	beziehungsweise
CAGR	Compound Annual Growth Rate
CIR	Cost Income Ratio
etc.	et cetera
FATA	Foreign Assets to Total Assets
FC	Foreign Countries
FCMC	Foreign Countries to Maximum Countries in Sample
FETE	Foreign Employees to Total Employees
FOMO	Foreign Offices to Maximum Offices in Sample
FOTO	Foreign Offices to Total Offices
FPTP	Foreign Production to Total Production
FS	Foreign Sales
FSTS	Foreign Sales to Total Sales
ggf.	gegebenenfalls
IO-Ansätze	Industrial-Organization-Ansätze
IR-Modell	Integration-/Responsiveness-Modell
KMU	Kleine und mittlere Unternehmen
MDS	Multidimensionale Skalierung
Mrd.	Milliarde
NAICS	North American Industry Classification System
p. a.	per annum
ROA	Return on Assets
ROE	Return on Equity
ROS	Return on Sales
STD	Standardabweichung

TNC	Transnational Corporation
u. a.	unter anderem
UNCTAD	United Nations Conference on Trade and Development
vs.	versus
z. B.	zum Beispiel

Symbolverzeichnis

n	Anzahl betrachteter Perioden
K	Anzahl der Cluster
I	Anzahl der Merkmale
G	Anzahl der Objekte
X	Ausprägung eines Merkmalswertes
k	Index für die Cluster
i	Index für die Merkmale
g	Index für die Objekte
t	Periodenindex
S	Standardabweichung
SQ	Streuungsquadratsumme
$\overline{U\ddot{A}}^{in}$	Unähnlichkeit in den Clustern
$\overline{U\ddot{A}}^{zw}$	Unähnlichkeit zwischen den Clustern
Var	Variationskoeffizient
V	Verschmelzungsniveau
W	Wachstumsrate
WS	Wachstumsstärke

1 Einführung

Ziel dieser Einführung ist es, die Problemstellung zu erläutern und die konkreten Forschungsfragen festzulegen. Dazu werden im Abschnitt 1.1 die Problemstellung und Relevanz des Themas für das Unternehmensmanagement anhand von realen Unternehmensbeispielen verdeutlicht. Auf dieser Basis werden die zwei Forschungsfragen, die in dieser Arbeit behandelt werden sollen, abgeleitet. Anschließend wird dargestellt, welches Vorwissen über das internationale Unternehmenswachstum in der bisherigen wissenschaftlichen Forschung existiert und welche Lücken in der bisherigen Forschung bestehen. Ziel ist es, die Lücken mit dieser Arbeit zu schließen (Abschnitt 1.2). Nach der Erläuterung des Forschungsbedarfs wird das internationale Wachstum als begrifflicher Kern der Arbeit definiert (Abschnitt 1.3). Zum Abschluss des ersten Kapitels wird die Struktur und Logik der Arbeit erläutert (Abschnitt 1.4).

1.1 Problemstellung und Relevanz des Themas

Wachstum zählt zu den wichtigsten Kriterien bei der Bewertung der Leistungsfähigkeit von Unternehmen. Insofern haben die Wachstumsentwicklung und die Wachstumserwartungen einzelner Unternehmen erheblichen Einfluss auf die Kursentwicklung börsennotierter Unternehmen.[1] Es ist daher nicht verwunderlich, dass das Wachstum zu einem der wichtigsten Ziele von Unternehmen und insbesondere deren Management gehört.[2]

Die Bedeutsamkeit des Wachstums für Unternehmen leitet sich jedoch nicht ausschließlich aus der Entwicklung der Börsenkurse ab, sondern basiert auf handfesten betriebswirtschaftlichen Notwendigkeiten. Nach Canals (2000) ist hohes Wachstum u. a. erforderlich, um talentierte Mitarbeiter zu gewinnen, Kapital anzuziehen, langfristige Profitabilität zu sichern und Substitutionsrisiken zu begegnen.[3] Obschon dies

---

[1] Vgl. Geroski et al. (1997), S. 183–185 und Canals (2000), S. 2–3.
[2] Vgl. z. B. Canals (2000), S. 2–3 und Kortzfleisch/Zahn (1988), S. 436–437.
[3] Für eine ausführliche Erläuterung der Bedeutung des Unternehmenswachstums vgl. Canals (2000), S. 12–18.

keine umfassende Aufzählung der Gründe ist, wird die Bedeutung des Wachstums dennoch deutlich.[4]

Für Unternehmen stellt sich in diesem Zusammenhang die Frage nach den Möglichkeiten des Wachstums. Grundsätzlich haben Unternehmen die Option, den bestehenden Markt stärker zu durchdringen; ferner können sie neue Produkte entwickeln, neue geografische Märkte erschließen, die Aktivitäten entlang der Wertschöpfungskette ausdehnen oder in völlig neue Geschäftsfelder diversifizieren.[5] Eine Wachstumsoption, die gerade in jüngster Zeit wichtiger wird, ist die Ausdehnung der Unternehmensaktivitäten auf neue geografische Märkte. Diese Entwicklung wird an einigen Zahlen deutlich: Der Anteil des Welthandels am Weltsozialprodukt hat sich während der letzten 60 Jahre mehr als verdoppelt. Dies gilt ebenso für den Anteil der Direktinvestitionen am Weltsozialprodukt.[6] Auch für die Unternehmen hat die Bedeutung des Auslandes deutlich zugenommen, so stieg z. B. auch der Auslandsanteil des Umsatzes der 100 Unternehmen mit dem größten Vermögen im Ausland zwischen 1990 und 2005 von 56 auf 64 Prozent.[7]

Dass Unternehmen verstärkt auf die internationale Wachstumsoption setzen, heißt jedoch nicht, dass es keine Unterschiede in der Art und Weise des Wachstums im Ausland gibt. Einige dieser Unterschiede werden durch die Gegenüberstellung der Umsatzentwicklung des amerikanischen Softwareunternehmens Microsoft und des britischen Mineralölkonzerns British Petroleum (BP) in Abb. 1 veranschaulicht.

---

[4] Einige Autoren gehen selbst so weit, dass sie das Wachstum zu der wichtigsten Zielgröße eines Unternehmens erheben. Sie gehen davon aus, dass es Unternehmen nur gelingt, langfristig zu wachsen, wenn das Wachstum auch profitabel erfolgt, da sich sonst kein rational handelnder Investor bereiterklären würde, weiteres Kapital in das Wachstum eines Unternehmens zu investieren (vgl. Penrose (1959), S. 29–30).
[5] Vgl. Ansoff (1958), S. 402–403. Die Formen des organischen und anorganischen Wachstums werden hier nicht als originäre Wachstumsmöglichkeiten betrachtet. Sie bilden vielmehr Unterkategorien zur Umsetzung der Wachstumsmöglichkeiten.
[6] Vgl. Kutschker/Schmid (2006), S. 44 und 104. Direktinvestitionen entsprechen den Direktinvestitionszuflüssen.
[7] Vgl. UNCTAD (2010a).

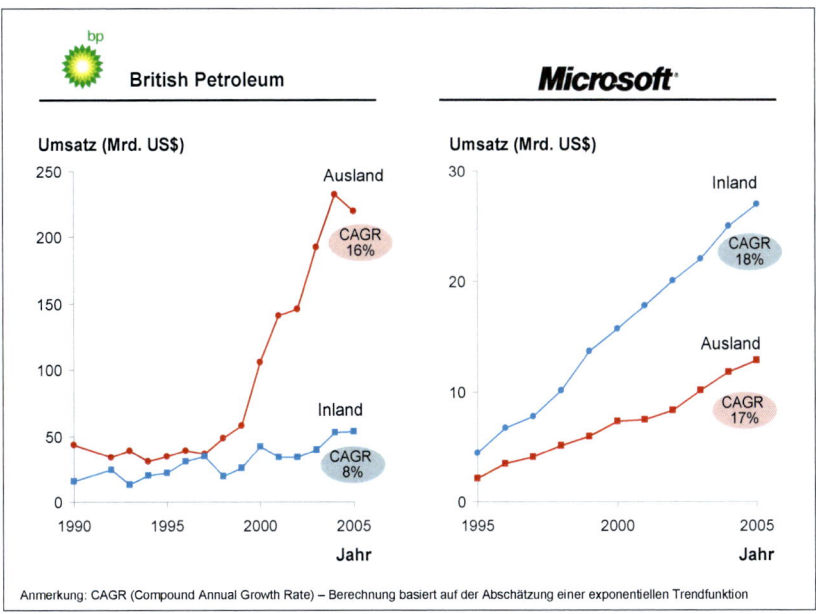

Abb. 1: Vergleich der Umsatzentwicklung von British Petroleum und Microsoft.
Quelle: Daten aus UNCTADs jährlicher Veröffentlichung der Top 100 non-financial TNCs und Unternehmensinformationen.

Zunächst fällt auf, dass für Microsoft das Inlandsgeschäft eine deutlich größere Bedeutung hat als für BP, was u. a. auf die Größenunterschiede der Heimatmärkte beider Unternehmen zurückzuführen ist. Die unterschiedliche Größe der Heimatmärkte bedingt Unterschiede in der absoluten Wachstumsentwicklung – sie hat aber nur begrenzt Auswirkungen auf die relativen Wachstumsraten. Interessant ist daher der Vergleich der relativen Wachstumsentwicklung: Während BP im Ausland annähernd doppelt so schnell wächst (CAGR 16 Prozent) wie im Inland (CAGR acht Prozent), ist dieses Verhältnis im Falle Microsofts nahezu ausgeglichen (CAGR-Inland 18 Prozent vs. CAGR-Ausland 17 Prozent). Außerdem wird beim Vergleich der Umsatzentwicklung deutlich, dass sich das ausländische Wachstum bei BP auf wenige Jahre konzentriert, während es sich bei Microsoft relativ gleichmäßig auf mehrere Jahre verteilt. Die Ursache liegt wahrscheinlich darin begründet, dass die Mineralölbranche stärker als die Softwarebranche durch akquisitorisches Wachstum geprägt ist. Des Weiteren fällt auf, dass die Wachstumsverläufe im In- und Ausland bei Microsoft deutlich synchroner verlaufen als bei BP.[8] Ein Grund dafür könnte sein, dass sich die Softwarebranche in unterschiedlichen Regionen in zeitlicher Hinsicht homogener als die Mineralölindustrie entwickelt.[9]

Die Art und Weise des Wachstums im Ausland lässt sich aber nicht nur durch die Beschreibung der Umsatzentwicklung charakterisieren. Daneben gibt es noch weitere Größen und Merkmale, die das internationale Wachstum charakterisieren. Welche Größen und Merkmale dies sind, soll am Beispiel von BP in Abb. 2 erläutert werden.

Neben der Umsatzentwicklung kann das Wachstum von Unternehmen auch anhand der Mitarbeiterzahl- und Vermögensentwicklung beschrieben werden. Wie in Abb. 2 deutlich wird, können sich diese Größen durchaus unterschiedlich entwickeln. So weicht die Entwicklung der Anzahl der Mitarbeiter sowohl im Hinblick auf den Verlauf als auch auf die durchschnittliche Wachstumsrate deutlich von der Umsatz- oder Vermögensentwicklung ab. Die Ursachen dafür können z. B. in der hohen Kapitalintensität einer Branche liegen. Dies bedeutet, dass eine Steigerung des Absatzes allein durch einen erhöhten technischen Aufwand ohne zusätzlichen Einsatz von Mitarbeitern möglich wäre. Für diese Annahme spricht zunächst auch der relativ synchrone Verlauf zwischen Umsatz und Vermögen. Auf der anderen Seite scheint die Anzahl der Mitarbeiter nur einen sehr begrenzten Einfluss auf die Entwicklung des Umsatzes zu haben.

---

[8] Unter Synchronisation wird in dieser Arbeit der zeitliche Abgleich zwischen verschiedenen Aktivitäten verstanden. Bei einem synchronen Verlauf ist das Umsatzverhältnis zwischen Inland und Ausland immer konstant. Eine ausführliche Erläuterung erfolgt im Abschnitt 3.1.3.

[9] Mit der Homogenität wird der zeitliche Verlauf einer Aktivität beschrieben. Verlaufen Aktivitäten homogen, handelt es sich um wiederkehrende Routineabläufe; ist deren Verlauf heterogen, handelt es sich um seltene Großereignisse. Eine ausführliche Erläuterung erfolgt im Abschnitt 3.1.3.

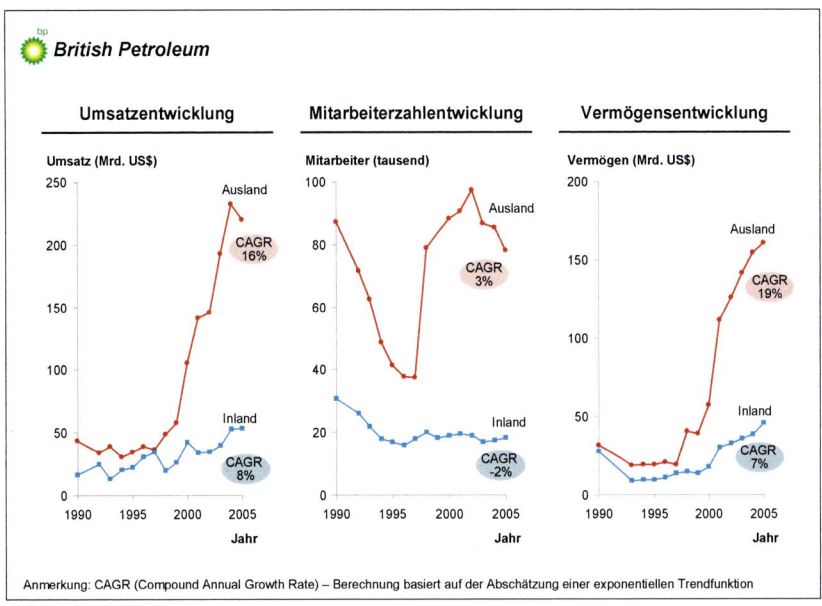

Abb. 2: Verschiedene Wachstumsgrößen von British Petroleum im Vergleich.
Quelle: Daten aus UNCTADs jährlicher Veröffentlichung der Top 100 non-financial TNCs.

An dieser Stelle wird deutlich, dass sich das Wachstum von Unternehmen nicht durch eine Größe oder ein Merkmal beschreiben lässt. Es gibt vielmehr verschiedene Größen (Indikatoren), wie die Umsatz-, Vermögens- und Mitarbeiterentwicklung, durch die sich das Wachstum manifestiert. Zudem können diese Größen durch unterschiedliche Merkmale wie z. B. die durchschnittliche Wachstumsrate, die Homogenität des Verlaufs, die Synchronisation zwischen den Größen oder die Verhältnisse der Wachstumsraten beschrieben werden.

Ausgehend von den beschriebenen Beispielen werden insbesondere zwei Punkte deutlich:

- Unternehmen wachsen und entwickeln sich unterschiedlich und
- das Wachstum wird durch unterschiedliche Größen und Merkmale charakterisiert.

Vor diesem Hintergrund stellt sich die Frage, ob für jedes Unternehmen das Wachstum durch völlig individuelle Kombinationen von Merkmalsausprägungen charakterisiert wird oder ob bestimmte Kombinationen häufiger auftreten. Inwieweit solche typischen Kombinationen von Merkmalsausprägungen tatsächlich existieren, soll im Rahmen der ersten Forschungsfrage untersucht werden, die lautet:

Welche Typen – Kombinationen von Merkmalsausprägungen – des internationalen Wachstums gibt es?

Sicherlich existiert eine Vielzahl von Faktoren, die möglicherweise Einfluss auf das Vorhandensein bestimmter Typen des internationalen Wachstums haben, wie z. B. die Charakteristika des Herkunftslandes, die Spezifika einer Branche oder bestimmte Fähigkeiten von Unternehmen. Da es nicht möglich sein wird, simultan den Einfluss aller Faktoren auf das internationale Wachstum zu untersuchen, ist es nötig, die oder den relevantesten Faktor(en) zu fokussieren. Ein Faktor, der möglicherweise einen solchen Einfluss hat, ist die Branche. In Abb. 3 ist die Analyse der Wachstumsentwicklung zweier Branchen dargestellt.

Beim Vergleich der Wachstumsverläufe von Unternehmen der Mineralölbranche und der Automobilindustrie in Abb. 3 fällt auf, dass die Wachstumsverläufe der Unternehmen innerhalb einer Branche einander ähnlicher sind als zwischen den Branchen. So ist das ausländische Wachstum der Mineralölunternehmen im Durchschnitt circa doppelt so hoch wie im Automobilbereich. Ein Blick auf die Verteilung des Wachstums zwischen In- und Ausland zeigt, dass das Ausland für die Automobilhersteller die deutlich größere Bedeutung hat. Da der Umsatz in den Heimatmärkten nahezu stagniert, findet das Wachstum in dieser Branche fast nur im Ausland statt. Im Gegensatz dazu verfügt die Mineralölbranche mit einem durchschnittlichen Wachstum von acht Prozent (CAGR) auch über einen wachsenden Inlandsmarkt. Auch beim Wachstumsverlauf gibt es Unterschiede zwischen den Branchen. Während sich das Wachstum bei den Automobilherstellern relativ gleichmäßig auf die Jahre verteilt, konzentriert sich das Wachstum bei den Mineralölfirmen hingegen stärker auf einzelne Jahre.

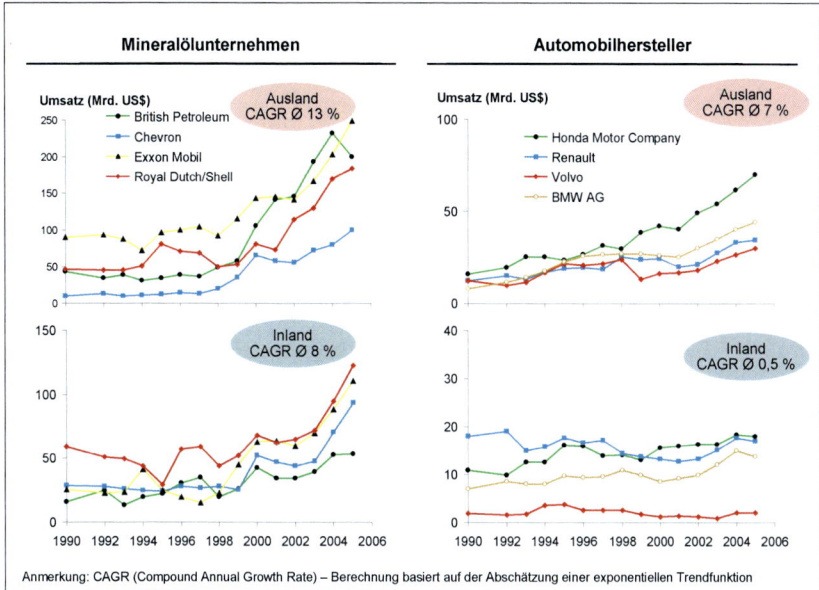

Abb. 3: Umsatzwachstum bei Automobilherstellern und bei Mineralölunternehmen.
Quelle: Daten aus UNCTADs jährlicher Veröffentlichung der Top 100 non-financial TNCs.

An diesen einführenden Betrachtungen wird deutlich, dass die Branche möglicherweise Einfluss auf das Auftreten bestimmter Typen des internationalen Wachstums hat. Die genaue Überprüfung dieser ersten Thesen bildet den Kern der zweiten Forschungsfrage, die lautet:

Haben die Merkmale einer Branche Einfluss auf die Typen des internationalen Wachstums?

In diesem Abschnitt werden die Bedeutung des Wachstums für Unternehmen und insbesondere die internationale Perspektive des Wachstums anhand praktischer Beispiele beleuchtet. Um diese Perspektive besser nachvollziehen zu können, sollen die beiden oben gestellten Forschungsfragen im Rahmen dieser Arbeit beantwortet werden. Die Frage, inwieweit es bereits theoretische Anknüpfungspunkte für die

Fragestellungen gibt und welcher Forschungsbedarf besteht, bildet den Schwerpunkt des folgenden Abschnitts.

1.2 Theoretische Ansatzpunkte und Forschungsbedarf

In diesem Abschnitt soll der Frage nachgegangen werden, welches Vorwissen über das internationale Unternehmenswachstum in der wissenschaftlichen Literatur existiert und wo Lücken in der bisherigen Forschung bestehen. Solche Lücken sollen mit dieser Arbeit geschlossen werden.

In der vorhandenen Literatur lässt sich zunächst kein Forschungsbereich identifizieren, der sich explizit und in vollem Umfang mit dem Wachstum von Unternehmen aus einer internationalen Perspektive befasst. Teilaspekte des internationalen Wachstums werden jedoch in wissenschaftlichen Artikeln aus den Bereichen der Wachstums- und Internationalisierungsforschung adressiert. Im ersten Abschnitt wird daher zunächst erläutert, wie umfangreich diese Bereiche bisher bereits erforscht wurden. Konkrete Anknüpfungspunkte zum internationalen Wachstum in den beiden Forschungsbereichen Wachstum und Internationalisierung werden anschließend untersucht. Im letzten Abschnitt werden die Ergebnisse zusammengefasst und die Lücken in der bisherigen Forschung benannt.

1.2.1 Umfang der bisherigen Forschung

Wie bereits erläutert gibt es bisher keinen Forschungsbereich, der sich explizit mit dem internationalen Wachstum befasst. Dennoch existiert bereits eine Vielzahl von Arbeiten, die sich mit dem Thema Wachstum oder der Internationalisierung beschäftigen. Ziel in diesem Abschnitt ist es, aufzuzeigen, welcher Umfang an Arbeiten zu diesen Themen bereits existiert, und daraus ein Vorgehen für die weitere Literaturanalyse abzuleiten.

Für einen ersten Überblick über die Menge der verfügbaren Arbeiten wurden 66 Zeitschriften zum strategischen Management und 18 Zeitschriften zum internationalen Management ausgewertet. Die Auswahl der Zeitschriften erfolgte auf Basis der Journal Quality List von Harzing (2010). Für die Auswertung lag der Fokus auf aktuellen Artikeln der letzten zehn Jahre.[10] Die Auswahl relevanter Artikel erfolgt auf Basis der EBSCOhost Business Source® Datenbank per 20.11.2010.

Für die Suche nach Artikeln, die sich mit der Thematik der Internationalisierung oder des Wachstums befassen, wurden jeweils unterschiedliche Suchbegriffe festgelegt. Relevant für diese erste Analyse waren Artikel, bei denen jeweils einer der folgenden Suchbegriffe im Abstract des Artikels enthalten war:[11]

- Internationalisierung: internatio*, multinatio*, global*, world*
- Wachstum: grow*, expans*, increase

Die Definition unterschiedlicher Suchbegriffe ist erforderlich, um auch Artikel zu erfassen, die Synonyme für die Begriffe der Internationalisierung und des Wachstums verwenden. Für die Internationalisierung wurden z. B. die Synonyme „internationalization", „multinationalization", „globalisation" und „world" verwendet. Zusätzlich wurde ein Stern als Platzhalter eingesetzt, um unterschiedliche Schreibweisen (z. B. internationalisation vs. internationalization), Numeri, Zeitformen oder Wortarten zu berücksichtigen.[12]

Die Suche in der EBSCOhost Business Source® Datenbank hat 4.433 Artikel zum Thema Wachstum und 8.098 Artikel zum Thema Internationalisierung identifiziert. Bereits diese Analyse zeigt, dass es aufgrund der Vielzahl der Artikel in dieser Arbeit nicht möglich ist, in allen identifizierten Arbeiten nach Ansatzpunkten für das internationale Wachstum zu suchen.

In einem weiteren Schritt wurde versucht, die Anzahl der Artikel weiter einzugrenzen. Dazu wurden die Suchbegriffe zum Wachstum und zur Internationalisierung miteinander kombiniert. Das heißt, es wurden nur die Artikel ausgewählt, die mindestens

---

[10] Berücksichtigt wurden alle Artikel, die seit dem 01.01.2010 erschienen sind.
[11] Es ist anzumerken, dass die Auswahl der Artikel rein technisch erfolgte. Eine inhaltliche Überprüfung war aufgrund der Vielzahl der Artikel nicht möglich.
[12] Für das Vorgehen vgl. Schmid/Kotulla (2009), S. 4-5.

zwei der o. g. Suchbegriffe enthielten, wobei ein Suchbegriff synonym zum Wachstum und der andere ein Synonym zur Internationalisierung sein musste. Durch die Kombination der Begriffe konnte die Anzahl der relevanten Artikel auf 1.487 reduziert werden. Ein Überblick über die Verteilung der Artikel, die sich sowohl mit dem Wachstum als auch der Internationalisierung befassen, ist in Abb. 4 dargestellt.

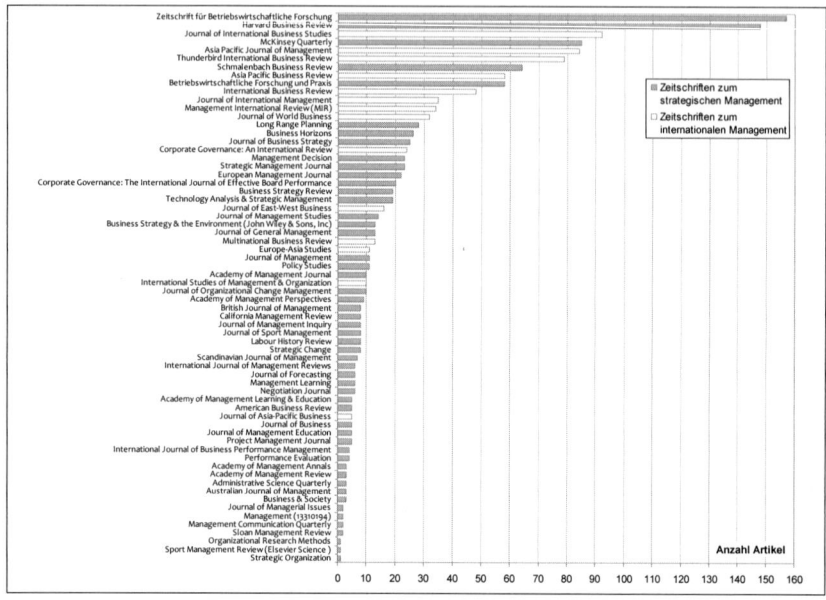

Abb. 4: Übersicht der Artikel zu den Themen Internationalisierung und Wachstum nach Zeitschriften.

Die Auswertung zeigt, dass auch bei dieser Eingrenzung der Suche die Anzahl der identifizierten Artikel zu groß ist, um diese im Rahmen der vorliegenden Arbeit einzeln auf ihren Bezug zum internationalen Wachstum zu überprüfen. Aus diesem Grund ist eine systematische und vollständige Erfassung der relevanten Literatur wie z. B. bei Schmid/Kotulla (2011) oder Schmid/Grosche (2009) nicht möglich. Für die Erfassung der relevanten Literatur für das internationale Wachstum wird daher ein eher pragmatisches Vorgehen gewählt, bei dem zunächst die beiden Themenfelder Internationalisierung und Wachstum auf Basis von Kernfragen weiter eingegrenzt werden. Hinsichtlich der relevanten Kernfragen erfolgt die Auswahl und Analyse wesentlicher Forschungsbeiträge auf Basis bestehender Literaturanalysen und häufig zitierter wissenschaftlicher Beiträge.

1.2.2 Ansatzpunkte in der Wachstumsforschung

Auf dem Gebiet der Wachstumsforschung gibt es wie oben gezeigt eine nahezu unüberschaubare Anzahl wissenschaftlicher Arbeiten, die das Thema „Wachstum" beleuchten. Auch zur Systematisierung dieser Arbeiten existiert eine Reihe von Ansätzen.[13] Vor dem Hintergrund der hier betrachteten Fragestellung eignet sich insbesondere eine Systematisierung entlang von vier Fragestellungen:

- Warum wachsen Unternehmen? Diese Frage wird vorrangig von älteren, deterministischen oder analytischen Arbeiten behandelt.[14] Solche Arbeiten gehen davon aus, dass Unternehmen aufgrund technischer Anforderungen oder Umweltfaktoren wachsen müssen. Arbeiten dieses Charakters haben zum Ziel, die optimale Wachstumsrate von Unternehmen zu bestimmen. Arbeiten, die sich mit dieser Problemstellung befassen, stammen z. B. von Weber (1956), Baumol (1962), Ohlin (1931/1952) und Marris (1964).
- Welche Faktoren beeinflussen das Wachstum von Unternehmen? Auf der Basis von Simulationsmodellen wird der Einfluss externer und interner Faktoren auf das Wachstum von Unternehmen getestet, ohne eine optimale Wachstumsrate zu unterstellen. Arbeiten, die sich mit dieser Fragestellung beschäftigen, stammen z. B. von Gibrat (1931), Penrose (1959), Albach (1965), Jovanovic (1982) oder Davidsson et al. (2002).
- Wie wachsen Unternehmen? Arbeiten, die sich mit dieser Fragestellung befassen, gehen davon aus, dass Unternehmen unterschiedliche Entwicklungsphasen durchlaufen und dass es einen typischen Wachstumsverlauf für ein Unternehmen gibt. Beiträge zu dieser Frage lieferten z. B. Starbuck (1971), Greiner (1972), Tushman/Romanelli (1985) oder Greiner (1998).

---

[13] Vgl. z. B. die Ansätze von Kumar (1985), Davidsson/Wiklund (2000) oder Hutzschenreuter (2004).
[14] Analytische Arbeiten verfolgen das Ziel, die optimale Wachstumsrate eines Unternehmens in Abhängigkeit von internen und externen Faktoren zu ermitteln. Vgl. dazu Hutzschenreuter (2004), S. 3–4.

- In welche Richtung wachsen Unternehmen? Diese Fragestellung wird vorwiegend im Kontext der Diversifikation diskutiert. Veröffentlichungen zu dieser Fragestellung gehen davon aus, dass Unternehmen mehrere Möglichkeiten[15] haben, zu wachsen; welche davon gewählt wird, ist eine strategische Entscheidung des Managements. Wichtige Veröffentlichungen zu diesem Aspekt des Wachstums stammen z. B. von Ansoff (1958), Ansoff (1965), Penrose (1959), Chandler (1962) und Gerybadze/Stephan (2003).

Von den vier erläuterten Fragestellungen werden Teilaspekte des internationalen Wachstums vor allem im Zusammenhang mit den Fragen, die sich mit der Richtung des Wachstums und Einflussfaktoren des Wachstums befassen, behandelt. Welche Teilaspekte dort behandelt werden, wird im Folgenden dargestellt.

Zunächst soll der Bereich behandelt werden, der sich mit der Richtung des Wachstums befasst. Einer der ersten Ansätze zur systematischen Erfassung verschiedener Wachstumsrichtungen wurde von Ansoff (1958) entwickelt. Ansoff unterscheidet vier Wachstumsrichtungen: Marktdurchdringung (Wachstum mit bestehenden Produkten in bestehenden Märkten), Produktentwicklung (Wachstum mit neuen Produkten in bestehenden Märkten), Markterweiterung (Wachstum mit bestehenden Produkten in neuen Märkten) und die Diversifikation (Wachstum mit neuen Produkten in neuen Märkten). Später fügte er noch die internationale Diversifikation hinzu, d. h. die Entwicklung neuer internationaler Märkte für neue und bestehende Produkte.[16] Ein weiterer bedeutender Ansatz wurde von Penrose (1959) entwickelt. Ausgehend von Ansoff (1965) ergänzte sie das Wachstum der Ressourcenbasis eines Unternehmens als eine weitere Wachstumsrichtung.[17] Neuere Untersuchungen zeigen zudem, dass Unternehmen nicht nur in eine „Richtung" wachsen, sondern simultan in neue (internationale) Märkte expandieren, neue Produkte einführen, neue Produktionsanlagen eröffnen etc. Die Komplexität wird zusätzlich dadurch gesteigert, dass das übergreifende Wachstum von der Kombination der verschiedenen Wachstumsrichtungen abhängt und diese sich zudem gegenseitig beeinflussen. So haben Gerybadze/Stephan (2003) festgestellt, dass einzelne Wachstumsrichtungen nicht

---

[15] Vgl. Abschnitt 1.1.
[16] Vgl. Ansoff (1958), S. 402–403 und Ansoff (1965), S. 108–109.
[17] Vgl. Penrose (1959), S. 110–111.

völlig unabhängig voneinander sind, so beeinflusst z. B. die Expansion in neue (internationale) Märkte auch das Wachstum der Produktion.[18]

Neben dem Forschungsbereich, der sich mit den Wachstumsrichtungen befasst, können auch in den Arbeiten, die sich mit den Einflussfaktoren des Wachstums befassen, Anknüpfungspunkte zum internationalen Wachstum gefunden werden. Die Einflussfaktoren des Unternehmenswachstums wurden bereits in einer Vielzahl empirischer Studien getestet. Die Einflussfaktoren können in drei Kategorien gruppiert werden: externe, interne und demografische Faktoren.[19] Externe Faktoren sind außerhalb eines Unternehmens liegende Determinanten, die entweder mit einer Branche oder der geografischen Lage eines Unternehmens verknüpft sind. Nahezu alle empirischen Studien zeigen, dass die Branche entscheidenden Einfluss auf das Unternehmenswachstum hat. Im Unterschied dazu werden Faktoren, die auf die geografische Lage zurückzuführen sind, lediglich von wenigen empirischen Studien als Einflussfaktoren bestätigt.[20] Interne Einflussfaktoren beziehen sich direkt auf das Unternehmen, und zwar auf dessen Fähigkeiten und Ressourcen. Faktoren, die in diesem Zusammenhang häufig in empirischen Arbeiten untersucht wurden, sind die Qualität des Managements, die Qualität der Anlagen sowie die Unternehmensstruktur und -prozesse. Ein Zusammenhang zwischen diesen Faktoren und dem Unternehmenswachstum konnte jedoch nur in einem kleinen Teil der analysierten Arbeiten empirisch bestätigt werden.[21] Die dritte Gruppe der Einflussfaktoren sind demografische Faktoren, wie z. B. Größe und Alter eines Unternehmens.[22] Auch wenn sich diese Faktoren wie die internen Faktoren direkt auf das Unternehmen beziehen, können sie dennoch in geringerem Maße direkt durch das Management beeinflusst werden. In nahezu allen untersuchten empirischen Arbeiten konnte nachgewiesen werden, dass Größe und Alter eines Unternehmens negativen Einfluss auf das relative Unternehmenswachstum haben.[23]

---

[18] Vgl. Gerybadze/Stephan (2003). Offen bleibt, was unter „übergreifendem Wachstum" verstanden wird.
[19] Vgl. Canals (2005), S. 365–373, Kortzfleisch/Zahn (1988), S. 436–437.
[20] Vgl. Davidsson et al. (2002), Delmar et al. (2003), Gerybadze/Stephan (2004) oder Almus (2002).
[21] Vgl. Kolvereid (1992), Chandler/Hanks (1994), Birley/Westhead (1994) oder Siegel et al. (1993).
[22] Es ist kritisch anzumerken, dass demografische Faktoren auch den internen Faktoren zugerechnet werden können. Ein gesonderter Ausweis erfolgte, da diese Faktoren nicht direkt durch das Management eines Unternehmens beeinflusst werden können.
[23] Vgl. Evans (1987), Hall (1987) oder Dunne et al. (1989).

Hinsichtlich der Wachstumsforschung kann abschließend festgehalten werden, dass das internationale Wachstum als eine mögliche Wachstumsrichtung von Unternehmen untersucht wurde. Herauszustellen ist, dass die verschiedenen Wachstumsrichtungen – z. B. die Erschließung neuer internationaler Märkte und das Wachstum auf dem Heimatmarkt – voneinander abhängig sind. Zudem zeigen empirische Studien, dass das Wachstum von Unternehmen wesentlich von Branchenfaktoren und demografischen Faktoren beeinflusst wird.[24]

1.2.3 Ansatzpunkte in der Internationalisierungsforschung

Nachdem im vorangegangenen Abschnitt Anknüpfungspunkte für das internationale Wachstum in der Wachstumsforschung betrachtet wurden, steht im Folgenden die Internationalisierungsforschung im Mittelpunkt der Betrachtung.

Die Internationalisierungsforschung beschäftigt sich im Wesentlichen mit vier Fragestellungen: „Warum", „Wie", „Wann" und „Wo" internationalisieren Unternehmen?[25] Für das internationale Wachstum sind die Fragen nach dem „Wie?" und dem „Warum?" besonders relevant. Bei der Frage nach dem „Wie?" werden die Prozesse und damit die Dynamik der Internationalisierung analysiert. Diese können auch Hinweise auf den Verlauf des internationalen Wachstums geben. Beim „Warum?" werden die Ursachen der Internationalisierung und damit mögliche Einflussfaktoren des internationalen Wachstums betrachtet. Die Frage nach dem „Wo?" ist für das internationale Wachstum weniger wichtig, da sich „international" nur auf das Ausland als Ganzes bezieht und keine Differenzierung nach einzelnen Ländern oder Regionen stattfindet.[26] Bei der Frage nach dem „Wann" geht es darum, den Zeitpunkt zu bestimmen, zu dem ein Unternehmen das erste Mal die Grenzen des Heimatlandes überschreitet und international aktiv wird. Erst ab diesem Zeitpunkt kann das Unternehmen überhaupt international wachsen. Für das internationale Wachstum ist es daher nicht

---

[24] Im weiteren Verlauf der Arbeit werden nur die Branchenfaktoren als Bestimmungsfaktoren für das internationale Wachstum herangezogen. Im Folgenden wird noch gezeigt, dass die demografischen Faktoren im Unterschied zu den Branchenfaktoren nur einen geringen Einfluss auf die Internationalisierung haben (vgl. Abschnitt 1.2.3 und 2.4).
[25] Vgl. Kutschker/Schmid (2006), S. 371–372.
[26] Vgl. dazu auch die Definition des internationalen Wachstums im Abschnitt 1.3.

entscheidend, wann der erste Schritt erfolgt, sondern wie es sich ab diesem Zeitpunkt entwickelt. Aus diesem Grund ist die Frage nach dem „Wann?" ebenfalls von geringerer Bedeutung.[27]

An erster Stelle sollen die Anknüpfungspunkte in der Internationalisierungsforschung, die sich mit den Prozessen und der Dynamik der Internationalisierung befassen, besprochen werden. Es gibt bereits Ansätze, die den Prozess der Internationalisierung betrachten. Dazu gehören z. B. die Produktlebenszyklustheorie von Vernon (1966), der Internationalisierungsprozess – Uppsala u. a. Johanson/Vahlne (1977), der GAINS-Ansatz u. a. von Macharzina/Engelhard (1991) oder das „Drei E"-Konzept u. a. von Kutschker et al. (1997) und Kutschker/Schmid (2006).

In der Produktlebenszyklustheorie beispielsweise wird die Internationalisierung in Phasen beschrieben, in denen ein Unternehmen zunächst seine Produkte ausschließlich im Inland produziert und vertreibt, in einem weiteren Schritt ausländische Märkte über Exporte erschließt und schlussendlich seine Produktion schrittweise ins Ausland verlagert.[28] Bezogen auf das internationale Wachstum können aus dieser Theorie Wachstumsentwicklungen auf der Absatz- und Produktionsseite sowohl im Inland als auch im Ausland abgeleitet werden. Ein anderes Beispiel ist das „Drei E"-Konzept. Bei diesem Konzept wird davon ausgegangen, dass die Internationalisierung in verschiedenen Prozesskategorien – Evolution, Episode und Epoche – verläuft. Die drei Kategorien variieren hinsichtlich des Ausmaßes, der Geschwindigkeit und der Dauer der Veränderung.[29] Sollten diese Prozesskategorien existieren, müssten sie sich auch im internationalen Wachstum widerspiegeln. So müsste es z. B. kurze Perioden mit schnellen, aber geringen Veränderungen des internationalen Wachstums bzw. lange Perioden mit langsamen, aber starken Veränderungen des internationalen Wachstums geben.

---

[27] Auch wenn die Frage nach dem „Wann" weniger relevant für das internationale Wachstum ist, so gibt es Faktoren, wie z. B. Größe, Alter, Innovationsfähigkeit eines Unternehmens, die sowohl Einfluss auf den Zeitpunkt der Internationalisierung (vgl. Oesterle (1997) als auch auf die Dynamik der Internationalisierung haben. Diese Zusammenhänge werden separat im Rahmen der Bestimmungsfaktoren betrachtet.

[28] Vgl. Vernon (1966).

[29] Vgl. Kutschker/Schmid (2006), S. 1055–1183, Kutschker et al. (1997) und Bäurle (1996).

Zusammenfassend lassen sich aus den Ansätzen, die sich mit den Prozessen und der Dynamik der Internationalisierung befassen, Aussagen zum internationalen Wachstum ableiten. Es fällt jedoch auf, dass bis auf die Produktlebenszyklustheorie die oben genannten Ansätze nur die Entwicklung im Ausland berücksichtigen – das gesamte Wachstum eines Unternehmens bzw. das Wachstum im Inland wird nicht berücksichtigt.

Nach der Erläuterung der Prozesse und der Dynamik der Internationalisierung werden im Folgenden wissenschaftliche Arbeiten betrachtet, die sich mit den Einflussfaktoren der Internationalisierung befassen. Faktoren, die die internationale Expansion beeinflussen, lassen sich in drei Kategorien einteilen: Land, Branche und spezifische Merkmale des Unternehmens selbst. Länderspezifische Faktoren der Internationalisierung werden im Wesentlichen von traditionellen Theorien adressiert. Viele Theorien sehen in länderspezifischen Kostenunterschieden einen wesentlichen Treiber der Internationalisierung. So hat beispielsweise ein Unternehmen, das in einem Land mit geringen Produktionskosten beheimatet ist, einen Vorteil gegenüber Unternehmen aus Ländern mit hohen Produktionskosten. Diesen Kostenvorteil wird das Unternehmen, das in einem Land mit niedrigen Produktionskosten beheimatet ist, nutzen, um seine Produkte im Ausland zu einem günstigen Preis anzubieten.[30] Andere Theorien sehen z. B. unterschiedliche Zinsniveaus als einen wesentlichen Treiber, um im Ausland zu investieren.[31] Die zweite Art von Faktoren, die die Internationalisierung beeinflussen, bezieht sich auf spezifische Eigenschaften der Branche, wie z. B. die Wettbewerbssituation. Knickerbocker (1973) und Graham (1978) entwickelten eine Theorie, nach der in oligopolistischen Märkten die Entscheidung eines Wettbewerbers, einen ausländischen Markt zu erschließen, auch die Mitwettbewerber zu einem solchen Schritt zwingen würde. Der dritte Typ der Faktoren bezieht sich direkt auf spezifische Merkmale des Unternehmens selbst. Ein solches Merkmal ist z. B. der Grad der technologischen Innovation eines Unternehmens. Die Theorie von Posner (1961) geht beispielsweise davon aus, dass ein Unternehmen, das innovative Produkte herstellt, diese auch bald im Ausland vertreiben wird, da auch ausländische

---

[30] Vgl. z. B. Smith (1775/1976), Ricardo (1817/1970), Heckscher (1919/1949) oder Ohlin (1931/1952).
[31] Vgl. z. B. Nurske (1935), Iversen (1936/1967), Heidhues (1969).

Kunden von diesen Produkten erfahren und diese dann nachfragen. Weitere Merkmale sind die spezifischen Ressourcen und Fähigkeiten eines Unternehmens.[32]

Abschließend kann festgehalten werden, dass sich aus den prozessualen/dynamischen Ansätzen Aussagen zum internationalen Wachstum von Unternehmen ableiten lassen, diese sich jedoch bis auf wenige Ausnahmen auf das Wachstum im Ausland beziehen. Eine explizite Betrachtung des internationalen Wachstums erfolgt nicht. Des Weiteren gibt es zahlreiche Theorien, nach denen die Internationalisierung von Unternehmen durch Länder, Branchen und unternehmensspezifische Faktoren determiniert wird.

1.2.4 Forschungsbedarf

Wie bereits deutlich wurde, zählt das Wachstum von Unternehmen zu einem der wichtigsten Ziele und damit auch zu einer wesentlichen Aufgabe der Unternehmensführung. Entsprechend dieser Bedeutung liegen bereits zahlreiche Arbeiten vor, die sich mit Unternehmenswachstum befassen. In diesen Arbeiten wurde ebenfalls das internationale Wachstum als eine mögliche Wachstumsrichtung identifiziert und analysiert.

Während das internationale Unternehmenswachstum im Rahmen der Wachstumsforschung – ein Bereich, der dem strategischen Management zugerechnet werden kann – betrachtet wird, wurde diese Problematik trotz ihrer Bedeutung für das internationale Management bisher nicht oder nur implizit aufgegriffen. Wie bereits dargelegt existieren zwar zahlreiche Ansätze und Theorien, die sich mit Prozessen und Dynamik der Internationalisierung befassen, eine Betrachtung des Wachstums aus einer internationalen Perspektive erfolgte bisher jedoch nicht. Um dem Anspruch des internationalen Managements, sich mit den internationalen Besonderheiten der gesamten Unternehmung zu beschäftigen, gerecht zu werden, ist eine Betrachtung des internationalen Wachstums aber unbedingt notwendig.[33] Dabei ist vor allem wichtig,

---

[32] Vgl. Hymer (1976).
[33] Vgl. Schmid/Oesterle (2009), S. 10–13.

dass das internationale Wachstum nicht isoliert betrachtet wird, sondern, wie mit dieser Arbeit beabsichtigt, in die bestehenden Theorien und Konzepte des internationalen Managements integriert wird.

Des Weiteren wird der Bereich, der sich mit der Entwicklung internationaler Unternehmen im Zeitablauf und dem Einfluss der Umwelt befasst, als eine der zentralen Problemstellungen des internationalen Managements gesehen.[34] Die beiden in Abschnitt 1.1 genannten Fragestellungen zielen genau auf dieses Problem ab. Durch die Typen des internationalen Wachstums soll die Entwicklung von Unternehmen klassifiziert, beschrieben sowie der Einfluss der Umwelt – mit dem Fokus auf die Branche – auf die Entwicklung der Unternehmen genauer charakterisiert werden.

Ziel dieser Arbeit ist es, die internationalen Besonderheiten des Unternehmenswachstums zu beleuchten und in den Gesamtkontext des internationalen Managements zu integrieren.

1.3 Begriffliche Einordnung

Nachdem in den vorangegangenen Abschnitten bereits mehrfach der Begriff des internationalen Wachstums gefallen ist, soll dieser im Folgenden genauer definiert werden. Da in der Literatur bis dato keine explizite Definition existiert, soll ausgehend von den beiden miteinander verbundenen Begriffen eine Definition erarbeitet werden. Dazu werden im Folgenden jeweils die Begriffe „Internationalisierung" und „Wachstum" theoretisch eingeordnet und definiert. Die Ableitung einer Definition des internationalen Wachstums erfolgt am Ende des Abschnitts durch die Verknüpfung der beiden Begriffe.

Das Phänomen des Wachstums wird in den Wirtschaftswissenschaften sowohl aus einer gesamtwirtschaftlichen als auch aus einer einzelwirtschaftlichen Perspektive betrachtet. Das gesamtwirtschaftliche Wachstum, das sich in der Regel auf ein Land oder eine Region bezieht, wird in der Theorie und Praxis durch die Veränderung des

---

[34] Vgl. Schmid/Oesterle (2009), S. 27.

Bruttonationaleinkommens[35] ausgedrückt. Basis für dessen Bestimmung ist die Messung einzelwirtschaftlicher Teilleistungen, „... die von der einzelnen Unternehmung als einer Produktionseinheit ausgehen".[36] Obwohl das gesamtwirtschaftliche Wachstum aus der Addition der einzelwirtschaftlichen Wachstumsgrößen berechnet wird, gibt es für die Bestimmung des Wachstums einzelner Unternehmen keine einheitliche Begriffsdefinition bzw. eindeutige Messgröße.[37] Im Folgenden gilt es daher, den Begriff des Unternehmenswachstums, wie er in dieser Arbeit Anwendung findet, zu spezifizieren.

Das Unternehmenswachstum ist ein spezifischer Prozess in der Entwicklung eines Unternehmens und stellt damit eine Zeitraumbetrachtung dar. Das Ergebnis dieses Prozesses repräsentiert die auf einen bestimmten Zeitraum bezogene Änderung der Unternehmensgröße.[38] Damit diese Änderung der Unternehmensgröße als Wachstum bezeichnet werden kann, müssen die folgenden Anforderungen erfüllt werden:[39]

- Es handelt sich um eine positive Größenänderung typischer Merkmalsausprägungen des zu beurteilenden Objekts.[40]
- Die Größenänderung muss langfristig und damit unabhängig von kurzfristigen Schwankungen sein.[41]
- Als dritte Anforderung wird die Größenänderung als das Ergebnis eines Prozesses aufgefasst.[42]

---

[35] Entspricht dem früheren Bruttosozialprodukt. Vgl. Fischbach/Wollenberg (2007), S. 107–108.
[36] Tinnefeld (1965), S. 15.
[37] Vgl. Küting (1980), S. 24–28, Sykes et al. (2004), S. 10–15, Münstermann (1968), S. 727–730 und Tinnefeld (1965), S. 15.
[38] Vgl. Hutzschenreuter (2004), S. 1, Kortzfleisch/Zahn (1988), S. 432 und Dieckhaus (1993), S. 76–77.
[39] Vgl. Küting (1980), S. 36–38.
[40] Vgl. Hauth (1964), S. 24, Müller (1964), S. 186, Albach (1965), S. 10, Brockhoff (1966), S. 14, Grimm (1966), S. 17, Kieser (1976), S. 4301.
[41] Vgl. Langenegger (1964), S. 201, Müller (1964), S. 186, Münstermann (1968), S. 731 und Bea (1974), S. 446. Darüber, was unter „Langfristigkeit" zu verstehen ist, gibt es verschiedene Auffassungen. Zum einen wird darunter ein vom Kalenderzeit losgelöster relativer Zeitraum, der „... Durchführung grundlegender Betriebsgrößenänderungen" notwendig ist, verstanden (Luckan (1970), S. 45). Zum anderen wird mit Langfristigkeit eine bestimmte Zeitdauer verbunden; während Fröhlich (1968), S. 22, z. B. von einem Zeitraum von einem Jahr ausgeht, stellt Marris (1964), S. 130, auf einen Zeitraum von fünf Jahren ab.
[42] Vgl. Penrose (1959), S. 88, Brockhoff (1966), S. 13, Luckan (1970), S. 53, Jäger (1974), S. 16 und Hutzschenreuter (2001), S. 34.

Die drei beschriebenen Anforderungen an die Größenänderung bilden auch die Basis für das dieser Arbeit zugrunde liegende Wachstumsverständnis. Hinsichtlich des ersten Kennzeichens, der positiven Größenänderung, erfolgt jedoch eine Erweiterung in der Art, dass neben der positiven auch eine negative Größenänderung unter dem Begriff des Unternehmenswachstums subsumiert wird. Damit wird die Wachstumsbetrachtung nicht nur auf die Expansionsphase beschränkt, sondern es werden auch die Stagnation und die Kontraktion in die Betrachtung eingeschlossen. Eine solche Erweiterung ist insbesondere aus folgenden Gründen sinnvoll:

- Unternehmen entwickeln sich im Zeitverlauf unterschiedlich; Phasen positiven Wachstums können sich mit Phasen negativen Wachstums abwechseln. Die ausschließliche Betrachtung des positiven Wachstums würde daher nur einen Teil der Entwicklung eines Unternehmens erfassen.[43]
- Sowohl beim negativen als auch beim positiven Wachstum handelt es sich grundsätzlich um den gleichen Prozess. Auch wenn dieser Prozess nicht immer von denselben Faktoren beeinflusst wird, wäre ohne die Berücksichtigung beider Sichtweisen eine kontinuierliche Betrachtung des jeweiligen Prozesses nicht möglich.[44]
- Ein weiterer Grund für die sowohl das positive als auch das negative Wachstum berücksichtigende Betrachtung ergibt sich aus dem Thema der Arbeit. Bei der Betrachtung des Wachstums im In- und Ausland ist zu erwarten, dass sich die Geschäftsaktivitäten eines Unternehmens im In- und Ausland gegenläufig entwickeln können. Aus Gründen der Vollständigkeit ist es sinnvoll, diese Effekte gemeinsam in einer geeigneten Messgröße zu erfassen.

Damit kann das dieser Arbeit zugrunde liegende Wachstumsverständnis wie folgt spezifiziert werden: Wachstum ist definiert als eine langfristige Größenänderung, die das Ergebnis eines Prozesses abbildet.

Die Internationalisierung ist das zweite Phänomen, das neben dem Wachstum bei der begrifflichen Einordnung des internationalen Wachstums von Bedeutung ist. Bevor definiert werden kann, was darunter im Rahmen der Arbeit verstanden wird,

---

[43] Hutzschenreuter (2004), S. 1 und Kürpig (1981), S. 24–25.
[44] Vgl. Kürpig (1981), S. 24–25 und Albach et al. (1985), S. 126.

gilt es zunächst, die Objekte der Internationalisierung zu benennen und den Betrachtungsrahmen festzulegen. Zu diesen Objekten werden die Märkte, die Unternehmen und sonstige Bereiche gezählt.[45]

Märkte als Objekt der Internationalisierung spielen insbesondere bei volkswirtschaftlichen Betrachtungen eine zentrale Rolle. Dabei werden die Märkte für Waren und Dienstleistungen, Arbeitsmärkte sowie die Finanz- und Kapitalmärkte betrachtet und beispielsweise als nationale, regionale oder globale Märkte charakterisiert.[46] Eng verbunden mit der Internationalisierung der Märkte ist die Internationalisierung von Unternehmen. Diese können ebenfalls beispielsweise als national, regional oder global charakterisiert werden. Auch wenn die Internationalisierung häufig auf die ökonomischen Institutionen Markt und Unternehmen bezogen wird, wirkt sich die Internationalisierung auch auf weitere Lebensbereiche aus; dazu gehören z. B. Kultur, Rechtswesen, Technik und Kommunikation, Wissenschaften sowie Politik.[47] An diesen Beispielen wird deutlich, dass die Internationalisierung neben der Wirtschaft eine Reihe weiterer Lebensbereiche tangiert. Die gleichzeitige Betrachtung aller genannten Bereiche ist jedoch mit einer hohen Komplexität verbunden. Daher wird in dieser Arbeit der Fokus auf das Unternehmen als Objekt der Internationalisierung gelegt.

Mit der Frage, wann ein Unternehmen als internationales Unternehmen klassifiziert werden kann, haben sich bereits zahlreiche Forscher beschäftigt.[48] Eine klare Definition, nach der ein Unternehmen eindeutig als internationales oder nationales Unternehmen gelten kann und was unter einem internationalen Unternehmen verstanden wird, existiert nach Macharzina/Oesterle (2002), S. 591–597, nicht. In den einzelnen Definitionen werden vielmehr unterschiedliche Aktivitäten in variierendem Umfang als Voraussetzung für die Internationalität eines Unternehmens angeführt. In vielen Definitionen gilt die Präsenz im Ausland mittels einer eigenen Niederlassung als wesentliches Kriterium. Dementsprechend reicht es nicht aus, wenn ein Unternehmen einen

---

[45] Im Hinblick auf die Objekte der Internationalisierung wird die Internationalisierung der Globalisierung gleichgesetzt.
[46] Vgl. Kutschker/Schmid (2006), S. 156–165 und Kuchinka (2004), S. 7–10.
[47] Vgl. weitere Erläuterung zu den Objekten der Internationalisierung; siehe Kutschker/Schmid (2006), S. 156–165 und Kuchinka (2004), S. 7–10.
[48] Für einen Überblick über verschiedene Definitionen vgl. Kutschker/Schmid (2006), S. 237, oder auch Annavarjula/Beldona (2000), S. 51–52.

bestimmten Anteil des Umsatzes oder des Gewinns im Ausland erzielt, um als internationales Unternehmen klassifiziert zu werden. Im Gegensatz zu einem dergestalt engen Verständnis soll der Begriff des internationalen Unternehmens in dieser Arbeit viel breiter gefasst werden. Nach Kutschker/Schmid (2006) werden Unternehmen als international bezeichnet, wenn sie „... in substanziellem Umfange in Auslandsaktivitäten involviert sind. Damit einher gehen regelmäßige Transaktionsbeziehungen mit Wirtschaftssubjekten im Ausland."[49] Diese Definition bildet die Basis für das dieser Arbeit zugrunde liegende Verständnis der Internationalisierung.

Abschließend soll auf die unterschiedliche Verwendung des Begriffes „Internationales Unternehmen" hingewiesen werden. In dieser Arbeit werden solche Unternehmen als internationale Unternehmen begriffen, die entsprechend der obigen Definition Auslandsaktivitäten durchführen. In einigen Ansätzen des internationalen Managements steht das internationale Unternehmen jedoch auch für eine spezifische Ausprägung internationaler Aktivitäten. Dies sind Ansätze, die Unternehmen auf der Basis von Kontingenzfaktoren in verschiedene (Strategie-)Typen einteilen, wie z. B. die Ansätze von Bartlett/Ghoshal (1991), Leong/Tan (1993) oder Meffert (1989). Eine solche differenzierte Perspektive soll, wenn im Folgenden von internationalen Unternehmen gesprochen wird, zunächst nicht eingenommen werden.

Nachdem die Begriffe Internationalisierung und Wachstum theoretisch eingeordnet und definiert wurden, sollen sie im Folgenden zum Zweck der Charakterisierung des internationalen Wachstums zusammengeführt werden. Obwohl in verschiedenen wissenschaftlichen Veröffentlichungen häufig von „internationaler Expansion", „internationalen Wachstumsstrategien" oder vom „Wachstum durch Internationalisierung" gesprochen wird, fehlt bisher eine klare Definition, was unter dem Begriff des internationalen Wachstums zu verstehen ist.[50]

Eine Möglichkeit, das internationale Wachstum zu charakterisieren, besteht darin, die allgemeine Definition des Wachstums auf das Ausland zu übertragen und die Entwicklung im Inland vollständig auszublenden. Durch eine solche Begriffsdefinition

---

[49] Kutschker/Schmid (2006), S. 245 und 236–238.
[50] Vgl. z. B. Küting (1980), Barkema/Vermeulen (1998), Andersen/Kheam (1998) und Strietzel (2005).

können die Merkmale des Wachstums zwar einfach auf einen Teilbereich der Unternehmensentwicklung im Ausland übertragen werden, hinsichtlich der Charakteristika der Internationalisierung bleiben jedoch noch zwei Punkte offen. Erstens ist es nicht möglich, die in der Definition der Internationalisierung genannten Transaktionsbeziehungen bei Ausblendung des Inlands vollständig zu erfassen. Zweitens ist es schwer abzuschätzen, ob es sich um „substanzielles" Engagement im Ausland handelt. Dies ist nur möglich, wenn eine Größe wie beispielsweise der Umsatz im Inland als Referenzmaßstab herangezogen wird.

Um dieser Anforderung gerecht zu werden, erscheint es sinnvoll, neben dem Wachstum im Ausland auch das Wachstum im Inland zu betrachten. Der Begriff des internationalen Wachstums von Unternehmen kann damit durch folgende Merkmale spezifiziert werden:

- Die Veränderung der Größe der Auslands- und Inlandsaktivitäten eines Unternehmens ist das zentrale Kennzeichen des internationalen Wachstums.
- Das internationale Wachstum ist das Ergebnis von Transaktionsbeziehungen zwischen Inland und Ausland.
- Bei den Transaktionsbeziehungen handelt es sich nicht um einzelne sporadische Aktivitäten, sondern um einen auf Dauer angelegten Prozess.

Im Unterschied zur ersten angeführten Möglichkeit der Charakterisierung handelt es sich beim internationalen Wachstum nicht um eine ausschließliche Betrachtung des Wachstums im Ausland, sondern um eine differenziertere Darstellung des Auslands und des Inlands.

1.4 Vorgehen und Struktur der Arbeit

In diesem Abschnitt sollen der Aufbau und die Logik der vorliegenden Arbeit beschrieben werden. Zunächst soll anhand der Vorstellung der folgenden Kapitel sowie deren Zielsetzungen ein Gesamtüberblick über den Verlauf der Arbeit gegeben werden. Anschließend wird der Aufbau der Kapitel skizziert.

Die Arbeit ist in sechs Kapitel unterteilt. Im ersten Kapitel erfolgte eine Einführung in die Thematik mit dem Ziel, die Problemstellung zu erläutern sowie die konkreten Forschungsfragen zu formulieren. Im zweiten Kapitel folgt ein Überblick über das Forschungsfeld. Aufgrund der Weitläufigkeit des Themenfeldes ist es nicht möglich, alle bisher dazu verfassten wissenschaftlichen Arbeiten aufzugreifen. Vielmehr wird das internationale Wachstum in das Forschungsfeld eingeordnet; des Weiteren werden die für diese Arbeit relevanten theoretischen und empirischen Forschungserkenntnisse dargelegt. Ziel ist es, Ansatzpunkte zu identifizieren, die bei der Beantwortung der Forschungsfragen helfen könnten. Die Weiterentwicklung dieser Ansatzpunkte zu einem theoretischen Modell internationalen Wachstums bildet den Kern des dritten Kapitels. Mit diesem theoretischen Modell wird beabsichtigt, die unterschiedlichen Ausprägungen des internationalen Wachstums konsistent zu beschreiben und Abhängigkeiten von Kontextfaktoren auf Basis kontingenztheoretischer Überlegungen abzuleiten. Bevor dieses theoretische Modell mit realen Daten getestet werden kann, wird im vierten Kapitel ein empirisches Vorgehen definiert. Dies umfasst die Datenbeschaffung, die Operationalisierung von Merkmalen des internationalen Wachstums und das Vorgehen bei der Datenauswertung. Auf der Basis des definierten Vorgehens wird im fünften Kapitel das theoretische Modell des internationalen Wachstums an realen Wachstumsentwicklungen von Unternehmen getestet und die Ergebnisse werden vorgestellt. Im sechsten Kapitel werden abschließend die Ergebnisse diskutiert.

Nach dem Gesamtüberblick über die Zusammensetzung der Arbeit wird nun der Aufbau der einzelnen Kapitel erläutert. Im ersten Kapitel erfolgte die Einführung in die Thematik des internationalen Wachstums. Dazu wurden im ersten Schritt die Problemstellung und Relevanz des Themas anhand von realen Unternehmensbeispielen verdeutlicht; ferner wurden die beiden Forschungsfragen festgelegt (Abschnitt 1.1). Anschließend wurde dargestellt, wie ausführlich das Vorwissen über das internationale Unternehmenswachstum in der wissenschaftlichen Literatur ist und wo Lücken in der bisherigen Forschung bestehen, die durch diese Arbeit geschlossen werden sollen. Da es bisher kein Forschungsfeld gibt, das sich explizit mit dem internationalen Wachstum von Unternehmen befasst, wurde sowohl die Internationalisierungsforschung als auch die Wachstumsforschung betrachtet. Anhand von Kernfragestellungen, die in den beiden Forschungsbereichen formuliert wurden, erfolgte die

Verortung des internationalen Wachstums in den Forschungsbereichen (Abschnitt 1.2). Nach der Erläuterung des Forschungsbedarfs wurde das internationale Wachstum als begrifflicher Kern der Arbeit definiert. Diese Definition ist notwendig, um das internationale Wachstum in seiner Gesamtheit zu erfassen. Dies bedeutete insbesondere, dass auch die Inlandsaktivitäten eines Unternehmens in die Betrachtung einbezogen wurden (Abschnitt 1.3). Zum Abschluss des ersten Kapitels wurden Struktur und Logik der Arbeit erläutert (Abschnitt 1.4).

Im zweiten Kapitel wird ein Überblick über das für diese Arbeit relevante Forschungsfeld gegeben. Dazu werden jeweils in einem Abschnitt die Internationalisierungs- und Wachstumsforschung betrachtet (Abschnitte 2.1 und 2.2). Der Fokus dieser Betrachtungen liegt dabei auf den im Abschnitt 1.2 identifizierten Kernfragestellungen. Bei der Wachstumsforschung sind dies die Richtungen und die Kontextfaktoren des Unternehmenswachstums (Abschnitte 2.1.1 und 2.1.2), bei der Internationalisierung die Dynamik und die Kontextfaktoren der Internationalisierung (Abschnitte 2.2.1 und 2.2.2). Da die Fragestellung nach den Kontextfaktoren sowohl für das Wachstum als auch für die Internationalisierung wichtig ist, wurden diese Abschnitte analog strukturiert, indem zunächst jeweils ein Überblick über die für dieses Thema wichtigen wissenschaftlichen Arbeiten gegeben und dann die Kontextfaktoren entlang von drei Kategorien betrachtet werden. Wie bereits erwähnt wurde, gibt es kein Forschungsfeld, das sich explizit mit dem internationalen Wachstum befasst. Bei einer sehr weiten Auslegung des Wachstumsbegriffs gibt es jedoch einen Bereich, der zumindest die Internationalisierung und das Wachstum von Unternehmen miteinander verknüpft. Arbeiten, die sich dieser Thematik widmen, werden im Abschnitt 2.3 vorgestellt. Die Ergebnisse des Kapitels werden anschließend in einem Fazit zusammengefasst (Abschnitt 2.4).

Das dritte Kapitel widmet sich dem theoretischen Modell des internationalen Wachstums. Dieses Modell hat drei Aufgaben: Es soll erstens geeignete Messgrößen identifizieren, die das internationale Wachstum beschreiben (Bestimmungsfaktoren[51]); es soll zweitens Faktoren identifizieren, die das internationale Wachstum beeinflussen (Kontextfaktoren); es soll drittens den Zusammenhang zwischen Kontext- und Be-

---

[51] Unter Bestimmungsfaktoren werden in dieser Arbeit Messgrößen verstanden, die das internationale Wachstum beschreiben.

stimmungsfaktoren in einem Modell abbilden. Die erste Aufgabe wird im Abschnitt 3.1 behandelt. Darin werden zunächst statische Faktoren, die die Größe von Aktivitäten abbilden, betrachtet (Abschnitt 3.1.1). Anschließend werden dynamische Faktoren identifiziert, die die Veränderung statischer Faktoren über die Zeit abbilden, und mit den statischen Faktoren verbunden (Abschnitte 3.1.2 und 3.1.3). Der zweiten Aufgabe widmet sich Abschnitt 3.2. Da es hinsichtlich der Kontextfaktoren verschiedene theoretische Ansätze gibt, wird zunächst ein Ansatz ausgewählt und dann erläutert, inwieweit der Industrial-Organization-Ansatz ein geeignetes Denkgerüst darstellt (Abschnitt 3.2.1). Anschließend wird ein geeignetes theoretisches Modell ausgewählt und beschrieben, das die Kontextfaktoren entsprechend dem Denkgerüst des Industrial-Organization-Ansatzes systematisch erfasst (Abschnitte 3.2.2 und 3.2.3). Da auch das im Abschnitt 3.2.2 ausgewählte Modell nicht frei von Kritik sein wird, widmet sich der Abschnitt 3.2.4 der Kritik des Modells und den Einschränkungen, die mit dessen Anwendung verbunden sind. Der dritten Aufgabe, dem Zusammenhang von Kontext- und Bestimmungsfaktoren, widmet sich der letzte Abschnitt 3.3. Nachdem in den beiden vorangegangenen Abschnitten des dritten Kapitels jeweils separat erläutert wurde, welche Faktoren das internationale Wachstum charakterisieren und welche Faktoren es beeinflussen, sollen beide Aspekte nun miteinander verbunden werden. Dazu werden vier Typen des internationalen Wachstums abhängig von den Kontextfaktoren abgeleitet und jeweils in einem Abschnitt beschrieben (Abschnitte 3.3.1 bis 3.3.4).

Im vierten Kapitel wird ein empirisches Vorgehen definiert, anhand dessen das theoretische Modell getestet werden kann. Zunächst wird ein empirisches Gesamtkonzept entwickelt, das den konzeptionellen Rahmen für die Analyse des internationalen Wachstums bildet (Abschnitt 4.1). Dieses Gesamtkonzept umfasst drei wesentliche Elemente: die Datenbeschaffung, die Operationalisierung von Merkmalen und die Datenauswertung; diese Elemente werden in den folgenden Abschnitten erläutert. Bei der Erläuterung der Datenbeschaffung liegt der Schwerpunkt auf der Beschreibung der Datenquelle und den notwendigen Anpassungen der Rohdaten (Abschnitt 4.2). Im Anschluss daran wird beschrieben, wie die im Abschnitt 3.1 identifizierten Merkmale des internationalen Wachstums operationalisiert werden können (Abschnitt 4.3). Zum Abschluss wird das Vorgehen bei der Datenauswertung beschrieben (Abschnitt 4.4).

Im fünften Kapitel werden die Ergebnisse der empirischen Analyse vorgestellt. Um einen Überblick über die verwendete Datenbasis zu gewinnen, wird diese zunächst beschrieben (Abschnitt 5.1). Im darauf folgenden Abschnitt wird überprüft, erstens, ob den empirischen Daten eine Clusterstruktur zugrunde liegt, zweitens, in wie vielen Gruppen die Objekte zusammengefasst werden können, und drittens, durch welche Merkmale die einzelnen Gruppen charakterisiert werden (Abschnitt 5.2). Im Abschnitt 5.3 erfolgt die inhaltliche Interpretation der Clusterlösung. Dazu wird überprüft, inwieweit die gefundene Lösung statistisch signifikant ist und den im Abschnitt 3.3 abgeleiteten Wachstumstypen entspricht. Die Zusammenfassung und Bewertung der empirischen Ergebnisse erfolgt im letzten Abschnitt (5.4).

Im sechsten Kapitel werden die Ergebnisse der Arbeit diskutiert. Dazu werden zunächst die Ergebnisse zusammengefasst (Abschnitt 6.1). Anschließend werden die Implikationen der Ergebnisse aus einer theoretischen, einer konzeptionellen und einer methodischen Perspektive beurteilt (Abschnitt 6.2). Im dritten Abschnitt wird auf die Bedeutung der Ergebnisse für die Unternehmensführung eingegangen (Abschnitt 6.3). Im vierten Abschnitt wird verdeutlicht, wo die Grenzen der Untersuchung liegen (Abschnitt 6.4). Zum Abschluss wird ein Ausblick auf den bestehenden Forschungsbedarf sowie mögliche Anknüpfungspunkte für zukünftige Forschungsvorhaben gegeben (Abschnitt 6.5).

2 Überblick über das für das internationale Wachstum relevante Forschungsfeld

Ziel dieses Abschnitts ist es, einen Überblick über das für das internationale Wachstum relevante Forschungsfeld zu geben. Damit soll erstens aufgezeigt werden, welche Erkenntnisse über das internationale Unternehmenswachstum bisher gewonnen wurden, und zweitens soll es dabei helfen, ein theoretisches Modell zur Bestimmung und Erklärung des internationalen Wachstums zu entwickeln (Abschnitt 3). Da es zurzeit noch keine Forschungsrichtung gibt, die sich dem Thema des internationalen Wachstums explizit widmet, wird – abgeleitet vom Begriff des internationalen Wachstums – sowohl in der Wachstums- als auch der Internationalisierungsforschung nach passenden Anknüpfungspunkten gesucht. Dementsprechend konzentriert sich der Abschnitt 2.1 auf die Wachstumsforschung, der Abschnitt 2.2 hat die Internationalisierungsforschung zum Schwerpunkt. Im Abschnitt 2.3 wird untersucht, in welcher Form eine Verknüpfung von Wachstum und Internationalisierung bereits erfolgt ist. Das Fazit im Abschnitt 2.4 fasst die wesentlichen Erkenntnisse aus den beiden Forschungsfeldern zusammen.

2.1 Die Wachstumsforschung

In diesem Abschnitt wird die Wachstumsforschung im Hinblick auf Erkenntnisse über das internationale Wachstum untersucht. Wie bereits im Abschnitt 1.2 erläutert, sind dabei insbesondere diejenigen Forschungsbeiträge interessant, die sich mit den unterschiedlichen Richtungen des Unternehmenswachstums beschäftigen sowie die Internationalisierung als eine mögliche Wachstumsrichtung aufgegriffen haben (Abschnitt 2.1.1). Da ein wesentliches Ziel dieser Arbeit darin besteht, Faktoren, die das internationale Wachstum beeinflussen, zu identifizieren, sollen auch Forschungsbeiträge analysiert werden, die sich mit den Einflussfaktoren des Unternehmenswachstums befassen (Abschnitt 2.1.2).

2.1.1 Richtungen des Unternehmenswachstums

Die Wachstumsthematik gehört seit nahezu 50 Jahren zu einem der am intensivsten untersuchten Bereiche in der betriebswirtschaftlichen Forschung. Im Fokus steht vor allem die Frage nach den verschiedenen Formen des Wachstums und deren Implikationen für den Unternehmenserfolg.[52] Hinsichtlich der Form kann das Unternehmenswachstum z. B. qualitativer oder quantitativer Natur sein, es kann intern oder extern erfolgen und in unterschiedliche Richtungen verlaufen. Anknüpfungspunkte für das internationale Wachstum bieten insbesondere die Wachstumsrichtungen.[53]

Einer der ersten Ansätze, der sich mit der Konzeptionalisierung von Wachstumsrichtungen auseinandergesetzt hat, stammt von Ansoff (1958). Ansoff unterscheidet vier Wachstumsrichtungen: die Marktdurchdringung, Produktentwicklung, Markterweiterung und Diversifikation. Bei der Marktdurchdringung wachsen Unternehmen im bisherigen Markt[54] mit den bisherigen Produkten. Bei der Produktentwicklung erfolgt das Wachstum durch neue Produkte im bestehenden Markt und bei der Marktentwicklung wachsen Unternehmen in neuen Märkten mit bestehenden Produkten. Obwohl Ansoff mit der Marktentwicklung nicht explizit auf neue geografische Märkte eingeht, wird von anderen Autoren unter „neuen Märkten" sehr oft das grenzüberschreitende Wachstum, d. h. die Internationalisierung, verstanden.[55]

Bei der vierten Wachstumsrichtung, der Diversifikation, erfolgt das Wachstum durch die Erschließung neuer Märkte mit neuen Produkten. In Abhängigkeit von der Stärke der Produktmodifikation unterscheidet Ansoff die horizontale, die vertikale und die laterale Diversifikation. Die horizontale Diversifikation bezeichnet die Einführung neuer Produkte auf der Basis bestehender Technologien. Die Ausdehnung der Produktion auf vor- oder nachgelagerte Stufen der Wertschöpfungskette wird als vertikale Diversifikation bezeichnet. Bei der lateralen Diversifikation erfolgt die Ausdehnung der Geschäftstätigkeit durch die Einführung neuer Produkte, die völlig neue Techno-

---

[52] Vgl. Geroski (2005), S. 129 und Gerybadze/Stephan (2003), S. 5.
[53] Vgl. Kürpig (1981), S. 59–78 und Borschberg (1969), S. 33–51.
[54] Ansoff versteht unter dem Markt die „Mission", die ein Produkt erfüllen soll, z. B. die Beförderung von Fluggästen. Inwieweit der Markt auch eine geografische Dimension umfasst, wird von Ansoff nicht weiter spezifiziert.
[55] Vgl. z. B. Meffert/Bruhn (2006), S. 239 oder Perlitz (2004), S. 39.

logien erfordern.[56] Die Hinzufügung der internationalen Diversifikation erfolgte erst später. 1965 fügte Ansoff seinem bestehenden Konzept die geografische Expansion als weitere Form der Diversifizierung hinzu. Mit dieser Dimension integrierte Ansoff die Erschließung neuer internationaler Absatzmärkte für bestehende oder neue Produkte in sein Konzept. Die geografische Expansion bezog er jedoch nur auf den Produktabsatz eines Unternehmens.[57] Damit wurden erstmals die Internationalisierung und das Wachstum miteinander verknüpft.[58] Die Internationalisierung im Sinne von Ansoff (1965) stellt somit eine mögliche Spielart des Wachstums dar, die er als internationale Diversifikation bezeichnet und die sich auf den Produktabsatz eines Unternehmens bezieht.[59]

Ein ebenfalls grundlegender Ansatz, der sich mit den Wachstumsrichtungen beschäftigt, ist die Wachstumstheorie von Penrose (1959). Ergänzend zu den von Ansoff aufgeführten Wachstumsrichtungen stellt für sie die Erweiterung der Ressourcenbasis eine weitere Richtung des Wachstums dar. Darunter fasst sie allerdings nicht eine geografische Ausdehnung der Produktion, sondern die Erweiterung der Fähigkeiten des Unternehmens. Die Internationalisierung wird von Penrose als eine Unterart der Diversifikation betrachtet. Es erfolgt jedoch keine Unterscheidung in die bei Ansoff erwähnten Dimensionen; stattdessen unterscheidet sie produktions- und absatztechnisch bedingte Differenzierungen. Hinsichtlich dieser beiden Dimensionen beschreibt sie drei verschiedene Kombinationsmöglichkeiten: erstens den Eintritt in neue Märkte mit neuen Produkten auf der Basis bestehender Technologien, zweitens die Expansion in bestehende Märkte mit neuen Produkten auf der Basis neuer Technologien und drittens den Eintritt in neue Märkte mit neuen Produkten auf der Basis neuer Technologien.[60] Für Penrose stellt die Internationalisierung eine spezifische Form des Betretens neuer Märkte dar. Da es ihr dabei um den Absatz neuer Produkte geht, bezieht sie die Internationalisierung wie Ansoff auch auf die Absatzseite des

---

[56] Vgl. Ansoff (1958), S. 402–403.
[57] Vgl. Ansoff (1965), S. 108–109.
[58] Vgl. Ramanujam/Varadarajan (1989), S. 529.
[59] Es soll auch erwähnt werden, dass es an dem Konzept von Ansoff auch kritische Punkte gibt. So werden z. B. interne Fähigkeiten und Ressourcen bei der Ableitung der Wachstumsrichtungen nicht berücksichtigt oder auf externe Faktoren wie die Konkurrenzsituation nicht eingegangen. Für eine ausführliche Diskussion der kritischen Punkte vgl. Meffert/Kirchgeorg (2007), S. 264–266.
[60] Vgl. Penrose (1959), S. 110–111.

Unternehmens.[61] Damit wird auch in diesem grundlegenden Ansatz zu einer Wachstumstheorie die Internationalisierung als mögliche Richtung des Wachstums auf der Absatzseite eines Unternehmens herausgestellt.

Ähnlich wie bei den beiden bereits zuvor erläuterten Theorien spielt die Internationalisierung auch in den in Abb. 5 aufgelisteten theoretischen Ansätzen eine Rolle als mögliche Wachstumsrichtung. Deutlich wird aber auch, dass in diesen Ansätzen die Internationalisierung der Absatzseite lediglich als eine Möglichkeit für das Unternehmenswachstum betrachtet wird. Welche Rolle die Internationalisierung der Produktionsseite spielt – beispielsweise durch den Aufbau von Produktionskapazitäten im Ausland –, bleibt indes offen. Die Internationalisierung der Produktion wird als mögliche Wachstumsrichtung in den bestehenden theoretischen Ansätzen nicht explizit in die Wachstumsbetrachtungen einbezogen.[62]

In jüngsten Forschungen, die sich mit Möglichkeiten des Wachstums auseinandersetzen, geht es nicht mehr darum, verschiedene Wachstumsrichtungen zu identifizieren, sondern darum, Verbindungen zwischen diesen Richtungen aufzuzeigen. Ziel dieser neueren Arbeiten ist es, die Interaktionen und gemeinsamen Erfolgswirkungen der verschiedenen Wachstumsmöglichkeiten zu analysieren.[63] Die Ergebnisse dieser Studien lieferten jedoch bisher kein eindeutiges Bild. Untersuchungen, die beispielsweise den Zusammenhang zwischen der geografischen Diversifikation und der Produktdiversifikation erforschten, kommen zu folgenden Ergebnissen:[64]

- „... internationalization and domestic product expansion are two alternative diversification options ..."[65]
- „Companies that follow on geographic diversification strategies will not ... foster product diversification"[66]
- „... the relationship between international diversification and performance in highly product-diversified firms was ... largely positive ..."[67]

---

[61] Vgl. Gerybadze/Stephan (2003), S. 6.
[62] Vgl. z. B. Chandler (1962), S. 14–16, Bühner (1983), S. 1023–1024, Porter (1999), S. 477–482 und Jansen (2006), S. 7–13. Für einen Überblick über die Forschungsbemühungen zur Diversifikation sei auf Stephan (2003), Palich et al. (2000) und Ramanujam/Varadarajan (1989) verwiesen.
[63] Vgl. Jansen (2006), S. 4.
[64] Für eine Zusammenfassung weiterer Studien vgl. auch Sambharya (1995).
[65] Bühner (1987), S. 34.
[66] Gerybadze/Stephan (2003), S. 33.

Autor	Wachstumsrichtungen	Bezug zum internationalen Wachstum
Ansoff (1958) und Ansoff (1965)	• Marktdurchdringung (alte Produkte, alte Märkte) • Produktentwicklung (neue Produkte, alte Märkte) • Markterweiterung (alte Produkte, neue Märkte) • Diversifikation (neue Produkte, neue Märkte) – Erschließung internationaler Märkte für bestehende/neue Produkte als eine Form der Diversifikation	Internationales Wachstum als eine Form der Diversifikation bezogen auf die Output-Seite, keine Berücksichtigung der Input-Seite
Penrose (1959)	• Neue Märkte[68] mit neuen Produkten auf der Basis bestehender Technologien • Bestehende Märkte mit neuen Produkten auf der Basis neuer Technologien • Neue Märkte mit neuen Produkten auf der Basis neuer Technologien	Internationales Wachstum als eine Wachstumsrichtung auf der Output-Seite, generelle Berücksichtigung der Input-Seite ohne Differenzierung in Inland und Ausland
Chandler (1962)	Wachstumsrichtungen werden phasenweise durchlaufen • Geografische Erweiterung der Ressourcenbasis • Optimierung der Technologien – vertikale Integration • Expansion in neue Märkte und/oder neue Produkte	Berücksichtigung des internationalen Wachstums sowohl auf der Input- als auch auf der Output-Seite
Fligstein (1990)	• Durchdringung bestehender Märkte mit bestehenden Produkten • Vertikale Integration (entlang der vor- oder nachgelagerten Wertschöpfungsstufen) • Neue Produkte auf der Basis bestehender oder neuer Technologien	Keine Berücksichtigung des internationalen Wachstums
Gerybadze/Stephan (2003)	• Marktdurchdringung und Marktentwicklung • Internationale Expansion • Produktdiversifikation • Vertikale Integration (entlang der vor- oder nachgelagerten Wertschöpfungsstufen) • Diversifikation der Ressourcenbasis	Internationales Wachstum als eine Wachstumsrichtung auf der Output-Seite, generelle Berücksichtigung der Input-Seite ohne Differenzierung in Inland und Ausland

Abb. 5: Richtungen des Wachstums – Überblick über wichtige Ansätze.

Zusammenfassend kann festgehalten werden, dass die Internationalisierung als eine mögliche Richtung des Wachstums in der bestehenden Forschung identifiziert wurde. Im Fokus stand dabei das Wachstum auf der Absatzseite. Die Internationalisierung der Produktion, d. h. Wachstum über die geografische Expansion der Güter- und Leistungserstellung, stand nicht im Fokus. Aus der Wachstumsforschung lässt

---

[67] Hitt et al. (1997), S. 790.
[68] Unter „Markt" versteht Penrose (1959) verschiedene Kundensegmente und unterschiedliche geografische Märkte.

sich demnach nur ein Zusammenhang zwischen Teilaspekten der Internationalisierung und des Wachstums ableiten. Für ein vollständiges Verständnis des internationalen Wachstums fehlt die Internationalisierung weiterer Stufen der Wertschöpfungskette, wie z. B. der Produktion oder Beschaffung als weitere mögliche Wachstumsrichtungen. Ein weiterer Punkt, der bisher unbeantwortet blieb, ist, ob, und wenn ja, welcher Zusammenhang zwischen der geografischen und den anderen Formen des Wachstums besteht.

2.1.2 Kontextfaktoren des Unternehmenswachstums

In diesem Abschnitt sollen die wesentlichen Kontextfaktoren des Unternehmenswachstums erfasst werden. Dazu sollen zunächst Arbeiten, die sich mit dieser Thematik auseinandergesetzt haben, übergreifend dargestellt werden (Abschnitt 2.1.2.1). Anschließend werden drei Gruppen von Kontextfaktoren – externe (Abschnitt 2.1.2.2), interne (Abschnitt 2.1.2.3) und demografische (Abschnitt 2.1.2.4) – erläutert.

2.1.2.1 Überblick über bestehende Arbeiten

Kontextfaktoren, die das Wachstum von Unternehmen beeinflussen, wurden bereits in verschiedenen wissenschaftlichen Arbeiten identifiziert. Im Zentrum dieser Arbeiten steht die Frage, durch welche Faktoren (unabhängigen Größen) das Wachstum (abhängige Größe) beeinflusst wird. Bevor in den folgenden Abschnitten detailliert auf die einzelnen Kontextfaktoren und Untersuchungen eingegangen wird, sollen zunächst die übergreifenden Charakteristika der betrachteten Arbeiten erläutert werden. Zu diesen Charakteristika gehören die Art der Untersuchung, der Gegenstand der Untersuchung, die Definition der abhängigen Größe und die betrachteten unabhängigen Größen.

Hinsichtlich der Art der Untersuchung gibt es sowohl theoretische als auch empirische Ansätze zur Identifizierung von Kontextfaktoren des Wachstums. In der Mehrzahl empirischer Arbeiten werden bestehende theoretische Ansätze bestätigt;[69] eine rein explorative Erforschung der Zusammenhänge erfolgt nur in wenigen Untersuchungen.[70] Arbeiten, die den Zusammenhang vorwiegend auf der Grundlage theoretischer Überlegungen ableiten – wie z. B. die von Penrose (1959) –, untermauern ihre Aussagen in der Regel durch Fallbeispiele, Fallstudien bzw. setzen auf Befunden empirischer Arbeiten auf.[71] Da bereits im Abschnitt 1.2 ein Überblick über die theoretischen Arbeiten gegeben wurde, liegt der Fokus dieses Abschnitts auf den empirischen Arbeiten. Um Empirie und Theorie nicht völlig zu separieren, werden an entscheidenden Stellen der zu besprechenden Arbeiten Hinweise auf die theoretischen Grundlagen gegeben.

Die meisten der untersuchten empirischen Arbeiten unterscheiden sich hinsichtlich des Gegenstandes der Untersuchung. Unterschiede bestehen in der Auswahl der analysierten Unternehmen, insbesondere in den betrachteten Ländern und den untersuchten Unternehmensgrößenklassen. Die meisten Untersuchungen beziehen sich auf einzelne Staaten, beispielsweise Deutschland, Schweden oder die USA.[72] Werden Unternehmen aus mehreren Ländern in die Untersuchung einbezogen, werden in der Regel nur Nordamerika, Europa und Japan berücksichtigt.[73] Hinsichtlich der Größenklassen liegt der Fokus der Untersuchungen entweder auf kleinen und mittleren Unternehmen (KMU) oder großen Unternehmen.[74] Eine einheitliche Trennung zwischen den Gruppen gibt es jedoch nicht. Auch werden die beiden Gruppen in keiner der Untersuchungen direkt miteinander verglichen. Des Weiteren unterscheiden sich die Untersuchungen in Bezug auf die betrachteten Zeiträume.

Alle analysierten empirischen Studien betrachten das Wachstum von Unternehmen als abhängige Größe. Diese Studien unterscheiden sich jedoch darin, wie sie das Wachstum definieren: Wachstum wird z. B. als Veränderung bestimmter Unterneh-

---

[69] Vgl. z. B. Wagner (1992), Evans (1987) oder Dunne/Hughes (1994).
[70] Vgl. z. B. Gerybadze/Stephan (2003).
[71] Vgl. Canals (2000) und Albach (1986).
[72] Vgl. z. B. Davidsson et al. (2002), Gerybadze/Stephan (2003), S. 17, oder Arbaugh (2003).
[73] Vgl. z. B. Davidsson et al. (2002).
[74] Vgl. z. B. Gerybadze/Stephan (2003) oder Kutschker/Schmid (2006), S. 804–807.

mensparameter beschrieben.[75] Hinsichtlich der Unternehmensparameter werden absolute, relative und indexierte Größen herangezogen, die sich in der Regel auf die Zahl der Mitarbeiter und/oder den Umsatz beziehen.

Die betrachteten Arbeiten unterscheiden sich aber nicht nur hinsichtlich der abhängigen, sondern auch hinsichtlich der untersuchten unabhängigen Größen. Aufgrund der Vielzahl möglicher Kontextfaktoren wird in den Arbeiten jeweils nur ein Teil der möglichen Größen untersucht. Eine Untersuchung, die alle möglichen Faktoren gleichzeitig betrachtet, liegt bislang nicht vor. Aufgrund der Vielzahl der Faktoren sollen diese zur besseren Vergleichbarkeit der empirischen Untersuchungen in drei Gruppen eingeteilt werden. Die Einteilung orientiert sich an bestehenden Systematisierungen der Wachstumsfaktoren. Darin werden in der Regel unternehmensinterne sowie externe Faktoren unterschieden. Die externen Faktoren betreffen Determinanten, die außerhalb des Unternehmens liegen. Dazu gehört sowohl die Makro- als auch die Mikroumwelt. Zu den internen Faktoren zählen die materiellen und immateriellen Ressourcen sowie die Fähigkeiten eines Unternehmens.[76] Eine dritte Kategorie von Faktoren, die das Wachstum von Unternehmen beeinflussen, sind die demografischen Merkmale eines Unternehmens. Dazu zählen die Größe, das Alter und die Rechtsform von Unternehmen. Obwohl diese Merkmale das Unternehmen betreffen und auch teilweise beeinflussbar sind, sollen sie separat behandelt werden, da sie weder eine spezifische Ressource noch eine Fähigkeit des Unternehmens repräsentieren.[77]

Bevor die drei Gruppen der Kontextfaktoren – externe, interne und demografische – in den folgenden Abschnitten erläutert werden, wird in der Abb. 6 ein Überblick über die untersuchten empirischen Arbeiten gegeben. Bei den einzelnen Arbeiten ist jeweils markiert, für welche der Kontextfaktoren ein Zusammenhang nachgewiesen werden konnte und für welche nicht. Eine weitere Detaillierung der Kontextfaktoren Mikroumwelt, Makroumwelt, Fähigkeiten und Ressourcen ist im Anhang II aufgeführt.

---

[75] Vgl. Storey (1994), S. 125.
[76] Vgl. Kortzfleisch/Zahn (1988), S. 436–437 und Canals (2005), S. 365–373.
[77] Für die Differenzierung vgl. auch Kutschker/Schmid (2006), S. 804–806 und Kortzfleisch/Zahn (1988), S. 436–437.

Ziel dieser Analyse ist es, Faktoren zu identifizieren, die ggf. auch das internationale Wachstum beeinflussen. Für diese Analyse war es wichtig darzustellen, welche Faktoren überhaupt einen Einfluss auf das Wachstum haben. Die Art des Einflusses spielt vor diesem Kontext nur eine untergeordnete Rolle. Zusätzlich erschweren die Heterogenität der Arbeiten und damit auch die verwendeten abhängigen Größen die systematische Erfassung dieses Zusammenhangs.

Studie	Externe Faktoren		Interne Faktoren		Demogr. Faktoren			Gegenstand der Untersuchung
	Mikro-umwelt	Makro-umwelt	Fähig-keiten	Ressour-cen	Größe	Alter	Sonstiges	
Albach (1986)	✓						✓	295 börsennotierte deutsche Industrieunternehmen (1969 bis 1984)
Almus (2002)	✓	✓		✓	✓		✓	Befragung von 1.949 deutschen KMU (1990 bis 1993)
Almus/Nerlinger (1999)					✓			784 bis 4.278 westdeutsche Unternehmen (verschiedene Zeiträume)
Andersen/Kheam (1998)			✓					697 exportierende norwegische Industrieunternehmen (KMU)
Arbaugh (2003)			x					596 US-amerikanische Industrie- und Handelsunternehmen (1995 bis 1996)
Audretsch (1995)	✓				✓			11.322 US-amerikanische Unternehmen (1976 bis 1986)
Birley/Westhead (1990)	✓	✓	✓	✓		✓	✓	249 britische KMU aus verschiedenen Branchen
Box et al. (1993)			✓		✓			93 kleinere US-amerikanische Industrieunternehmen
Chandler/Hanks (1994)	✓			✓	✓			155 kleinere US-amerikanische Industrieunternehmen
Davidsson (1991)	✓	x			✓	✓	✓	423 schwedische Unternehmen (1984 bis 1986)
Davidsson et al. (2002)	✓	x		x	✓	✓	✓	11.196 schwedische Unternehmen (1987 bis 1996)
Delmar et al. (2003)	✓				✓	✓	✓	1.501 schwedische Unternehmen (1987 bis 1996)
Dunkelberg et al. (1987)			✓	✓				1.178 US-amerikanische Unternehmen (1985 bis 1986)
Dunne et al. (1989)					✓	✓	✓	219.754 US-amerikanische Industrieunternehmen (1967 bis 1977)
Dunne/Hughes (1994)	✓					✓	✓	2.149 britische börsennotierte und große nicht notierte Unternehmen
Evans (1987)	✓					✓	✓	17.399 US-amerikanische Unternehmen (1976 bis 1982)

Studie	Externe Faktoren		Interne Faktoren		Demogr. Faktoren			Gegenstand der Untersuchung
	Mikro-umwelt	Makro-umwelt	Fähig-keiten	Ressour-cen	Größe	Alter	Sonstiges	
Gerybadze/Stephan (2003)	✓		✓					46 „multinationale" Unternehmen aus verschiedenen Ländern (1983 bis 1997)
Gerybadze/Stephan (2004)	✓		✓					46 „multinationale" Unternehmen aus verschiedenen Ländern (1983 bis 1997)
Hakim (1989)			x	✓				750.000 britische Unternehmen (1988 bis 1987)
Hall (1987)					✓			962 börsennotierte amerikanische Unternehmen (1976 bis 1983)
Hansen (1995)	✓			✓	x	✓		44 kleine US-amerikanische Unternehmen verschiedener Branchen
Hitchens et al. (1993)	✓	✓						39 irische Unternehmen aus dem Service- und Dienstleistungsbereich
Jones (1991)	✓	✓		x	✓	✓		Nicht verfügbar
Keeble (1997)	✓	✓						698 britische KMU aus verschiedenen Branchen (1991 bis 1995)
Kolvereid (1992)	✓	x		x	✓			2.278 kleine Unternehmen aus verschiedenen Ländern
Kumar (1985)			x	x	x	✓	✓	2.000 börsennotierte britische Unternehmen (1960 bis 1970)
Macrae (1992)			x		✓			169 britische Unternehmen (1980 bis 1987)
McGee et al. (1995)					✓			200 börsennotierte US-amerikanische Technologieunternehmen
Reichstein/Dahl (2004)	✓	✓			✓	✓		8.793 dänische Unternehmen (1993 bis 1997)
Reynolds/Miller (1988)	✓						✓	1.119 US-amerikanische Industrieunternehmen
Siegel et al. (1993)			✓	✓				1.705 US-amerikanische Unternehmen, Betrachtungszeitraum drei Jahre
Storey et al. (1987)	x				✓	✓		20 britische Unternehmen
Storey et al. (1989)			x	x				40 britische Unternehmen (1975 bis 1981)
Variyam/Kraybill (1992)	✓				✓	✓		422 US-amerikanische Unternehmen, Betrachtungszeitraum fünf Jahre
Wagner (1992)	✓				✓			7.000 deutsche Unternehmen aus Niedersachsen (1978 bis 1989)
Westhead/Birley (1995)	✓	x	x	x	✓	✓		408 britische Unternehmen (1986 bis 1990)
Wijewardena/Tibbits (1999)	x				x			500 kleine australische Industrieunternehmen

Studie	Externe Faktoren		Interne Faktoren		Demogr. Faktoren			Gegenstand der Untersuchung
	Mikro-umwelt	Makro-umwelt	Fähig-keiten	Ressour-cen	Größe	Alter	Sonstiges	
Woo et al. (1989)			✓	✓				4.814 amerikanische Unternehmen (1984 bis 1987)
Wynarczyk et al. (1993)				✓	✗			Britische nicht öffentlich gelistete Aktiengesellschaften

✓	Faktor untersucht – Zusammenhang mit dem Wachstum nachgewiesen[78]
✗	Faktor untersucht – Zusammenhang mit dem Wachstum nicht nachgewiesen
✗/✓	Faktor untersucht – Zusammenhang mit dem Wachstum nicht eindeutig nachgewiesen

Abb. 6: Überblick über Kontextfaktoren des Wachstums.
Quelle: In Anlehnung an Wagner (1992), S. 127–128, Storey (1994), S. 125–159 und eigene Erhebung.

2.1.2.2 Externe Faktoren

Wie bereits erläutert, können die externen Faktoren in zwei Kategorien eingeteilt werden: in Faktoren zur Beschreibung der Makro- und der Mikroumwelt. Während die Mikroumwelt die branchenbezogene Umwelt kennzeichnet, handelt es sich bei der Makroumwelt um Einflussfaktoren, die sich in der Regel auf einen Ort oder eine Region – beispielsweise ein Land – beziehen.[79] Beide Aspekte wurden in den Arbeiten, die sich mit den Kontextfaktoren des Unternehmenswachstums befassen, betrachtet. Zunächst werden die Ergebnisse der untersuchten Arbeiten in Bezug auf die Branche und anschließend in Bezug auf das Land dargestellt.

In fast allen untersuchten Arbeiten wurde die Branche als wesentlicher Einflussfaktor des Unternehmenswachstums identifiziert. So haben z. B. Davidsson et al. (2002) in ihrer Untersuchung nachgewiesen, dass von 15 der untersuchten Branchen acht signifikanten Einfluss auf das Wachstum haben. Auch Delmar et al. (2003) haben einen Einfluss der Branche auf das Wachstum identifiziert, diesen jedoch auf bestimmte Branchenmerkmale, wie die Wissensintensität, das Alter des Industriezwei-

---

[78] Für den Nachweis des Zusammenhangs wurde pragmatisch das in den jeweiligen empirischen Arbeiten verwendete Signifikanzniveau herangezogen.
[79] Vgl. Grant (1991).

ges und den Industriesektor (Service vs. Produktion), bezogen. Zu ähnlichen Ergebnissen kamen auch Gerybadze/Stephan (2004), die anhand der „Reife" von sechs Branchen Unterschiede hinsichtlich deren Wachstums festgestellt haben.

Neben der Branche beeinflusst auch die Herkunft eines Unternehmens dessen Wachstum. Die Untersuchung der Herkunft erfolgt dabei auf zwei Ebenen: Erstens wird der Unternehmensstandort innerhalb eines Landes untersucht, zweitens das Herkunftsland eines Unternehmens als solches. Die Mehrzahl der untersuchten Arbeiten betrachtet den Einfluss des Unternehmensstandorts auf das Wachstum innerhalb eines Landes. In diesen Arbeiten werden vor allem kleine und mittelständische Unternehmen untersucht. Zum Beispiel stellte Almus (2002) fest, dass sich das Wachstum von Unternehmen in Ost- und Westdeutschland unterscheidet.[80] Im Gegensatz dazu konnten Davidsson et al. (2002) keine Unterschiede hinsichtlich unterschiedlicher Standorte von Unternehmen in Schweden feststellen. Auch Birley/Westhead (1990), die Unternehmen in Großbritannien untersucht haben, konnten keine standortbedingten Wachstumsunterschiede feststellen.

Der weitaus kleinere Teil der Arbeiten, die sich mit der Herkunft von Unternehmen beschäftigen, untersucht die Wachstumswirkung des Herkunftslandes. In diesen Arbeiten werden vor allem große, international tätige Unternehmen analysiert. So haben z. B. Gerybadze/Stephan (2004) festgestellt, dass Unternehmen, die aus den USA kommen, im Untersuchungszeitraum stärker gewachsen sind als Unternehmen aus Europa oder Japan.

Abschließend kann festgehalten werden, dass die Branche als externer Faktor von einer Vielzahl wissenschaftlicher Arbeiten als bedeutender Einflussfaktor auf das Wachstum von Unternehmen identifiziert wurde. Neben der Branche wurde in einigen Arbeiten auch das Herkunftsland als eine Determinante des Wachstums identifiziert.[81]

---

[80] Die Unterscheidung von Ost- und Westdeutschland ist nicht uneingeschränkt vergleichbar mit Regionen in anderen Ländern, wie z. B. Nord-, Süd-, Ost- oder Westschweden. Aufgrund der Teilung Deutschlands in DDR und Bundesrepublik haben sich diese Regionen bis 1990 und zum Teil auch noch danach wie zwei unterschiedliche Länder entwickelt.

[81] Tong et al. (2008) weisen auch darauf hin, dass auch spezifische Kombinationen von Branche und Herkunftsland einen Einfluss auf das Wachstum haben.

2.1.2.3 Interne Faktoren

Die wesentliche theoretische Grundlage für die Abhängigkeit des Unternehmenswachstums von internen Faktoren bilden die ressourcenbasierten Ansätze. In Bezug auf diese Ansätze können zwei Erklärungsmuster unterschieden werden: Beim ersten Erklärungsmuster bilden die internen Ressourcen und Fähigkeiten einen Faktor, der die (Wachstums-)Aktivitäten eines Unternehmens limitiert. Eine der grundlegenden theoretischen Arbeiten, die auf diesem Erklärungsmuster aufbaut, ist die Wachstumstheorie von Penrose (1959). Nach dieser Theorie wird Wachstum durch die Verfügbarkeit bestimmter Ressourcen – Arbeitskräfte, physischer Input, Finanzmittel, Investitionsmöglichkeiten, Managementfähigkeiten – begrenzt.[82] Beim zweiten Erklärungsmuster wird davon ausgegangen, dass die (Wachstums-)Strategie eines Unternehmens auf der Basis der internen Faktoren – Ressourcen und Fähigkeiten – entwickelt wird. Die Strategie wird so gewählt, dass Wettbewerbsvorteile durch die Kombination einzigartiger Ressourcen und Fähigkeiten erreicht werden können.[83] Diese bilden somit keinen limitierenden Faktor, sondern sind Ausgangspunkt für Wachstum von Unternehmen.[84] In den untersuchten empirischen Arbeiten fanden die beiden theoretischen Erklärungsmuster gleichermaßen Anwendung. Inwiefern die Zusammenhänge und Aussagen auch in der Praxis nachweisbar sind, wird im Folgenden erläutert. Zunächst wird auf die Ressourcen und anschließend auf die Fähigkeiten eines Unternehmens eingegangen.[85]

Die empirischen Untersuchungen liefern keine Antwort auf die Frage, ob ein Zusammenhang zwischen Ressourcen eines Unternehmens und dem Unternehmenswachstum besteht oder nicht. Zu den am häufigsten empirisch untersuchten Ressourcen gehören die Qualität des Managements, die Qualität der Produktionsmittel, die Unternehmensstruktur und die Unternehmensprozesse. Folgender Zusammenhang besteht jeweils zwischen dem Unternehmenswachstum und den untersuchten Ressourcen:

---

[82] Vgl. Penrose (1959), S. 31–103.
[83] Vgl. Andersen/Kheam (1998), S. 165–166.
[84] Für einen vertiefenden Vergleich beider Erklärungsmuster vgl. Lippman/Rumelt (1982), S. 166.
[85] Es wird darauf verwiesen, dass die Abgrenzung von Ressourcen und Fähigkeiten nicht immer eindeutig möglich ist (vgl. Kutschker/Schmid (2006), S. 805). Die Abgrenzung in dieser Arbeit orientiert sich an den Kriterien von Kutschker/Schmid (2006), S. 805–807.

- Die Qualität des Managements spielte insbesondere bei der Untersuchung kleiner und mittlerer Unternehmen eine Rolle. Die Qualität wurde bestimmt ausgehend von den Erfahrungen und der Ausbildung des Managements sowie den im Unternehmen durchgeführten Trainings. Hinsichtlich der Auswirkungen des Faktors Qualität des Managements auf das Unternehmenswachstum ergibt sich ein uneinheitliches Bild. Ein solcher Einfluss konnte nur in circa der Hälfte der untersuchten empirischen Arbeiten nachgewiesen werden. Davidsson (1991) kam bei der Untersuchung schwedischer Unternehmen zu dem Schluss, dass Ausbildung und Erfahrung des Managements einen wesentlichen Teil des Wachstums erklären. Einen stärkeren Einfluss haben allerdings die demografischen und externen Faktoren.[86] Kolvereid (1992) hat wiederum festgestellt, dass das Bildungsniveau des Managements keinen signifikanten Einfluss auf die Wachstumsziele und damit auch auf das Wachstum eines Unternehmens hat. Er fand heraus, dass sowohl ein geringes als auch hohes Bildungsniveau zu einem starken Wachstum führen kann.[87]

- Der Einfluss der Qualität der Produktionsmittel auf das Wachstum wurde in wenigen empirischen Studien untersucht. Darin konnte ein positiver Einfluss der Produktionsmittelqualität auf das Unternehmenswachstum nachgewiesen werden. Bei der Untersuchung des Wachstums US-amerikanischer Unternehmen fanden Chandler/Hanks (1994) einen positiven Zusammenhang zwischen der Qualität der Produktionsanlagen und dem Wachstum. Dieser Zusammenhang bestand aber nur, wenn gleichzeitig eine Strategie mit Fokus auf Optimierung der Kosten verfolgt wurde.[88] Birley/Westhead (1994) haben die Qualität der Produktionsmittel anhand deren Alter abgeleitet. Sie kamen zu dem Schluss, dass das Alter der Produktionsanlagen negativ mit dem Unternehmenswachstum verknüpft ist – unabhängig von der jeweils gewählten Strategie.[89]

- Hinsichtlich der Unternehmensstruktur und der Unternehmensprozesse ergibt sich kein einheitliches Bild in Bezug auf den Zusammenhang mit dem Unterneh-

---

[86] Davidsson (1991), S. 412–415.
[87] Wie bereits oben erläutert, wird bei Kolvereid (1992) Wachstum nicht anhand der Veränderung quantitativer Unternehmensparameter (wie z. B. Umsatz) erfasst, sondern über die Zielsetzung des Managements zu wachsen. Auch wenn damit das Wachstum nur indirekt bestimmt wird, ist das Wachstumsziel nach Davidsson (1991) auch ein sehr guter Indikator für das tatsächliche Wachstum eines Unternehmens.
[88] Vgl. Chandler/Hanks (1994), S. 358–344.
[89] Vgl. Birley/Westhead (1990), S. 540–546.

menswachstum. Siegel et al. (1993) beispielsweise konnten bei ihrer Untersuchung US-amerikanischer Unternehmen zeigen, dass für relativ kleine Unternehmen eine schlanke Organisation mit wenigen hierarchischen Ebenen förderlich für das Unternehmenswachstum ist. Bei größeren Unternehmen hingegen spielt weniger die organisatorische Aufstellung eine Rolle als vielmehr das Vorhandensein adäquater Managementkapazitäten – unabhängig von deren organisatorischer Anbindung.[90] Dass auch Kommunikationsprozesse das Wachstum beeinflussen, konnten Birley/Westhead (1990) zeigen: Häufige Meetings des Managements und eine intensive Kommunikation im Unternehmen beeinflussen das Umsatzwachstum positiv.[91]

Im Unterschied zu den Ressourcen waren die Fähigkeiten von Unternehmen, wie in der Abb. 6 deutlich wird, seltener Gegenstand empirischer Untersuchungen zum Wachstum. Einen wesentlichen Grund dafür sahen Lippman/Rumelt (1982) in der Problematik, Fähigkeiten von Unternehmen zu erheben und diese operationalisierbar zu machen.[92] Zu den untersuchten Fähigkeiten gehören die Strategieauswahl und die Fähigkeit zur Produktinnovation.

- Die Strategie eines Unternehmens stellt auf der einen Seite noch keine spezifische Fähigkeit dar; vielmehr sollte sie, aufbauend auf den spezifischen Fähigkeiten eines Unternehmens, dessen Aktivitäten definieren.[93] Auf der anderen Seite hängt von der Fähigkeit, geeignete strategische Optionen auszuwählen und zu kombinieren, die Entwicklung eines Unternehmens ab. In Bezug auf das Unternehmenswachstum haben z. B. Gerybadze/Stephan (2003) verschiedene Wachstumsoptionen untersucht: Marktpenetration, Internationalisierung, Produktdiversifikation, vertikale Integration und Diversifikation der Ressourcenbasis. Sie haben festgestellt, dass Auswahl und Umsetzung von Strategieoptionen Einfluss auf das Wachstum haben.[94] Andere Studien haben hingegen nur den Effekt einzelner strategischer Entscheidungen auf das Wachstum untersucht. So hat beispielsweise Arbaugh (2003) festgestellt, dass Unternehmen, die verstärkt Aktivitäten

---

[90] Vgl. Siegel et al. (1993), S. 178.
[91] Vgl. Birley/Westhead (1990), S. 540–546.
[92] Vgl. Lippman/Rumelt (1982), S. 418–419.
[93] Vgl. z. B. Chandler/Hanks (1994), S. 343–344.
[94] Vgl. Gerybadze/Stephan (2003), S. 5–6 und 32–34.

outsourcen, geringeres Wachstum aufweisen als Unternehmen, die diese Aktivitäten weiterhin selbst durchführen.[95]

- Im Hinblick auf die Fähigkeit der Produktinnovation konnte ein Zusammenhang mit dem Wachstum nur teilweise bestätigt werden. Während drei der untersuchten Studien einen Zusammenhang empirisch nachweisen konnten, war das bei vier Studien nicht der Fall. Storey (1994) machte allerdings darauf aufmerksam, dass die Definition von Produktinnovationen in diesen Studien unterschiedlich war. Unter „Produktinnovation" wird einerseits ein völlig neues Produkt auf dem Markt interpretiert, andererseits als neu für das Unternehmen z. B. bei Erweiterung des Produktangebotes.

Zusammenfassend kann festgehalten werden, dass der Einfluss interner Kontextfaktoren auf das Unternehmenswachstum weniger häufig durch empirische Untersuchungen nachgewiesen werden konnte als der Einfluss externer Faktoren. Hervorgehoben werden sollte jedoch, dass die Auswahl der Strategie einen entscheidenden Einflussfaktor auf das Wachstum darstellt.

2.1.2.4 Demografische Faktoren

Neben externen und internen Faktoren wird das Wachstum von Unternehmen durch demografische Faktoren beeinflusst. Kennzeichnend für diese Faktoren ist, dass sie zwar unternehmensspezifisch sind und teilweise von Unternehmen beeinflusst werden können, sie aber weder eine spezifische Ressource noch eine Fähigkeit des Unternehmens repräsentieren. Kortzfleisch/Zahn (1988) stellten fest, dass diese Faktoren nicht direkt das Wachstum beeinflussen, sondern nur den Rahmen bilden, in dem die internen und externen Faktoren wirken.[96] Zu den am häufigsten unter-

---

[95] Vgl. Arbaugh (2003), S. 100–101.
[96] Aufgrund der von Gibrat (1931) beschriebenen unterschiedlichen Qualität der Wachstumsbedingungen sollen diese in den folgenden Betrachtungen als separate Kategorie herausgehoben werden.

suchten demografischen Faktoren zählen die Größe und das Alter eines Unternehmens.[97]

Die häufig im Zusammenhang mit dem Wachstum von Unternehmen diskutierte Frage lautet: Wachsen kleine Unternehmen schneller als große? Frühe Studien kamen zu der Erkenntnis, dass es keinen Zusammenhang zwischen der Größe und der Wachstumsrate eines Unternehmens gibt. Ausgehend von dieser Erkenntnis entwickelte Gibrat (1931) die Theorie, nach der das Wachstum eines Unternehmens einem „Random walk" folgt, d. h. völlig unabhängig von der Größe des Unternehmens ist. Diese Theorie wird als „Gibrat's law" bezeichnet.[98] Zu ihrer Validierung wurde seit den 60er Jahren eine Vielzahl empirischer Studien durchgeführt. Diese konnten jedoch am Beispiel verschiedener Unternehmen zeigen, dass es sehr wohl einen Zusammenhang zwischen Größe und Wachstumsrate gibt – damit war das „Gibrat's law" widerlegt. Evans (1987) hat gezeigt, dass die Wachstumsrate negativ mit der Unternehmensgröße korreliert. Ebenso hat Hall (1987) am Beispiel US-amerikanischer Unternehmen den Nachweis erbringen können, dass kleine Unternehmen im Durchschnitt vier Prozentpunkte stärker wachsen als große Unternehmen, der Zusammenhang zwischen der Unternehmensgröße und der Wachstumsrate mit zunehmender Größe des Unternehmens jedoch abnimmt. Diese Ergebnisse werden wie in der Abb. 6 dargestellt auch von einer Reihe weiterer empirischer Untersuchungen bestätigt.[99]

Neben der Größe wird das Wachstum eines Unternehmens auch von seinem Alter beeinflusst. Die theoretische Basis für diesen Zusammenhang bildet das häufig herangezogene lerntheoretische Wachstumsmodell von Jovanovic (1982).[100] Ausgangspunkt des Modells ist die Beobachtung, dass mit zunehmendem Alter die

---

[97] Neben der Größe und dem Alter von Unternehmen wurde in empirischen Studien auch häufig ein Zusammenhang zwischen der Rechtsform sowie der Eigentümerstruktur und dem Unternehmenswachstum nachgewiesen. Da diese beiden demografischen Faktoren deutlich in der Minderheit sind, wird im Folgenden nur auf die Größe und das Alter vertiefend eingegangen.
[98] Vgl. Reichstein/Dahl (2004), S. 226–227, Almus/Nerlinger (1999) und Wagner (1992).
[99] Für einen Überblick über die verschiedenen Untersuchungen vgl. auch Greiner (1972) und Greiner (1998).
[100] Neben dem lerntheoretischen Modell sind auch andere Modelle und Theorien geeignet, einen Zusammenhang zwischen dem Alter und dem Wachstum eines Unternehmens herzustellen. Verwiesen sei z. B. auf die Phasen- bzw. Lebenszyklusmodelle (z. B. von Tushman/Romanelli (1985), Churchill/Lewis (1983) oder Albach et al. (1985)) oder das Modell der Wachstumskrisen und -schwellen von Jovanovic (1982).

Wachstumsrate von Unternehmen sinkt. Jovanovic argumentiert, dass die Unkenntnis des effizienten Kostenniveaus bei jungen Unternehmen dazu führt, dass diese unterschiedlich stark wachsen. Erst auf der Grundlage der mit zunehmendem Alter ansteigenden Erfahrung passen Unternehmen ihr eigenes Wachstum immer besser ihrer Kostensituation an. Das intensivere Wachstum kleinerer Unternehmen hat seinen Grund darin, dass kleine Unternehmen mit unterdurchschnittlichen Wachstumsraten eher scheitern und damit nicht mehr in die Wachstumsbetrachtung einfließen. Demgegenüber erfolgt bei älteren, erfahrenen Unternehmen eine Angleichung der Wachstumsraten.[101]

Dass das Alter negativ mit dem Unternehmenswachstum korreliert, wird auch in zahlreichen empirischen Studien, die in Abb. 6 aufgelistet sind, deutlich. So haben z. B. Dunne/Hughes (1994) sämtliche in Großbritannien registrierten Unternehmen der Finanzbranche untersucht und festgestellt, dass ältere Unternehmen im Durchschnitt langsamer wachsen als große Unternehmen aus derselben Größenklasse. Bei der Untersuchung von circa 12.000 schwedischen Unternehmen haben Davidsson et al. (2002) festgestellt, dass das Alter den stärksten Einfluss auf das Unternehmenswachstum hat.

In den obigen Ausführungen wurde deutlich, dass auch bei den demografischen Faktoren ein Zusammenhang mit dem Wachstum häufig nachgewiesen wurde. Damit sind die externen und demografischen Faktoren nicht nur die am häufigsten untersuchten Kontextfaktoren des Unternehmenswachstums, sondern auch diejenigen, bei denen am häufigsten ein Zusammenhang nachgewiesen werden konnte.

2.2 Die Internationalisierungsforschung

In diesem Abschnitt wird die Internationalisierungsforschung auf relevante Erkenntnisse im Hinblick auf das internationale Wachstum untersucht. Dazu werden zuerst die verschiedenen Theorien der Internationalisierung hinsichtlich ihres Erklärungsge-

---

[101] Vgl. Woywode (2004), S. 1011–1014, Reichstein/Dahl (2004), S. 227–228 und Woywode (2004), S. 1036. Zum Modell von Jovanovic gibt es zahlreiche Erweiterungen.

halts betrachtet. Wegen der Vielzahl möglicher Theorien sollen lediglich diejenigen Theorien berücksichtigt werden, die sich mit der Dynamik der Internationalisierung befassen (Abschnitt 2.2.1). Dies ist insofern sinnvoll, als die Dynamik auch bei der begrifflichen Definition des internationalen Wachstums einen wesentlichen Aspekt bildet (Abschnitt 1.3). Analog zur Analyse der Wachstumsforschung sollen Forschungsbeiträge untersucht werden, die sich mit den Einflussfaktoren der Internationalisierung befassen (Abschnitt 2.2.2). Auch dieser Aspekt ist bedeutend, da in zahlreichen dieser Forschungsarbeiten das Wachstum als eine Komponente des Erfolgs betrachtet wird.

2.2.1 Dynamik der Internationalisierung

Es gibt zahlreiche theoretische Forschungsansätze, die sich mit den Hintergründen der Internationalisierung befassen. Eine übergreifende Theorie hat sich bisher jedoch nicht herausgebildet. Vielmehr beleuchten die verschiedenen Ansätze unterschiedliche Aspekte der Internationalisierung, wie z. B. die Fragen nach dem „Warum?", „Wie?" „Wann?", „Wie schnell?" oder „Wo?" internationalisieren Unternehmen.[102] Ein direkter Bezug zum internationalen Wachstum lässt sich anhand dieser Fragestellungen jedoch nicht direkt ableiten. Anknüpfungspunkte bieten vielmehr diejenigen Theorien und Ansätze, die die Internationalisierung aus einer dynamischen Perspektive betrachten und damit die Entwicklung eines Unternehmens im Zeitablauf beleuchten. Diese Theorien widmen sich vor allem der Frage: Wie internationalisieren Unternehmen?[103]

Eine der ersten Theorien, die sich mit der Dynamik der Internationalisierung von Unternehmen beschäftigt, ist die Theorie der technologischen Lücke, u. a. von Posner (1961) und Hufbauer (1966). Posner geht davon aus, dass Unternehmen aufgrund von technologischen Vorteilen grenzüberschreitend aktiv werden, die Vorteile

---

[102] Vgl. Kutschker/Schmid (2006), S. 371–372.
[103] Wie bereits oben erläutert „beginnt" das internationale Wachstum eines Unternehmens ab dem Zeitpunkt, in dem es das erste Mal die Grenzen des Heimatlandes überschreitet. Für das internationale Wachstum ist es daher nicht entscheidend, wann der erste Schritt erfolgte, sondern wie es sich ab diesem Zeitpunkt entwickelt. Aus diesem Grund ist die Frage nach dem „Wann?" von geringerer Bedeutung. Für einen Überblick über die dynamischen Modelle der Internationalisierung vgl. auch Simon (2007), S. 44–111.

aber nicht dauerhaft sein müssen.[104] In seiner Theorie beschreibt Posner vier Phasen, die ein Unternehmen durchläuft. In der ersten Phase produziert ein Unternehmen ein innovatives Produkt, das zunächst nur im Inland nachgefragt wird. In der zweiten Phase erlangen auch Kunden im Ausland Kenntnis von dem innovativen Produkt. Dadurch entwickelt sich eine Nachfrage im Ausland, die durch Exporte befriedigt wird. Gleichzeitig beginnen Unternehmen im Ausland, gleichwertige Produkte zu entwickeln. In der dritten Phase beginnt die Produktion eines „gleichwertigen" Produktes im Ausland. Langsam steigt auch der Absatz eines „gleichwertigen" einheimischen Produktes und verdrängt die Exporte. Am Ende der dritten Phase werden die Exporte eingestellt. In der vierten Phase ist es möglich, dass sich die Handelsströme umkehren und das ausländische Unternehmen sein ggf. überlegenes Produkt exportiert. Hervorzuheben an der Theorie der technologischen Lücke ist, dass sie sowohl die Entwicklung im Inland als auch im Ausland betrachtet.[105]

Eine Theorie, die sich ebenfalls mit der Dynamik der Internationalisierung von Unternehmen beschäftigt, ist der Produkt(lebens)zyklusansatz von Vernon (1966). Im Unterschied zur Theorie der technologischen Lücke vergleicht Vernon die Entwicklung des Absatzes und der Produktion eines neuen Produktes differenziert nach Inland und Ausland. Er unterscheidet drei Phasen der Entwicklung: Während der ersten Phase wird ein neues Produkt vor allem im Inland produziert und abgesetzt. Eine eventuelle Auslandsnachfrage wird in dieser Phase durch Exporte befriedigt. Während der zweiten Phase steigt die Nachfrage nach dem Produkt im Ausland an. Wegen des zunehmenden Wettbewerbs und des damit einhergehenden Kostendrucks aus der Perspektive des ursprünglich innovativen Unternehmens kommt es auch zu einer verstärkten Produktion im Ausland, insbesondere in Industrieländern. Während der dritten Phase verlangsamt sich das Absatzwachstum im Inland und in den Industrieländern. Die Produktion wird wegen des immer stärker werdenden Kostendrucks nahezu vollständig in Niedriglohnländer verlagert.[106] Hervorzuheben an diesem theoretischen Ansatz ist, dass er die einzige Theorie im internationalen Management darstellt, die das Wachstum auf der Absatz- und Produktionsseite sowohl

---

[104] Exemplarisch wird hier der Ansatz von Posner (1961) ausgewählt. Posner geht in seiner Arbeit grundsätzlich von technologischen Vorteilen zwischen Ländern aus. Da er die Vorteile jedoch auf spezifische Industrien bezieht, soll im Folgenden vereinfachend von einzelnen Unternehmen ausgegangen werden.
[105] Vgl. Posner (1961), S. 338–341 und Kutschker/Schmid (2006), S. 389–393.
[106] Vgl. Vernon (1966), S. 191–207.

im Inland als auch im Ausland gegenübergestellt. Problematisch ist jedoch die fehlende Allgemeingültigkeit des Ansatzes, da nur die spezifische Situation US-amerikanischer Unternehmen und nur kapitalintensive Produkte für einkommensstarke Kunden betrachtet werden.[107]

Ein weiterer populärer Ansatz, der sich mit der Dynamik der Internationalisierung befasst, ist das Internationalisierungsprozessmodell der Uppsala-Schule. Anders als im Produkt(lebens)zyklusansatz wird in diesem Modell vor allem die Entwicklung im Ausland betrachtet. Es wird davon ausgegangen, dass es im Ausland entlang der sogenannten Establishment Chain zuerst durch sporadische und später durch regelmäßige Exporte zunächst zum Wachstum auf der Absatzseite kommt. Die Produktion im Ausland wird – durch die Gründung von Produktionsgesellschaften – hingegen erst nach einem relativ langen Zeitraum aufgenommen. Weiterhin geht das Modell davon aus, dass das Wachstum im Ausland aufgrund von Lernprozessen graduell und nicht sprunghaft verläuft.

Ebenso wie bei dem Internationalisierungsprozessmodell der Uppsala-Schule liegt der Fokus der meisten in Abb. 7 aufgelisteten dynamischen Theorien der Internationalisierung auf der Entwicklung im Ausland. Einerseits wird der Verlauf des Wachstums im Ausland beispielsweise als inkrementell oder sprunghaft charakterisiert, andererseits werden die Ursachen für das Wachstum im Ausland betrachtet. Eine Gegenüberstellung der inländischen und ausländischen Entwicklung erfolgt jedoch nicht. Lediglich beim oben ausführlicher erläuterten Produkt(lebens)zyklusansatz von Vernon sowie bei der Theorie der technologischen Lücke spielt dieser Aspekt eine Rolle. Zudem gibt es noch einige dynamische Theorien, die keine oder nur unklare Aussagen zum internationalen Wachstum machen, wie z. B. die Ansätze der Kostendegression oder der Diamant-Ansatz von Porter.

Als Fazit lässt sich festhalten, dass es Internationalisierungstheorien gibt, die Wachstumsaspekte, nämlich den Verlauf und die Ursachen des Wachstums im Ausland von Unternehmen, näher beleuchten. Diese Theorien analysieren jedoch nur das Wachstum im Ausland; eine vergleichende Betrachtung mit der inländischen Entwicklung erfolgt hingegen nicht oder nur zum Teil. Die beiden Theorien, bei denen diese ver-

---

[107] Vgl. Bäurle (1996), S. 47.

gleichende Betrachtung erfolgt, sind mit erheblichen Schwächen behaftet. Zum einen sind sie wegen ihrer einschränkenden Annahmen zu kritisieren – Produkt(lebens)-zyklusansatz – und zum anderen beziehen sie sich nur auf ein Wachstumsmerkmal – Theorie der technologischen Lücke.

Theorie/Ansatz	Hauptaussage	Bezug zum internationalen Wachstum[108]
Theorie der technologischen Lücke (Posner (1961), Hufbauer (1966))	Zum Außenhandel kommt es aufgrund von technologischen Vorteilen gegenüber dem Ausland. Imitations-, Innovationsanstrengungen und Kostenvorteile ausländischer Unternehmen können dazu führen, die Handelsströme umzukehren und die inländische Produktion zu verringern.	Charakterisierung der Ursachen des Absatzwachstums im Ausland und des Produktionswachstums im Inland.
Ansätze der Kostendegression (u. a. Posner (1961))	Der Zwang zur Kostendegression führt zur Internationalisierung, um Größen- oder Lerneffekte realisieren zu können. Die Internationalisierung kann durch Exporte oder Direktinvestitionen im Ausland erfolgen.	Benennung von Gründen für das Wachstum im Ausland; das „Wie" bleibt unbeantwortet.
Produktlebenszyklustheorie (Vernon (1966))	Neue Produkte werden zunächst im Heimatland, dann in Industrie- und anschließend in Entwicklungsländern angeboten. Mit zunehmender Reife wird auch die Produktion in Industrieländer und anschließend in Entwicklungsländer verlagert.	Charakterisierung der Ursachen und des Verlaufs des Absatz- und Produktionswachstums in den USA und im Ausland.
Verhaltenstheorie (Aharoni (1966))	Die Internationalisierung erfolgt häufig auf der Basis irrationaler und nicht vorhersagbarer Entscheidungen verschiedener Personen mit unterschiedlichen Zielsetzungen.	Charakterisierung des Wachstumsverlaufs im Ausland als zufällig ohne typische Muster.
Stufenmodelle (u. a. Meissner/Gerber (1980))	Die Differenzierung verschiedener Phasen der Internationalisierung in Abhängigkeit von der Management- und Kapitalleistung im Ausland.	Aussagen zum Wachstum sind didaktischer Natur und im Wesentlichen auslandsbezogen.
Theorie des oligopolistischen Parallelverhaltens (u. a. Knickerbocker (1973))	In oligopolistischen Märkten versuchen Unternehmen, gestörte Gleichgewichte infolge von Auslandsinvestitionen eines Konkurrenten durch „Follow-the-Leader-Investments" oder „Cross Investments" wieder herzustellen.	Charakterisierung der Ursachen des Produktionswachstums im Ausland.
Internationalisierungsprozess – Uppsala (u. a. Johanson/Vahlne (1977))	Die Internationalisierung ist ein inkrementeller und stufenweiser Prozess. Er verläuft entlang der Establishment Chain und der Psychic Distance Chain.	Charakterisierung des Verlaufs von Absatz- und Produktionswachstums im Ausland.
Exportstufenmodelle (u. a. Cavusgil (1984))	Die Internationalisierung ist ein stufenweiser Prozess (Exportprozess), der von den subjektiven Entscheidungen des Managements geprägt wird. Die Entscheidungen sind stufenspezifisch.	Charakterisierung des Verlaufs des Absatzwachstums und ansatzweise die Aufnahme der Produktion im Ausland.

---

[108] Bei mehreren Verbindungen zum internationalen Wachstum ist jeweils nur die stärkste aufgeführt.

Theorie/Ansatz	Hauptaussage	Bezug zum internationalen Wachstum[108]
Globalisierungskonzept (Ohmae (1985))	Um erfolgreich zu sein, müssen Unternehmen in Ländern mit hohem Absatzpotenzial schnell internationalisieren und Insiderwissen aufbauen.	Charakterisierung der Ursachen für das Absatz- und Produktionswachstum im Ausland.
Internationalisierungsprozess – Helsinki-Schule (u. a. Luostarinen (1989))	Die Internationalisierung ist ein inkrementeller und stufenweiser Prozess. Er verläuft entlang von vier Phasen und wird durch die Dimensionen Produkt, Operation und Markt geprägt.	Charakterisierung des Verlaufs des Absatz- und Produktionswachstums im Ausland.
Diamant-Ansatz (Porter (1990))	Unternehmen einer Branche sind international umso wettbewerbsfähiger, je besser die sechs Faktoren des Diamanten in einer Nation zusammenspielen.	Nur geringer Bezug zum Wachstum im Ausland und Inland.
GAINS-Ansatz (u. a. Macharzina/Engelhard (1991))	Die Internationalisierung ist ein Prozess, der sowohl aus Phasen der Ruhe als auch aus Phasen der inkrementellen und sprunghaften Veränderung besteht.	Nur schwacher Wachstumsbezug: Charakterisierung des Verlaufs des Absatz- und Produktionswachstums im Ausland.
„Drei E"-Konzept (u. a. Kutschker et al. (1997))	Die Internationalisierung verläuft in verschiedenen Prozesskategorien: Evolution, Episode und Epoche. Die drei Kategorien variieren hinsichtlich des Ausmaßes, der Geschwindigkeit und der Dauer der Veränderung sowie der Bedeutung der Veränderung für das Unternehmen.	Nur schwacher Wachstumsbezug: Charakterisierung des Verlaufs des Absatz- und Produktionswachstums im Ausland.

Abb. 7: Theorien und Ansätze der Internationalisierung.[109]

Quelle: Bäurle (1996), S. 39–118, Swoboda (2002), S. 35–148 und Kutschker/Schmid (2006), S. 376–464 und 1055–1180.

2.2.2 Kontextfaktoren der Internationalisierung

Ziel dieses Abschnitts ist es, die wesentlichen Kontextfaktoren der Internationalisierung zu erfassen. Zur besseren Vergleichbarkeit orientiert sich das Vorgehen in diesem Abschnitt an der bereits im Abschnitt zum Wachstum (Abschnitt 2.1.2) verwendeten Struktur. Dementsprechend erfolgt zunächst eine übergreifende Darstellung der Arbeiten, die sich mit dieser Thematik auseinandergesetzt haben (Ab-

---

[109] Die Basis für die Auswahl von Internationalisierungstheorien und Ansätzen, die dynamische Aspekte thematisieren, bildete die Arbeit von Bäurle (1996), ergänzt durch Swoboda (2002). Um ein möglichst breites Bild des Wissensstandes darzustellen, wurde ein weites Verständnis von Theorien und Ansätzen zugrunde gelegt. Insbesondere die Ansätze von Ohmae (1985) und Porter (1990) haben zunächst keine Bedeutung für eine dynamische Betrachtung der Internationalisierung. Werden diese Ansätze jedoch als Denkkonzept betrachtet, können auch Schlussfolgerungen für die Prozesse der Internationalisierung abgeleitet werden. Für eine ausführliche Erläuterung des Zusammenhangs mit der Dynamik der Internationalisierung vgl. Swoboda (2002), S. 138–144.

schnitt 2.2.2.1). Anschließend werden die drei Gruppen der Kontextfaktoren – externe (Abschnitt 2.2.2.2), interne (Abschnitt 2.2.2.3) und demografische (Abschnitt 2.2.2.4) – erläutert.

2.2.2.1 Überblick über bestehende Arbeiten

Es gibt bereits zahlreiche wissenschaftliche Arbeiten, die sich mit Faktoren, die Einfluss auf die Internationalisierung ausüben, befassen. Die Kernfrage dieser Arbeiten unterscheidet sich zunächst auch nicht wesentlich von den oben erläuterten Arbeiten zur Wachstumsfrage. Es geht darum, zu bestimmen, von welchen Faktoren (unabhängigen Größen) die Internationalisierung (abhängige Größe) beeinflusst wird. Bevor in den folgenden Abschnitten wieder detailliert auf die einzelnen Kontextfaktoren eingegangen wird, sollen zunächst die übergreifenden Merkmale der betrachteten Arbeiten erläutert werden. Zu diesen Merkmalen gehören erneut die Definition der abhängigen Größe, die betrachteten unabhängigen Größen sowie die Art und der Gegenstand der Untersuchung. Basis für die Auswahl und die Auswertung der betrachteten wissenschaftlichen Arbeiten ist die Metaanalyse von Datta et al. (2002)[110].

Die Internationalisierung von Unternehmen soll als abhängige Größe untersucht werden. Die Internationalisierung ist allerdings nicht so einfach erfassbar, wie das z. B. beim Wachstum der Fall ist. Zur Erfassung der Internationalisierung gibt es verschiedene Konstrukte. Zunächst kann bestimmt werden, was Unternehmen im Ausland eigentlich machen. Am häufigsten wird dazu die Art und Weise des internationalen Engagements, die sogenannten Markteintritts- und Marktbearbeitungsstrategien, untersucht. Dazu gehören z. B. Exporte, Lizenzierungen, Franchising, Joint-Venture-Gründung von Tochterunternehmen.[111] Eine weitere Alternative zur Erfassung der Internationalisierung sind quantitative Merkmale eines Unternehmens. Dazu werden häufig Auslandsquoten verwendet, bei denen z. B. der Anteil des Auslandsumsatzes am Gesamtumsatz eines Unternehmens bestimmt wird. Neben den quanti-

---

[110] Im Vergleich zu anderen Metaanalysen (vgl. Sarkar/Cavusgil (1996), Madhok (1998) oder Kumar/Subramaniam (1997) ist die von Datta et al. (2002) am umfangreichsten und aktuellsten.
[111] Vgl. Kutschker/Schmid (2006), S. 246–249 und 796. Eine umfassende Erläuterung der Strategien der internationalen Unternehmen ist zu finden bei Kutschker/Schmid (2006), S. 795–1047.

tativen Merkmalen können internationale Unternehmen auch durch qualitative Merkmale erfasst werden. Damit können unterschiedliche Typen der Internationalisierung charakterisiert werden.[112]

Die Mehrzahl der wissenschaftlichen Arbeiten, die sich mit Einflussfaktoren der Internationalisierung befassen, haben die gewählten Markteintritts- und Marktbearbeitungsstrategien sowie quantitative Merkmale als abhängige Größen untersucht.[113] Bei den quantitativen Merkmalen wurde in der Regel die Exportleistung als abhängige Größe definiert.[114] Da bei den quantitativen Merkmalen nur auf eine Markteintritts- und Marktbearbeitungsstrategie abgestellt wird, erscheint es sinnvoll, solche wissenschaftlichen Arbeiten zu betrachten, die die Markteintritts- und Marktbearbeitungsstrategien als abhängige Größen definieren, da hier ein deutlich breiteres Spektrum internationaler Aktivitäten erfasst wird. Zudem müssten die Faktoren, die die Auswahl des Exports als Markteintritts- und Marktbearbeitungsstrategien beeinflussen, auch die Exportleistung wesentlich beeinflussen. Qualitative Merkmale wurden bisher nur in wenigen wissenschaftlichen Arbeiten als abhängige Größen untersucht.

Nachdem die Verwendung der Internationalisierung als abhängige Größe beschrieben wurde, soll nun auf die untersuchten unabhängigen Größen eingegangen werden. Die wissenschaftlichen Arbeiten, die sich mit den Einflussfaktoren der Internationalisierung befasst haben, haben unterschiedliche unabhängige Größen untersucht. Diese werden im Folgenden auch als Kontextfaktoren bezeichnet. Aufgrund der Vielzahl möglicher Kontextfaktoren wurde in den einzelnen Arbeiten jeweils nur ein Teil der möglichen Größen untersucht. Da erstens in den Arbeiten eine Vielzahl unterschiedlicher Faktoren betrachtet wurde und zweitens die Vergleichbarkeit mit den im Abschnitt 2.1.2 diskutierten Faktoren gewährleistet werden soll, sollen diese wiederum in drei Gruppen erfasst werden. Die Gruppeneinteilung erfolgt analog zu der im Abschnitt zum Wachstum verwendeten Systematik in externe, interne und demografische Faktoren. In Ergänzung zur Systematik beim Wachstum wurden die Motive für die Internationalisierung als ein weiterer Aspekt im Rahmen der internen Faktoren aufgenommen.

---

[112] Vgl. Kutschker/Schmid (2006), S. 231–232.
[113] Zu Markteintritts- und Marktbearbeitungsstrategien vgl. Datta et al. (2002), zu quantitativen Merkmalen Sousa et al. (2008).
[114] Für eine Begründung vgl. Sousa et al. (2008), S. 343–345.

Hinsichtlich der Art der Untersuchung liegt der Fokus – wie bereits im Abschnitt zum Wachstum erläutert – auf empirischen Arbeiten, da diese erstens bestehende theoretische Ansätze verifizieren und zweitens die Theorien meist auf Grundlage von empirischen Arbeiten bzw. Fallstudien oder Fallbeispielen entwickelt wurden.

Wie es bereits beim Wachstum der Fall war, unterscheiden sich die untersuchten Arbeiten auch hinsichtlich des Gegenstandes der Untersuchung. Unterschiede bestehen zusätzlich in der Auswahl der Unternehmen. Während in den Arbeiten zum Wachstum vor allem mittlere und kleinere Unternehmen untersucht wurden, liegt der Schwerpunkt der von Datta et al. (2002) ausgewählten Arbeiten zur Internationalisierung auf mittleren und großen Unternehmen. Dafür stammen die untersuchten Unternehmen größtenteils aus den USA. Nur wenige Arbeiten haben Unternehmen aus Europa, Asien oder eine Gruppe von Unternehmen unterschiedlicher Kontinente zum Thema. Auch die in den Untersuchungen betrachteten Zeiträume unterscheiden sich.

Bevor die drei Gruppen der Kontextfaktoren – externe, interne und demografische – in den folgenden Abschnitten erläutert werden, wird in Abb. 8 ein Überblick über die untersuchten empirischen Arbeiten gegeben. Für die einzelnen Arbeiten ist jeweils markiert, für welche der Kontextfaktoren ein Zusammenhang nachgewiesen werden konnte und für welche nicht. Eine weitere Detaillierung der Kontextfaktoren Mikroumwelt, Makroumwelt, Fähigkeiten und Ressourcen ist im Anhang III aufgeführt.

Studie	Externe Faktoren			Interne Faktoren			Demogr. Faktoren		Gegenstand der Untersuchung
	Mikro-umwelt	Makro-umwelt	Fähig-keiten	Ressour-cen	Motive	Größe	Sonstige		
Agarwal (1994)		✓	✓	✓		✗			148 Joint Ventures US-amerikanischer Unternehmen im Ausland
Agarwal/Ramaswami (1992)	✓	✓	✓	✓		✓			628 US-amerikanische Unternehmen bei Auslandsentscheidungen
Anderson/Coughlan (1987)	✗		✗	✓					36 US-amerikanische Unternehmen mit Auslandsaktivitäten
Aulakh/Kotabe (1997)		✓	✓	✗		✗			108 Unternehmen aus den Fortune 500
Baughn/Osborn (1990)	✓					✓			270 Kooperationen zwischen US-amerikanischen und japanischen Unternehmen
Brickley/Dark (1987)				✓					36 US-amerikanische Franchise-Unternehmen mit Auslandsaktivitäten

Studie	Externe Faktoren		Interne Faktoren			Demogr. Faktoren		Gegenstand der Untersuchung
	Mikroumwelt	Makroumwelt	Fähigkeiten	Ressourcen	Motive	Größe	Sonstige	
Brouthers (1995)	✓							125 US-amerikanische IT-Unternehmen mit Auslandsaktivitäten
Caves/Mehra (1986)	✓		✓	✓			✓	138 Markteintritte ausländischer Unternehmen in die USA
Chan (1995)			x	✓	✓			50 Unternehmen weltweit mit Auslandsaktivitäten
Chang/Rosenzweig (2001)	✓	✓	x			x		119 japanische/europäische Unternehmen
Davidson/McFetridge (1985)	x	✓	✓	✓				32 US-amerikanische Unternehmen mit Auslandsaktivitäten
Davis et al. (2000)			✓	✓				129 Markteintritte von Geschäftsbereichen US-amerikanischer Unternehmen
Domke-Damonte (2000)			✓					24 US-amerikanische Unternehmen bei Auslandsentscheidungen
Erramilli (1991)			✓	x/✓		✓		151 US-amerikanische Unternehmen mit Auslandsaktivitäten
Erramilli (1996)			✓		✓	✓	✓	20.000 Töchter US-amerikanischer und europäischer Unternehmen im Ausland
Erramilli/Rao (1993)	✓		x/✓	✓	✓	✓		114 US-amerikanische Unternehmen bei Auslandsentscheidungen
Fagre/Wells Jr (1982)			x	✓		x		178 Töchter US-amerikanischer Unternehmen in Lateinamerika
Fladmoe-Lindquist/Jacque (1995)	✓	✓	✓					12 amerikanische Unternehmen mit Auslandsaktivitäten
Gatignon/Anderson (1988)	✓	✓					✓	1.267 ausländische Tochtergesellschaften US-amerikanischer Unternehmen
Gomes-Casseres (1989)	✓	✓	✓					20.000 ausländische Tochtergesellschaften US-amerikanischer Unternehmen
Goodnow/Hansz (1972)		✓						222 US-amerikanische Unternehmen mit Auslandsaktivitäten
Hennart (1991)			✓	x/✓				158 japanische Tochtergesellschaften in den USA
Hennart/Larimo (1998)		✓						401 Markteintritte japanischer/finnischer Unternehmen in die USA
Hennart/Park (1993)	x/✓		x	✓				270 japanische Unternehmen mit Tochtergesellschaften in den USA
Hennart/Reddy (1997)	x/✓			✓		✓		175 Markteintritte japanischer Unternehmen in die USA
Kim/Hwang (1992)	x	✓	x/✓	✓				96 US-amerikanische Produktionsunternehmen
Kobrin (1987)	✓	x	✓	✓		✓	x	563 ausländische Tochtergesellschaften US-amerikanischer Unternehmen
Kogut/Singh (1988b)		x						108 Markteintritte ausländischer Unternehmen in die USA

Studie	Externe Faktoren		Interne Faktoren			Demogr. Faktoren		Gegenstand der Untersuchung
	Mikroumwelt	Makroumwelt	Fähigkeiten	Ressourcen	Motive	Größe	Sonstige	
Kogut/Singh (1988a)	x/✓	✓	x			✓	✓	228 Markteintritte ausländischer Unternehmen in die USA
Kwon/Hu (1995)			✓					228 US-amerikanische Unternehmen mit Auslandsaktivitäten
Kwon/Konopa (1993)	✓	x			✓			96 US-amerikanische Unternehmen mit Auslandsaktivitäten
Makino/Neupert (2000)	✓		✓			✓	✓	131 Eintritte US-amerikanischer Unternehmen in Japan
Osborn/Baughn (1990)	✓				✓	x		153 Kooperationen US-amerikanischer und japanischer Unternehmen
Rhoades/Rechner			x	✓			✓	235 Unternehmen weltweit mit Auslandsaktivitäten
Shrader (2001)			✓	x		✓	✓	x	176 Markteintritte US-amerikanischer Unternehmen ins Ausland
Shrader et al. (2000)	✓	✓	✓	✓	✓	✓	x	212 Markteintritte US-amerikanischer Unternehmen ins Ausland
Singh/Kogut (1989)	x/✓		x				x	506 Markteintritte ausländischer Unternehmen in die USA
Stopford/Wells (1972)	✓		✓	✓	✓		x	187 US-amerikanische Produktionsunternehmen
Taylor et al. (1998)	x		✓	✓		✓		343 Markteintritte US-amerikanischer und japanischer Unternehmen
Wilson (1980)						✓	✓	187 amerikanische und 202 nicht amerikanische Unternehmen

✓	Faktor untersucht – Zusammenhang mit der Markteintritts- und Marktbearbeitungsstrategie nachgewiesen
x	Faktor untersucht – Zusammenhang mit der Markteintritts- und Marktbearbeitungsstrategie nicht nachgewiesen
x/✓	Faktor untersucht – Zusammenhang mit der Markteintritts- und Marktbearbeitungsstrategie nicht eindeutig nachgewiesen

Abb. 8: Überblick über Kontextfaktoren der Internationalisierung (Formen der Markteintritts- und Marktbearbeitungsstrategien).

Quelle: Informationen aus Datta et al. (2002).

2.2.2.2 Externe Faktoren

Die externen Faktoren können wie auch beim Wachstum nach zwei Kategorien eingeteilt werden: in Faktoren zur Beschreibung der Makro- und der Mikroumwelt. Die Mikroumwelt umfasst die branchenbezogene Umwelt, die Makroumwelt die Merkmale eines bestimmten Landes. Anders als beim Wachstum kann die Makroumwelt in Bezug auf die Internationalisierung noch weiter differenziert werden. Da es bei der Wahl der Markteintritts- und Marktbearbeitungsstrategie nicht nur auf die Merkmale des Herkunftslandes, sondern auch auf die des Ziellandes ankommt, sind Merkmale sowohl des Herkunfts- als auch des Ziellandes zu berücksichtigen.[115] In den betrachteten Arbeiten wurde sowohl die Makro- als auch die Mikroumwelt beleuchtet. Zunächst werden die Ergebnisse in Bezug auf die Branche, d. h. die Makroumwelt, erläutert.

Der Großteil der betrachteten Arbeiten beschäftigt sich mit dem Einfluss der Branche auf die Markteintritts- und Marktbearbeitungsstrategie. Ein Zusammenhang zwischen der Branche als unabhängige Größe und der Markteintritts- und Marktbearbeitungsstrategie als abhängige Größe wird auch in der Mehrzahl der Arbeiten festgestellt – allerdings nicht so deutlich, wie dies bei der Frage nach den Einflussfaktoren des Wachstums der Fall ist. Die am häufigsten untersuchten unabhängigen Faktoren sind die Forschungsintensität, die Marketingintensität, die Wettbewerbsintensität, das Wachstum und die technologischen Spezifika (Komplexität, Servicebedarf etc.) einer Branche. Folgende Zusammenhänge wurden in den untersuchten Arbeiten festgestellt:

- Ist eine Branche durch eine hohe Forschungsintensität geprägt, wie dies z. B. bei Pharmaunternehmen der Fall ist, erfolgt der Eintritt in internationale Märkte häufiger durch Kooperationen und Joint Ventures als durch den Aufbau oder die Akquisition eigener Tochtergesellschaften im Ausland.[116]
- Die Marketingintensität einer Branche hat in den untersuchten Arbeiten entweder keinen Einfluss auf die Wahl der Markteintritts- und Marktbearbeitungsstrategie oder die Ergebnisse verschiedener Arbeiten sind widersprüchlich.[117]
- Auch für die Wettbewerbsintensität konnte kein Zusammenhang mit den gewählten Markteintritts- und Marktbearbeitungsstrategien festgestellt werden.[118]

---

[115] Vgl. Datta et al. (2002), S. 90–95. Datta et al. (2002) unterscheiden auch die branchenbezogene Umwelt nach inländischen und ausländischen Faktoren. Dies ist aber insofern nicht sinnvoll, da die meisten grundlegenden Eigenschaften einer Branche sich auch länderübergreifend größtenteils nicht voneinander unterscheiden. So ist z. B. die Pharmaindustrie immer von einer hohen Forschungsintensität gekennzeichnet, unabhängig davon, welches Land betrachtet wird.
[116] Vgl. Singh/Kogut (1989), S. 118–120 und Gomes-Casseres (1989), S. 15–23.
[117] Vgl. Fladmoe-Lindquist/Jacque (1995), S. 46–48 und Kogut/Singh (1988b), S. 425–430.
[118] Vgl. Chang/Rosenzweig (2001), S. 762–773 und Kogut/Singh (1988b), S. 425–430.

- Das Wachstum der Branche hat in nahezu allen Arbeiten, die diesen Faktor untersucht haben, Einfluss auf die Markteintritts- und Marktbearbeitungsstrategie. Bei hohem Branchenwachstum werden in der Regel Akquisitionen gegenüber Joint Ventures und „Grüne Wiese"-Investitionen bevorzugt.[119]
- Auch die Art der verwendeten Technologien hat Einfluss auf die Markteintritts- und Marktbearbeitungsstrategie.[120]

Im Folgenden soll auf die länderspezifischen Faktoren der Makroumwelt eingegangen werden. Die länderspezifischen Faktoren wurden seltener als die zuvor beschriebenen branchenspezifischen Faktoren untersucht. Bei diesen Faktoren standen entweder die Merkmale des Auslands oder Vergleiche zwischen Inland und Ausland im Mittelpunkt. Ausschließlich auf das Inland bezogene Faktoren spielten in den Untersuchungen kaum eine Rolle. Die am häufigsten betrachteten Faktoren sind die Größe des Auslandsmarktes, spezifische Länderrisiken, rechtliche Rahmenbedingungen im Ausland und kulturelle Unterschiede zwischen den Ländern. Folgende Zusammenhänge wurden in den untersuchten Arbeiten exemplarisch festgestellt:

- Die Größe des Auslandsmarktes hat Einfluss auf die gewählte Markteintritts- und Marktbearbeitungsstrategie. Die meisten Arbeiten zeigen, dass die Größe des Auslandsmarktes positiv mit dem Eigentumsgrad des Auslandsgeschäfts korreliert, d. h., je größer der Markt, desto häufiger werden 100 Prozent-Tochtergesellschaften im Ausland gegründet.[121]
- Je größer das spezifische Risiko eines Ziellandes eingeschätzt wird, desto eher werden Markteintritts- und Marktbearbeitungsstrategien mit einer geringen Kontrollintensität, wie z. B. Kooperationen anstatt Akquisitionen, gewählt.[122]
- In Märkten mit restriktiven rechtlichen Rahmenbedingungen werden von Unternehmen häufiger Markteintritts- und Marktbearbeitungsstrategien mit geringerer Kontrollintensität bevorzugt.[123]
- Alle Arbeiten, die kulturelle Unterschiede zwischen Ländern als unabhängige Größe untersucht haben, stellten einen Zusammenhang mit den gewählten

---

[119] Vgl. Hennart/Reddy (1997), S. 9–11.
[120] Vgl. Shrader et al. (2000), S. 1238–1242.
[121] Vgl. Agarwal (1994), S. 73–75 und Kobrin (1987), S. 625–635.
[122] Vgl. Agarwal/Ramaswami (1992), S. 20–23.
[123] Vgl. Erramilli (1996), S. 240–245.

Markteintritts- und Marktbearbeitungsstrategien fest. Je größer die kulturellen Unterschiede sind, desto geringer ist der Eigentumsgrad des Auslandsgeschäfts, d. h. mehr Kooperationen und weniger 100 Prozent-Tochtergesellschaften.[124]

Abschließend kann festgehalten werden, dass die Branche sowie landesspezifische Merkmale in einer Vielzahl wissenschaftlicher Arbeiten als Faktoren, die Einfluss auf die Internationalisierung haben, identifiziert wurden. Allerdings wurden branchenspezifische Faktoren seltener identifiziert, als das beim Wachstum der Fall war.

2.2.2.3 Interne Faktoren

Die Abhängigkeit der Internationalisierung von internen Faktoren kann durch verschiedene theoretische Ansätze abgeleitet werden. Zu den wesentlichen Theorien, die in den untersuchten Arbeiten verwendet wurden, gehören die ressourcenbasierten Ansätze, die Theorie des monopolistischen Vorteils nach Hymer (1976), die Transaktionskostentheorie[125], der Internationalisierungsprozessansatz nach Uppsala u. a. Johanson/Vahlne (1977) und das eklektische Paradigma nach Dunning (1973).

Beim Internationalisierungsprozessansatz nach Uppsala geht man beispielsweise davon aus, dass die kumulierte internationale Erfahrung eines Unternehmens zu einer höheren Ressourcenbindung im Ausland führt. Diese höhere Ressourcenbindung erfordert Markteintritts- und Marktbearbeitungsstrategien, die durch einen höheren Eigentumsgrad und Kontrollintensität charakterisiert sind. Als weiteres Beispiel kann die Transaktionskostentheorie genannt werden. In dieser wird davon ausgegangen, dass bestimmte Transaktionen intern erfolgen sollten, wenn das Unternehmen über spezifische Fähigkeiten oder Ressourcen verfügt, aus denen sich spezifische Wettbewerbsvorteile ableiten lassen. Daraus folgen Markteintritts- und Marktbearbeitungsstrategien, deren Eigentumsgrad und Kontrollintensität umso stärker ausgeprägt sind, desto spezifischer die Ressourcen oder Fähigkeiten des Unternehmens sind.[126] In den untersuchten empirischen Arbeiten finden je nach betrachte-

---

[124] Vgl. Erramilli (1996), S. 240–245.
[125] Vgl. z. B. Hennart/Reddy (1997), S. 1–3.
[126] Vgl. Datta et al. (2002), S. 87–90.

ten Einflussfaktoren unterschiedliche theoretische Aussagen Anwendung. Inwiefern diese theoretischen Ansätze auch in der Praxis nachweisbar sind, wird im Folgenden erläutert.

Die internen Faktoren können wie beim Wachstum in zwei Kategorien eingeteilt werden: in Faktoren, die erstens die Ressourcen oder zweitens die Fähigkeiten eines Unternehmens charakterisieren. Zusätzlich werden noch Faktoren differenziert, die die Motivation der Internationalisierung charakterisieren. Als Erstes folgt die Erläuterung den Fähigkeiten eines Unternehmens.

Die meisten der untersuchten Arbeiten analysieren den Einfluss der Fähigkeiten auf die Markteintritts- und Marktbearbeitungsstrategie. Zu den am häufigsten empirisch untersuchten Fähigkeiten gehören internationale Erfahrung, Produktdiversifizierung, Forschungsfähigkeiten und Marketingfähigkeiten.

- Wie bereits theoretisch abgeleitet,[127] zeigt auch die Mehrzahl der empirischen Untersuchungen, dass bei Unternehmen mit viel internationaler Erfahrung die Markteintritts- und Marktbearbeitungsstrategien durch einen höheren „Eigentumsgrad und Kontrollintensität" charakterisiert sind.[128]
- Die Produktdiversifikation eines Unternehmens hat in den untersuchten Arbeiten entweder keinen Einfluss auf die Wahl der Markteintritts- und Marktbearbeitungsstrategie oder die Ergebnisse sind widersprüchlich.[129]
- Fast alle empirischen Arbeiten, die die Forschungsfähigkeiten betrachten, bestätigen, dass bei Unternehmen mit ausgeprägten Forschungsfähigkeiten Markteintritts- und Marktbearbeitungsstrategien durch einen höheren „Eigentumsgrad und Kontrollintensität" charakterisiert sind.[130]
- Die Marketingfähigkeiten eines Unternehmens haben in den untersuchten Arbeiten entweder keinen Einfluss auf die Wahl der Markteintritts- und Marktbearbeitungsstrategie oder die Ergebnisse sind widersprüchlich.

---

[127] Entsprechend dem Internationalisierungsprozessansatz nach Uppsala u. a. Johanson/Vahlne (1977).
[128] Vgl. Gatignon/Anderson (1988), S. 325–335.
[129] Vgl. Shrader et al. (2000), S. 1238–1243.
[130] Vgl. Hennart/Park (1993), S. 1065–1073.

Nun sollen die Ressourcen eines Unternehmens betrachtet werden. Die Ressourcen als Einflussfaktor auf die Markteintritts- und Marktbearbeitungsstrategie wurden seltener untersucht als die zuvor beschriebenen Fähigkeiten. Zu den am häufigsten untersuchten Ressourcen zählt die Präsenz im Ausland: Anzahl ausländischer Standorte sowie Umfang der Aktivitäten im Ausland. Alle betrachteten Arbeiten haben zwar einen Zusammenhang mit den gewählten Markteintritts- und Marktbearbeitungsstrategien festgestellt, die Ergebnisse sind jedoch widersprüchlich.[131]

Abschließend seien noch die Motive als Einflussfaktor erwähnt: In allen Arbeiten, die diesen Faktor betrachtet haben, wurde ein Zusammenhang mit der gewählten Markteintritts- und Marktbearbeitungsstrategie festgestellt.

Zusammenfassend kann festgehalten werden, dass der Einfluss interner Kontextfaktoren auf die Internationalisierung in empirischen Untersuchungen häufiger nachgewiesen werden konnte, als dies beim Wachstum der Fall war. Im Vergleich mit den externen Faktoren beeinflussen beide gleichermaßen die Internationalisierung von Unternehmen.

2.2.2.4 Demografische Faktoren

Neben internen und externen Faktoren wurde auch untersucht, ob die Internationalisierung von Unternehmen von demografischen Faktoren beeinflusst wird. Die Größe des Unternehmens ist in diesem Zusammenhang der mit Abstand am häufigsten untersuchte Faktor. Hinsichtlich des Einflusses der Unternehmensgröße auf die Markteintritts- und Marktbearbeitungsstrategien gibt es in den untersuchten Arbeiten unterschiedliche Erklärungsmuster.

Agarwal/Ramaswami (1992) argumentieren, dass vor allem große Unternehmen die hohen Transaktionskosten, die beim Markteintritt durch Direktinvestitionen im Vergleich zu anderen Markteintrittsformen wie dem Export oder Allianzen auftreten,

---

[131] Vgl. Datta et al. (2002), S. 136.

leichter kompensieren können als kleinere Unternehmen.[132] Erramilli (1991) stellt die Behauptung auf, dass die Größe eines Unternehmens mit der (internationalen) Erfahrung korreliert. Damit hat die Größe als Indikator der internationalen Erfahrung eines Unternehmens Einfluss auf dessen Markteintritts- und Marktbearbeitungsstrategie.[133] In anderen Arbeiten wird die Größe eher als moderierende Variable gesehen.[134] Erramilli (1996) hat festgestellt, dass je größer ein Unternehmen ist, desto geringer ist der Einfluss der Landeskultur auf dessen Markteintritts- und Marktbearbeitungsstrategie.[135]

In den untersuchten Arbeiten wurde der empirische Zusammenhang zwischen Unternehmensgröße und Markteintritts- und Marktbearbeitungsstrategien entsprechend den verschiedenen theoretischen Erklärungsmustern auf unterschiedlichen Wegen untersucht. Diese Unterschiede spiegeln sich auch in den Ergebnissen der empirischen Untersuchungen wider. So gibt es eine Reihe von Arbeiten, die zeigen, dass mit zunehmender Größe eines Unternehmens häufiger Markteintritts- und Marktbearbeitungsstrategien gewählt werden, die durch einen höheren Eigentumsgrad und Kontrollintensität charakterisiert sind. In anderen Arbeiten hatte die Größe keinen direkten Einfluss auf die Wahl der Markteintritts- und Marktbearbeitungsstrategie.[136]

Abschließend kann festgehalten werden, dass demografische Faktoren geringeren Einfluss auf die Internationalisierung haben, als dies beim Wachstum der Fall war. Der stärkste Zusammenhang mit der Internationalisierung konnte empirisch bei externen und internen Faktoren nachgewiesen werden; wobei die internen Faktoren relativ häufiger im Fokus der Untersuchungen standen, als dies beim Wachstum der Fall war.

---

[132] Vgl. Agarwal/Ramaswami (1992), S. 3–5.
[133] Vgl. Erramilli (1991), S. 480–485.
[134] Für die verschiedenen Ausprägungen moderierender Variablen vgl. Venkatraman (1989).
[135] Vgl. Erramilli (1996), S. 240–245.
[136] Vgl. Datta et al. (2002), S. 113.

2.3 Verknüpfung von Internationalisierungs - und Wachstumsforschung

Während in den beiden vorangegangenen Abschnitten die Wachstums- und Internationalisierungstheorien auf Ansatzpunkte hinsichtlich des internationalen Wachstums untersucht wurden, soll in diesem Abschnitt gezeigt werden, in welcher Form bereits eine Verknüpfung von Wachstum und Internationalisierung erfolgt ist. Zu diesem Zweck wurden wissenschaftliche Arbeiten betrachtet, in denen sowohl die Internationalisierung als auch das Wachstum eine Rolle spielen. Die meisten Arbeiten, die sich mit diesen beiden Aspekten befassen, analysieren die Frage nach dem Erfolg der internationalen Diversifikation.[137] Da der Erfolg eines Unternehmens, wie im Abschnitt 1.1 bereits erläutert, über das Wachstum abgeleitet werden kann, ist eine direkte Verbindung zwischen Internationalisierung und Wachstum möglich. Vor dem Hintergrund, dass die Wachstumsgröße selten explizit untersucht wird, kann der Zusammenhang auch über andere Erfolgsgrößen, z. B. Profitabilität, approximiert werden. Dazu wird unterstellt, dass langfristig nur Unternehmen wachsen, die profitabel sind, da niemand auf lange Sicht in Wachstum investieren würde, wenn damit keine Gewinne zu erzielen wären. Umgekehrt wird unterstellt, dass ein profitables Unternehmen auf lange Sicht wachsen wird, da es zusätzliche Investitionen anzieht.[138] Im Folgenden wird ein Überblick über empirische Arbeiten gegeben, die sich mit dem Zusammenhang zwischen der internationalen Diversifikation und dem Unternehmenserfolg beschäftigt haben.[139] Eine Aufstellung und kurze Erläuterung der betrachteten Arbeiten bietet Abb. 9.

Eine der ersten und häufig zitierten empirischen Studien, die sich mit Internationalisierung als Faktor für den Unternehmenserfolg beschäftigt hat, stammt von Siddharthan/Lall (1982). Ziel der Untersuchung war es, die Einflussfaktoren für den Unternehmenserfolg zu bestimmen. Die Datenbasis der Untersuchung bildete die Analyse der Entwicklung von 74 der größten international tätigen Produktionsunter-

---

[137] Vgl. Oesterle/Richta (2009), S. 55–58, Kutschker/Schmid (2006), S. 275–277, Oesterle et al. (2008), S. 4–8, Glaum (1996), S. 2–6 und Werner (2002), S. 280–283.
[138] Vgl. Penrose (1959), S. 29–30; es sei an dieser Stelle darauf hingewiesen, dass es durchaus Beispiele von Unternehmen gibt, die stark gewachsen sind, ohne Gewinne zu erzielen (z. B. einige Technologieunternehmen mit Fokus auf Dienstleistungen rund um das Internet).
[139] Nicht in die Betrachtung einbezogen werden Untersuchungen, die sich mit dem Erfolg internationaler Beteiligungsportfolios beschäftigen.

nehmen der USA in den Jahren 1976 bis 1979.[140] Als unabhängige, den Erfolg beeinflussende Variablen wurden neben der Internationalität auch die Marketing- und Entwicklungsausgaben, die Unternehmensgröße, die Profitabilität sowie das Vorhandensein von industrietypischen Skalenvorteilen auf ihren Aussagegehalt untersucht. Die Operationalisierung der Internationalität erfolgte über den Anteil der im Ausland erzielten Umsätze an den gesamten Umsätzen des Unternehmens. Als Indikator für den Unternehmenserfolg wurde das Umsatzwachstum herangezogen. Bei der Bestimmung des Zusammenhangs zwischen Internationalisierung und Unternehmenserfolg kamen Siddharthan/Lall zu dem Ergebnis, dass die Internationalität einen negativen linearen Effekt auf das Wachstum der in der Stichprobe untersuchten Unternehmen hat. Dieses Ergebnis begründeten sie damit, dass durch die Internationalisierung Managementkapazitäten gebunden sind, die nicht auf das Unternehmenswachstum gerichtet werden können.[141] Das Besondere an dieser Arbeit ist, dass sie als eine von wenigen Studien das Unternehmenswachstum und die Internationalität eines Unternehmens direkt miteinander verbindet. Das internationale Wachstum wird dennoch nur in Ansätzen abgebildet, da erstens keine separate Betrachtung der Entwicklung im In- und Ausland erfolgt und zweitens nur die Absatzseite, d. h. der Umsatz, betrachtet wird.[142]

Zu einer der neueren Untersuchungen, die sich mit dem Zusammenhang zwischen Internationalisierung und Erfolg eines Unternehmens befasste, gehört die Analyse von Contractor et al. (2003). In dieser Untersuchung wurde die Entwicklung der weltweit größten Serviceunternehmen im Zeitraum von 1983 bis 1988 untersucht. Ziel dieser Studie war es, drei verschiedene Phasen der Internationalisierung empirisch nachzuweisen, indem phasenabhängige Unterschiede in der Erfolgswirkung der Internationalisierung aufgezeigt werden. Der Erfolg wurde über die bilanzorientierten Kennzahlen Return on Sales und Return on Assets operationalisiert. Die Internationalisierung wurde durch einen Index abgebildet, der drei Auslandsquoten bezogen auf Umsatz, Mitarbeiter und Niederlassungen miteinander verband. Im Ergebnis der

---

[140] Bei der Auswahl der untersuchten Unternehmen spielte die Verfügbarkeit entsprechender Daten eine entscheidende Rolle.
[141] Um nicht im Widerspruch zu anderen Studien zu stehen, räumen Siddharthan/Lall ein, dass auch spezifische Umwelteinflüsse in dem untersuchten Zeitraum, wie z. B. ungünstige Wechselkursentwicklungen, den Zusammenhang zwischen Internationalisierung und Unternehmenswachstum beeinflusst haben können.
[142] Vgl. Siddharthan/Lall (1982), S. 3–11.

Untersuchung konnten drei Phasen der Internationalisierung identifiziert werden: Während der ersten Phase hat die Internationalisierung aufgrund von Anlaufeffekten einen leicht negativen Einfluss auf den Unternehmenserfolg. Mit dem Auf- und Ausbau der nötigen Kapazitäten und Fähigkeiten, um international zu agieren, ist mit einer steigenden Internationalisierung in Phase zwei auch ein Anstieg des Unternehmenserfolges verbunden. Eine „zu starke" Internationalisierung kann während der dritten Phase dazu führen, dass der Nutzen der geografischen Ausweitung des Geschäftsbetriebs durch den zusätzlichen Aufwand für Koordination und Kontrolle nicht mehr gerechtfertigt erscheint. Durch die Differenzierung unterschiedlicher Phasen der Internationalisierung lieferten Contractor et al. unter anderem eine mögliche Erklärung für die zum Teil sehr unterschiedlichen Ergebnisse bisheriger empirischer Studien. Trotz dieses Fortschrittes bleibt im Hinblick auf das internationale Wachstum die Frage offen, welche Auswirkungen sich bei einer differenzierten Betrachtung des Wachstums im In- und Ausland sowie getrennt für die Absatz- und Produktionsseite ergeben.[143]

Bei einem Vergleich der Studien von Siddharthan/Lall (1982) und Contractor et al. (2003) wird deutlich, dass es unterschiedliche Auffassungen über die Art des Zusammenhangs zwischen Internationalisierung und Erfolg von Unternehmen gibt. Dieser Eindruck bestätigt sich auch, wenn die in Abb. 9 dargestellten Ergebnisse häufig zitierter Untersuchungen zu diesem Thema in die Betrachtung mit einbezogen werden. Deutlich wird dabei auch, dass sich die Auffassungen über die Art des Zusammenhangs im Zeitverlauf langsam verändert haben. Wurde zunächst häufig von einer linearen Beziehung zwischen Internationalität und Erfolg ausgegangen, unterstellen spätere Studien einen U-förmigen oder umgekehrt U-förmigen Verlauf. Aktuelle Untersuchungen, wie die von Contractor et al. (2003) oder Lu/Beamish (2004), integrieren den U-förmigen und umgekehrt U-förmigen Verlauf, indem sie den Zusammenhang zwischen Internationalisierung und Erfolg als S-Kurve beschreiben.

---

[143] Vgl. Contractor et al. (2003), S. 8–16.

Studie	Unabhängige Variable	Abhängige Variable	Zusammenhang	Bezug zum internationalen Wachstum
Vernon (1971)	FSTS	ROS, ROA	positiv	Keiner, da rein statische Betrachtung
Siddharthan/Lall (1982)	FSTS	Sales Growth	linear-negativ	Verbindung von Internationalität und Unternehmenswachstum
Buckley et al. (1984)	FPTP	Sales Growth, ROA	leicht linear-positiv	Verbindung von Internationalität und Unternehmenswachstum
Kumar (1985)	FSTS	ROS, ROA	linear-positiv	Entwicklung des Verhältnisses von zwei Wachstumsgrößen
Michel/Shaked (1986)	FSTS	Risk Adjusted Return	linear-negativ	Entwicklung des Verhältnisses von zwei Wachstumsgrößen
Shaked (1986)	FSTS	ROA	nicht signifikant	Entwicklung des Verhältnisses von zwei Wachstumsgrößen
Grant (1987)	FSTS	Sales Growth, ROS, ROA, ROE	linear-positiv	Verbindung von Internationalität und Unternehmenswachstum
Bühner (1987)	FSTS	ROA, ROE, Risk Adjusted Return	linear-positiv	Keiner, da rein statische Betrachtung
Grant et al. (1988)	FSTS	ROA	nicht signifikant	Entwicklung des Verhältnisses von zwei Wachstumsgrößen
Daniels/Bracker (1989)	FSTS, FATA	ROS, ROA	umgekehrt U-förmig	Keiner, da rein statische Betrachtung
Geringer et al. (1989)	FSTS	ROS, ROA	umgekehrt U-förmig	Entwicklung des Verhältnisses von zwei Wachstumsgrößen
Haar (1989)	FSTS	ROA	nicht signifikant	Entwicklung des Verhältnisses von zwei Wachstumsgrößen
Collins (1990)	FSTS	Risk, Leverage, Beta	linear-negativ	Entwicklung des Verhältnisses von zwei Wachstumsgrößen
Cantwell/Sanna-Randaccio (1993)	FPTP	Sales Growth	leicht linear-positiv	Verbindung von Internationalität und Unternehmenswachstum
Sullivan (1994)	Index (FSTS, FETE, FOTO)	ROA, ROS	umgekehrt U-förmig	Veränderung des Indizes aus dem Verhältnis verschiedener Variablen zw. In- und Ausland
Al-Obaidan/Scully (1995)	FATA	Efficiency, Risk	umgekehrt U-förmig	Entwicklung des Verhältnisses von zwei Wachstumsgrößen
Hitt et al. (1997)	Entropy measure based on FS	ROA, ROS	umgekehrt U-förmig	Keiner, da rein statische Betrachtung
Gomes/Ramaswamy (1999)	Index (FSTS, FATA, FC)	ROA, CIR	umgekehrt U-förmig	Veränderung des Indizes aus dem Verhältnis verschiedener Variablen zw. In- und Ausland
Ruigrok/Wagner (2003)	FSTS	ROA	U-förmig	Entwicklung des Verhältnisses von zwei Wachstumsgrößen

Studie	Unabhängige Variable	Abhängige Variable	Zusammenhang	Bezug zum internationalen Wachstum
Contractor et al. (2003)	Index (FSTS, FETE, FOTO)	ROS, ROA	S-förmig	Veränderung des Indizes aus dem Verhältnis verschiedener Variablen zw. In- und Ausland
Capar/Kotabe (2003)	FSTS	ROS	U-förmig	Entwicklung des Verhältnisses von zwei Wachstumsgrößen
Mathur et al. (2004)	FSTS, FATA, Entropy measure based on FS	ROE, ROA, pre tax-ROS, pre tax-ROA	positiv	Keiner, da rein statische Betrachtung
Lu/Beamish (2004)	Index (FCMC, FOMO)	ROA, Tobin's Q	S-förmig	Gering, da verwendete Größen keine populären Wachstumsgrößen sind
Li/Qian (2005)	Index (FATA, FSTS, FETE) Entropy measure based on FS	ROA, ROS	umgekehrt U-förmig	Veränderung des Indizes aus dem Verhältnis verschiedener Variablen zw. In- und Ausland

FSTS – Foreign Sales to Total Sales, FATA – Foreign Assets to Total Assets, FETE – Foreign Employees to Total Employees, FPTP – Foreign Production to Total Production, FOTO – Foreign Offices to Total Offices, FS – Foreign Sales, FC – Foreign Countries, FCMC – Foreign Countries to Maximum Countries in Sample, FOMO – Foreign Offices to Maximum Offices in Sample, ROS – Return on Sales, ROA – Return on Assets, ROE – Return on Equity, CIR – Cost Income Ratio.

Abb. 9: Empirische Untersuchungen zum Zusammenhang von Internationalisierung und Erfolg.[144]

Quelle: Informationen aus Sullivan (1994), S. 328–329, Glaum (1996), S. 161–165, Annavarjula/Beldona (2000), S. 51–61, Contractor et al. (2003), S. 7 und Ruigrok/Wagner (2003), S. 66.

Zum Abschluss der Betrachtung des Zusammenhangs von Internationalisierung und Wachstum kann festgehalten werden, dass ein Zusammenhang zwischen Internationalisierung und Wachstum von Unternehmen besteht. Die Arbeiten, die sich bisher mit der Thematik befasst haben, gehen aber nur auf einige immer wiederkehrende Merkmale der Internationalisierung und des Wachstums ein. Diese bisher auf wenige Dimensionen begrenzte Perspektive ist möglicherweise auch der Grund für die unterschiedlichen Ergebnisse empirischer Untersuchungen über den Zusammenhang zwischen der Internationalisierung von Unternehmen und dem Unternehmenserfolg. Die Beschreibung der Internationalisierung mithilfe einer Kennzahl oder mehrerer zu einem Index verbundener Kennzahlen vermag es womöglich nicht, den verschie-

---

[144] Ausgewählt wurden die in den Beiträgen von Sullivan (1994), S. 328–329, Glaum (1996), S. 161–165, Annavarjula/Beldona (2000), S. 51–61, Contractor et al. (2003), S. 7 und Ruigrok/Wagner (2003), S. 66, am häufigsten genannten, ergänzt um aktuelle Untersuchungen.

nen Spielarten der Internationalisierung und damit auch des internationalen Wachstums gerecht zu werden. Für den weiteren Verlauf der Arbeit gilt es daher zu bestimmen, wie das internationale Wachstum beschrieben werden kann. Dazu wurden in den hier betrachteten Arbeiten bereits Anhaltspunkte zu möglichen Merkmalen gegeben. Diese zu systematisieren und ggf. zu ergänzen, ist Aufgabe dieser Arbeit.

2.4 Fazit

Nachdem die für das internationale Wachstum relevanten Forschungsfelder und Ergebnisse vorgestellt wurden, sollen im Folgenden die Ergebnisse zusammengefasst und Ansatzpunkte für die weitere Analyse definiert werden. Die Ergebnisse können entsprechend den Forschungsfragen aus Abschnitt 1.1 in zwei Kategorien zusammengefasst werden: erstens die Beschreibung des internationalen Wachstums, zweitens die Einflussfaktoren des internationalen Wachstums.

Als Erstes erfolgt die Beschreibung des internationalen Wachstums. Dieses wurde im Rahmen der Richtungen des Unternehmenswachstums (Abschnitt 2.1.1), der Dynamik der Internationalisierung (Abschnitt 2.2.1) und der Verknüpfung von Internationalisierung und Wachstum (Abschnitt 2.3) mit folgenden Ergebnissen diskutiert:

- Im Abschnitt 2.1.1 wurden die Richtungen des Wachstums betrachtet; die Internationalisierung wurde als eine dieser Richtungen identifiziert. Unbeantwortet ist dabei die Frage geblieben, ob und wenn ja, welcher Zusammenhang zwischen dem internationalen Wachstum und anderen Formen des Wachstums besteht. Insbesondere fällt auf, dass bei der Erfassung des internationalen Wachstums in der Wachstumsforschung die Absatzseite im Vordergrund steht. Die Produktionsseite fand im Hinblick auf das Wachstum im Ausland bisher kaum Berücksichtigung.
- Im Abschnitt 2.2.1 wurde die Dynamik der Internationalisierung diskutiert. Es lässt sich festhalten, dass es Internationalisierungstheorien gibt, die Wachstumsaspekte, nämlich den Verlauf sowie die Ursachen des Wachstums im Ausland, von Unternehmen näher beleuchten. Einschränkend ist anzumerken, dass diese Theo-

rien jedoch nur das Wachstum im Ausland betrachten – die Herstellung eines Bezugs zur inländischen Entwicklung erfolgt hingegen nicht oder nur zum Teil.
- Im Abschnitt 2.3 wurde der Zusammenhang zwischen Internationalisierung und Unternehmenswachstum betrachtet.[145] Die bisherigen Forschungen kommen zu unterschiedlichen Ergebnissen. Ursache für die voneinander abweichenden Ergebnisse ist womöglich, dass das internationale Wachstum nur durch wenige, immer wiederkehrende Merkmale der Internationalisierung und des Wachstums charakterisiert wird.

Zum Aspekt der Beschreibung des internationalen Wachstums lässt sich sagen, dass bisher einzelne Aspekte sowohl in der Wachstums- als auch der Internationalisierungsforschung erfasst wurden; eine umfassende Beschreibung des internationalen Wachstums liegt bislang nicht vor. Zu Aspekten, die bisher nur unzureichend erfasst wurden, gehören Merkmale, die die Leistungserstellung charakterisieren, sowie Merkmale, die sich auf die Entwicklung im Inland beziehen. Ohne die Berücksichtigung dieser Aspekte ist eine Beurteilung des internationalen Wachstums eines Unternehmens unvollständig. Dazu ein kurzes Beispiel: Wächst der Umsatz zweier Unternehmen im Ausland beispielsweise kontinuierlich um zehn Prozent, könnte von einer ähnlichen Entwicklung dieser Unternehmen im Ausland ausgegangen werden. Aussagekräftiger wird die Wachstumsrate aber, wenn sie in Bezug zu einer zweiten Referenzgröße betrachtet wird. Wird z. B. zusätzlich berücksichtigt, dass eines der beiden Unternehmen im Inland um 20 Prozent wächst, während beim anderen der Umsatz im Inland stagniert, so spiegeln auch dieselben zehn Prozent Auslandswachstum unterschiedliche Wachstumssituationen wider.

Für die Entwicklung des theoretischen Modells des internationalen Wachstums, das im folgenden Kapitel betrachtet wird, ist daher zunächst festzulegen, wie das internationale Wachstum bestimmt werden kann. Wesentliche Bestimmungsfaktoren wie Umsatz-, Vermögens- oder Mitarbeiterwachstum wurden dazu bereits im Zuge der Literaturanalyse identifiziert. Neben diesen eher statischen Faktoren wurde in den dynamischen Theorien der Internationalisierung auch deutlich, dass nicht nur das

---

[145] Die untersuchten Arbeiten bezogen sich auf den Zusammenhang zwischen Unternehmenserfolg und Internationalisierung. Wie oben erläutert, kann Wachstum auch als Erfolgsgröße interpretiert werden.

Wachstum bis zu einem bestimmten Stichtag von Bedeutung ist, sondern auch dynamische Faktoren, d. h. die Veränderung der Wachstumsgrößen über die Zeit. Aus der Verknüpfung von statischem und dynamischem Faktor wird im nächsten Abschnitt ein Modell zur Bestimmung des internationalen Wachstums entwickelt.

Nun sollen die Einflussfaktoren des internationalen Wachstums abschließend zusammengefasst werden. Ansatzpunkte zu Einflussfaktoren wurden in Bezug auf das Wachstum (Abschnitt 2.1.2) und die Internationalisierung (Abschnitt 2.2.2) mit folgenden Ergebnissen diskutiert.

- Die Einflussfaktoren können einheitlich für das Wachstum und die Internationalisierung in drei Gruppen zusammengefasst werden: interne Faktoren, externe Faktoren und demografische Faktoren.
- Im Abschnitt 2.1.2 wurden die Einflussfaktoren des Wachstums untersucht. Die am häufigsten untersuchten Faktoren sind externe und demografische Faktoren. Bei diesen Faktoren konnte auch am häufigsten ein Zusammenhang mit dem Wachstum nachgewiesen werden. Demnach wird das Wachstum wesentlich durch die Branche und die Größe eines Unternehmens beeinflusst.
- Im Abschnitt 2.2.2 wurden die Einflussfaktoren der Internationalisierung untersucht. Am häufigsten wurden hier interne Faktoren betrachtet. Der stärkste Zusammenhang mit der Internationalisierung konnte empirisch bei externen und internen Faktoren und nicht bei den demografischen Faktoren nachgewiesen werden. So haben die Fähigkeiten des Unternehmens und auch die Branche einen wesentlichen Einfluss auf dessen internationale Expansion.

Hinsichtlich der Kontextfaktoren lässt sich ausgehend von der Literaturanalyse festhalten, dass für die Gruppe der externen Faktoren sowohl ein deutlicher Zusammenhang mit dem Wachstum als auch mit der Internationalisierung nachgewiesen werden konnte. Bei den demografischen und den internen Faktoren war dieser Zusammenhang jeweils mit dem Wachstum bzw. der Internationalisierung geringer. Auch wenn dies noch keinen endgültigen Schluss über die Einflussfaktoren des internationalen Wachstums zulässt, kann dennoch mit hoher Wahrscheinlichkeit davon ausgegangen werden, dass externe Faktoren das internationale Wachstum von

Unternehmen beeinflussen. Dementsprechend soll der Fokus bei der Entwicklung des theoretischen Modells im nächsten Kapitel auf den externen Faktoren liegen.

3 Das theoretische Modell

In diesem Kapitel soll ein theoretisches Modell[146] entwickelt werden, auf dessen Basis unterschiedliche Ausprägungen des internationalen Wachstums in Abhängigkeit von Kontextfaktoren abgebildet werden können. Entsprechend dieser Zielsetzung ist dieses Kapitel wie folgt gegliedert: Um die verschiedenen Ausprägungen des internationalen Wachstums zu erfassen, werden zunächst geeignete Faktoren zu dessen Bestimmung identifiziert. Die theoretische Herleitung dieser Bestimmungsfaktoren erfolgt im Abschnitt 3.1. Anschließend werden die Kontextfaktoren, die das internationale Wachstum von Unternehmen beeinflussen, systematisiert und ausdifferenziert. Die Beschreibung eines geeigneten theoretischen Modells zur Erfassung der Kontextfaktoren erfolgt im Abschnitt 3.2. Die Zusammenführung der Bestimmungs- und Kontextfaktoren zu einem gemeinsamen Modell sowie die Ableitung von Vermutungen über den Zusammenhang zwischen diesen Faktoren erfolgt im Abschnitt 3.3.

3.1 Bestimmungsfaktoren des internationalen Wachstums

In diesem Abschnitt sollen geeignete Faktoren zur Bestimmung des internationalen Wachstums[147] abgeleitet werden. Den Ausgangspunkt dafür bildet die Definition im Abschnitt 1.3, nach der ein zentrales Kennzeichen des internationalen Wachstums die Veränderung der Größe der Auslands- und Inlandsaktivitäten eines Unternehmens ist. Wie im Kapitel 2 erläutert, ergeben sich für die Bestimmungsfaktoren zwei Anforderungen: Erstens müssen die Bestimmungsfaktoren mittels statischer Faktoren die Größe der Aktivitäten im Inland und Ausland abbilden, zweitens durch dynamische Faktoren die Veränderung dieser Größen charakterisieren. In den beiden folgenden Abschnitten werden zunächst die statischen (Abschnitt 3.1.1) und an-

---

[146] Entsprechend der Definition von Kornmeier (2007) wird in dieser Arbeit unter dem Begriff „Modell" Folgendes verstanden: mehrere interdependente Hypothesen, die logisch zu einem System zusammengefasst werden. Vgl. Kornmeier (2007), S. 84–85.

[147] Unter Bestimmungsfaktoren werden in dieser Arbeit Messgrößen verstanden, die das internationale Wachstum beschreiben.

schließend die dynamischen Faktoren (Abschnitt 3.1.2) erläutert. Durch die Synthese dieser Faktoren werden im Anschluss geeignete Faktoren zur Bestimmung des internationalen Wachstums abgeleitet (Abschnitt 3.1.3).

3.1.1 Statische Faktoren

Da im Abschnitt 1.3 bereits deutlich wurde, dass das internationale Wachstum sowohl Elemente der Internationalisierung als auch des Wachstums enthält, soll zur Ableitung der statischen Faktoren des internationalen Wachstums auf die bestehenden Ergebnisse aus beiden Forschungsbereichen – der Wachstums- und der Internationalisierungsforschung – zurückgegriffen werden. Dazu werden zunächst die statischen Faktoren des Wachstums (Abschnitt 3.1.1.1), anschließend die der Internationalisierung (Abschnitt 3.1.1.2) beschrieben. Im letzten Abschnitt (3.1.1.3) werden die statischen Faktoren zur Bestimmung des internationalen Wachstums ausgewählt, die sowohl zur Charakterisierung des Wachstums als auch der Internationalisierung eines Unternehmens geeignet sind.

3.1.1.1 Statische Faktoren zur Bestimmung des Wachstums

Wie bereits im Abschnitt 1.3 erläutert wurde, ist das Unternehmenswachstum durch eine Größenänderung gekennzeichnet. Da diese nichts anderes darstellt als die Differenz zwischen der Größe eines Unternehmens zu zwei unterschiedlichen Zeitpunkten, lässt sich das Problem der Wachstumsbestimmung auf ein Problem der Größenmessung reduzieren.[148] In der Forschung werden verschiedene Faktoren zur Bestimmung der Größe eines Unternehmens vorgeschlagen. Auch in Bezug auf die Systematisierung der verschiedenen Faktoren gibt es eine Reihe unterschiedlicher Ansätze.[149] Als ein Beispiel für eine solche Systematisierung sind in Abb. 10 die

---

[148] Die Bestimmung der Größendifferenz kann separat in einem zweiten Schritt erfolgen. Da es sich hierbei bereits um ein dynamisches Element handelt, wird darauf an entsprechender Stelle im Abschnitt 3.1.2 eingegangen. Vgl. Hutzschenreuter (2004), S. 34–35, Kortzfleisch/Zahn (1988), S. 433, Küting (1980), S. 38–39 und Schindewolf (2004), S. 33–35.

[149] Vgl. Küting (1980), S. 38–39, Hutzschenreuter (2001), S. 34–35, Schindewolf (2004), S. 35, Davidsson/Wiklund (2000), S. 37–38, Strebel (1968), S. 105 und Kortzfleisch/Zahn (1988), S. 433.

Bestimmungsfaktoren des Wachstums nach Kortzfleisch/Zahn (1988) aufgeführt und systematisiert.

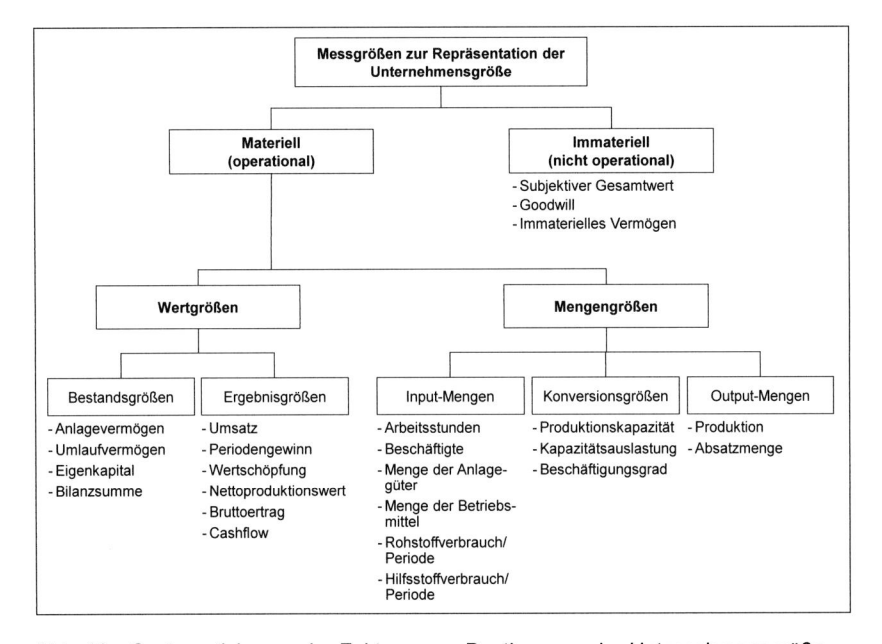

Messgrößen zur Repräsentation der Unternehmensgröße					
Materiell (operational)		**Immateriell (nicht operational)** - Subjektiver Gesamtwert - Goodwill - Immaterielles Vermögen			
Wertgrößen		**Mengengrößen**			
Bestandsgrößen	Ergebnisgrößen	Input-Mengen	Konversionsgrößen	Output-Mengen	
- Anlagevermögen - Umlaufvermögen - Eigenkapital - Bilanzsumme	- Umsatz - Periodengewinn - Wertschöpfung - Nettoproduktionswert - Bruttoertrag - Cashflow	- Arbeitsstunden - Beschäftigte - Menge der Anlagegüter - Menge der Betriebsmittel - Rohstoffverbrauch/Periode - Hilfsstoffverbrauch/Periode	- Produktionskapazität - Kapazitätsauslastung - Beschäftigungsgrad	- Produktion - Absatzmenge	

Abb. 10: Systematisierung der Faktoren zur Bestimmung der Unternehmensgröße.
Quelle: In Anlehnung an Kortzfleisch/Zahn (1988), S. 433.

Zunächst unterscheiden Kortzfleisch/Zahn (1988) wie auch andere Autoren[150] materielle und immaterielle Faktoren zur Bestimmung der Unternehmensgröße. Bei den immateriellen Faktoren wird davon ausgegangen, dass es sich um nicht direkt messbare Größen handelt. Dies ist vor allem dann der Fall, wenn immaterielle Sachverhalte, wie z. B. die Leistungsfähigkeit oder das Produktprogramm, zur Bestimmung herangezogen werden.[151] Wird hingegen von materiellen Faktoren gesprochen, ist die direkte Messbarkeit gegeben. Nach Kortzfleisch/Zahn (1988) können diese Indikatoren zusätzlich hinsichtlich ihrer Art in Mengengrößen und Wertgrößen differen-

---

[150] Vgl. z. B. Borschberg (1969), S. 39, Penrose (1959) und Kürpig (1981), S. 63–64.
[151] Vgl. Borschberg (1969), S. 39, Penrose (1959) und Kürpig (1981), S. 63–64.

ziert werden.[152] Andere Autoren, wie z. B. Strebel (1968), unterscheiden die Indikatoren danach, ob sie das Leistungspotenzial zum Ausdruck bringen, die tatsächliche Leistung eines Unternehmens messen oder ob sie den betrieblichen Erfolg repräsentieren. Auf eine detaillierte Beschreibung der in Abb. 10 dargestellten sowie weiterer möglicher Indikatoren soll an dieser Stelle verzichtet werden.[153] Vorgezogen werden stattdessen diejenigen Indikatoren der Unternehmensgröße, die häufig zur Bestimmung des Unternehmenswachstums herangezogen werden.

Unter Forschern besteht weitgehend Einigkeit darüber, dass der Umsatz der am besten geeignete Faktor zur Bestimmung der Unternehmensgröße ist. Unterstützt wird diese Meinung dadurch, dass in über 80 Prozent der Veröffentlichungen, die sich mit der Bestimmung des Unternehmenswachstums beschäftigten, der Umsatz als Messgröße herangezogen wurde.[154] Für die Wahl des Umsatzes werden insbesondere zwei Gründe angeführt: Erstens wird der Wachstumsprozess hauptsächlich durch die Erhöhung der Nachfrage nach den Produkten des Unternehmens ausgelöst. Diese spiegelt sich zunächst im Umsatz wider und ermöglicht anschließend die Investition in weitere Ressourcen wie Mitarbeiter oder Maschinen. Zweitens bietet der Umsatz als Messgröße den Vorteil, dass er relativ unabhängig von sonstigen Kontextfaktoren, wie z. B. der Branche, ist. Im Gegensatz zu Mitarbeiterzahl oder Unternehmensvermögen ist die Entwicklung des Umsatzes nicht davon abhängig, ob das Wachstum z. B. in einem serviceorientierten Unternehmen oder einem Industrieunternehmen erfolgt.[155]

Obwohl sich der Umsatz grundsätzlich sehr gut zur Bestimmung der Unternehmensgröße eignet, bildet er doch nur einen Teil des Unternehmens ab. Der Teil, der in der Regel als das „eigentliche" Unternehmen wahrgenommen wird – beispielsweise Betriebsstätten, Maschinen und Mitarbeiter –, bleibt unberücksichtigt. Betriebswirt-

---

[152] Diese Einteilung ist insbesondere dann relevant, wenn die Größen zwischen verschiedenen Unternehmen verglichen werden sollen und zeitraumbezogene Untersuchungen durchgeführt werden. Zum einen sind nicht alle Mengengrößen, insbesondere die der Leistungsmessung, zwischen verschiedenen Unternehmen vergleichbar. Zum anderen sind bei der Verwendung von Wertgrößen in Zeitreihen Preiseffekte zu beachten. Vgl. Albach et al. (1985), S. 127–138 und Kortzfleisch/Zahn (1988), S. 433.
[153] Für eine ausführliche Erläuterung der Wachstumsindikatoren vgl. z. B. Küting (1980), S. 38–39, Hutzschenreuter (2001), S. 34–35, Schindewolf (2004), S. 35, Davidsson/Wiklund (2000), S. 37–38, Strebel (1968), S. 105 und Kortzfleisch/Zahn (1988), S. 433.
[154] Vgl. Weinzimmer et al. (1998), S. 237, Davidsson/Wiklund (2000), S. 37 und Hoy et al. (1992).
[155] Vgl. Weinzimmer et al. (1998), S. 252.

schaftlich betrachtet bildet der Umsatz nur die Absatzseite eines Unternehmens ab, während Mitarbeiter, Maschinen oder Betriebsstätten sich auf die Produktionsseite des Unternehmens beziehen. Dass bei der Bestimmung der Unternehmensgröße die Fokussierung ausschließlich auf die Absatzseite problematisch sein kann, soll an folgenden zwei Beispielen kurz verdeutlicht werden: Eine Preiserhöhung führt z. B. zu einem Anstieg des Umsatzes, ohne dass sich am Umfang des eingesetzten Kapitals oder an der Anzahl der Mitarbeiter etwas ändert.[156] Ebenso verhält es sich bei einer Erhöhung der Produktivität. Obwohl der Absatz und damit der Umsatz konstant bleiben, kann sich dennoch die Kapital- und/oder Mitarbeiterbasis verringern.[157] Wie diese beiden Beispiele verdeutlichen, werden bei ausschließlicher Betrachtung der Absatzseite einzelne Größenaspekte nicht berücksichtigt. Daher schlagen einige Autoren vor, die Unternehmensgröße nicht nur auf der Basis einer Messgröße zu beschreiben, sondern verschiedene Größen zu verwenden. Hinsichtlich der Produktionsseite werden häufig die Anzahl der Mitarbeiter sowie das Vermögen eines Unternehmens herangezogen. Durch die Berücksichtigung beider Größen kann insbesondere den Unterschieden in der Entwicklung von Service- und Produktionsunternehmen Rechnung getragen werden.[158]

3.1.1.2 Statische Faktoren zur Bestimmung der Internationalisierung

In der wissenschaftlichen Literatur werden zur Bestimmung der Internationalisierung eines Unternehmens – ähnlich wie beim Wachstum – unterschiedliche Ansätze und Faktoren vorgeschlagen. Diese lassen sich, wie in Abb. 11 dargestellt, entlang unterschiedlicher Dimensionen systematisieren. Auf oberster Ebene werden von Kutschker/Schmid (2006) qualitative und quantitative Faktoren zur Bestimmung der Internationalisierung unterschieden. Zudem gibt es Ansätze, die qualitative und

---

[156] So hat beispielsweise der Disney-Konzern in den 1990iger Jahren seine Preise um 50 Prozent erhöht und dadurch 59 Prozent mehr Erlöse erzielt, ohne dass sich das eingesetzte Kapital erhöht oder der Mitarbeiterstamm vergrößert hätte. Vgl. Weinzimmer et al. (1998), S. 252.
[157] Weinzimmer et al. (1998), S. 252.
[158] Vgl. Kortzfleisch/Zahn (1988), S. 433–434, Weinzimmer et al. (1998), S. 237, Davidsson/Wiklund (2000), S. 37–38 und Fisch/Oesterle (2003), S. 3–6.

quantitative Faktoren miteinander verbinden.[159] Im Folgenden werden diese drei Gruppen nacheinander erläutert.

Quantitative Faktoren werden eingesetzt, um nationale von internationalen Unternehmen zu differenzieren sowie die Intensität der Internationalisierung zu bestimmen. Die quantitativen Faktoren können in zwei Gruppen unterteilt werden: in Bestandsgrößen und Bewegungsgrößen. Bestandsgrößen erfassen die Internationalität eines Unternehmens zu einem bestimmten Zeitpunkt und Bewegungsgrößen in einem Zeitraum.[160]

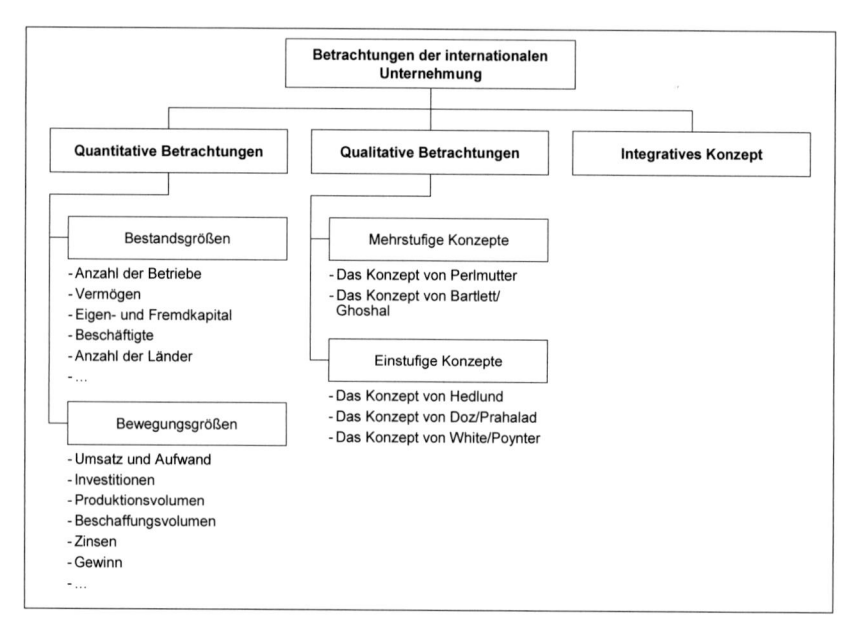

```
                    Betrachtungen der internationalen
                              Unternehmung
                                    |
        ┌───────────────────────────┼───────────────────────────┐
Quantitative Betrachtungen   Qualitative Betrachtungen    Integratives Konzept
        |                           |
    Bestandsgrößen              Mehrstufige Konzepte
 - Anzahl der Betriebe       - Das Konzept von Perlmutter
 - Vermögen                  - Das Konzept von Bartlett/
 - Eigen- und Fremdkapital     Ghoshal
 - Beschäftigte
 - Anzahl der Länder            Einstufige Konzepte
 - ...
                             - Das Konzept von Hedlund
    Bewegungsgrößen          - Das Konzept von Doz/Prahalad
                             - Das Konzept von White/Poynter
 - Umsatz und Aufwand
 - Investitionen
 - Produktionsvolumen
 - Beschaffungsvolumen
 - Zinsen
 - Gewinn
 - ...
```

Abb. 11: Systematisierung der Faktoren zur Bestimmung der Internationalisierung.
Quelle: In Anlehnung an Kutschker/Schmid (2006), S. 250 und Schmidt (1989), S. 963–964

---

[159] Übersichten über die Bestimmung der Internationalisierung sind zu finden bei Kutschker/Schmid (2006), S. 294–331, Glaum (1996), S. 12–17, Schmid (1996), S. 16–50, Macharzina/Oesterle (2002), S. 11–12, Schmidt (1989), S. 465, oder Sullivan (1994), S. 331–333.

[160] Für eine detaillierte Übersicht der Bestands- und Bewegungsgrößen vgl. Kutschker/Schmid (2006), S. 251–253. Für andere Systematisierungen vgl. z. B. Perridon/Rössler (1980), S. 214, oder Pausenberger (1982), S. 121.

Des Weiteren gibt es verschiedene Möglichkeiten, wie die Internationalisierung auf der Basis quantitativer Faktoren bestimmt werden kann. Eine Möglichkeit besteht darin, die Internationalisierung anhand der absoluten Höhe von Bestands- und Bewegungsgrößen im Ausland zu messen. Im Unterschied dazu kann auch eine relative Betrachtung erfolgen, bei der die Bestands- und Bewegungsgrößen des Auslands den jeweiligen Größen für das Inland oder für das gesamte Unternehmen gegenübergestellt werden. Diese Verhältnisse werden als FDO-Ratio (Foreign to Domestic Operations-Ratio) und als FTO-Ratio (Foreign to Total-Ratio) bezeichnet.[161] Die verschiedenen Größen können dann rechnerisch zu einem sogenannten Internationalisierungsindex zusammengefasst oder grafisch in einem Internationalisierungsprofil visualisiert werden.[162] Eine weitere Möglichkeit, die Internationalisierung auf der Basis quantitativer Faktoren abzubilden, stellen die sogenannten Diversifikations- oder Entropiemaße dar. Bei diesen Maßen wird das Ausland nicht als eine Einheit, sondern die Verteilung des Indikators im Ausland gemessen. Ein Bezug zum Inland erfolgt in diesem Fall nicht.[163]

Ähnlich wie bei den quantitativen Faktoren des Wachstums zählt auch bei der Internationalisierung der Umsatz zu einer der am häufigsten verwendeten quantitativen Größen. Daneben wird von einigen Autoren auch die Anzahl der Länder, Mitarbeiter und Vermögen zur Bestimmung der Internationalisierung herangezogen.[164] Methodische Überlegungen sind jedoch nur zum Teil der Grund für die Auswahl der Indikatoren. Vielmehr spielt auch die Datenverfügbarkeit eine entscheidende Rolle bei der Auswahl der Faktoren. Die Berechnung einer entsprechenden Kennzahl zur Bestimmung der Internationalität erfolgt dann in der Regel durch die Berechnung der Auslandsquote. Indizes oder Entropiemaße finden nur recht selten Anwendung.[165]

Während die bisher erläuterten quantitativen Faktoren dazu dienen, die Internationalisierung zu messen, geht es bei den qualitativen Faktoren darum, die Spielarten der Internationalisierung durch die Identifikation von Internationalisierungsmustern oder

---

[161] Vgl. Kutschker/Schmid (2006), S. 251–257.
[162] Vgl. Sullivan (1994), S. 332–333 und Kutschker/Schmid (2006), S. 255–270.
[163] Vgl. Hitt et al. (1997), S. 779–780, Fisch/Oesterle (2003), S. 6–12 und Annavarjula/Beldona (2000), S. 55–59.
[164] Vgl. Sullivan (1994), S. 328–329.
[165] Vgl. Annavarjula/Beldona (2000), S. 55–59.

Internationalisierungsgestalten zu bestimmen. Zu diesem Zweck wurden verschiedene Konzepte entwickelt. Die sogenannten mehrstufigen Konzepte gehen davon aus, dass es mehrere verschiedene Typen internationaler Unternehmen gibt. Die einstufigen Konzepte setzen voraus, dass nur ein „erfolgreicher" Typ am Markt besteht. Zu den bekanntesten mehrstufigen Konzepten gehören die Ansätze von Perlmutter und Bartlett/Ghoshal. Bekannte einstufige Konzepte stammen z. B. von Hedlund, Prahald/Doz und White/Poynter. Zur Bestimmung der verschiedenen Typen internationaler Unternehmen werden in den verschiedenen Konzepten folgende Bestimmungsfaktoren herangezogen: die mentale Einstellung des Managements, die strategische Ausrichtung und organisatorische Charakteristika.[166]

Zur Verbindung qualitativer und quantitativer Bestimmungsfaktoren der Internationalisierung haben Kutschker/Bäurle/Schmid das integrative Konzept der internationalen Unternehmung entwickelt.[167] In diesem Konzept wird die Internationalität anhand von drei Dimensionen bestimmt: der Anzahl und kulturellen Distanz der bearbeiteten Länder, der Art und dem Umfang der Wertschöpfung im Ausland und dem Ausmaß der Integration innerhalb des Unternehmens. Je stärker die drei Dimensionen bei einem Unternehmen ausgeprägt sind, desto internationaler ist es. Die Abbildung der drei Dimensionen erfolgt in einem sogenannten dreidimensionalen Internationalisierungsgebirge. Das primäre Ziel dieses Konzepts ist es jedoch nicht, die Stärke der Internationalisierung direkt zu messen und zu quantifizieren, sondern durch die Kombination quantitativer und qualitativer Faktoren einen komplexen Sachverhalt anschaulich abzubilden.[168]

3.1.1.3 Statische Faktoren zur Bestimmung des internationalen Wachstums

Die Faktoren des internationalen Wachstums werden auf der Basis der Faktoren der Internationalisierung und des Wachstums abgeleitet. Zu diesem Zweck sollen solche Faktoren ausgewählt werden, die sowohl zur Charakterisierung des Wachstums als

---

[166] Für eine ausführliche Beschreibung der Konzepte vgl. Kutschker/Schmid (2006), S. 278–318.
[167] Vgl. Kutschker (1994), S. 131–141, Bäurle/Schmid (1994), S. 2–14 und Kutschker/Bäurle (1997), S. 104–110.
[168] Vgl. Kutschker/Schmid (2006), S. 319–331.

auch der Internationalisierung eines Unternehmens geeignet sind. Inwiefern die einzelnen Faktoren dieses Kriterium erfüllen, wird im Folgenden erläutert. Dazu soll zunächst eine grobe Eingrenzung, ausgehend von den in den beiden vorangegangenen Abschnitten vorgestellten Systematiken, erfolgen. Anschließend sollen einzelne Faktoren spezifiziert werden.

Die Bewertung einzelner Faktorengruppen entsprechend den in den beiden vorangegangenen Abschnitten erläuterten Systematisierungen ergibt folgende Ergebnisse:

Die materiellen Faktoren des Wachstums eignen sich grundsätzlich auch zur Bestimmung der Internationalisierung. Nahezu alle von Kortzfleisch/Zahn (1988) oder Strebel (1968) angeführten quantitativen Faktoren des Wachstums finden sich auch in den entsprechenden Übersichten zur Internationalisierung von Kutschker/Schmid (2006) oder Schmidt (1989) wieder.[169] In Bezug auf die erläuterten unterschiedlichen Möglichkeiten zur Berechnung der Größendifferenz steht keine der dargestellten Alternativen im Widerspruch zur Definition des internationalen Wachstums.

Die immateriellen Faktoren des Wachstums eignen sich nur sehr bedingt zur Bestimmung der Internationalisierung. Zwar ist eine Differenzierung immaterieller Faktoren wie z. B. der Leistungsfähigkeit oder des Produktprogramms nach Inland und Ausland möglich; in den bisherigen Ansätzen zur Bestimmung der Internationalisierung spielten sie jedoch keine wesentliche Rolle.

Die quantitativen Faktoren der Internationalisierung eignen sich bis auf einige Ausnahmen gut zur Erfassung des Wachstums. Während die Bewegungsgrößen nahezu ausnahmslos auch in den Aufstellungen der Wachstumsfaktoren erscheinen, gibt es in Bezug auf die Bestandsgrößen einige Ausnahmen. So sind beispielsweise die Anzahl der Länder, in denen ein Unternehmen präsent ist, die Anzahl der Gesellschafter oder die Anzahl der Ausländer im Topmanagement keine typischen Wachstumsfaktoren. Auch in Bezug auf die Berechnung entsprechender Kennzahlen gibt es einige Einschränkungen. So ist eine ausschließliche Betrachtung des Auslandes, wie

---

[169] Vgl. Strebel (1968), S. 105, Kortzfleisch/Zahn (1988), S. 433, Kutschker/Schmid (2006), S. 251–253 und Schmidt (1989), S. 965.

z. B. beim Entropiemaß, nicht mit der Definition des internationalen Wachstums vereinbar.

Die qualitativen Faktoren der Internationalisierung[170] eignen sich nur bedingt zur Charakterisierung des Wachstums. So machen die verschiedenen ein- und mehrstufigen Konzepte zwar Aussagen über die mentale Einstellung des Managements, die strategische Ausrichtung und organisatorische Charakteristika des Unternehmens; ein direkter Bezug zum Wachstum ist jedoch nicht ableitbar.

Zusammenfassend lässt sich festhalten, dass quantitative und materielle Faktoren am besten als Bestimmungsfaktoren des internationalen Wachstums geeignet sind, da sie sowohl das Wachstum als auch die Internationalisierung charakterisieren.

Nach dieser groben Eingrenzung sollen im nächsten Schritt einzelne Faktoren zur Charakterisierung des internationalen Wachstums spezifiziert werden. Wie bereits in den vorhergehenden Abschnitten dargestellt wurde, ist insbesondere der Umsatz ein sowohl zur Charakterisierung der Internationalisierung als auch des Wachstums geeigneter und häufig verwendeter Indikator. Aus diesem Grund ist es sinnvoll, diesen Faktor auch zur Charakterisierung des internationalen Wachstums heranzuziehen. Mehrere Autoren machen jedoch darauf aufmerksam, dass eine umfassende Beschreibung des Wachstums und der Internationalisierung auf der Basis eines Merkmals nur einen Teil des jeweiligen Phänomens widerspiegelt. Aus diesem Grund wird empfohlen, auf mehrere Faktoren zurückzugreifen.[171] Da mit dem Umsatz bereits ein Indikator auf der Absatzseite definiert wurde, sollten für ein vollständiges Bild der Wachstumsentwicklung weitere Faktoren auf der Produktionsseite des Unternehmens ergänzt werden. Sowohl für das Wachstum als auch für die Internationalisierung werden häufig Mitarbeiter und Vermögen zur Charakterisierung herangezogen.[172] Da diese, wie im Abschnitt 3.1.1.1 erläutert, auch sehr gut die Produktionsseite abbilden, werden neben dem Umsatz auch die Anzahl der Mitarbeiter

---

[170] Hierzu werden auch die Ansätze gezählt, die die qualitativen und quantitativen Faktoren miteinander verbinden.
[171] Für das Wachstum vgl. Weinzimmer et al. (1998), S. 237, Davidsson/Wiklund (2000), S. 37–38, Oesterle/Laudin (2008), S. 27–36 und Kortzfleisch/Zahn (1988), S. 433–434. Für die Internationalisierung vgl. Sullivan (1994), S. 326–327 und Weinzimmer et al. (1998), S. 237.
[172] Vgl. Davidsson/Wiklund (2000), S. 37–38, Kortzfleisch/Zahn (1988), S. 433–434 und Perich (1993), S. 103–105.

sowie das Vermögen zur Charakterisierung des internationalen Wachstums herangezogen.

3.1.2 Dynamische Faktoren

Im vorangegangenen Abschnitt wurden die statischen Faktoren des internationalen Wachstums identifiziert. Mithilfe dieser Faktoren ist es möglich, den Umfang der Aktivitäten im Inland und Ausland zu bestimmen. In dem folgenden Abschnitt sollen nun dynamische Faktoren ermittelt werden, mit deren Hilfe die Veränderung der statischen Größen charakterisiert werden kann. Im Folgenden wird zuerst ein Überblick über mögliche dynamische Faktoren gegeben (Abschnitt 3.1.2.1); anschließend wird deren Eignung zur Charakterisierung des internationalen Wachstums überprüft (Abschnitt 3.1.2.2).

3.1.2.1 Überblick

Zur Charakterisierung der Dynamik von und in Organisationen eignen sich nach Perich (1993) die Konzepte des „Wandels" und der „Zeit".[173]

Das Konzept des „Wandels" beschäftigt sich mit den Veränderungsprozessen von und in Unternehmen. Die in diesem Bereich entwickelten Theorien, die auch unter dem Sammelbegriff „Organizational Change" zusammengefasst werden, beziehen sich auf das „Was?", „Warum?" und „Wie?" von organisatorischen Veränderungsprozessen. Während die ersten beiden Fragen durch die Festlegung der statischen Bestimmungsfaktoren – „Was" (Abschnitt 3.1.1) – und die Identifikation der Kontextfaktoren – „Warum?" (Abschnitt 3.2) – an anderer Stelle beantwortet werden, ist die Frage nach dem „Wie?" Gegenstand der Untersuchung der dynamischen Faktoren in diesem Abschnitt. Zur Beantwortung dieser Frage wurden in verschiedenen Theorien des organisationalen Wandels vier unterschiedliche Modelle entwickelt: die Modelle des statischen Gleichgewichts, des episodischen Wandels, des embryonischen

---

[173] Vgl. Perich (1993), S. 120–122, Günther (2007), S. 6–11 und Simon (2007), S. 28–33.

Wandels und des konfiguralen Wandels. Diese Modelle können jedoch nicht als unterschiedliche Merkmale zur Charakterisierung der Veränderungsprozesse von Unternehmen interpretiert werden. Sie stellen vielmehr verschiedene wissenschaftliche Strömungen dar.[174]

Ein Konstrukt, das sich besser zur Ableitung dynamischer Faktoren zur Charakterisierung von Organisationen aus einer dynamischen Perspektive eignet, ist das Konzept der „Zeit". Bevor im nächsten Abschnitt erläutert wird, durch welche zeitlichen Gestaltungselemente Organisationen charakterisiert werden können, soll zunächst geklärt werden, was unter dem Begriff der Zeit verstanden wird.

Wie bereits Perich (1993) festgestellt hat, erweist sich die formale Definition des Zeitbegriffs als problematisch. Perich weist in diesem Zusammenhang auf unterschiedliche Zeitkonzeptionen hin – alltagstheoretische und soziokulturelle, die das Verständnis der Zeit beeinflussen.[175] Für Perich ist Zeit nicht direkt wahrnehmbar, sondern wird durch die Veränderung anderer Größen erfahrbar: Zeit wird beispielsweise durch die Veränderung des Umsatzes eines Unternehmens greifbar.[176] Damit kann die Zeit als ein dynamischer Faktor interpretiert werden, der die Veränderung statischer Faktoren, wie z. B. die Faktoren im Abschnitt 3.1.1, beschreibt. Zur Charakterisierung dieses dynamischen Faktors können verschiedene zeitliche Gestaltungselemente herangezogen werden. Welche Elemente dies sind und ob sie dazu geeignet sind, das internationale Wachstum zu charakterisieren, wird im nächsten Abschnitt erläutert.

3.1.2.2 Dynamische Faktoren des internationalen Wachstums

Eine umfangreiche Systematisierung der zeitlichen Gestaltungselemente zur Charakterisierung eines Unternehmens aus einer dynamischen Perspektive stammt von Perich (1993). Er unterscheidet sieben Elemente: Dauer, Synchronisation, Sequenz,

---

[174] Vgl. Perich (1993), S. 206–217; für eine detaillierte Erläuterung der vier Modelle vgl. Perich (1993), S. 220–221.
[175] Vgl. Bäurle (1996), S. 20–23.
[176] Vgl. Perich (1993), S. 262–263.

Zyklizität, Planung, Geschichte und Zeitperspektive.[177] Die sieben Elemente werden im Folgenden erläutert.

Das zeitliche Element, die Dauer, stellt ein Längenmaß dar, das den zeitlichen Umfang einer bestimmten Aktivität repräsentiert. Dieses Element wird immer dann herangezogen, wenn es darum geht, eine bestimmte Aufgabe in einer bestimmten Zeit zu erledigen, wie z. B. das Abfassen eines Berichts. Ist der Umfang der gestellten Aufgabe fest vorgegeben, ist die Dauer gleichzeitig ein Maß für die Geschwindigkeit. Auch für das internationale Wachstum ist die Dauer ein geeigneter Bestimmungsfaktor. In diesem Kontext repräsentiert sie die zeitliche Länge, die für eine Veränderung der Inlands- und Auslandsaktivitäten in einem bestimmten Umfang benötigt wird. Da es in der wissenschaftlichen Praxis jedoch üblich ist, die zeitliche Länge zu fixieren und den Umfang der Änderung zu beschreiben, soll die Definition der Dauer angepasst werden. Die Dauer ist somit ein Maß, das den Umfang der Veränderung der Inlands- und Auslandsaktivitäten in einem bestimmten Zeitraum beschreibt.[178]

Das Element der Synchronisation beschreibt, wie der zeitliche Abgleich zwischen verschiedenen Aktivitäten erfolgt. Dieses Element kommt immer dann zur Anwendung, wenn es darum geht, verschiedene Aktivitäten und Ereignisse miteinander abzustimmen – beispielsweise die Erstellung einer Präsentation mit den Kundenanforderungen zur Abstimmung und Fertigstellung der Präsentation. Die Synchronisation erfolgt dabei immer in Bezug zu einem bestimmten Referenzereignis. Bei diesem Ereignis handelt es sich entweder um eine allgemeingültige Zeitangabe (z. B. „21. Juli 2007 um 13:50 Uhr") oder andere zeitlich-variable Ereignisse (z. B. die Kundenanforderung zur Fertigstellung der Präsentation). Für den Abgleich der Aktivitäten mit dem Referenzereignis werden drei grundsätzliche Strategien genannt: Beschleunigen, Verzögern oder Mitschwimmen. Wie die Dauer eignet sich auch die Synchronisation zur Charakterisierung des internationalen Wachstums. Durch sie wird der Tatsache Rechnung getragen, dass das internationale Wachstum nicht nur eine Aktivität umfasst, sondern verschiedene Aktivitäten im Inland und Ausland repräsen-

---

[177] Vgl. Perich (1993), S. 265–268.
[178] Vgl. Bäurle (1996), S. 24 und Perich (1993), S. 273–278.

tiert.[179] Durch das Element der Synchronisation kann beschrieben werden, wie der Abgleich zwischen diesen Aktivitäten erfolgt.[180]

Durch das Element der Sequenz werden verschiedene Aktivitäten hinsichtlich ihrer zeitlichen Aneinanderreihung charakterisiert. Das Element wird immer dann relevant, wenn mehrere Aktivitäten einer Aktion zu koordinieren sind. Dies ist z. B. bei der Abstimmung von Produktionsabläufen der Fall. Die einzelnen Aktivitäten können so koordiniert werden, dass sie nahtlos ineinander übergehen, sich teilweise überlappen oder simultan ablaufen. Auch die Sequenz ist zur Charakterisierung des internationalen Wachstums geeignet. Ebenso wie die Synchronisation wird auch bei der Sequenz davon ausgegangen, dass sich das internationale Wachstum aus unterschiedlichen Aktivitäten im Inland und Ausland zusammensetzt. Im Unterschied zur Synchronisation werden durch die Sequenz die unterschiedlichen Aktivitäten jedoch nicht als Ganzes betrachtet, sondern in einzelne Teilschritte zerlegt. Die Art und Weise der zeitlichen Aneinanderreihung dieser Teilschritte zwischen Inland und Ausland kann direkt durch die Sequenz abgebildet werden.[181]

Das zeitliche Gestaltungselement der Zyklizität beschreibt zeitlich wiederkehrende Anordnungen von Geschehensabläufen, beispielsweise die Abwicklung eines Auftrages nach einem immer gleichen Muster oder den Aufbau ausländischer Tochtergesellschaften nach dem gleichen Schema. Abhängig von den auslösenden Kräften werden zwei Formen der Zyklizität unterschieden: Periodizität und Rhythmizität. Bei der Periodizität wird die zeitliche Ordnung von außen vorgegeben, beispielsweise durch die in den Rechnungslegungsvorschriften verankerten Regeln zur jährlichen Rechnungslegung. Im Unterschied dazu wird bei der Rhythmizität die zeitliche Ordnung von innen durch den Geschehensablauf selbst vorgegeben, beispielsweise beim Produktlebenszyklus oder Effekten auf der Basis der Lernkurve.[182] Ebenso wie die drei zuvor beschriebenen zeitlichen Gestaltungselemente eignet sich auch die Zyklizität zur Charakterisierung des internationalen Wachstums. Wie bei der Sequenz werden auch bei der Zyklizität einzelne Teilschritte der verschiedenen Aktivitä-

---

[179] Die Aktivitäten im Inland würden in diesem Fall das Referenzereignis repräsentieren.
[180] Vgl. Bäurle (1996), S. 24 und Perich (1993), S. 264–265.
[181] Vgl. Bäurle (1996), S. 24 und Perich (1993), S. 268–272.
[182] Vgl. Bäurle (1996), S. 24–25 und Perich (1993), S. 279–285.

ten des internationalen Wachstums betrachtet. Ob es hinsichtlich dieser Teilschritte zeitlich wiederkehrende Muster gibt, wird durch die Zyklizität beschrieben.

Mit dem zeitlichen Gestaltungselement der Planung beschreibt Perich alle Aktivitäten, die sich mit den „Zukunftsentwürfen" einer Organisation befassen. Dazu gehören sowohl kurzfristige Planungsaktivitäten, wie z. B. die Planung einer Auftragsdurchführung, als auch Aktivitäten, die sich mit der weiter entfernten Zukunft befassen, wie z. B. die Finanzplanung der nächsten Jahre. Die Aktivitäten umfassen die Definition eines Ziels sowie die Festlegung einer schlüssigen Schrittfolge, die zum Ziel führt. Im Gegensatz zu den vier vorher genannten Gestaltungselementen eignet sich die Planung nicht zur Charakterisierung des internationalen Wachstums entsprechend dem obigen Begriffsverständnis.[183] Denn durch die Planung wird nicht das internationale Wachstum an sich charakterisiert, sondern lediglich Faktoren – Planungsaktivitäten –, durch die es beeinflusst wird.[184]

Während durch die Planung die Zukunft einer Organisation adressiert wird, widmet sich das zeitliche Element der Geschichte seiner Vergangenheit. Es dient als Orientierung für die Auswahl gegenwärtiger und zukünftiger Aktivitäten. So beeinflussen z. B. die bisherigen Erfahrungen beim Aufbau einer Auslandsniederlassung auch das Vorgehen hinsichtlich des weiteren Ausbaus des Auslandsgeschäftes. Ebenso wie die Planung ist auch die Geschichte nicht zur Charakterisierung des internationalen Wachstums geeignet. Auch durch diese wird das internationale Wachstum nicht direkt beschrieben, sondern lediglich, welche Rolle die Vergangenheit für die heutige und zukünftige Entwicklung einer Organisation spielt.[185]

Das letzte zeitliche Gestaltungselement ist die Zeitperspektive. Dieses Element repräsentiert die gebündelten Erfahrungswerte und Wertvorstellungen der Organisationsmitglieder in Bezug auf die Zeit. Durch die Zeitperspektive wird der Umgang mit den anderen Elementen der Zeit determiniert. Dazu gehört z. B. die Frage, ob sich die Organisation stärker an Vergangenheit, Gegenwart oder Zukunft orientiert, oder ob bei der Zukunftsbetrachtung ein großer oder kleiner Horizont einbezogen

---

[183] Für die begriffliche Einordnung des internationalen Wachstums vgl. Abschnitt 1.3.
[184] Vgl. Bäurle (1996), S. 25 und Perich (1993), S. 285–290.
[185] Vgl. Bäurle (1996), S. 25 und Perich (1993), S. 290–298.

wird.[186] Auch die Zeitperspektive eignet sich nicht zur Charakterisierung des internationalen Wachstums, da sie sich nicht direkt auf das internationale Wachstum bezieht, sondern auf die anderen sechs zeitlichen Gestaltungselemente.

Hinsichtlich der dynamischen Aspekte des internationalen Wachstums konnten vier Bestimmungsfaktoren identifiziert werden: Dauer, Synchronisation, Sequenz und Zyklizität. Welche dynamischen Aspekte durch die vier Faktoren jeweils adressiert werden, wird in Abb. 12 grafisch zusammengefasst.

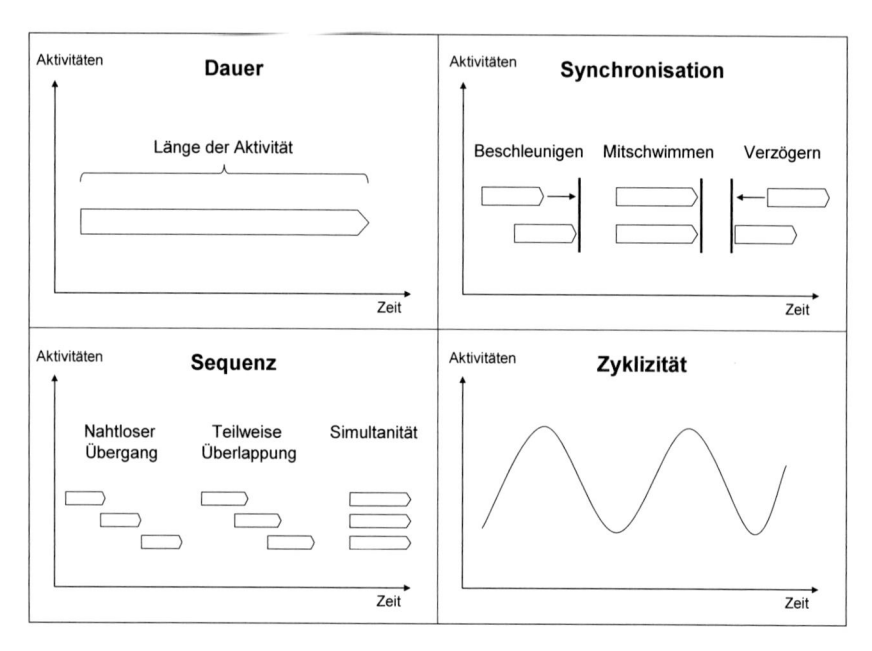

Abb. 12: Dynamische Bestimmungsfaktoren des internationalen Wachstums.

---

[186] Vgl. Bäurle (1996), S. 25 Penrose (1959), S. 120–127.

3.1.3 Synthese: Bestimmungsfaktoren des internationalen Wachstums

In den Abschnitten 3.1.1 und 3.1.2 wurden statische und dynamische Faktoren zur Charakterisierung des internationalen Wachstums beschrieben. Als statische Bestimmungsfaktoren konnten Umsatz, Mitarbeiter und Vermögen, als dynamische Faktoren die zeitlichen Elemente Dauer, Synchronisation, Sequenz und Zyklizität identifiziert werden. Durch die Verknüpfung der statischen und dynamischen Faktoren ist es möglich, das internationale Wachstum aus einer übergreifenden Perspektive zu beschreiben. Wie die beiden Perspektiven verknüpft und welche übergreifenden Bestimmungsfaktoren abgeleitet werden, steht im Fokus der folgenden Betrachtung. Diese orientiert sich an den vier dynamischen Faktoren, da für jeden der drei statischen Faktoren die Verknüpfung mit den dynamischen Faktoren nach dem gleichen Prinzip erfolgt.

Als Erstes wird die Dauer mit den drei statischen Bestimmungsgrößen verknüpft. Wie bereits oben erläutert wurde, ist die Dauer eine Messgröße, die den Umfang der Veränderung der Inlands- und Auslandsaktivitäten in einem bestimmten Zeitraum beschreibt.[187] Bezogen auf den Umsatz kann damit z. B. die Frage beantwortet werden, um welchen Betrag sich der Umsatz im Ausland in den letzten zehn Jahren verändert hat. Diese Größe wird im Allgemeinen als absolutes Wachstum bezeichnet. Neben der absoluten Veränderung kann das Wachstum auch als relative Größe erfasst werden. Diese relative Veränderung in einem bestimmten Zeitraum wird als Wachstumsrate bezeichnet. Auch wenn diese Größe als Wachstumsrate bezeichnet wird, ist es (wie im Abschnitt 1.3 bereits erläutert) möglich, dass sie nicht nur positive, sondern auch negative Werte annimmt. In Bezug auf die Dauer kann das internationale Wachstum durch sechs Wachstumsraten bezogen auf Umsatz, Mitarbeiter und Vermögen jeweils im Inland und Ausland beschrieben werden.

Als zweiter dynamischer Faktor wird die Synchronisation mit den drei statischen Bestimmungsgrößen verknüpft. Durch das Element der Synchronisation wird beschrieben, wie der Abgleich zwischen der Umsatz-, Mitarbeiter- und Vermögensent-

---

[187] Vgl. Abschnitt 1.3.

wicklung im Inland und Ausland erfolgt.[188] Durch die Bildung des Verhältnisses der Wachstumsraten im Ausland und Inland kann eine Messgröße bestimmt werden, die Auskunft über die jeweilige Synchronisationsstrategie gibt. Ist das absolute Verhältnis beider Größen gleich eins, sind die Wachstumsraten im Inland und Ausland identisch, d. h., der Umsatz im Ausland verändert sich im gleichen Maße wie im Inland – er „schwimmt mit". Ist das absolute Verhältnis größer als eins, ist das Wachstum im Ausland stärker als im Inland – in diesem Fall „beschleunigt" das Ausland. Im umgekehrten Fall – das Wachstum im Ausland ist geringer als im Inland – läuft die Entwicklung im Ausland „verzögert" ab. Neben dem absoluten Verhältnis der beiden Größen charakterisiert auch das Vorzeichen die Synchronisation zwischen Inland und Ausland. Da es sich beim Umsatzwachstum sowohl um eine positive als auch um eine negative Größe handeln kann, ist auch das Verhältnis aus inländischer und ausländischer Wachstumsrate entweder positiv oder negativ. Das Verhältnis zwischen der Wachstumsrate im Ausland und Inland wird von Schmidt (1989) auch als Wachstumsstärke des Auslandsgeschäftes bezeichnet. In Bezug auf die Synchronisation kann das internationale Wachstum demnach durch die Wachstumsstärke des Auslandes bezogen auf Umsatz, Mitarbeiter und Vermögen charakterisiert werden.

Nach der Synchronisation wird die Sequenz mit den drei statischen Bestimmungsgrößen verknüpft. Durch die Sequenz wird beschrieben, wie die zeitliche Aneinanderreihung einzelner Aktivitäten im Inland und Ausland erfolgt. Auf der Basis statischer Bestimmungsfaktoren können jedoch nur sehr begrenzte Aussagen über die zeitliche Anordnung von Aktivitäten abgeleitet werden. Dies liegt daran, dass die Faktoren an sich keine Aktivitäten darstellen, sondern nur deren Ergebnisse widerspiegeln. Dies heißt jedoch nicht, dass keine Aussagen hinsichtlich der Sequenz getroffen werden können. Zwar ist es nicht möglich, das „Wie" der zeitlichen Aneinanderreihung genau zu beschreiben; jedoch können das „Ob" sowie die Intensität der Verzahnung der ausländischen und inländischen Aktivitäten bestimmt werden. Diese Bestimmung erfolgt durch die Charakterisierung des Zusammenhangs zwischen der Entwicklung inländischer und ausländischer Bestimmungsfaktoren. Die folgenden beiden Beispiele sollen dies verdeutlichen:

---

[188] Da in diesem Fall kein explizites Referenzereignis vorliegt, werden die inländischen Größen als Referenz festgelegt.

Wird beispielsweise die Abhängigkeit zwischen dem inländischen Ressourceneinsatz (Mitarbeiterstamm, Vermögen) und dem im Ausland erzielten Umsatz von Maschinenbau-Unternehmen untersucht, könnte festgestellt werden, dass eine signifikante Veränderung des Auslandsumsatzes stets mit einer entsprechenden Veränderung des Ressourceneinsatzes im Inland einhergeht. Der wahrscheinlichste Grund für einen solchen Zusammenhang wäre der, dass die Maschinen im Heimatland des Maschinenbauers gefertigt und anschließend ins Ausland exportiert werden.

Ein Zusammenhang lässt sich aber nicht nur zwischen inländischen und ausländischen Ausprägungen eines Indikators feststellen, sondern auch zwischen verschiedenen Indikatoren. Wird beispielsweise die Entwicklung der Mitarbeiterzahl und des Umsatzes im Ausland miteinander verglichen, besteht insbesondere bei Dienstleistungsunternehmen im Gegensatz zum obigen Beispiel ein starker Zusammenhang zwischen diesen Größen. Erhöht ein Dienstleistungsunternehmen seine Mitarbeiterzahl im Ausland, wird damit wahrscheinlich auch die Erhöhung des Auslandsumsatzes einhergehen. Wie im ersten Beispiel deutlich wurde, ist dieser Zusammenhang bei Produktionsunternehmen nicht zwangsläufig gegeben, da Produktion und Verbrauch voneinander entkoppelt sind: Es kann zwar im Ausland produziert, die Produkte können aber nur im Inland abgesetzt werden.

Anhand der obigen Beispiele sollte verdeutlicht werden, dass zwischen der Entwicklung der Input- und Output-Faktoren im Inland und Ausland ein Zusammenhang festgestellt werden kann. Dieser Zusammenhang kann dabei sowohl zwischen Inland und Ausland als auch ausschließlich innerhalb des Heimatlandes oder ausschließlich innerhalb eines ausländischen Staates bestehen. Bezüglich der Sequenz kann gefolgert werden, dass je stärker der Zusammenhang zwischen zwei Faktoren ist, desto stärker sind auch die der Entwicklung dieser Faktoren zugrunde liegenden Aktivitäten miteinander verzahnt. Dieser Zusammenhang zwischen zwei Größen wird mathematisch durch Korrelationen beschrieben.

Um zu bestimmen, welcher Zusammenhang am stärksten ausgeprägt ist, müssen die Korrelationen zwischen der Output-Größe im Inland und allen Input-Größen (im In- und Ausland) sowie der Output-Größe im Ausland und allen Input-Größen (im In- und Ausland) ermittelt werden. Insgesamt können so acht Korrelationen bestimmt werden. In Bezug auf die Synchronisation kann das internationale Wachstum demnach durch die acht Korrelationen charakterisiert werden.

Als Letztes wird die Zyklizität mit den drei statischen Bestimmungsgrößen verknüpft. Durch das temporale Element der Zyklizität wird beschrieben, ob es im Ausland oder im Inland wiederkehrende Entwicklungsmuster gibt. Da aus den gleichen Gründen wie bei der Sequenz nicht alle Muster auf der Basis der statischen Bestimmungsfaktoren abgebildet werden können, sollen zwei grundlegende Ausprägungen herausgegriffen werden. Bei der ersten Ausprägung handelt es sich um sehr kurze, wiederkehrende Abläufe, die zum „Tagesgeschäft" des Unternehmens gehören – beispielsweise die Abwicklung eines Kundenauftrags oder die sukzessive Anpassung der Produktionskapazitäten. Da diese Abläufe zum „normalen" Geschäft gehören und durch einen begrenzten Umfang hinsichtlich Umsatz, Mitarbeiter und Kapital gekennzeichnet sind, spiegelt sich ein einzelner „Ablauf" nicht in den statischen Faktoren wider; die Faktoren entwickeln sich gleichmäßig (homogen). Im Gegensatz dazu gibt es Abläufe, die in den Faktoren deutliche „Spuren" hinterlassen. Dazu gehören Abläufe, die nicht zum Tagesgeschäft gehören und erhebliche Auswirkungen auf das gesamte Unternehmen haben, wie z. B. Akquisitionen oder Werksschließungen. Diese Abläufe spiegeln sich deutlich in den Faktoren wider, was durch einen sprunghaften (heterogenen) Verlauf der statischen Faktoren zum Ausdruck kommt.

Damit wird deutlich, dass die Zyklizität durch den Verlauf statischer Faktoren zum Ausdruck gebracht wird: Verlaufen diese homogen, stellen sie wiederkehrende Routineabläufe dar; ist deren Verlauf heterogen, handelt es sich um seltene Großereignisse. Da der Übergang zwischen beiden Arten fließend ist, kann nicht eindeutig zwischen Routineablauf und Großereignis unterschieden werden. Aus diesem Grund sollte lediglich der Grad der Heterogenität des Verlaufs statischer Faktoren zur Charakterisierung der Zyklizität herangezogen werden. Die Zyklizität des internationalen Wachstums kann damit durch den Entwicklungsverlauf der drei Indikatoren im Ausland und Inland ausgedrückt werden.
Eine Zusammenstellung aller Bestimmungsfaktoren zur Charakterisierung des internationalen Wachstums ist in Abb. 13 dargestellt.

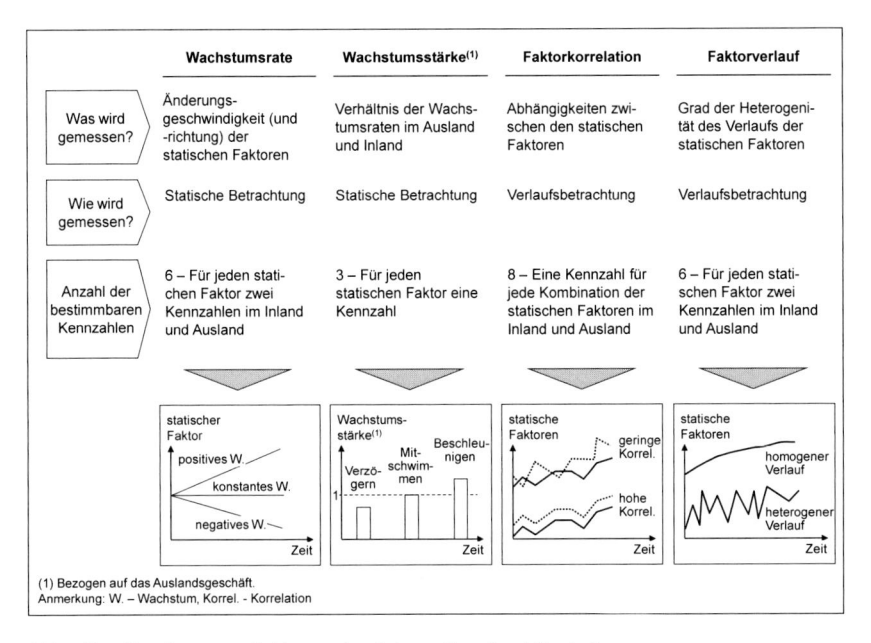

	Wachstumsrate	Wachstumsstärke[1]	Faktorkorrelation	Faktorverlauf
Was wird gemessen?	Änderungsgeschwindigkeit (und -richtung) der statischen Faktoren	Verhältnis der Wachstumsraten im Ausland und Inland	Abhängigkeiten zwischen den statischen Faktoren	Grad der Heterogenität des Verlaufs der statischen Faktoren
Wie wird gemessen?	Statische Betrachtung	Statische Betrachtung	Verlaufsbetrachtung	Verlaufsbetrachtung
Anzahl der bestimmbaren Kennzahlen	6 – Für jeden statischen Faktor zwei Kennzahlen im Inland und Ausland	3 – Für jeden statischen Faktor eine Kennzahl	8 – Eine Kennzahl für jede Kombination der statischen Faktoren im Inland und Ausland	6 – Für jeden statischen Faktor zwei Kennzahlen im Inland und Ausland

(1) Bezogen auf das Auslandsgeschäft.
Anmerkung: W. – Wachstum, Korrel. - Korrelation

Abb. 13: Bestimmungsfaktoren des internationalen Wachstums.

3.2 Kontextfaktoren des internationalen Wachstums

Nachdem im vorangegangenen Abschnitt die Bestimmungsfaktoren des Wachstums identifiziert wurden, konzentriert sich der folgende Abschnitt auf diejenigen Faktoren, die das Verhältnis zwischen dem Wachstum im Inland und Ausland beeinflussen. Im Rahmen der Erläuterungen zum theoretischen Bezugsrahmen im Kapitel 2 wurde bereits die Relevanz verschiedener Kontextfaktoren untersucht. In den Abschnitten 2.1.2 und 2.2.2 wurde gezeigt, dass die Branchenkräfte wahrscheinlich großen Einfluss auf den zu untersuchenden Zusammenhang zwischen Wachstum im Inland und im Ausland haben. Welche Branchenkräfte dies genau sind, wird im Folgenden beschrieben. Im Abschnitt 3.2.1 wird zunächst erläutert, inwieweit der Industrial-Organization-Ansatz ein geeignetes Denkgerüst zur Erklärung des Unternehmenswachstums darstellt. Im Abschnitt 3.2.2 wird ein geeignetes Modell identifiziert, durch das die Branchenkräfte systematisch erfasst sowie die Auswirkungen auf die Unternehmensentwicklung abgeleitet werden können. Um mögliche Anknüpfungspunkte zum Unternehmenswachstum, insbesondere zu den Bestimmungsfaktoren, deutlich zu machen, wird das gewählte Modell anschließend im Abschnitt 3.2.3 ausführlich beschrieben. Da auch das ausgewählte Modell nicht frei von Kritik ist, widmet sich der letzte Abschnitt 3.2.4 den Kommentaren und Einschränkungen, die mit dessen Anwendung verbunden sind.

3.2.1 Eignung des Industrial-Organization-Ansatzes als Denkgerüst zur Erklärung des Unternehmenswachstums

Wie bereits erläutert, zeigen Ergebnisse der Wachstums- und Internationalisierungsforschung, dass die Charakteristika der Branche Einfluss auf das Wachstum und die Internationalisierung von Unternehmen haben.[189] Die theoretische Begründung für einen solchen Zusammenhang liefert der Industrial-Organization-Ansatz (IO-Ansatz). Die Basis dieses Ansatzes bildet das sogenannte Structure-Conduct-Performance-Paradigma, nach dem die Branchenstruktur das Verhalten von Unternehmen einer Branche und damit auch deren Erfolg beeinflusst.

Zu seiner weiten Verbreitung in Forschung und Praxis gelangte dieser ursprünglich aus der Volkswirtschaft[190] stammende Ansatz durch die Werke von Michael Porter.[191] In seinem für diese Forschungsrichtung prägenden Ansatz identifizierte Porter fünf Branchenkräfte, die die Wettbewerbssituation in einer Branche charakterisieren: die Rivalität in der Branche, die Verhandlungsstärke der Abnehmer, die Verhandlungsstärke der Lieferanten, die Bedrohung durch Substitute und die Existenz von Markteintrittsbarrieren.[192] Neben der Systematisierung der Branchenkräfte werden in den IO-Ansätzen auch Wettbewerbsstrategien für Unternehmen entwickelt. In dem Ansatz von Porter haben Unternehmen die Wahl zwischen einer Strategie der Kostenführerschaft, der Differenzierung und der Fokussierung. Welche Strategie für ein

---

[189] Vgl. Abs. 2.1.2 und 2.2.2.
[190] Vgl. Mason (1959) und Bain (1968).
[191] Vgl. Porter (1980), Porter (1985) sowie zusammenfassend Darstellungen in Link (1997), S. 34–37 und Kutschker/Schmid (2006), S. 812–813.
[192] Vgl. Porter (1999), S. 26.

Unternehmen vorteilhaft ist, hängt jeweils von den in einer Branche wirkenden Wettbewerbskräften ab.[193]

Inwieweit der in den IO-Ansätzen beschriebene Zusammenhang zwischen Branchenkräften, Strategie und Unternehmenserfolg herangezogen werden kann, um das Wachstum von Unternehmen zu erklären, soll im Folgenden erläutert werden. Dazu wird darlegt, was in dieser Arbeit unter Branchenkräften, Strategie und Unternehmenserfolg verstanden wird. Abschließend erfolgt eine kritische Würdigung des Ansatzes.

3.2.1.1 Die Branchenkräfte und das Unternehmenswachstum

Unter Branchenkräften werden die relativ stabilen Eigenschaften einer Branche verstanden.[194] Im Rahmen dieser Arbeit sind insbesondere diejenigen Kräfte interessant, die Bezug zum Wachstum im Inland und Ausland haben. Die IO-Ansätze können dabei helfen, die vorhandenen Branchenkräfte zu systematisieren und diejenigen Kräfte zu identifizieren, die signifikanten Einfluss auf das Verhältnis von Wachstum im Inland und Ausland haben. Welche Kräfte dies genau sind und durch welche Modelle diese erfasst werden, wird nach der Beschreibung verschiedener IO-Ansätze zum Abschluss dieses Kapitels erläutert (Abschnitt 3.2.2).

Die identifizierten Branchenkräfte stellen jedoch keine generellen Erfolgsfaktoren dar, d. h., sie wirken sich nicht unmittelbar auf den Erfolg eines Unternehmens aus, sondern determinieren in Verbindung mit der gewählten Strategie den Unternehmenserfolg. Die Branchenkräfte sind somit Potenziale, die durch Unternehmen ausgeschöpft werden können, aber nicht zwangsweise einen bestimmten Erfolg herbeiführen können.[195] Abweichend von Ansätzen, die Erfolgspotenziale nur im Unternehmen selbst, d. h. in den internen Ressourcen und Fähigkeiten, sehen, wird in dieser Arbeit davon ausgegangen, dass insbesondere die Umweltfaktoren einen wesentlichen Treiber des Unternehmensergebnisses bilden; denn das Ergebnis eines Unternehmens wird

---

[193] Vgl. Kutschker/Schmid (2006), S. 513.
[194] Vgl. Link (1997), S. 34–35.
[195] Vgl. Link (1997), S. 130–154.

zuallererst durch die im Markt vorhandenen Potenziale determiniert. Dabei kann es sich z. B. um die maximale Zahlungsbereitschaft eines bestimmten Kundensegmentes oder um die kostengünstigste Beschaffung benötigter Ressourcen handeln. Inwieweit diese Potenziale ausgeschöpft werden, richtet sich dann nach den im Unternehmen vorhandenen Ressourcen und Fähigkeiten sowie der gewählten Strategie. Damit wird durch die Charakteristika der Branche der Rahmen bestimmt, in dem sich das Unternehmensergebnis bewegt, während durch die vorhandenen Ressourcen und Fähigkeiten die Höhe der Potenzialausschöpfung determiniert wird.

3.2.1.2 Die Unternehmensstrategie und das Unternehmenswachstum

Das zweite Element, das beim Structure-Conduct-Performance-Paradigma der IO-Ansätze eine Rolle spielt, ist die Unternehmensstrategie. Um die Bedeutung der Strategie für die Untersuchung des Verhältnisses zwischen dem Wachstum im Inland und Ausland zu verdeutlichen, ist es zunächst erforderlich, den Strategiebegriff genauer zu definieren. In der Literatur gibt es dazu unterschiedliche Ansätze, die jedoch auf ähnlichen Paradigmen beruhen. Als eine Synthese dieser Ansätze haben Kutschker/Schmid (2006) den Strategiebegriff wie folgt definiert: Die Strategie sind sowohl das geplante Maßnahmenbündel zur Erreichung langfristiger Ziele eines Unternehmens als auch die sich ungeplant ergebenden Entscheidungs- und Handlungsmuster in einem Unternehmen.[196] Für die Untersuchung des Unternehmenswachstums sind insbesondere zwei Aspekte der Strategiedefinition interessant: das Zusammenspiel der geplanten und ungeplanten Handlungen sowie die Bündelung verschiedener Aktivitäten in einer Strategie.

Erstens: Das Zusammenspiel von geplanten und ungeplanten Strategien. Die Unterscheidung beider Strategietypen geht zurück auf das von Mintzberg entwickelte Modell der Entstehung von Strategien.[197] Danach wird eine Strategie, die auch als deliberate oder intendierte Strategie bezeichnet wird, nach Abschluss einer strategischen Analyse ausgewählt und anschließend implementiert. Von den geplanten Strategien wird allerdings nur ein Teil realisiert, da nicht alle künftigen Entwicklungen

---

[196] Vgl. Kutschker/Schmid (2006), S. 797–799.
[197] Vgl. Mintzberg (1978), Mintzberg et al. (1999), Mintzberg/Waters (1985).

wie beispielsweise die Konkurrenzsituation oder das Nachfrageverhalten vorhersehbar und planbar sind. Demgegenüber gibt es auch Strategien, die nicht vorab geplant werden, sondern sich aus den Handlungen und Entscheidungen im Unternehmen ergeben. Obwohl diese nicht auf einem formellen Analyse-, Auswahl- und Implementierungsprozess basieren, ergibt sich daraus rückblickend ein bestimmtes strategisches Muster.[198] Die von einem Unternehmen realisierte Strategie setzt sich somit aus geplanten sowie ungeplanten Elementen zusammen. Sie spiegelt demzufolge nicht nur die beabsichtigte, sondern auch die tatsächlich realisierte Entwicklung eines Unternehmens wider.[199] Diese Sichtweise kann auch auf die in IO-Ansätzen entwickelten Strategien übertragen werden. In den IO-Ansätzen wird davon ausgegangen, dass es optimale Kombinationen von Umweltbedingungen und Strategien gibt. Es stellt sich nun die Frage, ob es sich dabei um geplante oder realisierte Strategien handelt.

In den IO-Ansätzen wird davon ausgegangen, dass bestimmte Strategien in Kombination mit Umweltfaktoren den Erfolg eines Unternehmens steigern.[200] Die Beschreibung solcher Strategien ist ein Kernelement der IO-Ansätze. Im Umkehrschluss bedeutet dies, dass Unternehmen mit dem Ziel, erfolgreich zu sein, ihre Aktivitäten entlang der in den IO-Ansätzen definierten Strategien ausrichten. Dabei ist es unerheblich, ob diese Strategien von Anfang an geplant wurden oder sich erst im Zeitverlauf ergeben haben. Entscheidend ist, dass die realisierte Strategie der Unternehmen, d. h. ihre tatsächlichen Aktivitäten, den in den IO-Ansätzen beschriebenen Strategien entspricht.[201]

Dies soll jedoch nicht bedeuten, dass alle Unternehmen, die mit den gleichen Umweltbedingungen konfrontiert werden, auch identische Strategien verfolgen. Denn bei der Festlegung von Strategien spielen auch unternehmensspezifische Faktoren wie Ressourcen und Fähigkeiten eine Rolle.[202] Allerdings wird in dieser Arbeit die Auffassung vertreten, dass die Umweltfaktoren dominieren und dass die daraus abgelei-

---

[198] Vgl. Kutschker/Schmid (2006), S. 807–809.
[199] Ein ähnliches Bild der Entwicklung der Strategie ist auch bei Kirsch (1991), S. 330–397, zu finden.
[200] Vgl. Roxin (1992), S. 10–17, Link (1997), S. 34–40, Kutschker/Schmid (2006), S. 812–813. Was ein erfolgreiches Unternehmen kennzeichnet, wird im nächsten Absatz erläutert.
[201] Vgl. Venaik et al. (2004), S. 19.
[202] Dies ist eine Kernaussage der ressourcenbasierten Ansätze zur Strategiebildung, die einen Gegenpol zu den IO-Ansätzen bilden (vgl. zusammenfassend Gouthier/Schmid (2001), S. 227–228).

teten Strategien einen Rahmen für die Entwicklung eines Unternehmens definieren. Innerhalb dieses Rahmens kann es dann aber aufgrund differierender Ressourcen und Fähigkeiten Abweichungen zwischen den Strategien verschiedener Unternehmen geben.

Zweitens: Bündelung verschiedener Aktivitäten in einer Strategie. Die Strategie eines Unternehmens zielt auf unterschiedliche Unternehmensebenen ab und kann verschiedene Stoßrichtungen haben.[203] In der Literatur werden drei Ebenen unterschieden, auf die sich eine Strategie beziehen kann: das gesamte Unternehmen, die einzelnen Geschäftsbereiche und die Funktionsbereiche. In der Geschäftsbereichsstrategie werden Geschäftsbereiche festgelegt und Ressourcen auf diese verteilt. Diese Strategie legt fest, wie der Wettbewerb in einem bestimmten Geschäftsfeld bestritten werden soll.[204] Aus diesem Grund wird diese Ebene auch als Wettbewerbsstrategie bezeichnet.[205] In den Funktionsbereichsstrategien werden in der Regel geschäftsfeldübergreifend Strategien für Funktionsbereiche wie Marketing-, Personal- oder Beschaffungsstrategien festgelegt.[206] In Bezug auf das Wachstum sind alle drei genannten Ebenen gleichermaßen wichtig, da auf jeder der Stufen wachstumsrelevante Aktivitäten vorgenommen werden können. Allerdings ist jeweils zu prüfen, welche Bedeutung diese Aktivitäten für die gesamte Wachstumsentwicklung des Unternehmens haben.

Hinsichtlich der Stoßrichtungen von Strategien gibt es unterschiedliche Ansätze. Steinmann/Schreyögg (1997) beispielsweise unterscheiden Kosten-, Diversifikations-, Portfolio- und Internationalisierungsstrategien.[207] Je nach Themensetzung

---

[203] Vgl. Steinmann/Schreyögg (1997), S. 151–154, Johnson/Scholes (1999), S. 11–13 und Kutschker/Schmid (2006), S. 809–812.

[204] Aufgrund unterschiedlicher Kontextfaktoren in den Geschäftsbereichen können auch die Geschäftsbereichsstrategien unterschiedlich sein. Es ist daher darauf zu achten, dass bei der Betrachtung des Wachstums auf der Gesamtunternehmensebene die Unterschiede zwischen den Geschäftsfeldern eines Unternehmens möglichst gering sind.

[205] Für eine ausführliche Erläuterung, was unter Wettbewerbsstrategien zu verstehen ist, vgl. Roxin (1992), S. 98–103.

[206] Steinmann/Schreyögg (1997), S. 154, weisen darauf hin, dass Funktionsbereichsstrategien den Geschäftsbereichsstrategien nachgeordnet sind, da die Geschäftsbereichsstrategien bereits funktionsübergreifend festgelegt werden. Es ist zudem möglich, dass insbesondere bei relativ großen Geschäftsbereichen die Funktionsbereichsstrategien auch zwischen den Geschäftsbereichen variieren können.

[207] Kritisch angemerkt werden muss, dass die Internationalisierung teilweise auch als eine Form der Diversifikation betrachtet wird (Ansoff (1965)).

können diese Richtungen weiter differenziert werden. Die für diese Arbeit besonders relevante Stoßrichtung der Internationalisierung kann z. B. weiter aufgeteilt werden in:[208]

- Markteintritts- und Marktbearbeitungsstrategien: Form des Markteintritts und der Marktbearbeitung;
- Zielmarktstrategien: Festlegung der Zielmärkte eines Unternehmens im Ausland;
- Timingstrategien: zeitliche Aspekte bei der Internationalisierung;
- Allokationsstrategien: Gestaltung der Aktivitäten hinsichtlich Konfiguration und Leistungserbringung;
- Koordinationsstrategien: Abstimmung der internationalen Aktivitäten.

Aus einigen Aspekten dieser Strategien können Aussagen hinsichtlich des Verhältnisses zwischen dem Wachstum im Inland und Ausland indirekt abgeleitet werden. So führt z. B. die Markteintrittsstrategie des Exports zu einem relativ starken Wachstum des Absatzes im Ausland, während die Mitarbeiterzahl oder die Vermögenswerte im Inland stärker als im Ausland wachsen werden. Ähnliches gilt z. B. für die Allokationsstrategie. Unternehmen, die z. B. eine Zentralisierung ihrer Aktivitäten am Hauptsitz des Unternehmens anstreben, werden in Bezug auf die Mitarbeiterzahl sowie das Anlagevermögen im Inland deutlich stärker wachsen als im Ausland. Diese Beispiele sollen an dieser Stelle verdeutlichen, dass es generell möglich ist, einen Zusammenhang zwischen der Unternehmensstrategie und dem Wachstum herzustellen. Eine detaillierte Beschreibung der Zusammenhänge erfolgt in Abschnitt 3.3.

3.2.1.3 Der Unternehmenserfolg und das Unternehmenswachstum

Der Unternehmenserfolg ist das dritte Element im Structure-Conduct-Performance-Paradigma der IO-Ansätze. Um zu erläutern, welche Rolle das Unternehmenswachstum in Bezug auf den Erfolg spielt, soll zunächst der Erfolgsbegriff definiert werden. Allgemein kann der Erfolg als Grad der Zielerreichung eines Unternehmens definiert werden:[209]

---

[208] Vgl. Kutschker/Schmid (2006), S. 809–1038.
[209] Vgl. Glaum (1995), S. 137.

„Ein Unternehmen ist in dem Maße erfolgreich, in dem es eine ihm gestellte Aufgabe erfüllt. Die Definition seines Erfolges setzt die seiner Aufgabe voraus. Aus ihr leitet sich im Einzelfall die Skala ab, an der der Erfolg gemessen wird."[210]

Um zu bestimmen, wie der Erfolg eines Unternehmens zu bewerten ist, muss zunächst festgelegt werden, was die Ziele eines Unternehmens sind. Traditionell wurde die langfristige Maximierung der Gewinne als Unternehmensziel betrachtet. Daneben existierten weitere Oberziele wie Sicherheit, Erhalt des Unternehmens oder Wachstum. Diese vor allem aus dem Blickwinkel der Eigentümer aufgestellten Ziele wurden ab den 1960er Jahren zunehmend infrage gestellt. Seit längerem wird davon ausgegangen, dass Unternehmen ein Bündel unterschiedlicher Interessengruppen sind; aus diesem Grund wird auch nicht nur ein Ziel einer Interessengruppe verfolgt, sondern es werden parallel unterschiedliche Ziele angestrebt.[211] Die Gesamtheit der Ziele bildet das Zielsystem eines Unternehmens. An das Zielsystem wurden in der Literatur auch verschiedene Anforderungen gestellt. So sollen die Ziele inhaltlich, zeitlich und umfänglich bestimmt sein; sie sollen zudem erreichbar, operational und widerspruchsfrei sein. Bei Zielkonflikten soll eine Gewichtung zwischen den Zielen erfolgen. Auf die Frage, wie diese Gewichtung erfolgen soll, gibt es allerdings keine theoretisch hinreichende Antwort.[212]

Anhand der Erläuterungen wird deutlich, dass das Unternehmenswachstum ein Teilziel des Unternehmens abbildet. Auf die Bedeutung dieses Ziels wurde bereits im Abschnitt 1.1 verwiesen. Für die Betrachtung im Rahmen dieser Arbeit wird das Unternehmenswachstum als ein Teilziel des Unternehmens herausgegriffen; die weiteren Ziele sollen als Nebenbedingungen ausgeblendet werden.[213]

---

[210] Bierich (1988), S. 43.
[211] Vgl. Schmid (1998), S. 219–238.
[212] Glaum (1995), S. 137–139.
[213] Ein ähnliches Vorgehen wählte z. B. auch Glaum (1995) bei der Untersuchung des Zusammenhangs zwischen Internationalisierung und Unternehmenserfolg.

3.2.1.4 Kritische Würdigung der IO-Ansätze

Die IO-Ansätze leisten einen wichtigen Beitrag, um die Bedeutung externer Kräfte für die Unternehmensentwicklung hervorzuheben. Durch die Verbindung von Merkmalen des Marktes mit geeigneten Strategien und dem Unternehmenserfolg werden die Umweltfaktoren direkt in die unternehmerischen Entscheidungsprozesse einbezogen.[214] Die drei wesentlichen Beiträge der IO-Ansätze lassen sich daher wie folgt zusammenfassen:

- Sie tragen dazu bei, die externen Faktoren systematisch zu erfassen und zu strukturieren.
- Sie helfen, den Einfluss externer Faktoren auf die Unternehmensentwicklung zu identifizieren.
- Sie unterstützen die strategische Ausrichtung der Unternehmensaktivitäten durch die Definition von „Musterstrategien".

Neben den genannten positiven Beiträgen wurden IO-Ansätze auch kritisiert und zum Teil weiterentwickelt. Die Hauptkritikpunkte des Ansatzes beziehen sich auf die Vernachlässigung des Unternehmens selbst, d. h. auf die internen Einflussfaktoren, sowie auf den generischen Charakter der Strategien, d. h. die Reduzierung der Strategievarianten.[215]

Unterschiedliche Autoren weisen darauf hin, dass auch die internen Faktoren eines Unternehmens – d. h. die Ressourcen und Fähigkeiten – bei der Umsetzung von Strategien zu berücksichtigen sind.[216] In einigen Ansätzen wird die Ansicht vertreten, dass die Strategien nicht am Markt, sondern am Unternehmen selbst ansetzen sollten. Ziel dieser Ansätze ist es, die intern bestehenden Erfolgspotenziale besser ausnutzen zu können. Diese Ansicht wird vor allem von den Vertretern ressourcenorientierter Ansätze geteilt.[217]

---

[214] Vgl. Link (1997), S. 52–53.
[215] Vgl. Link (1997), S. 52–54, Roxin (1992), S. 12, Yip (1996), S. 43–46, Kutschker/Schmid (2006), S. 813.
[216] Vgl. Yip (1996), S. 22–24, Scherer (1970), S. 4.
[217] Für einen Überblick vgl. Gouthier/Schmid (2001), S. 227–228.

Dieser Ansicht wird in dieser Arbeit nicht explizit widersprochen. Vielmehr wird den externen Kräften des Marktes ein höherer Stellenwert eingeräumt. Denn die Nutzung der Ressourcen und Fähigkeiten eines Unternehmens fußt auf vorhandenen Marktpotenzialen, also den externen Faktoren. Ziel ist es, Ressourcen und Fähigkeiten so einzusetzen, dass vorhandene Marktpotenziale optimal ausgeschöpft werden. Was nützt beispielsweise die Fähigkeit, Produkte mit innovativen Eigenschaften zu entwickeln, wenn danach sowohl kurz- als auch langfristig keine Nachfrage besteht? Dies soll jedoch nicht bedeuten, dass sich Unternehmen, die den gleichen externen Bedingungen ausgesetzt sind, identisch entwickeln. Aufgrund unterschiedlicher Ressourcen und Fähigkeiten kommt es zu einer unterschiedlichen Entwicklung von Unternehmen. Diese wird sich aber in einem durch die externen Faktoren vorgegebenen Rahmen bewegen. Bezogen auf die internationale Entwicklung bedeutet dies, dass sich Unternehmen einer Branche gemäß den IO-Ansätzen nicht völlig unterschiedlich im In- und Ausland entwickeln werden.

Eine weitere Kritik an den IO-Ansätzen bezieht sich auf den generischen Charakter der Strategien. Wegen der Begrenzung der Strategien auf wenige Varianten geht die Vielfalt möglicher Handlungsalternativen verloren. Dieser Aspekt trifft insbesondere auf die von Michael Porter entwickelten Strategien der Kostenführerschaft, Differenzierung und Fokussierung zu, die keinerlei weitere Alternativen oder Abstufungen zulassen.[218] Aus diesem Grund sollen bei der weiteren Betrachtung auch nicht bestimmte Strategien definiert werden, sondern lediglich verschiedene Elemente einer Strategie den Umweltbedingungen zugeordnet werden. Damit ist es möglich, je nach Umweltbedingungen unterschiedliche Ausprägungen „einer" Strategie zu definieren. Damit kann die Vielfalt möglicher Strategien erhöht werden.

3.2.2 Auswahl eines geeigneten Erklärungsmodells

Ziel dieses Abschnitts ist es, ein geeignetes Modell zu identifizieren, mit dessen Hilfe Branchenkräfte systematisch erfasst und Auswirkungen auf die Unternehmensentwicklung abgeleitet werden können. Zu diesem Zweck werden zunächst verschiede-

---

[218] Vgl. Kutschker/Schmid (2006), S. 813.

ne Modelle vorgestellt, die die Branchenkräfte im internationalen Kontext analysieren und systematisieren (Abschnitt 3.2.2.1). Im Anschluss daran erfolgen eine Bewertung der Modelle und die Auswahl eines geeigneten Erklärungsmodells (Abschnitt 3.2.2.2).

3.2.2.1 Überblick über verschiedene Erklärungsmodelle

Um die Anzahl der hier vorgestellten Erklärungsmodelle zu begrenzen, werden nur Modelle herangezogen, die folgende Voraussetzungen erfüllen:
- Erstens müssen die hier vorgestellten Modelle auf dem im Abschnitt 3.2.1 erläuterten Industrial-Organization-Ansatz beruhen. Das heißt, dass in den Modellen Strategien abhängig von Faktoren der externen Umwelt entwickelt werden.
- Da zweitens das Verhältnis zwischen Wachstum im Inland und Ausland betrachtet wird, sollten die Strategien auch internationale Aspekte berücksichtigen.

Eine Zusammenstellung und Erläuterung von Modellen, die diese Voraussetzungen erfüllen, ist zu finden bei Roxin (1992).[219] Abb. 14 gibt einen Überblick über die relevanten Modelle.

Modelle	Kernaussage	Basisliteratur
(A) Integration-Responsiveness-Modell	Unternehmen definieren länderübergreifende Strategie im Spannungsfeld zwischen lokaler Anpassung und globaler Rationalisierung.	Prahalad (1975), Prahalad/Doz (1987), Doz et al. (1981), Bartlett/Ghoshal (1991)
(B) Modell der Wertkette	Die länderübergreifende Strategie von Unternehmen wird durch die internationale Streuung und Koordination von Wertkettenelementen charakterisiert.	Kogut (1985), Porter (1989a), Kutschker (1987)
(C) Modell der operativen Flexibilität	Die Unternehmensstrategie basiert auf der flexiblen Ausschöpfung von Arbitrage-Optionen auf der Grundlage industriespezifischer multinationaler Netzwerke.	Kogut (1985), Hamel/Prahalad (1988), Hedlund (1986)
(D) Modell der Ausnutzung externer Beziehungen	Ausnutzung von Kooperationsvorteilen durch die strategische Gestaltung der Zusammenarbeit mit andren Unternehmen.	Harrigan (1988), Astley (1984), Perlmutter/Heenan (1986)

Abb. 14: Überblick über IO-Ansätze mit Bezug zum internationalen Management.
Quelle: In Anlehnung an Roxin (1992), S. 103.

---

[219] Vgl. Roxin (1992), S. 103–181.

Um ein besseres Verständnis hinsichtlich der verfügbaren Modelle zu erhalten und um den Bezug zu dem IO-Ansatz zu verdeutlichen, werden die Modelle im Folgenden erläutert. Dazu wird jeweils auf die Systematisierung der Umweltfaktoren und die Definition von (Norm-)Strategien eingegangen.

(A) Das Integration-/Responsiveness-Modell (IR-Modell)[220]: Dieses Modell stellt das in der Wissenschaft am häufigsten verwendete Framework zur Analyse internationaler Wettbewerbskräfte und zur Ableitung von Strategietypen dar.[221] Die beiden Dimensionen – Integration und Differenzierung – wurden erstmals von Prahalad (1975) sowie von Fayerweather (1969) auf die internationalen Strategien angewandt. Eine Weiterentwicklung des Ansatzes sowie die Ableitung und Beschreibung von Strategietypen erfolgte durch verschiedene Autoren, u. a. durch Bartlett/Ghoshal (1991), Porter (1989a) und Meffert (1989).[222]

Die Analyse der Umweltfaktoren erfolgt entlang zweier Dimensionen. Die Dimension der Integration beschreibt, wie ausgeprägt die globalisierungsfördernden Faktoren in einer Branche sind. Die Dimension der Differenzierung macht deutlich, wie wichtig die lokale Anpassung für eine Branche ist. In den beiden Dimensionen werden jeweils verschiedene Charakteristika des Marktes subsumiert.[223] Prahalad/Doz (1987) bestimmen z. B. den Grad der Differenzierung anhand von Faktoren wie den lokalen Unterschieden im Nachfrageverhalten, der Transparenz der Wettbewerbssituation, der Häufigkeit technologischer Veränderungen und der Verfügbarkeit lokaler Ressourcen. Als Faktoren, die die Globalisierung fördern und demzufolge die Dimension der Integration charakterisieren, werden u. a. die Bedeutung von Forschung und Entwicklung, der Anteil fixer Kosten und die Bedeutung von Größenvorteilen angeführt.[224]

---

[220] Da dieses Modell den Schwerpunkt der nächsten Abschnitte bildet, wird hier nur ein Überblick über die wichtigsten Aspekte des Modells gegeben.
[221] Vgl. Engelhard/Dähn (2002), S. 27–28.
[222] Vgl. Venaik et al. (2000), S. 677–678.
[223] In den unterschiedlichen Arbeiten, die sich mit den IR-Modellen befassen, werden die Dimensionen teilweise unterschiedlich bezeichnet und nicht immer durch identische Charakteristika erklärt. Eine vertiefende Erläuterung dieser Unterschiede erfolgt im Abschnitt 3.2.3. Für einen ersten Überblick vgl. Roth/Morrison (1990), S. 104–105, Yip (1996) S. 47–87, Prahalad/Doz (1987), Fuchs/Apfelthaler (2002), S. 91–95.
[224] Vgl. Fuchs/Apfelthaler (2002), S. 93–95. Auch wenn die Faktoren teilweise nicht explizit von den Autoren angeführt werden, so können sie doch indirekt aus den strategischen und organisatorischen Anforderungen abgeleitet werden.

Anhand der Ausprägung der beiden Dimensionen haben Autoren unterschiedliche Strategietypen entwickelt. Die populärsten Typen haben Bartlett/Ghoshal (1989) abgeleitet. Entsprechend der Ausprägung der Dimensionen unterscheiden sie vier Strategietypen: internationale, multinationale, globale und transnationale Unternehmen. Andere Strategietypen wurden z. B. von Meffert (1989), Porter (1999) oder Roth/Morrison (1990) entwickelt. Auch wenn die Autoren die Strategietypen unterschiedlich bezeichnen, so sind sie doch hinsichtlich ihrer inhaltlichen Ausgestaltung sehr ähnlich. Unterschiede existieren jedoch in Bezug auf die betrachteten Stoßrichtungen und Ebenen der Strategie. Am häufigsten wurden die Organisationsstruktur, die Rolle und Strategie von Tochtergesellschaften, die Organisationsstruktur von Tochtergesellschaften, die Koordinations- und Kontrollmechanismen sowie das Personalmanagement in die Betrachtungen einbezogen.[225]

(B) Das Konzept der Wertkette: Auch wenn das Konzept der Wertkette bereits früh durch die Forschung aufgegriffen wurde, erlangte es seine hohe Popularität erst durch die Veröffentlichungen von Michael Porter.[226] Allgemein wird unter dem Begriff der Wertkette ein Analysetool zur Aufgliederung der Aktivitäten und Prozesse der unternehmerischen Leistungserstellung verstanden. Ziel dieser Aufgliederung ist ein besseres Verständnis der Kostensituation und die Identifikation von Aktivitäten, durch die sich ein Unternehmen vom Wettbewerb differenziert, um Wettbewerbsvorteile zu erzielen. Hinsichtlich der Aufteilung der Wertschöpfungsaktivitäten gibt es verschiedene Beispiele: Porter (1989a) unterscheidet z. B. Primär- und Sekundäraktivitäten.[227] Ferner kann die Analyse der Wertkette auf verschiedenen Ebenen erfolgen: auf der Ebene einzelner Geschäftsfelder, auf der Unternehmensebene und auf der Ebene ganzer Industrien oder Branchen.[228] Im Folgenden werden zwei Ansätze vorgestellt, wie auf der Basis der Wertkette Umweltfaktoren mit Unternehmensstrategien verknüpft werden: erstens die Analyse der Globalisierungsintensität von Bran-

---

[225] Vgl. Roth/Morrison (1990), S. 100–105.
[226] Erste Ausführungen in Bezug auf das Wertsystem von Unternehmen finden sich bereits bei Schäfer (1974) oder Leitherer (1989).
[227] Zu den Primäraktivitäten gehören die Eingangslogistik, die Produktion, die Ausgangslogistik, Marketing/Verkauf und der Kundendienst; zu den Sekundäraktivitäten zählen die Beschaffung, die technologische Entwicklung, Personalmanagement und Infrastruktur.
[228] Vgl. Roxin (1992), S. 121–123. Porter (1989a) sieht die Analyse der Wertkette auf Branchen- oder Industrieebene kritisch, da so die Quellen von Wettbewerbsvorteilen nicht deutlich werden.

chen, zweitens die Analyse der Konfiguration und Koordination von Wertkettenelementen.

Die Analyse der Globalisierungsintensität einzelner Branchen basiert auf der Untersuchung der Wertschöpfung dieser Branchen. Der von McGee/Thomas (1988) entwickelte Ansatz geht davon aus, dass die Art und Weise der Wertschöpfung Auswirkungen auf die Produktivität und Kostenstrukturen von Unternehmen hat und damit auch den Rahmen für die strategische Ausrichtung von Unternehmen dieser Branche bildet. In Bezug auf die Strategie wurde die Bedeutung der Globalisierung untersucht. McGee/Thomas (1988) unterscheiden fünf Strategietypen, die von ihnen allerdings nur grob ausdifferenziert wurden.[229] Einen Überblick über den Zusammenhang der Art und Weise der Wertschöpfung (externer Faktor) und der Bedeutung der Globalisierung (Strategie) ist in Abb. 15 dargestellt.

Während das Modell von McGee/Thomas (1988) noch auf ganze Branchen und Industrien abstellt, bezieht sich der Ansatz zur Analyse der Konfiguration und Koordination von Wertkettenelementen auf die Unternehmensebene. Nach diesem von Porter (1989a) stammenden Ansatz wird die Strategie in immer internationaler werdenden Branchen entlang der Dimensionen Konfiguration und Koordination bestimmt. Diese beiden Dimensionen werden im Folgenden beschrieben.

Die Konfiguration bezeichnet „die geografische Verteilung der Wertschöpfungsstufen eines Unternehmens"[230], d. h., sie beschreibt, welche Arbeitsteilung und Spezialisierung in einem Unternehmen erfolgt. Die Dimension der Koordination geht darauf ein, wie „die wechselseitige Abstimmung von Elementen eines Systems zwecks Optimierung des Systems"[231] erfolgt. Die Spannbreite der Koordination reicht dabei von völliger Autonomie bis hin zu einer engen Verknüpfung und Abstimmung der Aktivitäten zwischen Ländern. Durch die Kombination beider Dimensionen ergeben sich die in Abb. 16 dargestellten vier Strategietypen.[232]

---

[229] Vgl. Roxin (1992), S. 123–125.
[230] Schmid/Grosche (2009), S. 4.
[231] Kutschker/Schmid (2006), S. 987.
[232] Vgl. Roxin (1992), S. 125–126, Schmid/Grosche (2009), S. 4–12.

Definition of Industry type	Characteristics and Focus of Competitive Advantage	Examples	Sensitivity to Globalisation
Class I – Value added is constrained from achievement of significant cost-based productivity increases through economies of scale or learning by doing	Fragmented industries Competition in terms of geography, reputation of individuals, regulation, individualised services, creative skills, custom engineering	Computer software, entertainment, investment banking, consulting, embryonic technologies	Low Resistant to globalisation because numerous barriers to consolidation of supply and demand
Class II – Value added characterised by modes cost-based productivity through learning by doing and economies of scale	Low cost rivalry Differentiated rivalry (premium Price) Focussed rivalry (Specialization in small sub segments)	Manufacturing, Assembly-Based Industries (Steel, glass, tyre, appliances, chemicals), automated Services	Moderately susceptible Autos – yes Some but not all heavy manufacturing
Classes III – Value added which is subject to extremely rapid cost-based productivity gains through learning by doing and economies of scale	Rapid technology change and information transfer Rivalry – product technology, process technology, commodity technology	Semi-conductors, Fibre-optics, Consumer electronics, Telecommunications	Vulnerable to globalization, Few global or cultural barriers
Transition – Value added shifting permanently from one base to another	Fundamental change in base of competition through deregulation, patents, manufacturing innovations	Retail banking (I > II), Telecommunications (I -> II -> III), Biotechnology (I -> III)	Dependent on stage of transition
Hybrid, value added coupled in two or more productivity bases	Identification of competitive advantage difficult	CAD/CAM, Robotics, Personal computers	Not clear, situation specific

Abb. 15: Vergleichender Überblick über internationale Modelle des IO-Ansatzes.
Quelle: In Anlehnung an McGee/Thomas (1988), S. 52.

Auch wenn Porter (1989a) die in Abb. 16 dargestellten Strategien nicht explizit auf der Basis externer Faktoren bestimmt, so gibt er dennoch Hinweise darauf, unter welchen externen Bedingungen eine Konzentration oder geografische Streuung bzw. eine hohe oder geringe Koordination sinnvoll sind.[233] So erweist sich die Konzentration dann als sinnvoll, wenn sich Mengenvorteile erzielen lassen, Lernkurveneffekte bestehen oder die Koordination erleichtert wird. Für eine Streuung der Aktivitäten sprechen z. B. länderspezifische Produktanforderungen, staatliche Einflüsse und Währungsrisiken. Hinsichtlich der Koordination sprechen z. B. Behinderungen im Informationsfluss, hohe Transaktionskosten sowie sprachliche Barrieren gegen eine enge Abstimmung der Aktivitäten zwischen den Ländern und vice versa.[234]

---

[233] Es sei darauf hingewiesen, dass die Ausführungen von Porter auch Schwächen aufweisen. Eine ausführliche Diskussion der Schwächen erfolgt z. B. bei Schmid/Grosche (2009), S. 16–28.
[234] Vgl. Roxin (1992), S. 125–126 und Dähn (1996), S. 102–103.

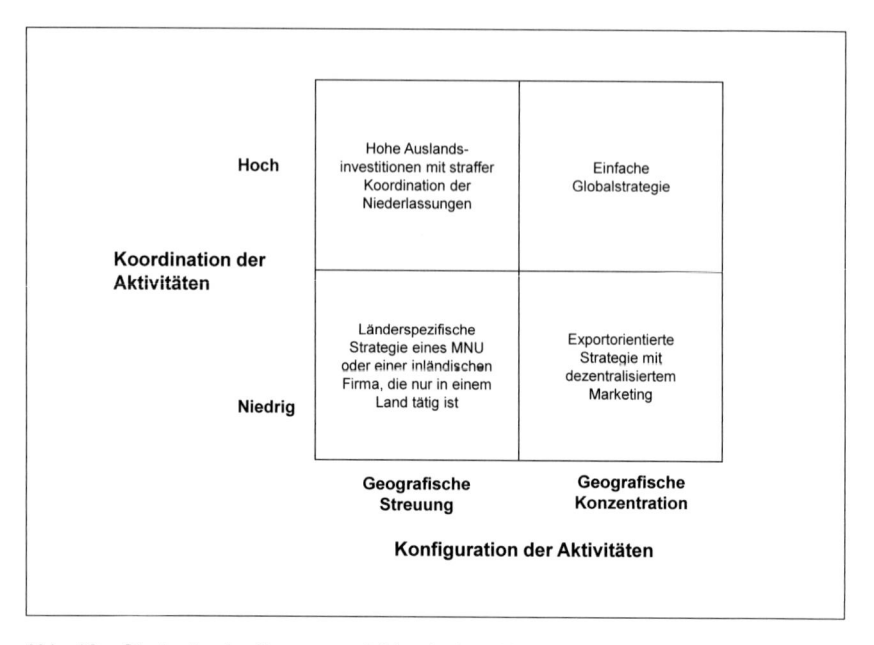

		Konfiguration der Aktivitäten	
Koordination der Aktivitäten	Hoch	Hohe Auslands-investitionen mit straffer Koordination der Niederlassungen	Einfache Globalstrategie
	Niedrig	Länderspezifische Strategie eines MNU oder einer inländischen Firma, die nur in einem Land tätig ist	Exportorientierte Strategie mit dezentralisiertem Marketing
		Geografische Streuung	Geografische Konzentration

Abb. 16: Strategien im Spannungsfeld zwischen Koordination und Konfiguration.
Quelle: Porter (1989a), S. 30.

(C) Das Modell der operativen Flexibilität: Die operationelle Flexibilität beschreibt die Fähigkeit eines Unternehmens, aus Unterschieden in den ökonomischen Parametern verschiedener Länder Wettbewerbsvorteile zu generieren. Die Basis für diese Fähigkeiten bildet das intelligente Management der Beziehungen zwischen weltweit verstreuten Unternehmensteilen. Als ein organisatorischer Ansatz, in dem diese Flexibilität – zumindest theoretisch – gegeben ist, wird von vielen Autoren der Netzwerkansatz betrachtet.[235] Dieser Ansatz bildet das Grundgerüst, innerhalb dessen die Organisation flexibel auf verschiedene Potenziale reagieren kann.

Im Unterschied zu den beiden zuvor erläuterten Ansätzen gibt es im Modell der operativen Flexibilität keine Matrix, die vorgibt, wie das Unternehmensnetzwerk beim Auftreten bestimmter Umweltfaktoren konkret ausgestaltet werden sollte. Um aber dennoch einen Hinweis darauf zu geben, wie die Flexibilität der Netzwerkorganisa-

---

[235] Zur operationalen Flexibilität vgl. z. B. Kogut (1985), S. 27, Doz/Prahalad (1988), Hamel/Prahalad (1988); zum Netzwerkansatz vgl. z. B. Bartlett (1989), Hedlund (1986), Roxin (1992), S. 147–152.

tion am effizientesten eingesetzt werden kann, wurden verschiedene Strategien entwickelt. Diese sogenannten Arbitragestrategien zeigen, durch welche Maßnahmen länderspezifische Unterschiede ausgenutzt werden können. Es werden z. B. folgende Arbitragestrategien unterschieden:[236]

- Ausschöpfung von Unterschieden in der Faktorausstattung, Faktorkosten und Produktivität durch die Strategie des internationalen Einkaufs;
- Absicherung gegen Währungsrisiken und Produktionsunterbrechungen sowie Vermeidung oder Verringerung der Effekte von Regierungsauflagen durch die Verlagerung der Produktion;
- Nutzung der Möglichkeit, durch Transferpreise oder Steuerung der Zahlungsströme zwischen weltweiten Unternehmensteilen die Steuerlast zu minimieren;
- Überwindung von Kapitalflussbeschränkungen oder Ausnutzung staatlicher Förderungen in bestimmten Ländern durch Steuerung der Zahlungsströme und Nutzung moderner Finanzinnovationen:
- Durch Aktivierung von Wissensbasen im Unternehmen und Förderung des Informationsaustausches können Technologien schneller in andere Ländermärkte transferiert oder Erfahrungen in einem Ländermarkt schneller auf andere Märkte übertragen werden.

Der Überblick über die Arbitragestrategien macht deutlich, dass auch im Modell der operativen Flexibilität ein Zusammenhang zwischen externen Faktoren und Strategie hergestellt wird. Die externen Faktoren stellen in diesem Modell nicht die isolierten Faktoren eines Landes dar, sondern die Unterschiede zwischen den Ländern in Bezug auf verschiedene Umweltfaktoren. Die Arbitragestrategien beziehen sich direkt auf diese Unterschiede, setzen aber eine flexible Organisation in Form eines Netzwerkes voraus.

(D) Die Ausnutzung externer Beziehungen: Während bei den bisher vorgestellten Modellen die Strukturen und Prozesse innerhalb eines Unternehmens im Mittelpunkt standen, geht es bei diesem Ansatz um Kooperationen außerhalb der Grenzen eines Unternehmens. Konkret wird die Frage beleuchtet, wie die Zusammenarbeit zwi-

---

[236] Für eine Übersicht über die Arbitragestrategien vgl. Roxin (1992), S. 160–161.

schen verschiedenen Unternehmen gestaltet werden kann und wie externe Faktoren den Erfolg der Zusammenarbeit determinieren. Bisher gibt es keinen geschlossenen theoretischen Ansatz, der sowohl die Gestaltungselemente von Kooperationen systematisch erfasst als auch diese den externen Faktoren zuordnet.[237] Zahlreiche Autoren haben zumeist Listen mit Gestaltungselementen zusammengestellt, die dem Erfolg einer Kooperation förderlich sind. Dazu gehören z. B. die Etablierung einer Kooperationserfolgsmessung, die Synchronisation von Organisationsstrukturen, klare Festlegung von Kompetenzen und Verantwortlichkeiten oder der regelmäßige Wissensaustausch zwischen den Kooperationspartnern.[238]

Ein Ansatz, der versucht, diese unterschiedlichen Gestaltungselemente zu systematisieren und in Bezug zu länder- und branchenspezifischen Einflussfaktoren zu bringen, stammt von Harrigan (1988).[239] Bei den Einflussfaktoren handelt es sich um Unsicherheit der Nachfrage, Geschwindigkeit des Nachfragewachstums, Einfluss und Erfahrung der Kunden, Differenzierbarkeit der Produkte, marktübergreifende Standardisierungsfähigkeit der Produkte, Stadium der Branchenevolution sowie um Arbeits- und Kapitalintensität. Die Verbindung der externen Einflussfaktoren und der Gestaltungselemente einer Kooperation erfolgt separat für jeweils zwei Faktoren in Form einer Matrix. In Abb. 17 ist der Einfluss von zwei Umweltfaktoren auf die Gestaltung einer Kooperation beispielhaft dargestellt. Kritisch anzumerken ist, dass durch dieses Vorgehen nicht alle Abhängigkeiten zwischen externen Faktoren und Gestaltungselementen erfasst werden können.

---

[237] Vgl. Roxin (1992), S. 169–170.
[238] Für einen Überblick über die Gestaltungselemente und weiterführende Literaturhinweise vgl. Roxin (1992), S. 140–141.
[239] Es muss jedoch angemerkt werden, dass dieser Ansatz nicht allgemeingültig ist, da er sich nur auf eine spezifische Form der Kooperation, das Joint Venture, bezieht.

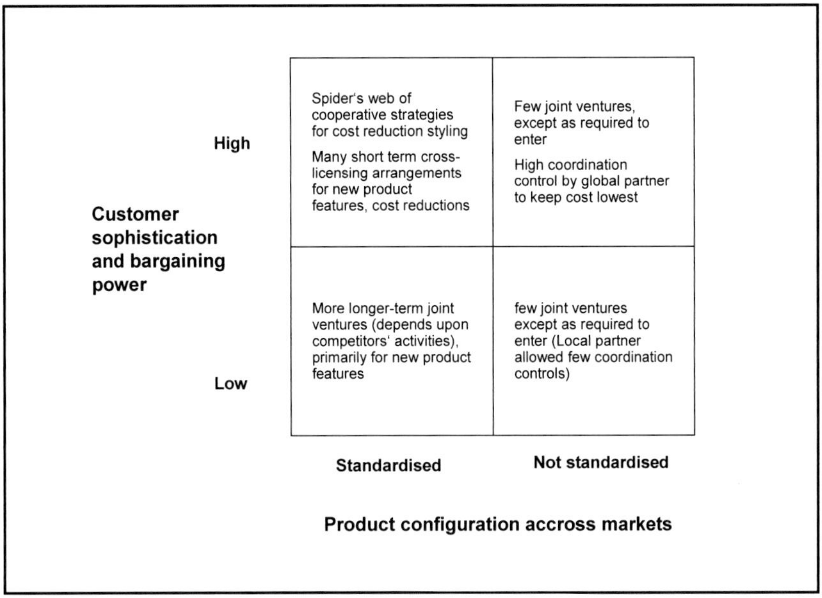

	Standardised	Not standardised
High	Spider's web of cooperative strategies for cost reduction styling. Many short term cross-licensing arrangements for new product features, cost reductions	Few joint ventures, except as required to enter. High coordination control by global partner to keep cost lowest
Low	More longer-term joint ventures (depends upon competitors' activities), primarily for new product features	few joint ventures except as required to enter (Local partner allowed few coordination controls)

Customer sophistication and bargaining power (row label, left axis)

Product configuration accross markets

Abb. 17: Kooperationsstrategien in Abhängigkeit von Produktstandardisierung und Kundenerfahrung/-einfluss.
Quelle: Harrigan (1988), S. 150.

3.2.2.2 Auswahl eines geeigneten Erklärungsmodells

Im vorangegangenen Abschnitt wurden vier Modelle beschrieben, die, auf dem IO-Ansatz basierend, Strategien der Internationalisierung in Abhängigkeit von verschiedenen externen Faktoren entwickelt haben. Welches der Modelle im Rahmen dieser Arbeit zur Erklärung des Verhältnisses zwischen dem inländischen und ausländischen Wachstum herangezogen wird, hängt davon ab,

- inwieweit die betrachteten Strategien auch Rückschlüsse auf die Wachstumsbeziehungen im In- und Ausland zulassen[240] und

---

[240] Im Rahmen dieser Betrachtung wird auch geklärt, welchen Bezug diese Modelle zum internationalen Wachstum haben.

- ob die betrachteten externen Faktoren die Merkmale einer Branche systematisch erfassen.

Ein direkter Vergleich der vier Modelle hinsichtlich der beiden Kriterien erfolgt in Abb.18. Anschließend werden die Modelle auf ihre Eignung zur Erklärung des Verhältnisses zwischen dem Wachstum im Inland und Ausland überprüft sowie ein geeignetes Modell ausgewählt.

Modelle	Betrachtete Strategien	Betrachtete externe Faktoren
(A) Integration-/Responsiveness-Modell	Vier Strategietypen:* • Internationale Strategie • Multinationale Strategie • Globale Strategie • Transnationale Strategie	• Faktoren, die die Globalisierung fördern – zusammengefasst in der Dimension Integration • Faktoren, die eine lokale Anpassung fördern – zusammengefasst in der Dimension Differenzierung
(B) Modell der Wertkette**	Vier Strategietypen: • Einfache Globalstrategie • Exportorientierte Strategie • Länderspezifische Strategie • Strategie eines hohen Auslandsengagements mit straffer Koordination	• Faktoren, die eine Konzentration von Aktivitäten in verschiedenen Ländern fördern – zusammengefasst in der Dimension Konfiguration • Faktoren, die die Intensität der Abstimmung von ähnlichen Aktivitäten bestimmen – zusammengefasst in der Dimension Konfiguration
(C) Modell der operativen Flexibilität	Verschiedene Arbitragestrategien, u. a.: • Internationaler Einkauf • Produktionsverlagerung • Transferpreisstrategien • Steuerung der Zahlungsströme	• Länderspezifische Unterschiede, z. B. in Bezug auf Faktorkosten, Wechselkurse, Steuersätze, staatliche Regulationen
(D) Modell der Ausnutzung externer Beziehungen	Gestaltungselemente von Unternehmenskooperationen, u. a.: • Kooperationserfolgsmessung • Synchronisation von Organisationsstrukturen • Festlegung von Kompetenzen und Verantwortlichkeiten • Regelmäßiger Wissensaustausch	• Unsicherheit der Nachfrage • Geschwindigkeit des Nachfragewachstums • Differenzierbarkeit der Produkte • Marktübergreifende Standardisierungsfähigkeit der Produkte • Stadium der Branchenevolution • Arbeits- und Kapitalintensität

* Strategien werden in verschiedenen Ansätzen unterschiedlich bezeichnet. Inhaltliche Unterschiede bestehen jedoch nicht.
** Ausgegangen wird von dem Ansatz der Konfiguration und Koordination nach Porter (1989a).

Abb. 18: Vergleichender Überblick über internationale Modelle des IO-Ansatzes.

Zuerst soll überprüft werden, inwieweit die Strategien in den betrachteten Modellen auch Rückschlüsse auf die Wachstumsbeziehungen im In- und Ausland zulassen.

Im IR-Modell werden durch die Festlegung der Strategietypen vor allem organisatorische Aspekte wie die Konfiguration von Aktivitäten oder die Rolle von Tochtergesellschaften definiert.[241] Aus diesen Aspekten lassen sich wiederum Hinweise auf das Wachstum im In- und Ausland ableiten. So ist ein Unternehmen, das eine globale Strategie verfolgt, in Bezug auf die Konfiguration zentral organisiert und auf Export ausgerichtet.

Wie beim IR-Modell erfolgt auch beim Modell der Wertkette die Definition der Strategie vor allem in Bezug auf organisatorische Aspekte. So gilt für die exportorientierte Strategie die gleiche Argumentation wie beim IR-Modell. Im Hinblick auf die Strategien kann man so weit gehen, dass die im Modell der Wertkette definierten Strategien einen Teilaspekt der in dem IR-Modell aufgeführten Strategien bilden. Im Modell der Wertkette wird diese Strategie lediglich noch weiter verfeinert.[242]

Auch die im Modell der operativen Flexibilität definierten Arbitragestrategien geben Hinweise auf das Wachstum in verschiedenen Ländern. So lässt sich beispielsweise aus der Strategie der Produktionsverlagerung ableiten, wo es in Zukunft zu einem Anstieg bzw. zum Absinken der Mitarbeiterzahlen und Investitionen kommen wird. Allerdings stehen in diesem Ansatz nicht nur die Unterschiede zwischen In- und Ausland im Fokus, sondern auch die Unterschiede zwischen beliebigen Ländern.

In dem letzten Modell, der Ausnutzung externer Beziehungen, werden Strategien in Bezug auf die Kooperation mit anderen Unternehmen definiert. Da sich diese Strategien nicht auf die Unterschiede zwischen der Entwicklung eines Unternehmens im In- und Ausland beziehen, können auch keine Ansatzpunkte für das Wachstum im Inland und Ausland abgeleitet werden.

Nachdem die Modelle im Hinblick auf die Aussagekraft der entwickelten Strategien überprüft wurden, soll im Folgenden die systematische Erfassung der externen Branchenfaktoren bewertet werden.

---

[241] Neben dem IR-Modell gibt es noch weitere Ansätze, aus denen die verschiedenen Rollen von Tochtergesellschaften abgeleitet werden können; vgl. z. B. Schmid/Kutschker (2003).
[242] Vgl. Roxin (1992).

Im IR-Modell werden ausschließlich Branchenfaktoren erfasst und systematisch entlang von zwei Dimensionen, Integration und Differenzierung, abgebildet. Im Ansatz der Wertkette erfolgt explizit keine Berücksichtigung von Branchenfaktoren. Die Wahl der Strategie hängt in diesem Modell nur von den Anforderungen an die Koordination und Konfiguration von Aktivitäten ab. Diese Anforderungen orientieren sich wiederum an den Charakteristika der Branche. Roxin (1992) vertritt die Ansicht, dass es sich um dieselben Branchenfaktoren und Dimensionen handelt wie beim IR-Modell.[243]

Beim Modell der operativen Flexibilität werden die Charakteristika einer Branche nicht absolut, sondern in Relation zu anderen Ländern betrachtet. Damit stehen nicht Unterschiede zwischen Branchen im Fokus – wie bei den ersten beiden Modellen –, sondern Differenzen zwischen verschiedenen Ländern. Der Einfluss der Branche spielt in diesem Ansatz demnach keine bedeutende Rolle – ganz im Gegensatz zum Modell der Ausnutzung externer Beziehungen. Die Charakteristika einer Branche werden mithilfe von sechs Faktoren erfasst. Es erfolgt jedoch keine Verdichtung der Faktoren wie bei den ersten beiden Modellen. Dies hat zur Folge, dass eine umkehrbar eindeutige Zuordnung von externen Faktoren und Strategie nicht möglich ist.

Zusammenfassend kann festgehalten werden, dass in Bezug auf die Strategie das IR-Modell, das Modell der Wertkette und das Modell der operativen Flexibilität Rückschlüsse auf Wachstumsbeziehungen im In- und Ausland zulassen. Das Modell der Ausnutzung externer Beziehungen erfüllt diese Anforderung nicht, da die Strategie nur in Bezug auf Unternehmenskooperationen bestimmt wird. Im Hinblick auf die externen Faktoren werden nur im IR-Modell und dem Modell der Ausnutzung externer Beziehungen die Merkmale einer Branche systematisch erfasst. Im Modell der Wertkette erfolgt eine Erfassung externer Faktoren nur indirekt über interne organisatorische Gestaltungselemente. Das Modell der operativen Flexibilität bezieht sich auf Merkmalsunterschiede zwischen mehreren Ländern.

Damit wird deutlich, dass Rückschlüsse auf die Wachstumsbeziehungen im In- und Ausland und eine systematische Erfassung der Branchenmerkmale nur durch das IR-Modell in vollem Umfang gewährleistet werden. Daher soll dieses Modell als

---

[243] Vgl. Dähn (1996), S. 50–71.

Grundlage der Erklärung des Zusammenhangs zwischen dem Wachstum im Inland und Ausland herangezogen werden. Da das Modell der Wertkette hinsichtlich der Faktoren – zwar nur indirekt – auf ähnlichen Faktoren aufbaut wie das IR-Modell, soll dieses ggf. ergänzend herangezogen werden.

3.2.3 Beschreibung des IR-Modells

Nachdem im vorangegangenen Abschnitt das IR-Modell als ein geeigneter Ansatz zur systematischen Erfassung der Branchenkräfte und Ableitung von Auswirkungen auf die Unternehmensentwicklung identifiziert wurde, soll in diesem Abschnitt das IR-Modell ausführlich beschrieben werden. Dazu wird zunächst im Abschnitt 3.2.3.1 ein Überblick über den allgemeinen Aufbau des Modells gegeben. Anschließend wird im Abschnitt 3.2.3.2 erläutert, wie die Branchenkräfte im IR-Modell erfasst und entlang von Rahmendimensionen systematisiert werden können. Zum Abschluss wird erläutert, welche Gestaltungsparameter im IR-Modell aus den Branchenkräften abgeleitet werden können. Im Abschnitt 3.2.3.3 wird gezeigt, wie diese Parameter durch die Zelldimensionen zusammengefasst und systematisiert werden können.

3.2.3.1 Allgemeiner Aufbau des Modells

Wie bereits im Abschnitt 3.2.2.1 erläutert, basiert die Entwicklung des IR-Modells und insbesondere dessen Anwendung auf länderübergreifende Strategien auf den Konzepten von Fayerweather (1969) und Prahalad (1975).[244] Bei diesen Konzepten geht es im Kern um die Entwicklung von Strategien unter Berücksichtigung von Umweltfaktoren eines Unternehmens.[245] Charakteristisch für das IR-Modell ist die Einteilung

---

[244] Eine sehr ausführliche Rekonstruktion der prägenden Grundlagen sowie weiterführende Literatur hinsichtlich der Grundlagen der IR-Ansätze findet sich bei Dähn (1996). Es wird allerdings darauf verwiesen, dass, anders als bei Perlmutter (1969), das von Kutschker/Schmid (2006), S. 299–301, entwickelte EP(R)G-Konzept nicht als Grundlage des IR-Ansatzes betrachtet wird. Denn wie z. B. Bartlett/Ghoshal (1991) erläutern, geht es bei Perlmutter um die Orientierung des Managements und nicht um die Ableitung von Strategien auf der Basis prägender Branchenfaktoren. Eine Typologie, die besser diesem Muster entspricht, stammt von Dähn (1996), S. 76–82.
[245] Wie in den Abschnitten 3.2.1 und 3.2.2 erläutert, kann das IR-Modell somit in den Industrial-Organization-Ansätzen verortet werden.

der Umweltfaktoren entlang der Dimensionen Integration und Differenzierung und die Zuordnung entsprechender Strategietypen.

Dieser in Abb. 19 dargestellte Grundzusammenhang wurde von verschiedenen Autoren aufgegriffen und hinsichtlich der Bezeichnung der Rahmen- und Zelldimensionen modifiziert. Damit existiert nicht ein universelles IR-Modell, sondern es gibt verschiedene Ansätze, die einer gemeinsamen Grundlogik folgen. Um begrifflich die allgemeinen Grundlogiken der verschiedenen Ansätze abgrenzen zu können, sollen die Grundlogik im Folgenden als IR-Modell und die unterschiedlichen Ansätze als matrixgestützte Kontingenzansätze bezeichnet werden. Begonnen wird mit der Erläuterung der Grundlogik des IR-Modells. Einzelne Ansätze werden in diesem Zusammenhang als Beispiele herangezogen.[246]

Die grundsätzliche Zielsetzung des IR-Modells besteht darin, Aussagen hinsichtlich der länderübergreifenden Strategien von Unternehmen zu entwickeln. Dies erfolgt, indem zunächst die bestimmenden Faktoren der Umwelt in eine ordnende und strukturierende Gliederungssystematik eingefügt werden. Ausgehend von dieser Systematik werden den Umweltfaktoren relevante Elemente länderübergreifender Strategien zugeordnet und zu Strategietypen verdichtet. Die so entwickelten Strategietypen stellen somit einen Lösungsansatz für das Verhalten von Unternehmen in einem spezifischen Umfeld dar.

Die Gliederungssystematik des IR-Modells bildet das in Abb. 19 dargestellte Schema. Die wesentlichen Elemente dieses Schemas sind die beiden Rahmendimensionen sowie die Zelldimensionen. Als Rahmendimensionen werden die Integration und Differenzierung bezeichnet. Unter der Dimension der Integration werden Umweltfaktoren zusammengefasst, die eine engere Zusammenarbeit zwischen Unternehmensteilen in verschiedenen Ländern fördern. Die Rahmendimension der Differenzierung erfasst Faktoren, die eine Anpassung an lokale Gegebenheiten erfordern. Die Zelldimensionen bezeichnen jeweils einen Strategietypen – den globalen, transnationalen, multinationalen und internationalen Strategietyp.[247]

---

[246] Vgl. Dähn (1996), S. 72 und Engelhard/Dähn (2002), S. 27.
[247] Beispielhafte Bezeichnung der Rahmen- und Zelldimensionen auf der Basis von Engelhard/Dähn (2002).

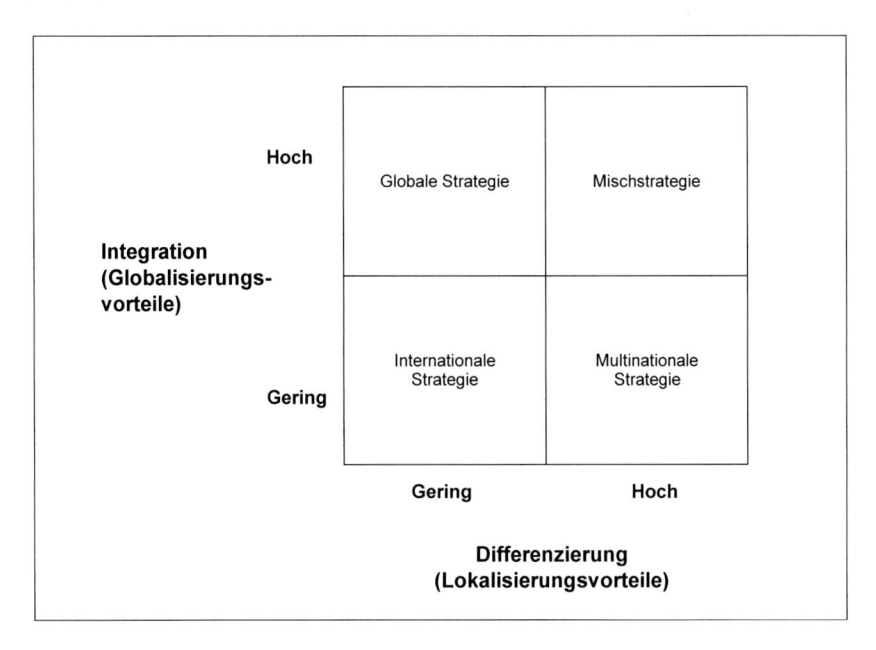

```
                Hoch
                        Globale Strategie    Mischstrategie

Integration
(Globalisierungs-
vorteile)
                        Internationale       Multinationale
                Gering  Strategie            Strategie


                        Gering               Hoch

                        Differenzierung
                        (Lokalisierungsvorteile)
```

Abb. 19: Grundschema matrixgestützter Kontingenzansätze.
Quelle: In Anlehnung an Dähn (1996), S. 71.

Die Rahmen- und Zelldimensionen stellen Konstrukte dar, die auf verschiedenen Umweltfaktoren basieren bzw. verschiedene strategische Elemente charakterisieren. Es gibt z. B. nicht den Umweltfaktor „globale Umwelt" oder „internationale Umwelt" als solchen, sondern nur verschiedene Faktoren, die eine globale oder internationale Umwelt kennzeichnen. Ebenso verhält es sich mit den Strategien. So gibt es z. B. nicht die „globale Strategie", sondern verschiedene strategische Elemente, die in ihrer Gesamtheit als „globale Strategie" bezeichnet werden. Welche Faktoren und Elemente jeweils die Rahmen- und Zelldimensionen charakterisieren, wird in den IR-Ansätzen unterschiedlich definiert und in den folgenden Abschnitten vertiefend erläutert.[248]

---

[248] Damit wird deutlich, dass ein tautologischer Zusammenhang, wie er von Engelhard/Dähn (2002), S. 30, kritisch angemerkt wird, nicht vorliegt. Denn sowohl die Umwelt als auch die Strategie werden durch unterschiedliche Faktoren und Elemente bestimmt, die in keinem direkten Zusammenhang stehen. Dass dieser Eindruck dennoch entstehen kann, liegt daran, dass einige matrixgestützte Kontingenzansätze entweder die Rahmen- oder Zelldimensionen fokussieren. Die Dimension, die nicht im Fokus steht, wird nicht detailliert charakterisiert, sondern allgemein als z. B. „globale" Umwelt bezeichnet. Ein solches Vorgehen spiegelt lediglich eine Vereinfachung wider.

Innerhalb der Rahmendimensionen ist ein weiterer Aspekt zu beachten: die Unabhängigkeit der beiden Achsen. Durch die orthogonale Verknüpfung der beiden Achsen – Integration und Differenzierung in Form der Matrix – ist eine eindeutige (mathematische) Zuordnung von Lösungsmöglichkeiten (in diesem Fall der Strategien) nur bei völliger inhaltlicher Unabhängigkeit der den Rahmen aufspannenden Dimension möglich.[249] Diese Unabhängigkeit ist jedoch nicht für alle Umweltfaktoren gegeben. So gibt es Umweltfaktoren, die sowohl die Achse der Integration als auch der Differenzierung determinieren.[250] Damit ist eine eindeutige (mathematische) Zuordnung der Lösungsmöglichkeit (in diesem Fall der Strategien) nicht mehr möglich. Diese Doppeldeutigkeit kann aufgelöst werden, indem die von den Autoren dargestellte Lösungsmöglichkeit (in diesem Fall die Strategie) nicht als die einzige vorteilhafte Strategie in einer bestimmten Umweltsituation interpretiert wird, sondern als die Strategie mit den meisten Vorteilen in einer spezifischen Umweltsituation.[251]

Da das IR-Modell im weiteren Verlauf der Arbeit auch auf den Zusammenhang zwischen Umweltfaktoren und dem Verhältnis des Wachstums im Inland und Ausland bezogen wird, gilt die Problematik der Unabhängigkeit der beiden Dimensionen dort analog. Dementsprechend stellt ein eventuell ermittelter Zusammenhang zwischen dem Umweltfaktor und der Wachstumsrelation nur die bevorzugte Lösung dar, ohne den Anspruch, dass es sich dabei um den einzigen möglichen Zusammenhang handelt.

Nach der Erläuterung der Grundlogik werden in Abb. 20 verschiedene matrixgestützte Kontingenzansätze aufgeführt, die dieser Grundlogik des IR-Modells folgen. Für jeden der aufgeführten Kontingenzansätze sind sowohl die Rahmen- als auch die Zelldimensionen begrifflich hinterlegt. Dies bedeutet aber nicht, dass sich alle Ansätze gleichermaßen intensiv mit den beiden Dimensionen befasst haben. So liegt bei einigen der dargestellten Ansätze der Schwerpunkt z. B. auf den Rahmendimensionen – beispielsweise die Ansätze von Rall (1986) oder Henzler/Rall (1985) –, wäh-

---

[249] Vgl. Venaik et al. (2000).
[250] Es sei hier auf die Analysen von Dähn (1996), S. 75–76, verwiesen. Darin wurde ein Zusammenhang zwischen dem Differenzierungsmerkmal der Heterogenität der Kunden und den Merkmalen der Integration, Wettbewerbsintensität, Technologieintensität, Kooperationsintensität festgestellt. Allerdings betreffen diese Abhängigkeiten mit vier von 24 möglichen Zusammenhängen nur relativ wenige Merkmale.
[251] Vgl. Doz (1990), S. 23–24.

rend andere Ansätze sich stärker den Zelldimensionen widmen, wie beispielsweise die Ansätze von Bartlett (1985) oder Prahalad/Doz (1987). Die in diesen Fällen nicht im Vordergrund stehende Dimension wird von den genannten Autoren nur relativ knapp umrissen. Dabei kann der Eindruck entstehen, dass lediglich eine sehr oberflächliche Betrachtung der nicht im Vordergrund stehenden Dimension erfolgt ist. Dieser Eindruck wird dadurch verstärkt, dass einzelne Merkmale, die die Dimensionen beschreiben, nicht individuell aufgeführt werden, sondern unter Sammelbegriffen, wie z. B. globale Umwelt, Globalisierungskräfte oder globale Strategie, zusammengefasst werden.[252] Da die meisten Autoren in diesen Fällen aber auf andere Kontingenzansätze oder empirische Studien verweisen, kann davon ausgegangen werden, dass ihnen bewusst ist, dass sowohl die Rahmen- als auch die Zelldimensionen durch eine Vielzahl verschiedener Faktoren und Elemente charakterisiert werden. Dies spricht auch dafür, dass – wie Dähn (1996) oder Engelhard/Dähn (2002) kritisch angemerkt haben – kein tautologischer Zusammenhang zwischen den Rahmen- und den Zelldimensionen vorliegt. Denn die beiden Dimensionen beziehen sich auf völlig unterschiedliche Aspekte – Umwelt und Strategie – und werden durch unterschiedliche Faktoren und Elemente charakterisiert.

Autor	Zelldimensionen	Rahmendimensionen
Henzler/Rall (1985)	• Multinationale Geschäfte • Lokale/nationale Geschäfte • Rein globale Geschäfte • Blockiert globale Geschäfte	X_1: Vorteile aus dem globalen Geschäftssystem X_2: Vorteile aus der Notwendigkeit der Anpassung
Rall (1986)	• Multinational • National • Global • Blockiert global	X_1: Vorteile aus integriertem Geschäftssystem X_2: Vorteile aus der Notwendigkeit nationaler Anpassung
Meffert (1990)	• Internationale Strategie • Multinationale Strategie • Globale Strategie • Mischstrategie	X_1: Globalisierungsvorteile/Integration X_2: Lokalisierungsvorteile/Differenzierung
Bartlett (1985)	• Internationale Unternehmung • Multinationale Unternehmung • Globale Unternehmung • Transnationale Unternehmung	X_1: Integration X_2: Responsiveness
Cichon (1988)	• Lokal • Multinational • Global • Blockiert global	X_1: Vorteile einer internationalen Produktstrategie X_2: Vorteile/Notwendigkeit der lokalen Anpassung

---

[252] Vgl Engelhard/Dähn (2002), S. 27.

Autor	Zelldimensionen	Rahmendimensionen
Kux/Rall (1990)	• Lokal • Multilokal • Multinational-koordiniert • Rein global • Blockiert global • Global/Lokal	X_1: Globalisierungsvorteile X_2: Barrieren
Yip (1989)	• Nationale Strategie • Globale Strategie • Gemischt globale/nationale Strategie	X_1: Globalisierungsgrad der Strategie X_2: Globalisierungspotenzial der Branche
Kumar (1993)	• Global • Transnational • International • Multinational	X_1: Globale Koordination X_2: Lokale Anpassung
Prahalad/Doz (1987)	• Lokal angepasste Strategie • Integrierte Strategie • Multifokale Strategie	X_1: Druck zur globalen Integration X_2: Druck zur lokalen Anpassung
Doz (1980)	• National angepasste Strategie • Weltweit integrierte Strategie • Administrativ koordinierte Strategie	X_1: Ökonomische Anforderungen zur globalen Integration X_2: Politische Anforderungen zur lokalen Anpassung
Bartlett/Ghoshal (1990)	• Internationales Unternehmen • Multinationales Unternehmen • Globales Unternehmen • Transnationales Unternehmen	X_1: Globalisierungskräfte X_2: Lokalisierungskräfte

Abb. 20: Übersicht über matrixgestützte Kontingenzansätze.
Quelle: In Anlehnung an Dähn (1996), S. 77, und eigene Ergänzungen.

3.2.3.2 Rahmendimensionen – Systematisierung externer Faktoren

In diesem Abschnitt wird zunächst erläutert, durch welche Faktoren die Rahmendimensionen des IR-Schemas – Integration und Differenzierung – charakterisiert werden. Anschließend wird gezeigt, wie diese Faktoren in verschiedenen Industrien ausgeprägt sind.

Wie bereits erläutert, können die in einer Branche wirkenden Kräfte durch zwei Dimensionen klassifiziert werden: erstens als globalisierungsfördernde Faktoren („Integration") und zweitens als Faktoren, die die Notwendigkeit einer Anpassung an lokale Gegebenheiten verdeutlichen („Differenzierung"). Zur Charakterisierung beider Dimensionen haben verschiedene Autoren eine Reihe – nicht immer identischer – Faktoren herangezogen. Abb. 21 gibt einen Überblick über Faktoren, die in verschiedenen empirischen Untersuchungen als relevant identifiziert wurden.

Zu den am häufigsten genannten Faktoren, die die Globalisierung einer Branche begünstigen, gehören entsprechend den in Abb. 21 dargestellten Untersuchungen eine kapitalintensive Produktion, ein global ausgerichteter Wettbewerb und der globale Vertrieb von Standardprodukten.[253] Warum diese drei Faktoren die Globalisierung fördern, soll im Folgenden erläutert werden:

- Eine kapitalintensive Produktion liegt vor, wenn ein erheblicher Teil des Produktionsaufwands durch die Bereitstellung entsprechender Maschinen und Anlagen verursacht wird. Je höher die Auslastung dieser Anlagen ist, desto effizienter arbeitet ein Unternehmen. Reicht nun die Größe eines nationalen Marktes nicht aus, um die Auslastung zu gewährleisten, führt die Globalisierung zu einer Steigerung der Effizienz.[254]
- Ein global ausgerichteter Wettbewerber kann durch die Ausschöpfung vorhandener Globalisierungspotenziale einen Vorteil gegenüber national agierenden Unternehmen haben. Dieser Vorteil kommt insbesondere dann zum Tragen, wenn es um die Erschließung neuer ausländischer Märkte geht, da der global ausgerichtete Wettbewerber über die nötigen Erfahrungen und die bessere Kostenposition verfügt. Aber auch in bestehenden nationalen Märkten können globale Wettbewerber einen Vorteil haben, wenn sich z. B. auch Kunden an globalen Erfordernissen ausrichten.[255]
- Beim globalen Vertrieb von Standardprodukten erfolgt der Wettbewerb in den meisten Fällen über den Preis der Produkte. Um im Preiswettbewerb zu bestehen, müssen Unternehmen alle Kostenpotenziale ausschöpfen. Wesentliche Potenziale liegen in der Ausschöpfung von Größenvorteilen. Um diese in vollem Maße ausschöpfen zu können, müssen Unternehmen in der Regel global agieren.[256]

---

[253] Diese Faktoren wurden am häufigsten in empirischen Studien erwähnt.
[254] Vgl. Doz (1990), S. 23–24. Eine ähnliche Argumentation gilt auch für hohe Forschungs- und Entwicklungsausgaben.
[255] Vgl. Yip (1996), S. 80–82.
[256] Vgl. Doz (1990), S. 19–21.

122

	Bartlett/Ghoshal (1991)	Cvar (1989)	Flaherty (1989)	Ghemawat/Spence (1989)	Jain (1989)	Takeuchi/Porter (1989)	Carpano et al. (1994)	Leong/Tan (1993)	Birkinshaw et al. (1995)	Johansson/Yip (1994)	Kobrin (1991)	Kobrin (1994)	Ghoshal/Nohria (1993)	Johnson (1995)	Prahalad/Doz (1987)	Roth/Morrison (1990)	Harzing (2000)	Taggart (1997)
Integration – Faktoren, die die Globalisierung fördern																		
Hohe Ausgaben für F&E		✓					✓				✓	✓	✓		✓			
Kapitalintensive Produktion	✓	✓						✓	✓	✓				✓	✓	✓	✓	✓
Hohe Produktinnovationsrate		✓					✓								✓			
Hohe Prozessinnovationsrate		✓					✓								✓			
Hohe technologische Komplexität		✓													✓			
Häufige technologische Veränderung		✓													✓			
Hauptsächlich globale Wettbewerber	✓						✓		✓	✓					✓	✓	✓	
Globaler Vertrieb von Standardprodukten	✓	✓					✓		✓	✓					✓	✓		
Globale Ausrichtung des Wettbewerbs	✓						✓		✓	✓					✓	✓	✓	✓
Differenzierung – Faktoren, die lokale Anpassung fördern																		
Hohe erforderliche Werbeausgaben											✓	✓	✓					
Globale Streuung von Produktionsanlagen		✓																
Hohe Kostenunterschiede zwischen Ländern		✓					✓								✓	✓	✓	✓
Hohe lokale Wettbewerbsintensität							✓	✓	✓						✓	✓	✓	✓
Hohe Anzahl lokaler Wettbewerber							✓	✓	✓							✓		
Länderspezifische Kundenbedürfnisse		✓					✓		✓						✓	✓	✓	
Wachsende Nachfrage in lokalen Märkten		✓							✓									
Hohe Qualität der lokalen Infrastruktur (Logistik, Vertrieb, Werbung, Mitarbeiter, Lieferanten)							✓		✓ ✓								✓	
Regulatorische Handelshemmnisse	✓	✓					✓										✓	
Hohe Transportkosten relativ zum Umsatz	✓	✓														✓	✓	

Abb. 21: Berücksichtigte Faktoren zur Bestimmung der Rahmendimensionen im IR-Schema.

Quelle: In Anlehnung an Venaik et al. (2004), S. 27.[257]

---

[257] Venaik et al. (2000) weisen darauf hin, dass bei den hier vorgestellten empirischen Untersuchungen die Faktoren durch unterschiedliche Methoden bestimmt wurden. In den meisten Fällen wurden den Faktoren durch eine Faktoranalyse aus verschiedenen Merkmalen abgeleitet. Bei dieser sogenannten reflektiven Struktur besteht ein Zusammenhang zwischen den Merkmalen, die zu einem Faktor zusammengefasst werden. Bei der zweiten Methode erfolgte die Aggregation von Merkmalen durch die Hauptkomponentenanalyse oder mithilfe ähnlicher Verfahren. Dieses Vorgehen wird als „formative Struktur" bezeichnet. Dabei werden die Merkmale zu einem Faktor verknüpft – ähnlich wie bei der Bildung einen Indizes –, die nicht miteinander korrelieren. Wie bereits im Abschnitt 3.2.3.1 erläutert, sind die beiden Rahmendimensionen nicht vollständig voneinander unabhängig. Dies wird auch bei den hier aufgeführten Faktoren deutlich: Beispielsweise schließen

Hinsichtlich der Faktoren, die eine Anpassung an lokale Gegebenheiten erfordern, stechen in der Abb. 21 insbesondere hohe Kostenunterschiede zwischen Ländern, hohe lokale Wettbewerbsintensität und länderspezifische Kundenbedürfnisse hervor. Inwiefern diese Faktoren die lokale Anpassung fördern, wird im Folgenden erläutert:

- Hohe Kostenunterschiede zwischen Ländern bedingen eine lokale Anpassung insbesondere dann, wenn die Erbringung der Leistung an einen bestimmten Ort gebunden ist. Dies trifft in den meisten Fällen auf den Dienstleistungsbereich zu. Während Unternehmen beispielsweise angesichts hoher Lohnkosten bestrebt sind, bestimmte Leistungen z. B. durch Fahrkartenautomaten, elektronisches Einchecken oder Bankautomaten zu automatisieren, werden diese Leistungen bei geringen Lohnkosten manuell erstellt. Ist eine Leistungserstellung nicht an einen bestimmten Ort gebunden, wie dies z. B. bei Industrieunternehmen der Fall ist, führen länderspezifische Kostenunterschiede nicht zwangsläufig zu einer lokalen Anpassung. Doz (1990) argumentiert, dass durch die Kostenunterschiede länderübergreifende Aktivitäten gefördert werden, da nur weltweit agierende Unternehmen in der Lage sind, solche länderspezifischen Unterschiede auszuschöpfen.[258] Dass der Faktor Kostenunterschied dennoch der Dimension Differenzierung zugerechnet wird, liegt daran, dass die relative Wirkung auf die lokale Anpassung stärker ist als auf die Globalisierung.
- Beim Bestehen hoher lokaler Wettbewerbsintensität findet der Wettbewerb zwischen Unternehmen auf lokaler Ebene statt. Für den lokalen Markt ist es demzufolge unerheblich, wie die Marktanteile in anderen Ländern verteilt sind. Ursachen für hohe Wettbewerbsintensität sind z. B. hohe Zahl konkurrierender Unternehmen, stagnierender Markt, Konzentration der Abnehmer oder Konzentration auf der Beschaffungsseite. Da diese Bedingungen auf jedem Markt unterschiedlich sein können, erfordert die hohe Wettbewerbsintensität eine Anpassung an die lokalen Verhältnisse.[259]

---

sich globaler Wettbewerb und eine hohe lokale Wettbewerbsintensität gegenseitig aus. In abgeschwächter Form gilt dies sicher auch für den globalen Vertrieb von Standardprodukten und länderspezifischen Kundenbedürfnissen. Ein solcher Zusammenhang betrifft aber nur einige Faktoren; die Mehrzahl der Faktoren ist voneinander unabhängig.

[258] Vgl. Doz (1990), S. 22.
[259] Vgl. Johansson/Yip (1994), S. 580–581.

- Beim Vorliegen länderspezifischer Kundenbedürfnisse in einer Branche ist in der Regel eine lokale Anpassung an diese Bedürfnisse erforderlich. Die Anpassungen können dabei einige oder alle Stufen der Wertschöpfungskette betreffen.[260]

Nachdem erläutert wurde, durch welche Faktoren die Rahmendimensionen charakterisiert werden, soll nun gezeigt werden, wie diese Faktoren in verschiedenen Branchen ausgeprägt sind. Dadurch wird es möglich, einzelne Branchen im IR-Schema zu positionieren.[261]

Die Bestimmung der in einer Branche wirkenden Globalisierungs- und Lokalisierungskräfte wurde bereits von einigen Autoren für unterschiedliche Branchen vorgenommen. Für den Großteil der Branchen stimmen die Bewertungen in diversen Arbeiten ebenfalls überein. Es gibt jedoch auch einige Branchen, bei denen Bewertungen hinsichtlich einer der beiden Dimensionen leicht voneinander abweichen. Eine Zusammenfassung unterschiedlicher Bewertungen und die Einordnung der Branchen in das IR-Schema ist in Abb. 22 dargestellt.

Der Vorteil der branchenbezogenen Bestimmung der Globalisierungs- und Lokalisierungskräfte besteht darin, dass für jedes Unternehmen mithilfe der Branchenzuordnung die für die internationale Entwicklung relevanten Umweltmerkmale einfach bestimmt werden können. Eine aufwendige Datenerhebung ist somit nicht mehr erforderlich. Mit diesem Vorgehen sind jedoch auch einige Nachteile verbunden, die an dieser Stelle benannt werden sollen.

---

[260] Vgl. Takeuchi/Porter (1989), S. 129–151.
[261] Unter einer Branche werden Unternehmen mit gleichartigen Tätigkeiten zusammengefasst (vgl. Teuscher (2006), S. 13). In Abhängigkeit davon, wie streng gleichartig definiert wird, gibt es unterschiedliche Aggregationsstufen für eine Branche. In diesem Abschnitt wird unterstellt, dass Unternehmen in einer Branche sich nicht hinsichtlich der Positionierung auf den Rahmendimensionen des IR-Schemas unterscheiden.

	Hoch	Automobilindustrie, Flugzeugindustrie, Unterhaltungselektronik, Fotoindustrie, Computer, Baumaschinen, wissenschaftliche Geräte	Pharmaindustrie, Telekommunikation, Anlagenbau, Eisenbahn, Rüstungsindustrie, Post, Raumfahrtindustrie
Integration (Globalisierungsvorteile)			
	Gering	Baustoffindustrie, Bekleidungsindustrie, Chemische Industrie	Nahrungsmittelindustrie, Verlage, Banken und Versicherungen, Möbelindustrie, Einzelhandel, Markenprodukthersteller, Tabakindustrie
		Gering	Hoch

Differenzierung (Lokalisierungsvorteile)

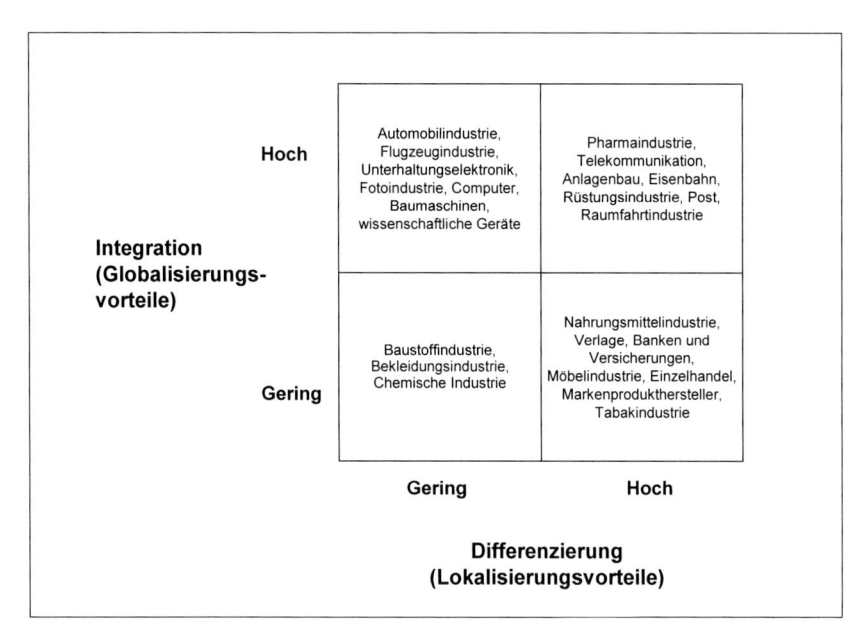

Abb. 22: Einordnung der Branchen im IR-Schema.[262]

Quelle: In Anlehnung an Rall (1986), Bartlett (1989), Ghoshal/Nohria (1993), Meffert/Bolz (1998) und Doz et al. (2001).

Erstens sind die Branchenkräfte keine zeitunabhängige Konstante, d. h., im Zeitablauf sind Veränderungen möglich.[263] Dies bedeutet, dass die Spanne zwischen dem Zeitpunkt, zu dem die Branchenkräfte bestimmt wurden, und dem Zeitpunkt, zu dem ein Unternehmen in Bezug auf die Branchenkräfte bewertet wird, möglichst kurz sein sollte. Zweitens ist es bei einer zu weiten Definition der Branche möglich, dass Geschäfte abgedeckt werden, die hinsichtlich der Branchenkräfte nicht identisch sind. Dies ist beispielsweise bei der chemischen oder der elektrotechnischen Industrie der Fall. Hierbei sind nicht die Branche, sondern die Geschäftsbereiche die geeignete

---

[262] Für die bessere Übersichtlichkeit wurden in der Abbildung die Branchen undifferenziert einem Feld der Matrix zugeordnet. In den ursprünglichen Quellen erfolgt aber eine differenzierte Verteilung der Branchen entlang der einzelnen Achsen. Um bereits an dieser Stelle auf die Kritik von Dähn (1996), S. 76–78, einzugehen, sei angemerkt, dass es sich bei den in der Abbildung dargestellten Branchen nicht um die Zelldimensionen handelt, sondern lediglich um eine vereinfachte Darstellung von Branchen, in denen ähnliche externe Faktoren wirken.

[263] Vgl. Taggart (1996), S. 541–545.

Untersuchungsebene.[264] Drittens können sich die Branchenkräfte auch hinsichtlich der funktionalen Bereiche (z. B. Produktion, Forschung, Marketing) eines Unternehmens unterscheiden.[265] Eine für diese differenzierte Betrachtung notwendige Erfassung der Branchenkräfte auf funktionaler Ebene liegt jedoch bisher nicht vor. Eine solche Erfassung wäre nur unter erheblichem Aufwand möglich. Bei eventuellen Unterschieden zwischen den Funktionsbereichen wird vereinfachend davon ausgegangen, dass der in einer Branche wettbewerbsentscheidende Funktionsbereich zur Analyse herangezogen wird.

3.2.3.3 Zelldimensionen – Systematisierung von Gestaltungsparametern

In diesem Abschnitt soll zunächst gezeigt werden, mit welchen Maßnahmen Unternehmen auf die einzelnen in einer Branche wirkenden Kräfte der Differenzierung und Integration reagieren. Dazu wird im ersten Teil dieses Abschnittes analysiert, wie Unternehmen jeweils separat mit den Kräften der Differenzierung und Integration umgehen. Im zweiten Teil geht es dann darum, wie Unternehmen auf unterschiedliche Kombinationen von Integration und Differenzierung reagieren. Aus den Analysen werden Idealtypen abgeleitet, die das Verhalten von Organisationen im Spannungsfeld von Integration und Differenzierung abbilden. Welche Typen dies sind und wodurch sie charakterisiert werden, wird im zweiten Teil dieses Abschnitts erläutert.

Es folgen die Erläuterungen zum ersten Teil, der separaten Betrachtung der Differenzierung und Integration. Ähnlich wie die in einer Branche wirkenden Kräfte können auch die Reaktionen der Unternehmen auf diese Kräfte nach den zwei Dimensionen Integration und Differenzierung unterschieden werden. Welche Reaktionsmöglichkeiten den Unternehmen zur Verfügung stehen, wurde von mehreren Autoren analysiert. Ein Überblick über die – auch in diesem Fall nicht immer identischen – Reaktionsmöglichkeiten wird in Abb. 23 gegeben. Diese Übersicht basiert auf den in diversen empirischen Untersuchungen identifizierten Reaktionen von Unternehmen auf globalisierungsfördernde Faktoren (Integration) sowie auf Faktoren, die eine lokale Anpassung begünstigen (Differenzierung).

---

[264] Vgl. Rall (1986), S. 159.
[265] Vgl. Bartlett/Ghoshal (1991), S. 97.

Zu den am häufigsten genannten Reaktionen beim Auftreten globalisierungsfördernder Faktoren gehört – entsprechend den in Abb. 23 aufgeführten empirischen Untersuchungen – die zentrale Koordination wesentlicher Aktivitäten eines Unternehmens. Diese Ausrichtung ist insbesondere für diejenigen Branchen von Bedeutung, die von einem hohen Ressourceneinsatz, d. h. durch hohe Ausgaben für F&E oder eine kapitalintensive Produktion,[266] geprägt sind. Durch die zentrale Koordination von Aktivitäten soll in diesen Branchen durch einen möglichst effizienten Einsatz benötigter Ressourcen die Wettbewerbsfähigkeit gewährleistet werden. Hinzu kommt, dass aufgrund der hohen technologischen Komplexität (die Globalisierung fördernder Faktor, vgl. Abb. 21) und der damit einhergehenden Verbindung zwischen verschiedenen Unternehmensteilen die ausschließlich lokale Optimierung nicht möglich ist.[267]

Für ein Unternehmen bedeutet die zentrale Koordination, dass wesentliche Entscheidungen im Unternehmen für sämtliche Unternehmenseinheiten zentral getroffen werden. Doz (1990) weist jedoch darauf hin, dass dies keineswegs mit einer Vereinheitlichung und einem Gleichlauf unternehmerischer Aktivitäten über alle Länder hinweg gleichzusetzen ist.[268] So ist es grundsätzlich auch bei zentral getroffenen Entscheidungen möglich, lokale Besonderheiten zu berücksichtigen. Dazu ist es jedoch erforderlich, neben der Festlegung der Entscheidungsebene auch die Beziehung zu den einzelnen Ländereinheiten dementsprechend auszurichten. Genannt werden in diesem Zusammenhang z. B. die Etablierung direkter Kommunikationskanäle zwischen dem zentralen Entscheidungsgremium und den Länderorganisationen sowie die controllingseitige Erfassung der Leistungsfähigkeit der Ländereinheiten.[269]

---

[266] Vgl. dazu auch die Ausführungen im Abschnitt 3.2.3.2.
[267] Vgl. Doz (1990), S. 166–168.
[268] Dieser Aspekt ist auch insofern von Bedeutung, als er deutlich macht, dass die Dimensionen Differenzierung und Integration voneinander unabhängig sind. So ist die zentrale Koordination nicht an das Vorhandensein geringer lokaler Unterschiede gebunden.
[269] Doz (1990), S. 166–188.

	Bartlett/Ghoshal (1991)	Cvar (1989)	Doz (1989)	Jain (1989)	Mahini/Wells (1989)	Johansson/Yip (1994)	Kobrin (1991)	Kobrin (1994)	Ghoshal/Nohria (1993)	Johnson (1995)	Prahalad/Doz (1987)	Roth/Morrison (1990)	Harzing (2000)	Jarillo/Martinez (1990)	Martinez/Jarillo (1991)	Murtha et al. (1998)	Taggart (1997)
Integration – Reaktionen auf Faktoren, die die Globalisierung fördern																	
Zentrale Koordination von Marketingaktivitäten	✓	✓										✓		✓	✓		✓
Zentrale Koordination der Produktion	✓	✓										✓		✓	✓		
Zentrale Koordination der Beschaffung	✓	✓										✓		✓	✓		
Zentrale Koordination von F&E	✓	✓										✓		✓	✓		
Gemeinsame Ressourcennutzung im Vertrieb												✓					
Gemeinsame Ressourcennutzung in der Produktion												✓					
Gemeinsame Ressourcennutzung in F&E												✓					
Gemeinsame Ressourcennutzung im Management												✓					
Geringe strategische Bedeutung lokaler Märkte										✓	✓						
Hoher Anteil länderübergreifender Geschäfte		✓								✓							
Hoher Anteil von Expatriates										✓	✓						
Differenzierung – Reaktionen auf Faktoren, die die lokale Anpassung fördern																	
Beachtung lokaler Spezifika beim Produktangebot						✓	✓						✓	✓	✓	✓	✓
Beachtung lokaler Spezifika bei der Preisfestlegung						✓	✓						✓	✓	✓	✓	✓
Beachtung lokaler Spezifika beim Werbeauftritt						✓	✓						✓	✓	✓	✓	✓
Beachtung lokaler Spezifika bei Promotioninitiativen						✓	✓						✓	✓	✓	✓	✓
Beachtung lokaler Spezifika bei der Beschaffung						✓	✓						✓	✓	✓	✓	✓
Beachtung lokaler Spezifika bei F&E-Entscheidungen						✓	✓						✓	✓	✓	✓	✓
Beachtung lokaler Spezifika bei Markteintrittsentscheidungen						✓	✓						✓	✓	✓	✓	✓
Vertrieb vorwiegend an lokale Kunden						✓							✓			✓	
Vertrieb vorwiegend an staatliche Einrichtungen					✓	✓	✓						✓				
Länderspezifische Kundensegmentierung					✓	✓	✓										
Hohe strategische Bedeutung lokaler Tochtergesellschaften																✓	

Abb. 23: Reaktion von Unternehmen auf die in einer Branche wirkenden Kräfte.
Quelle: In Anlehnung an Venaik et al. (2004), S. 27.

Hinsichtlich der Reaktionen von Unternehmen auf die Notwendigkeit zur lokalen Anpassung sticht in der Abb. 23 insbesondere die Berücksichtigung lokaler Spezifika bei Entscheidungen im Unternehmen hervor. Die Entscheidungen können sich dabei auf verschiedene Bereiche, wie z. B. das Produktangebot, die Marketingaktivitäten, die Produktion und die Beschaffung, beziehen. Die Berücksichtigung lokaler Spezifika ist z. B. in Branchen von Bedeutung, die durch lokale Unterschiede in den Kundenbedürfnissen geprägt sind. In diesen Branchen müssen Produktangebot und Marketing an die lokalen Gegebenheiten angepasst werden. Wie bereits erläutert, kann eine lokale Anpassung sowohl bei einer Zentralisation als auch Dezentralisation der Organisation erfolgen.[270]

Zusammenfassend kann aus den in diesem Abschnitt betrachteten Untersuchungen geschlussfolgert werden, dass sowohl die zentrale Koordination als auch die Berücksichtigung lokaler Spezifika zu den häufigsten Reaktionen von Unternehmen auf die im internationalen Kontext wirkenden Branchenkräfte gehören.

Bliebe es bei diesen Ergebnissen, wäre die Kritik von Dähn (1996), dass sich „*die Aussageinhalte [...] nicht als klar umrissen beschreiben lassen*", gerechtfertigt.[271] Die Ursachen für dieses zunächst noch sehr dürftige Bild sind folgende:

- Hinsichtlich möglicher Reaktionen von Unternehmen wurden in den empirischen Studien nur wenige Elemente untersucht. So gibt es eine Vielzahl weiterer Elemente, wie z. B. die Markteintritts-/Marktbearbeitungsstrategien, Timingstrategien, Zielmarktstrategien, Allokationsstrategien und Koordinationsstrategien, die in diesem Zusammenhang bisher zwar theoretisch erfasst, aber noch nicht ausreichend empirisch untersucht wurden.[272]
- Durch die Zusammenfassung verschiedener empirischer Studien konnten weiterführende Details bei der Beschreibung der Unternehmensreaktionen nicht adäquat berücksichtigt werden.
- Durch die getrennte Betrachtung beider Dimensionen konnten die zwischen ihnen auftretenden Spannungen nicht berücksichtigt werden. Es macht beispielsweise einen Unterschied, ob ein Unternehmen, das zur Ausschöpfung der Globalisierungsvorteile Entscheidungen zentralisiert, in einem Umfeld agiert, das eine lokale Anpassung erforderlich macht, oder nicht.

---

[270] Vgl. Doz (1990), S. 16–17.
[271] Dähn (1996), S. 79.
[272] Für einen Überblick über diese weiteren Elemente vgl. z. B. Kutschker/Schmid (2006), S. 795–1038.

Um die Aussageinhalte der matrixgestützten Kontingenzansätze noch klarer zu umreißen und den geschilderten Nachteilen einer „eindimensionalen" Betrachtungsweise zu begegnen, sollen im zweiten Teil dieses Abschnitts Idealtypen von Unternehmen charakterisiert werden, die das Verhalten von Organisationen im Spannungsfeld zwischen Integration und Differenzierung abbilden.

Die Betrachtung idealer Unternehmenstypen ist ein in der Literatur häufig genutztes Vorgehen, um Unterschiede zwischen Unternehmen zu verdeutlichen. Bei der Beschreibung von Unternehmen im internationalen Management tauchen typologisierende Begriffe wie ethnozentrisch, polyzentrisch, geozentrisch, international, multinational oder global auf, um Unterschiede in der internationalen Aufstellung von Unternehmen zu verdeutlichen. Einige dieser Typologien haben neben der Forschung auch in Lehrveranstaltungen zum internationalen Management eine hohe Popularität erlangt, da mit dem Einsatz von Typologien eine Reihe von Vorteilen verbunden ist:[273]

- Reduktion der Komplexität bei der Charakterisierung internationaler Unternehmen durch die Zusammenfassung verbundener Merkmale:
- Ermöglichung eines umfassenderen Verständnisses der internationalen Unternehmen und deren Entwicklung, da mehrere Merkmale gleichzeitig betrachtet werden können.
- Vorhersage wesentlicher Charakteristika eines internationalen Unternehmens bei Zuordnung der Typologie zu den Rahmendimensionen der matrixgestützten Kontingenzansätze.

Wichtige Typologien, die im Rahmen der matrixgestützten Kontingenzansätze entwickelt wurden, sind in Abb. 24 aufgeführt. Auch wenn sich diese Typologien in ihren Bezeichnungen unterscheiden, können sie inhaltlich dennoch relativ leicht den vier Zelldimensionen der matrixgestützten Kontingenzansätze zugeordnet werden.[274]

---

[273] Vgl. Harzing (2000), S. 101–102.
[274] Auch wenn die Typologien den Zelldimensionen zugeordnet werden können, sei darauf hingewiesen, dass die Strategien, auch wenn sie derselben Zelldimension zugeordnet werden, nicht immer identisch sein müssen.

Autor	Unternehmenstypologien Zelldimensionen (Integration – Globalisierungsvorteile/ Differenzierung – Lokalisierungsvorteile)			
	Gering/Gering	Gering/Hoch	Hoch/Gering	Hoch/Hoch
Doz (1980)		National responsive	Worldwide integration	Administrative coordination
Meffert (1990)	Internationale Strategie	Multinationale Strategie	Globale Strategie	Mischstrategie
Rall (1986), Henzler/Rall (1985)	Multinational	National	Global	Blockiert global
Leontiades (1990)	National niche strategy	National high share strategy	Global niche strategy	Global high share strategy
Porter (1989a)		Country centered strategy	Purest global strategy	Complex global strategy
Bartlett (1989)		Multinational	Global	Transnational
Bartlett/Ghoshal (1990)	International	Multinational	Global	Transnational
Prahalad/Doz (1987)		Locally responsive strategy	Integrated product strategy	

Abb. 24: Unternehmenstypologien im Spannungsfeld zwischen Integration und Differenzierung – Versuch der Parallelisierung.

Quelle: In Anlehnung an Roxin (1992), S. 107, und Harzing (2000), S. 104.

Für ein einheitliches Begriffsverständnis sollen die den vier Zelldimensionen zugeordneten Typologien einheitlich wie in Abb. 19 dargestellt als internationale, multinationale, globale und Mischstrategietypen bezeichnet werden. Jeder dieser Typen wird durch unterschiedliche Merkmale charakterisiert. Welche dies sind, wird im Folgenden erläutert. Zur Systematisierung der Merkmale wird auf die Unterscheidung von verschiedenen strategischen Stoßrichtungen nach Kutschker/Schmid (2006) zurückgegriffen. Dementsprechend werden die Merkmale folgenden strategischen Stoßrichtungen zugeordnet:[275]

- Markteintritts- und Marktbearbeitungsstrategien beschreiben die Art und Weise, wie Unternehmen auf ausländischen Märkten aktiv werden.

---

[275] Vgl. Kutschker/Schmid (2006), S. 809, 970, 981, 987. Auch wenn bei Kutschker/Schmid (2006) noch weitere strategische Stoßrichtungen unterschieden werden, wurden in den matrixgestützten Kontingenzansätzen hauptsächlich Aussagen bezüglich der hier dargestellten Stoßrichtungen getroffen. So werden z. B. kaum Aussagen zu Zielmarktstrategien, d. h. Strategien zur Wahl des Zielmarktes, in Ansätzen getroffen. Dies ist auch insofern unkritisch, da in dieser Arbeit das Wachstum im Ausland als Ganzes betrachtet und nicht nach einzelnen Ländern oder Märkten differenziert wird.

- Timingstrategien geben Auskunft über die zeitlichen Aspekte bei der Internationalisierung von Unternehmen.
- Konfigurationsstrategien beziehen sich auf die geografische Streuung bzw. geografische Konzentration von Wertschöpfungsaktivitäten.
- Leistungsstrategien bestimmen, ob die Leistungen eines Unternehmens weltweit standardisiert oder nach Regionen differenziert angeboten werden.
- Koordinationsstrategien befassen sich mit den Prozessen und Strukturen zur wechselseitigen Abstimmung zwischen den Einheiten eines Unternehmens.

(A) Der internationale Strategietyp. Der Typ des internationalen Unternehmens wurde von Autoren, die sich mit den matrixgestützten Kontingenzansätzen befasst haben, am seltensten beschrieben.[276] Ein möglicher Grund dafür ist, dass für Unternehmen dieses Typs die Internationalisierung von untergeordneter Bedeutung ist.[277] Wie in Abb. 25 dargestellt, ist dieser Unternehmenstyp durch ein standardisiertes Leistungsangebot und durch eine Streuung der Wertschöpfungsaktivitäten gekennzeichnet. Um trotz der Dezentralität der Wertschöpfungsaktivitäten gewisse Standards zu gewährleisten, werden die dezentral angesiedelten Aktivitäten zentral koordiniert. Bei den dezentral angesiedelten Aktivitäten handelt es sich im Wesentlichen um Vertriebs- oder Marketingaktivitäten, da die Marktbearbeitung größtenteils über Exporte erfolgt, d. h. die Leistungserstellung im Inland erfolgen muss. Falls die Leistungserstellung nicht im Inland erfolgt, so ist es wahrscheinlich, dass Unternehmen keine oder nur sehr begrenzt Direktinvestitionen im Ausland vornehmen werden und die Marktbearbeitung z. B. über Lizenzen oder Franchising erfolgt. Dies ist auch konsistent mit der Terminologie der unterschiedlichen matrixgestützten Kontingenzansätze, die als Alternative zu Exporten die Direktinvestitionen anführen. Da bei der Lizenz und dem Franchising keine oder nur geringe Investitionen erforderlich sind, sollen diese hier mit zu den Exporten gerechnet werden.

---

[276] Vgl. Abb. 24.
[277] Vgl. Meffert (1990), S. 102.

Charakteristika des internationalen Strategietyps	
Stoßrichtungen der Strategie	**Spezifische Ausprägung**
Markteintritts- und Marktbearbeitungsstrategien	• Fokus auf exportbasierten Strategien – Exporte dominieren das Auslandsgeschäft (vgl. Meffert (1990), S. 100–102, Porter (1989a), S. 30). Falls die Leistungserstellung im Ausland erfolgt, dann nur geringe Direktinvestitionen im Ausland und Fokus auf Lizenzierung oder Franchising.
Timingstrategien	• Keine Aussagen.
Konfigurationsstrategien	• Viele Werte, Ressourcen, Verantwortlichkeiten und Entscheidungen sind dezentralisiert (vgl. Bartlett/Ghoshal (1990), S. 76). • Dezentralisiertes Marketing (vgl. Porter (1989a), S. 30).
Leistungsstrategien	• Übertragung der Technologie des Heimatlandes auf andere Märkte mit lokalen Anpassungen (vgl. Bartlett/Ghoshal (1990), S. 82–83).
Koordinationsstrategien	• Viele Werte, Ressourcen, Verantwortlichkeiten und Entscheidungen werden zentral koordiniert (vgl. Bartlett/Ghoshal (1990), S. 76). • Die formalen Planungs- und Kontrollsysteme des Managements ermöglichen eine engere Verbindung zwischen Zentrale und Filialen (vgl. Bartlett/Ghoshal (1990), S. 76). • Das Management betrachtet die Auslandsfilialen als Anhängsel der Zentrale (vgl. Bartlett/Ghoshal (1990), S. 76). • Internationale Division als dominierende organisatorische Einheit im Auslandsgeschäft (vgl. Meffert (1990), S. 101–103).

Abb. 25: Charakteristika des internationalen Strategietyps.

(B) Der multinationale Strategietyp. Wie in Abb. 26 dargestellt, verfügen die Länderorganisationen in multinationalen Unternehmen über die größten Freiheitsgrade. Dies trägt insbesondere zur Anpassung des Leistungsangebots an die lokalen Bedürfnisse bei. Da die gesamte Wertschöpfung einschließlich der Produktion dezentral in den einzelnen Ländern organisiert ist, erfolgt der Markteintritt in der Regel über Direktinvestitionen. Diese können unterschiedlich erfolgen: durch den Aufbau einer eigenen Tochtergesellschaft, durch die Akquisition eines Unternehmens im Zielland usw. Die Aktivitäten ausländischer Tochtergesellschaften werden kaum durch die Zentrale im Heimatland des Unternehmens koordiniert. Auch zwischen den einzelnen Tochtergesellschaften bestehen kaum Beziehungen. Erfolgt in den Ländern der Aufbau einer eigenen Tochtergesellschaft, werden die Ressourcen im Ausland nur langsam erhöht.

Charakteristika des **multinationalen** Strategietyps	
Stoßrichtungen der Strategie	**Spezifische Ausprägung**
Markteintritts- und Marktbearbeitungsstrategien	• Markteintritt durch Direktinvestitionen, die in der Regel den Charakter von Portfolioinvestitionen haben (vgl. Porter (1989a), S. 29–31).
Timingstrategien	• Wasserfallstrategie mit sukzessiver Ausweitung des Auslandsabsatzes und des Ressourceneinsatzes (vgl. Henzler/Rall (1985), S. 186–188).
Konfigurationsstrategien	• Werte, Ressourcen, Verantwortlichkeiten und Entscheidungen sind dezentralisiert (vgl. Prahalad/Doz (1987), S. 24–26, Bartlett/Ghoshal (1990), S. 74). • Produktion erfolgt jeweils in den einzelnen Ländern, es erfolgt nur ein geringer Transfer zwischen den Ländern (vgl. Doz (1980), S. 29).
Leistungsstrategien	• An die lokalen Bedürfnisse angepasstes Leistungsangebot (vgl. Bartlett/Ghoshal (1990), S. 82–83).
Koordinationsstrategien	• Informelle Beziehungen zwischen der Zentrale und Filiale werden überlagert durch einfache Instrumente der Finanzkontrolle (vgl. Bartlett/Ghoshal (1990), S. 74, Doz (1980), S. 28–29, Porter (1986), S. 31). • Auslandsniederlassungen werden vom Management als Portfolio unabhängiger Unternehmen betrachtet und gesteuert (vgl. Bartlett/Ghoshal (1990), S. 74). • Nach Ländern/Regionen ausgerichtete Divisionsstruktur (vgl. Meffert (1990), S. 101–103, Prahalad/Doz (1987), S. 24–26).

Abb. 26: Charakteristika des multinationalen Strategietyps.

(C) Der globale Strategietyp.[278] Kennzeichnend für diesen Strategietyp ist die starke Zentralisierung von Wertschöpfungsaktivitäten. Durch die damit verbundene Schaffung großer Einheiten sollen vor allem Größenvorteile realisiert werden. Theoretisch ist es dabei unerheblich, in welchem Land die Konzentration der Aktivitäten erfolgt. Aufgrund der bisherigen Entwicklung eines Unternehmens und der zwangsläufig bereits im Heimatland vorhandenen Ressourcen besteht jedoch eine Tendenz, dass diese Konzentration im Heimatland des Unternehmens erfolgt. Sollten dennoch Aktivitäten im Ausland konzentriert werden, gehören diese nicht zu den wesentlichen Werttreibern des Unternehmens. Ein Austausch von Produkten oder Bauteilen zwischen den Ländern findet kaum statt. Da die Wertschöpfung in einem oder in wenigen Ländern konzentriert ist, erfolgt die Bearbeitung fremder Märkte über Exporte. Da es für Unternehmen globalen Typs wichtig ist, Größenvorteile zu erzielen, müssen diese schnell bestimmte Produktionsvolumina erreichen. Dies bedingt zum ei-

---

[278] In Abgrenzung zur exportbasierten Globalstrategie bezieht sich der hier betrachtete globale Strategietyp auf die Strategie der globalen Rationalisierung.

nen, dass Produktionskapazitäten nicht sukzessive aufgebaut werden können, sondern schlagartig zur Verfügung stehen müssen. Zum anderen muss der Absatz der Produkte schnell gesteigert werden, um die vorhandenen Kapazitäten auszulasten. Dazu ist es notwendig, dass z. B. die Einführung neuer Produkte nicht in einem Land nach dem anderen, sondern in mehreren Ländern gleichzeitig erfolgt. In Abb. 27 sind die Merkmale des globalen Strategietyps in einer Übersicht zusammengefasst.

Charakteristika des globalen Strategietyps (globale Rationalisierung)	
Stoßrichtungen der Strategie	Spezifische Ausprägung
Markteintritts- und Marktbearbeitungsstrategien	• Exportbasierte Strategie (vgl. Bartlett/Ghoshal (1990), S. 75–77, Porter (1986), S. 31).
Timingstrategien	• Sprinklerstrategie mit schneller Ausweitung des Auslandsabsatzes und schlagartiger Erweiterung des Ressourceneinsatzes im Ausland (vgl. Henzler/Rall (1985), S. 186–188).
Konfigurationsstrategien	• Die meisten strategischen Werte, Ressourcen, Verantwortlichkeiten und Entscheidungen sind zentralisiert (vgl. Bartlett/Ghoshal (1990), S. 75–77, Prahalad/Doz (1987), S. 24–26). • Die Produktion ist auf wenige Standorte konzentriert – Hauptziel ist die Erreichung von Größenvorteilen (vgl. Doz (1980), S. 27–28). • Zentralisierung einzelner Unternehmensaktivitäten jeweils in einem Land (vgl. Porter (1986), S. 31).
Leistungsstrategien	• Weitestgehend standardisiertes Leistungsangebot (vgl. Bartlett/Ghoshal (1990), S. 82–83).
Koordinationsstrategien	• Strenge Kontrolle der Entscheidungen, Ressourcen und Informationen durch die Zentrale (vgl. Bartlett/Ghoshal (1990), S. 77, Doz (1980), S. 27–28). • Das Management betrachtet die Auslandsfilialen als Kanäle für die Belieferung eines einheitlichen Weltmarktes (vgl. Bartlett/Ghoshal (1990), S. 77). • Nach Produkten ausgerichtete Divisionsstruktur (vgl. Meffert (1990), S. 101–103, Prahalad/Doz (1987), S. 24–26). • Enge Koordination von zwangsweise im Ausland angesiedelten Aktivitäten insbesondere im Marketing und Vertrieb (vgl. Porter (1986), S. 30).

Abb. 27: Charakteristika des globalen Strategietyps (globale Rationalisierung).

(D) Der Mischstrategietyp. Mit diesem Strategietyp wird angestrebt, Vorteile der Integration und der Lokalisierung miteinander zu verbinden. Um Größen- und Spezialisierungsvorteile zu gewinnen, werden Wertschöpfungsaktivitäten an bestimmten Orten konzentriert. Die Konzentration erfolgt aber weniger in einem Land als vielmehr an unterschiedlichen Standorten in Ländern, die jeweils auf bestimmte Aktivitäten spezialisiert sind. Zwischen den Standorten erfolgt ein intensiver Austausch von Ressourcen, Produkten, Bauteilen usw. Um zu gewährleisten, dass an den Standorten auch lokal angepasste Leistungen erbracht werden können, ist eine komplexe und aufwendige Koordination erforderlich. Diese erfolgt weniger durch formelle Planungsinstrumente als vielmehr mithilfe gemeinschaftlicher Entscheidungsfindung und einer höheren Flexibilität der Organisation. Den Rahmen für die Aufbauorganisation bildet die Matrixorganisation. In Abb. 28 sind die Merkmale des Mischstrategietyps übersichtlich zusammengefasst.

Charakteristika des **Mischstrategietyps**	
Stoßrichtungen der Strategie	Spezifische Ausprägung
Markteintritts- und Marktbearbeitungsstrategien	• Der Markteintritt erfolgt über hohe Auslandsinvestitionen (vgl. Porter (1986), S. 30).
Timingstrategien	• Keine Aussage.
Konfigurationsstrategien	• Breit gestreute, spezialisierte Ressourcen und Kompetenzen (vgl. Bartlett/Ghoshal (1990), S. 119). • Geografische Streuung von Aktivitäten (vgl. Porter (1986), S. 31).
Leistungsstrategien	• Sowohl standardisiertes als auch lokal angepasstes Produktangebot (vgl. Bartlett/Ghoshal (1990), S. 91—95).
Koordinationsstrategien	• Intensiver Austausch von Bauteilen, Produkten, Ressourcen, Mitarbeitern und Informationen zwischen den unabhängigen Einheiten (vgl. Bartlett/Ghoshal (1990), S. 119). • Komplexe Kooperations- und Koordinationsprozesse in einem Umfeld gemeinschaftlicher Entscheidungsfindung (vgl. Bartlett/Ghoshal (1990), S. 119). • Keine formellen Planungsinstrumente, sondern organisatorische Flexibilität (vgl. Doz (1980), S. 29—30). • Matrixorientierte Organisationsstruktur (vgl. Meffert (1990), S. 101—103). • Straffe Koordination der Auslandsniederlassungen (vgl. Porter (1986), S. 30).

Abb. 28: Charakteristika des Mischstrategietyps.

3.2.4 Kritische Würdigung des IR-Modells

Nachdem das IR-Modell in den vorangegangenen Abschnitten ausführlich beschrieben wurde, sollen im Folgenden sein Nutzen aufgezeigt sowie die Einschränkungen bei dessen Anwendung zusammenfassend erläutert werden.

Der allgemeine Nutzen von Modellen besteht darin, ein Problem zu lösen, indem die verschiedenen Elemente des Problemumfeldes verbunden und Lösungsmöglichkeiten logisch abgeleitet werden. Auch das IR-Modell folgt diesem Prinzip, indem es die Branchenkräfte zu einem zweidimensionalen Modell miteinander verbindet und mögliche strategische Handlungsoptionen ableitet. Damit ebnet es einen wichtigen Weg zur Bestimmung geeigneter strategischer Handlungsoptionen im internationalen Kontext. Die konkreten Vorteile des IR-Modells bestehen, wie im Abschnitt 3.2.3.3 beschrieben, in der Ableitung von Unternehmenstypen. Konkret sind damit folgende Vorteile verbunden:[279]

- Reduktion der Komplexität bei der Charakterisierung internationaler Unternehmen durch die Zusammenfassung verbundener Merkmale:
- Ermöglichung eines umfassenderen Verständnisses der internationalen Unternehmen und deren Entwicklung, da mehrere Merkmale gleichzeitig betrachtet werden können:
- Vorhersage, wie internationale Unternehmen auf bestimmte Umweltbedingungen (abgebildet in den Rahmendimensionen der matrixgestützten Kontingenzansätze) reagieren bzw. reagieren sollten.

Auch wenn das IR-Modell ein geeigneter Ansatz zur Analyse der in einer Branche wirkenden Kräfte und zur Ableitung möglicher strategischer Handlungsoptionen ist, gibt es wie bei jedem wissenschaftlichen Modell auch Kritikpunkte, die bei seiner Anwendung und der Interpretation der Ergebnisse berücksichtigt werden sollten. Zu den kritischen Punkten des IR-Modells gehören folgende:

- Die in dem IR-Modell beschriebenen strategischen Handlungsoptionen stellen nicht immer die einzig möglichen und erfolgreichen Reaktionen auf die Umweltfaktoren dar. Hamel/Prahalad (1988) haben diesbezüglich bei japanischen Unternehmen festgestellt, dass Größenvorteile nicht den einzigen Grund für die Konzentration von Wertschöpfungsaktivitäten darstellen.[280]
- Zur Abbildung der Komplexität der Strategie eines international agierenden Unternehmens reicht das IR-Modell nicht aus, da nicht alle strategischen Handlungs-

---

[279] Vgl. Harzing (2000), S. 101–102.
[280] Vgl. Hamel/Prahalad (1988), S. 6–12.

- felder eines Unternehmens im IR-Modell thematisiert werden.[281] Ziel dieser Arbeit ist es, die IR-Modelle um ein weiteres Handlungsfeld, das internationale Wachstum, zu erweitern.

- Dähn (1996) bemerkt, dass zwischen den Rahmen- und Zelldimensionen ein tautologischer Zusammenhang besteht. Die Ursachen dafür sieht er nicht in der Grundlogik des Modells, sondern vielmehr in der ungenügenden begrifflichen Spezifizierung der Strategien und Umweltfaktoren durch einige Autoren. Dass dieser Eindruck vor allem dadurch entsteht, dass sich einige Autoren entweder auf die Charakterisierung der Zell- oder der Rahmendimensionen konzentriert haben, wurde bereits im Abschnitt 3.2.3.1 erläutert.[202]

- Ein weiterer Kritikpunkt richtet sich gegen die fehlende Unabhängigkeit zwischen den beiden die Matrix aufspannenden Achsen. So gibt es Umweltfaktoren, die sowohl die Achse der Integration als auch der Differenzierung determinieren.[283] Damit ist eine eindeutige (mathematische) Zuordnung von strategischen Optionen zu den Branchenkräften nicht mehr möglich. Wie bereits im Abschnitt 3.2.3.2 erläutert, lässt sich dieses Problem jedoch lösen, indem die Strategien nicht als die einzige Lösung für eine bestimmte Umweltsituation betrachtet werden, sondern als die eindeutig bevorzugte Lösung. Damit werden in bestimmten Situationen andere Lösungen, d. h. Strategien, nicht ausgeschlossen.[284]

Auch wenn hier versucht wurde, die Kritik zu relativieren, so ist es dennoch nicht möglich, sie völlig zu entkräften. Bei der Gegenüberstellung dieser Kritikpunkte und des Nutzens des IR-Modells wird hier die Meinung vertreten, dass der Nutzen deutlich überwiegt. Aus diesem Grund soll das IR-Modell auch die Basis zur Erklärung des internationalen Wachstums bilden.

---

[281] Vgl. Porter (1989a), S. 38 und Bartlett/Ghosbal (1987), S. 427.

[282] Vgl. Dähn (1996), S. 78–79.

[283] Hier sei auf die Analysen von Dähn (1996), S. 75–76, verwiesen. Darin wurde ein Zusammenhang zwischen dem Differenzierungsmerkmal der Heterogenität der Kunden und den Merkmalen der Integration – Wettbewerbsintensität, Technologieintensität, Kooperationsintensität – festgestellt. Allerdings betreffen diese Abhängigkeiten mit vier von 24 möglichen Zusammenhängen nur relativ wenige Merkmale.

[284] Vgl. Doz (1990), S. 23–24.

3.3 Zusammenführung von Kontext- und Bestimmungsfaktoren

Nachdem in den beiden vorangegangenen Abschnitten erläutert wurde, welche Faktoren das internationale Wachstum charakterisieren und es beeinflussen, sollen die Kontext- und Bestimmungsfaktoren in diesem Abschnitt miteinander verknüpft werden. Ziel ist es, ein Modell zu entwickeln, auf dessen Basis unterschiedliche Ausprägungen des internationalen Wachstums in Abhängigkeit von den Kontextfaktoren abgeleitet werden können. Ein solches Modell, das geeignet ist, diesem Ziel zu entsprechen, ist das im vorangegangenen Abschnitt ausführlich erläuterte IR-Modell.

Der Fokus des IR-Modells liegt auf der Ableitung von Strategien, abhängig von den Charakteristika einer Branche. Die Strategien beziehen sich in diesem Modell vor allem auf statische organisatorische Aspekte, die im Zusammenhang mit den ausländischen Aktivitäten eines Unternehmens stehen.[285] Das IR-Modell soll nun dahingehend erweitert werden, dass neben den statisch organisatorischen Aspekten auch die dynamischen Aspekte der internationalen Entwicklung von den Umweltfaktoren abgeleitet werden können. Das bedeutet, dass das bisher statische IR-Modell um eine dynamische Komponente – das internationale Wachstum – erweitert werden soll.

Die Erweiterung des IR-Modells erfolgt in zwei Schritten. Erster Schritt: Die formalen Modellstrukturen werden erweitert. Dazu werden die Zelldimensionen des IR-Schemas, die bisher nur statisch organisatorische Aspekte abgebildet haben, um die Bestimmungsfaktoren des internationalen Wachstums ergänzt. Die Rahmendimensionen bleiben hingegen unverändert; sie repräsentieren weiterhin die Umweltfaktoren entlang der Dimensionen Integration und Responsiveness. Zweiter Schritt: Hier findet die inhaltliche Erweiterung des Modells statt. Dies bedeutet, dass für die neuen „dynamischen" Zelldimensionen in Abhängigkeit von den Rahmendimensionen spezifische Ausprägungen abgeleitet werden sollen. Im Vergleich zum ersten Schritt ist dies die deutlich anspruchsvollere Aufgabe.

---

[285] Für einen Überblick über die Strategien vgl. Abschnitt 3.2.3.3.

Als Anhaltspunkt für die Ableitung von Ausprägungen der internationalen Entwicklung eines Unternehmens sollen die bereits bestehenden vier unterschiedlichen Strategietypen dienen, die auch organisatorische Elemente enthalten. Diese vier Strategietypen – internationaler, multinationaler, globaler und Mischstrategietyp – wurden bereits im Abschnitt 3.2.3.3 ausführlich im Hinblick auf ihre organisatorischen Merkmale beschrieben. Entsprechend diesen vier bereits bestehenden Strategietypen sollen im Ergebnis vier Typen des internationalen Wachstums abgeleitet werden.

Auch wenn das IR-Modell, das zur Ableitung der Typen des internationalen Wachstums herangezogen wird, sehr gut geeignet ist, die relevanten Umweltfaktoren mit den Bestimmungsfaktoren des internationalen Wachstums zu verbinden, so stand dieser Aspekt bisher nicht im Fokus der Betrachtung und Entwicklung des Modells. Aus diesem Grund kann es sich bei den hier abgeleiteten Typen des internationalen Wachstums auch nur um vage Vermutungen handeln, die noch nicht zu Hypothesen fortentwickelt wurden. Dies wird auch daran deutlich, dass die Ableitung von Vermutungen auf der Basis des IR-Modells nicht immer völlig stringent und eindeutig möglich ist. Dennoch tragen die hier abgeleiteten Typen dazu bei, die folgende empirische Untersuchung zu fokussieren und entsprechend zu strukturieren.

In den folgenden vier Abschnitten wird erläutert, wie aus den vier Strategietypen die Typen des internationalen Wachstums abgeleitet werden. Da sich die Ausführungen auf die Beschreibung der Strategietypen im Abschnitt 3.2.3.3 und die dort bereits angeführten Quellen beziehen, wird auf eine erneute Aufführung der Quellen in den folgenden Abschnitten verzichtet.

3.3.1 Der internationale Wachstumstyp

Der internationale Wachstumstyp basiert auf dem internationalen Strategietyp. Zu den statischen Merkmalen dieses Typs, die für das internationale Wachstum von besonderer Bedeutung sind, gehören die exportorientierte Auslandsmarktbearbeitung, die inlandbasierte Technologie- und Produktentwicklung sowie die inlandfokussierte organisatorische Ausrichtung.

Im Folgenden wird erläutert, welche Vermutungen bezüglich der Merkmale des internationalen Wachstums angestellt werden können. Die Gliederung orientiert sich dabei an den vier Bestimmungsfaktoren des internationalen Wachstums:

(I) **Die Wachstumsrate**: Bei Unternehmen internationalen Typs liegt der Fokus bei der Technologie- und Produktentwicklung auf den Bedürfnissen und Anforderungen des Heimatmarktes. Für die Bearbeitung weiterer Märkte werden diese Entwicklungen mit lokalen Anpassungen auf das Ausland übertragen. Auch wenn eine Anpassung an ausländische Bedürfnisse und Anforderungen erfolgt, sind die Produkte und Technologien sehr wahrscheinlich im Nachteil gegenüber denen, die primär für die ausländischen Märkte entwickelt wurden. Dies bedeutet nicht, dass Unternehmen internationalen Typs im Ausland keine Produkte absetzen; ihr Wachstum wird jedoch im Ausland geringer ausfallen als bei Unternehmen eines anderen Wachstumstyps. Da sich der Ressourceneinsatz (Mitarbeiter, Vermögen) aufgrund der Exportorientierung ebenfalls stärker auf das Inland konzentriert, wird das Wachstum der Mitarbeiterzahl und des Vermögens im Ausland geringer ausfallen als bei Unternehmen eines anderen Wachstumstyps. Im Gegensatz zur Entwicklung im Ausland wird vermutet, dass Unternehmen des internationalen Typs aufgrund ihrer Fokussierung auf den Heimatmarkt dort deutlich stärker wachsen als andere Unternehmen. Hinzu kommt, dass sie aufgrund größerer Produktionsvolumina durch den Export auch Größenvorteile besser ausnutzen als andere Unternehmen. Dadurch werden sowohl der Umsatz als auch die Mitarbeiterzahl und das Vermögen im Inland stärker wachsen als beim Durchschnitt der Unternehmen.

(II) **Die Wachstumsstärke des Auslandsgeschäftes**: Aufgrund der Fokussierung auf die Bedürfnisse des Heimatmarktes und der Exportorientierung wird analog der Argumentation bei der Wachstumsrate das Wachstum im Inland im Vergleich zu anderen Unternehmen höher und im Ausland geringer ausfallen. Ob beim direkten Vergleich die inländischen Wachstumsraten höher als die ausländischen sind, ist damit jedoch noch nicht gesagt. Denn dies hängt vom Wachstumsniveau des Gesamtmarktes ab. Wachsen beispielsweise alle Unternehmen im Ausland durchschnittlich um zehn Prozent und im Inland um zwei Prozent, würde ein Unternehmen des internationalen Typs entsprechend der obigen Argumentation im Ausland z. B. nur um sechs Prozent und im Inland um fünf Prozent wachsen. Damit wäre das Wachstum im Ausland zwar größer als im Inland, die Wachstumsstärke des Auslandsgeschäftes von 120 Prozent wäre jedoch deutlich geringer als der Durchschnitt der Unternehmen (500 Prozent). Daher wird vermutet, dass die auf das Ausland bezogene Wachstumsstärke des internationalen Unternehmenstyps geringer ist als im Durchschnitt.

(III) **Die Faktorkorrelation**: Für Unternehmen des internationalen Typs ist kennzeichnend, dass eine exportorientierte Marktbearbeitungsstrategie die dominierende Rolle bei der Bearbeitung von Auslandsmärkten einnimmt. Dies bedeutet, dass Waren, die im Ausland abgesetzt werden, in der Regel im Inland produziert werden und entsprechend die dort vorhandenen Ressourcen nutzen. Daher wird eine hohe Korrelation zwischen dem Umsatz im Ausland und dem Ressourceneinsatz im Inland (Mitarbeiter und Vermögen) bestehen. Die Wechselbeziehung zwischen Umsatz und Ressourcen im Ausland wird weniger stark sein. Denn im Ausland wird kaum produziert; die dort vorhandenen Ressourcen für z. B. Repräsentations- und Vertriebsaufgaben werden weniger umsatzabhängig sein. Wird der Umsatz im Inland betrachtet, so wird vermutet, dass die Korrelation mit dem Ressourceneinsatz im Inland höher ist als die Korrelation des Umsatzes im Inland und dem Ressourceneinsatz im Ausland, da die Nachfrage im Inland durch die inländische Produktion befriedigt wird.

(IV) **Der Faktorverlauf**: Da die Bearbeitung ausländischer Märkte bei Unternehmen des internationalen Typs im Wesentlichen durch Exporte und weniger durch Direktinvestitionen erfolgt, gibt es auch kaum größere Akquisitionen ausländischer Unternehmen. Daher müsste die Entwicklung des Umsatzes, der Mitarbeiterzahl und des Vermögens im Ausland relativ homogen erfolgen. In Bezug auf das Inland gibt es keine Indizien dafür, warum sich dieser Unternehmenstyp in Bezug auf die Homogenität des Wachstumsverlaufs vom Durchschnitt aller Unternehmen unterscheiden sollte. Daher wird vermutet, dass sich der Wachstumsverlauf im Inland dem Durchschnitt der Unternehmen annähert.[286]

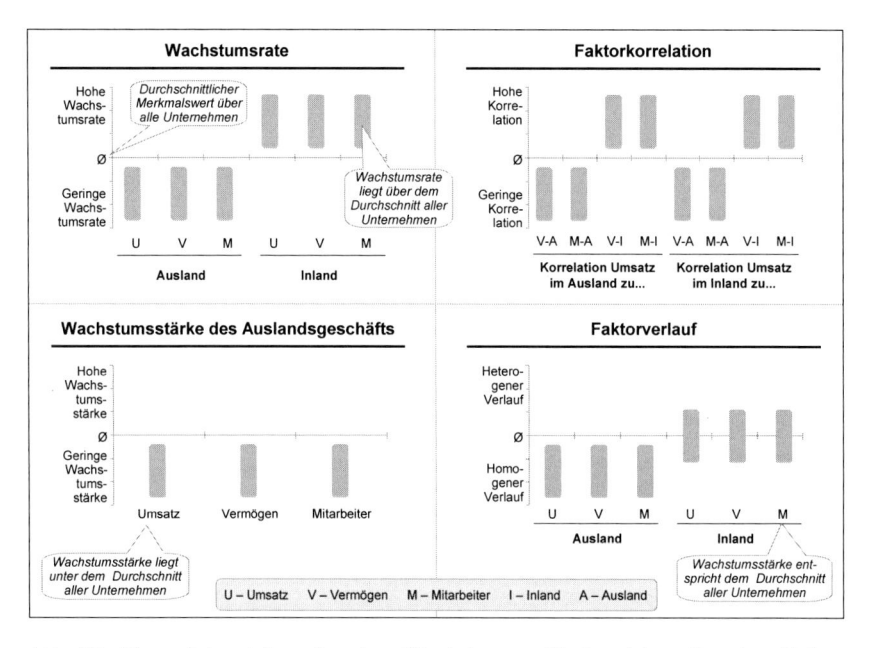

Abb. 29: Vermutetes internationales Wachstumsprofil des internationalen Unternehmenstyps.

Im nächsten Schritt sollen nun die beschriebenen Vermutungen über die Merkmale des internationalen Wachstums des internationalen Unternehmenstyps zusammengefasst werden. Dafür wurde in Abb. 29 ein Merkmalsprofil für diesen Unternehmenstyp erstellt. Die Abbildung zeigt für jedes Merkmal, ob sich Unternehmen des internationalen Typs über, unter oder auf dem Durchschnitt aller Unternehmen befinden. Im Vergleich durchschnittlich ausgeprägte Merkmale sind mit einem durchgehenden Balken gekennzeichnet.

---

[286] Auch wenn die Wachstumsstärke dem Durchschnitt entspricht, wird sie sich signifikant von anderen Unternehmen unterscheiden – zumindest bei Unternehmen des internationalen Typs.

3.3.2 Der multinationale Wachstumstyp

Der multinationale Wachstumstyp basiert auf dem multinationalen Strategietyp. Zu den statischen Merkmalen dieses Typs, die für das internationale Wachstum von besonderer Bedeutung sind, gehören die investitionsorientierte Auslandsmarktbearbeitung, die dezentrale Konfiguration und die relative Unabhängigkeit der Auslandseinheiten.

Im Folgenden wird erläutert, welche Vermutungen bezüglich der Merkmale des internationalen Wachstums angestellt werden können. Auch die folgende Gliederung orientiert sich an den vier Bestimmungsfaktoren des internationalen Wachstums.

(I) **Die Wachstumsrate**: Um eine gute Anpassung an die lokalen Bedürfnisse zu gewährleisten, sind Unternehmen des multinationalen Typs dezentral organisiert. Die einzelnen Auslandsgesellschaften sind von der Muttergesellschaft im Heimatland relativ autonom. Sie agieren in ihren jeweiligen Märkten nahezu wie lokale Unternehmen. Damit werden aber auch Vorteile, die durch Zugehörigkeit zu einem großen Unternehmensverbund bestehen, wie Größen- oder Know-how-Vorteile, nicht genutzt. Dementsprechend kann geschlussfolgert werden, dass multinationale Unternehmen im Ausland gegenüber lokalen Unternehmen keine spezifischen Vorteile, aber auch keine Nachteile haben. Daher wird vermutet, dass das Wachstum von Unternehmen des multinationalen Typs im Ausland dem Durchschnitt aller Unternehmen entsprechen wird. Für das Inland gilt die Argumentation analog. Da auch für den Heimatmarkt keine spezifischen Vorteile aus den ausländischen Aktivitäten erwachsen, wird sich das Wachstum auch dort am Durchschnitt aller Unternehmen orientieren.

(II) **Die Wachstumsstärke des Auslandsgeschäftes**: Da, wie oben vermutet und begründet wird, sich die Wachstumsraten bei Unternehmen des multinationalen Typs sowohl im Inland als auch im Ausland am Durchschnitt der Unternehmen orientieren, wird sich auch die Wachstumsstärke als Verhältnis der ausländischen zu der inländischen Wachstumsrate am Durchschnitt der Unternehmen orientieren. Ob die ausländischen Wachstumsraten größer als die inländischen sind, hängt – wie bereits oben erläutert – vom Wachstumsniveau des Gesamtmarktes ab.

(III) **Die Faktorkorrelation:** Unternehmen des multinationalen Typs sind dadurch gekennzeichnet, dass die Produktion der Waren in den Ländern stattfindet, in denen diese Waren abgesetzt werden. Demzufolge besteht ein überdurchschnittlicher Zusammenhang zwischen dem Ressourceneinsatz und dem Umsatz im Ausland sowie zwischen dem Ressourceneinsatz und dem Umsatz im Inland. Aufgrund der Unabhängigkeit von ausländischen und inländischen Aktivitäten wird vermutet, dass Zusammenhänge zwischen Ressourcen im Inland und dem Umsatz im Ausland und umgekehrt relativ gering sind; diese Korrelationen werden unter dem Durchschnitt der anderen Unternehmen liegen.

(IV) **Der Faktorverlauf:** In Bezug auf den Faktorverlauf gibt es für Unternehmen des multinationalen Typs zwei mögliche Erklärungsrichtungen: Erstens treten solche Unternehmen oftmals mithilfe von Direktinvestitionen in ausländische Märkte ein. Da diese häufig durch Akquisitionen erfolgen, führt dies in der Regel zu einem sprunghaften Anstieg ausländischer Vermögenswerte, der Umsätze und der Mitarbeiterzahlen. Dies spricht für einen heterogenen Wachstumsverlauf. Zweitens führt die von Unternehmen des multinationalen Typs favorisierte Wasserfallstrategie häufig zur sukzessiven Ausweitung ausländischer Aktivitäten. Dies würde allerdings für einen homogenen Wachstumsverlauf sprechen. Da beide Erklärungsrichtungen ihre Gültigkeit haben, werden Unternehmen des multinationalen Typs im Durchschnitt zwischen den homogen wachsenden internationalen Unternehmen und den später erläuterten heterogen wachsenden globalen Unternehmen eingeordnet.

Die beschriebenen Vermutungen über die Merkmale des internationalen Wachstums des multinationalen Unternehmenstyps werden mithilfe von Merkmalsprofilen in der Abb. 30 zusammengefasst.

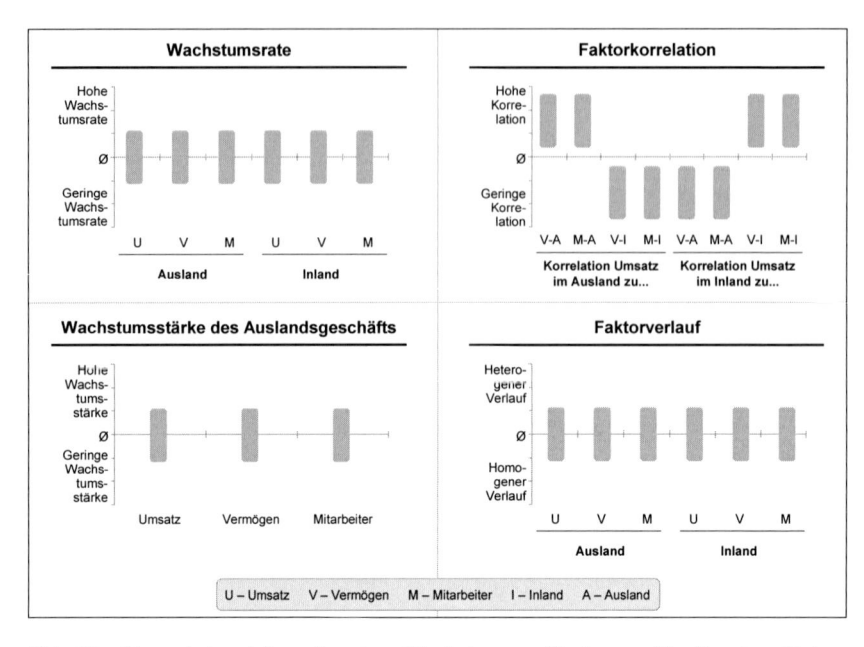

Abb. 30: Vermutetes internationales Wachstumsprofil des multinationalen Unternehmenstyps.

3.3.3 Der globale Wachstumstyp

Der globale Wachstumstyp basiert auf dem globalen Strategietyp. Zu den statischen Merkmalen dieses Typs, die für das internationale Wachstum von besonderer Bedeutung sind, gehören die zentrale Konfiguration der Aktivitäten, die Konzentration von Unternehmensaktivitäten auf wenige Standorte sowie die schubweise Erweiterung der Ressourcenbasis.

Wie bereits in den vorangegangenen Abschnitten wird auch im Folgenden die Fragestellung erläutert, welche Vermutungen hinsichtlich der Merkmale des internationalen Wachstums angestellt werden können. Die Erörterung orientiert sich dabei wieder an den vier Bestimmungsfaktoren des internationalen Wachstums.

(I) **Die Wachstumsrate**: Der globale Unternehmenstyp passt sich im Gegensatz zum multinationalen Unternehmen kaum an lokale Anforderungen oder Bedürfnisse an, sondern konzentriert sich auf eine effiziente Produktion seines standardisierten Leistungsangebots. Voraussetzungen für eine effiziente Produktion sind erstens die Bündelung von Aktivitäten zur Realisierung von Größenvorteilen und zweitens ein schnelles Erreichen hoher Absatzzahlen zur Gewährleistung einer hohen Auslastung bestehender Ressourcen. Neben der Bündelung von Aktivitäten ist somit auch die schnelle Erweiterung des Produktabsatzes, d. h. ein hohes Wachstum, essenziell für die Erreichung der Effizienzvorteile. Da das Wachstum somit auch unter dem Aspekt der Effizienz eine höhere Bedeutung als z. B. bei Unternehmen des internationalen oder multinationalen Typs hat, werden auch größere Anstrengungen unternommen, um dieses Wachstum zu forcieren. Diese größeren Anstrengungen resultieren dann auch in einem relativ höheren Wachstum der Unternehmen des globalen Typs. Zudem ist es für die globalen Unternehmen irrelevant, ob das Wachstum im Inland oder Ausland stattfindet. Aus diesen Gründen kann vermutet werden, dass sie sowohl im Inland als auch im Ausland überdurchschnittlich stark wachsen. Während sich diese Argumentation vor allem auf das Umsatzwachstum bezieht, bedingen sich doch der Ressourceneinsatz und der Umsatz wechselseitig, sodass vermutet werden kann, dass der Ressourceneinsatz im Inland und Ausland stärker wächst als bei internationalen oder multinationalen Unternehmen. Überspitzt könnte formuliert werden: Wenn ein globales Unternehmen wächst, dann wächst es richtig.

(II) **Die Wachstumsstärke des Auslandsgeschäftes**: Wie bereits im Rahmen der Wachstumsrate erläutert, spielt es für ein globales Unternehmen keine Rolle, wo es wächst. Entscheidend ist die Schnelligkeit des Wachstums, um Größenvorteile zu realisieren. Daher wird vermutet, dass die Wachstumsstärke bezogen auf alle drei Indikatoren im Durchschnitt aller Unternehmen liegen wird.

(III) **Die Faktorkorrelation**: Unternehmen des globalen Typs sind durch eine starke Zentralisierung ihrer Wertschöpfungsaktivitäten charakterisiert. Für diese Unternehmen ist es in der Regel unerheblich, ob die Wertschöpfung im Ausland oder im Inland erfolgt. Entscheidend ist, an welchem Standort Aktivitäten am effizientesten durchgeführt werden können. Dabei können einzelne Aktivitäten der Wertschöpfungskette auch in unterschiedlichen Ländern angesiedelt sein. Beispielsweise können Forschung und Entwicklung im Heimatland erfolgen, während in einem Land mit geringen Faktorkosten produziert wird. Da die Wertschöpfung trotzdem nur auf wenige Standorte begrenzt bleibt, erfolgt die Bearbeitung nicht „wertschöpfender" Länder über Exporte. Dies kann auch dazu führen, dass Waren, die im Ausland produziert wurden, ins Inland importiert werden. Damit wird deutlich, dass Unternehmen des globalen Unternehmenstyps[287] ihre entweder im Inland oder Ausland produzierten Produkte sowohl im Inland als auch im Ausland vertreiben. Für den Zusammenhang der Faktoren bedeutet dies, dass der Umsatz im Inland sowohl vom Ressourceneinsatz im Ausland als auch im Inland abhängt, genauso wie der Umsatz im Ausland durch den Ressourceneinsatz im Ausland und Inland bestimmt wird. So kann die Vermutung angestellt werden, dass die Korrelationen zwischen allen betrachteten Größen über dem Durchschnitt liegen. Auch wenn dies der Fall ist, ist es wahrscheinlich, dass andere Unternehmen bei spezifischen Beziehungen einen höheren Wert haben als Unternehmen des globalen Wachstumstyps. So werden Unternehmen des internationalen Typs wahrscheinlich eine noch höhere Korrelation zwischen dem Umsatz im Ausland und der Produktion im Inland aufweisen, da die Produktion fast ausschließlich im Inland erfolgt.

(IV) **Der Faktorverlauf**: Wie bereits erläutert, ist es für Unternehmen des globalen Typs wichtig, schnell bestimmte Produktionsvolumina zu erreichen, um Größenvorteile realisieren zu können. Dies bedingt zum einen, dass Produktionskapazitäten nicht sukzessive aufgebaut werden, sondern sofort zur Verfügung stehen müssen. Zum anderen muss der Absatz der Produkte schnell gesteigert werden können, um die vorhandenen Kapazitäten auszu-

---

[287] Es wird nochmals darauf hingewiesen, dass sich der hier betrachtete globale Strategietyp auf die Strategie der globalen Rationalisierung bezieht.

lasten. Dies lässt vermuten, dass die Entwicklung von Unternehmen des globalen Typs durch einen heterogenen Faktorverlauf geprägt sein wird.

In der folgenden Abb. 31 werden die beschriebenen Vermutungen über die Merkmale des internationalen Wachstums des globalen Unternehmenstyps anhand von Merkmalsprofilen zusammengefasst.

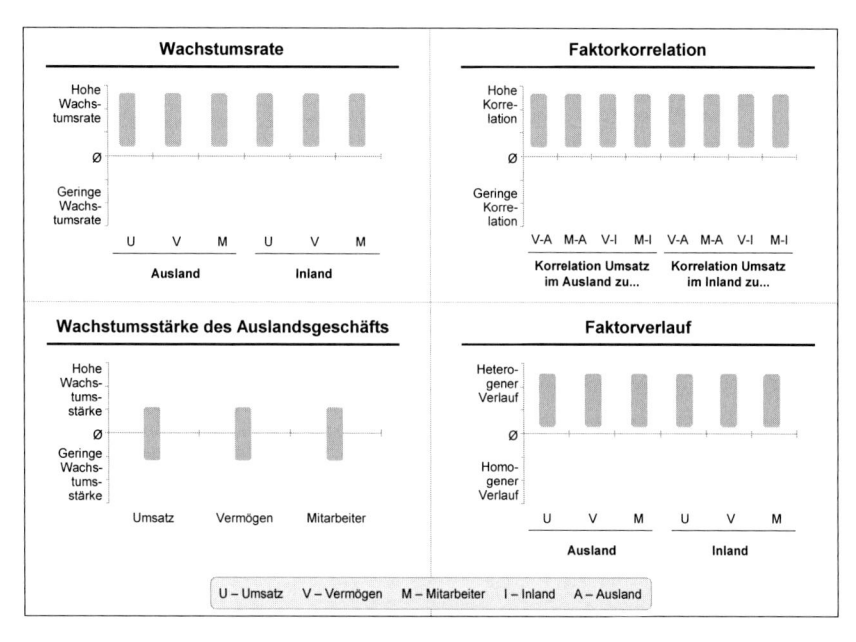

Abb. 31: Vermutetes internationales Wachstumsprofil des globalen Unternehmenstyps.

3.3.4 Der gemischte Wachstumstyp

Der gemischte Wachstumstyp basiert auf dem gemischten Strategietyp. Zu den statischen Merkmalen dieses Typs, die für das internationale Wachstum von besonderer Bedeutung sind, gehören eine investitionsorientierte Auslandsmarktbearbeitung, die geografische Streuung der Aktivitäten und intensive Austauschbeziehungen zwischen den einzelnen Einheiten.

Auch für den letzten der vier Wachstumstypen wird im Folgenden erläutert, welche Vermutungen hinsichtlich der Merkmale des internationalen Wachstums angestellt werden können. Die Gliederung orientiert sich wieder an den vier Bestimmungsfaktoren des internationalen Wachstums.

(I) **Die Wachstumsrate**: Unternehmen des gemischten Strategietyps versuchen, die Vorteile der Lokalisierung und der Integration miteinander zu verbinden. Diese Verbindung wird in zwei Schritten vollzogen. Erstens passen sich die Unternehmen des gemischten Strategietyps – wie die Unternehmen des multinationalen Typs – den lokalen Bedürfnissen an. Zweitens gestalten sie ihre Wertschöpfung so effizient wie Unternehmen des globalen Typs. Klarer ausgedrückt: Sie produzieren hoch qualitative Produkte zu geringsten Kosten. Ist dies tatsächlich so, so müssten die Unternehmen auch überdurchschnittlich wachsen, da dies in der Regel genau den Anforderungen des Marktes entspricht. Allerdings handelt es sich dabei um eine sehr vage Vermutung. Auf der anderen Seite führt die Verknüpfung lokaler Anpassung und effizienter Wertschöpfung zu einem hohen Koordinationsaufwand. Dieser kann dazu führen, dass trotz effizienter Wertschöpfung der Ressourceneinsatz durch den erhöhten Aufwand für Koordination stärker als bei anderen Unternehmen ansteigt. Somit wird vermutet, dass bei Unternehmen des gemischten Typs auch der Ressourceneinsatz überdurchschnittlich wächst.

(II) **Die Wachstumsstärke des Auslandsgeschäftes**: Unternehmen des gemischten Typs sind als Matrix organisiert und verfügen in der Regel über Netzwerkstrukturen. Die Ressourcen und Kompetenzen sind zwischen den Elementen des Netzwerkes weit gestreut. Dabei wird nicht mehr vorrangig nach Ausland und Inland unterschieden, sondern vielmehr nach den Kompetenzen und Fähigkeiten einzelner Einheiten. Da bei Unternehmen dieses Typs die Differenzierung nach Inland und Ausland keine dominierende Rolle spielt, wird vermutet, dass die Wachstumsstärke bezogen auf alle drei Indikatoren im Durchschnitt aller Unternehmen liegen wird.

(III) **Die Faktorkorrelation:** Unternehmen des gemischten Typs sind, wie bereits oben erwähnt, als Matrix organisiert und verfügen in der Regel über netzwerkartige Strukturen. Die Ressourcen und Kompetenzen sind auf verschiedene Einheiten verteilt. Innerhalb dieser Strukturen erfolgt ein intensiver Austausch von Bauteilen, Produkten und Ressourcen. In der Praxis bedeutet dies, dass z. B. von einer Ausweitung des Absatzes im Inland viele Unternehmensteile sowohl im In- als auch im Ausland entweder direkt oder indirekt betroffen sein werden, indem sie Ressourcen bereitstellen, Produkte liefern oder an die lokalen Bedürfnisse anpassen. Gleiches gilt umgekehrt auch für eine Ausweitung des Absatzes im Ausland. Dies legt die Vermutung nahe, dass bei Unternehmen des gemischten Typs der Umsatz im Inland sowohl mit dem Ressourceneinsatz im Ausland als auch im Inland zusammenhängt – genauso wie der Umsatz im Ausland auch vom Ressourceneinsatz im Ausland und Inland abhängt. Damit kann die Vermutung ausgesprochen werden, dass die Korrelationen wie bei Unternehmen des globalen Typs zwischen allen betrachteten Größen über dem Durchschnitt liegen. Es ist ebenfalls wahrscheinlich, dass, wie beim globalen Unternehmenstyp, die stärker international oder multinational ausgerichteten Unternehmen in spezifischen Beziehungen einen höheren Wert aufweisen.

(IV) **Der Faktorverlauf:** Der Markteintritt und die Marktbearbeitung erfolgen bei Unternehmen des gemischten Typs häufig über Direktinvestitionen. Da diese häufig mit Akquisitionen verknüpft sind, führt dies in der Regel zu einem sprunghaften Anstieg der ausländischen Vermögenswerte, der Umsätze und der Mitarbeiterzahl. Dies spricht für einen heterogenen Wachstumsverlauf im Ausland. Bezüglich des Wachstumsverlaufs im Inland gibt es keine klaren Anhaltspunkte, warum sich dieser Unternehmenstyp in Bezug auf die Homogenität des Wachstumsverlaufs im Inland vom Durchschnitt aller Unternehmen unterscheiden sollte. Daher wird angenommen, dass der Wachstumsverlauf sich dem Durchschnitt der Unternehmen annähert.

Auch für den „letzten" Wachstumstyp werden die beschriebenen Vermutungen hinsichtlich der Merkmale des internationalen Wachstums des gemischten Unternehmenstyps anhand von Merkmalsprofilen in der Abb. 32 zusammengefasst.

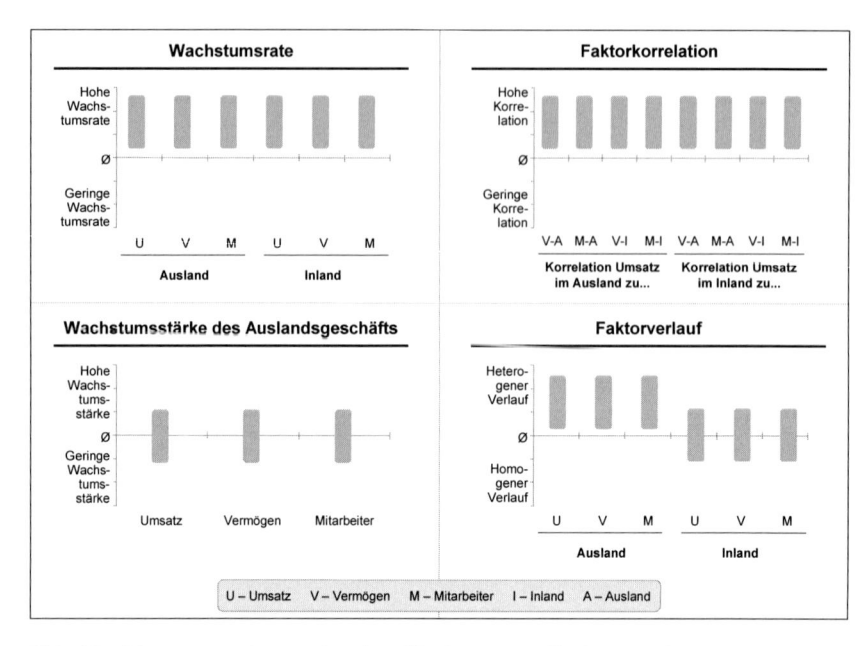

Abb. 32: Vermutetes internationales Wachstumsprofil des gemischten Unternehmenstyps.

Beim Vergleich der Profile des globalen und des gemischten Unternehmenstyps fällt auf, dass sich die beiden Wachstumsprofile kaum unterscheiden. Dies liegt im Wesentlichen daran, dass die Hauptunterschiede zwischen beiden Unternehmenstypen durch den einfachen Vergleich von Ausland und Inland nicht abgebildet werden können. Der wesentliche Unterschied zwischen beiden Typen liegt in der Organisation der Auslandsaktivitäten, die wegen der ganzheitlichen Betrachtung des Auslandes nicht erfasst werden können. Während die Auslandsaktivitäten sich beim globalen Unternehmen auf wenige Standorte konzentrieren, sind diese beim gemischten Typ stark dezentralisiert. Hinzu kommt, dass es beim globalen Unternehmen kaum Interaktionen und Austauschbeziehungen zwischen den ausländischen Einheiten gibt, während diese beim gemischten Typ sehr ausgeprägt sind.

Für die weitere Betrachtung wird daher davon ausgegangen, dass der globale und der gemischte Wachstumstyp in einem global-gemischten Wachstumstyp „vereinigt" sind. Das Ergebnis der Vorüberlegungen lautet insofern: Vermutlich existieren drei Typen internationalen Wachstums – internationaler, multinationaler und global-gemischter Typ. Diese Typen sind durch die oben beschriebenen Merkmale der internationalen Wachstumsentwicklung charakterisiert.

4 Das empirische Vorgehen

In diesem Kapitel soll ein Vorgehen entwickelt werden, das es ermöglicht, das im vorangegangenen Kapitel entwickelte theoretische Modell empirisch zu überprüfen. Zu diesem Zweck wird zunächst ein empirisches Gesamtkonzept entwickelt, das den konzeptionellen Rahmen für die Analyse des internationalen Wachstums bildet. (Abschnitt 4.1). Anschließend werden die drei Kernelemente dieses Gesamtkonzeptes erläutert: Im ersten Schritt wird beschrieben, auf welcher Datenbasis die Analysen durchgeführt werden und wie diese Datenbasis aufbereitet werden muss (Abschnitt 4.2). Im nächsten Schritt wird erläutert, wie auf der Grundlage dieser Daten Merkmale des internationalen Wachstums bestimmt, d. h. operationalisiert, werden können (Abschnitt 4.3). Abschließend wird das Vorgehen bei der Datenauswertung beschrieben (Abschnitt 4.4).

4.1 Entwicklung eines empirischen Gesamtkonzepts

In diesem Abschnitt wird der konzeptionelle Rahmen für die Analyse des internationalen Wachstums geschaffen. Zunächst werden die Anforderungen für ein Analysekonzept erläutert (Abschnitt 4.1.1). Anschließend wird ein empirisches Verfahren identifiziert, das diesen Anforderungen am besten gerecht wird. Dies geschieht, indem verschiedene Verfahren beschrieben und die Erfüllung der Anforderungen bewertet werden (Abschnitt 4.1.2). Dieses Verfahren bildet den Kern des gesamten Analysekonzepts. Zum Abschluss wird das identifizierte empirische Verfahren in ein analytisches Gesamtkonzept eingeordnet, das den Ablauf der gesamten Untersuchung beschreibt (Abschnitt 4.1.3).

4.1.1 Anforderungen an das empirische Gesamtkonzept

Bevor eine Konzeption für die empirische Untersuchung entwickelt wird, ist es hilfreich, durch die Beschreibung der Ziele, des Charakters und der Restriktionen der geplanten Untersuchung die Anforderungen an das empirische Gesamtkonzept zu definieren. Diese Anforderungen werden bei der Entwicklung und der Auswahl des am besten geeigneten empirischen Ansatzes helfen.

Die Ziele der geplanten Untersuchung ergeben sich aus den zwei im Abschnitt 1.1 erläuterten Forschungsfragen:

1. Welche Typen – Kombinationen von Merkmalsausprägungen – des internationalen Wachstums gibt es?
2. Haben die Merkmale einer Branche Einfluss auf die Typen des internationalen Wachstums?

Das wesentliche Ziel der Untersuchung besteht demnach darin, bestimmte Typen von Unternehmen zu identifizieren, die ähnliche Kombinationen verschiedener Merkmalsausprägungen aufweisen. Dies bedeutet, dass in der Untersuchung nicht lediglich die Beziehungen zwischen einzelnen Merkmalen erfasst werden müssen, sondern die Beziehungen zwischen allen Merkmalen zu berücksichtigen sind. Um den Einfluss der Branche zu bestimmen, sind die Typen anschließend im Hinblick auf ihre Wachstumsmerkmale zu beschreiben. Dies bedeutet, dass je Wachstumstyp Merkmale identifiziert werden, die diesen von den anderen Typen unterscheiden.

Der Charakter der empirischen Untersuchung ergibt sich aus den bereits vorhandenen theoretischen und empirischen Erkenntnissen. Liegen bereits zahlreiche Erkenntnisse zu einem Thema vor, die es erlauben, Zusammenhänge durch konkrete Hypothesen zu überprüfen, so wird die Untersuchung eher einen strukturprüfenden Charakter aufweisen. Fehlen solche Erkenntnisse und geht es zunächst nur darum, Zusammenhänge aufzudecken, trägt die Untersuchung einen strukturentdeckenden Charakter.[288] Wie bereits im Kapitel 2 erläutert, gibt es bisher keine Theorie, die sich explizit mit dem Thema des internationalen Wachstums befasst. Auf der Basis bestehender Erkenntnisse ist es daher lediglich möglich, sehr vage Hypothesen über das Vorhandensein und die Ausprägung bestimmter Wachstumstypen abzuleiten – wie es im Abschnitt 3.3 der Fall war. Aus diesem Grund wird die Untersuchung grundsätzlich einen strukturentdeckenden Charakter haben müssen. Dies ist insofern

---

[288] Vgl. Backhaus (2000), S. XXI–XXII.

von Bedeutung, als verschiedene strukturprüfende Verfahren bereits ein klares Grundverständnis der Zusammenhänge, z. B. die Einteilung in abhängige und unabhängige Merkmale, voraussetzen.[289]

Die Restriktionen der empirischen Untersuchung ergeben sich aus den verfügbaren insbesondere zeitlichen und technischen Ressourcen sowie der Art der verfügbaren Daten (Skalenniveau). Es muss einerseits gewährleistet sein, dass sowohl die Durchführung der Analyse als auch deren Interpretation mit vertretbarem zeitlichem Aufwand möglich ist; andererseits ist zu beachten, dass empirische Verfahren in den meisten Fällen ein bestimmtes Skalenniveau voraussetzen.[290]

Nachdem die Anforderungen zur Durchführung der Untersuchung erläutert wurden, soll im Folgenden geprüft werden, welches empirische Verfahren diesen Anforderungen gerecht werden kann.

4.1.2 Überblick und Bewertung verschiedener empirischer Verfahren

Da im Rahmen dieser Arbeit nicht alle möglichen empirischen Ansätze auf die Erfüllung der Rahmenbedingungen geprüft werden können, sollen nur die Ansätze berücksichtigt werden, die sich überwiegend mit Aspekten beschäftigen, die für die Beantwortung der Fragestellung dieser Arbeit hilfreich sind. Dazu gehören empirische Verfahren, die sich mit der Bildung von Typen, wie die Clusteranalyse und Multidimensionale Skalierung (MDS), oder der Messung von Zusammenhängen, wie die Regressions- und Diskriminanzanalyse, befassen. Diese vier Ansätze werden im Folgenden kurz erläutert und auf ihre Übereinstimmung mit den oben erläuterten Anforderungen überprüft.

---

[289] Vgl. Backhaus (2000), S. XXII–XXIV.
[290] Vgl. Backhaus (2000), S. XXII.

4.1.2.1 Die Clusteranalyse

Mit der Clusteranalyse werden Objekte (z. B. Unternehmen, Menschen, Länder) zu Clustern (Typen, Gruppen, Klassen) zusammengefasst. Ziel der Clusteranalyse ist es, die Gruppenbildung so zu gestalten, dass entweder die Objekte einer Gruppe möglichst ähnlich sind oder sich die Objekte in unterschiedlichen Gruppen möglichst stark voneinander unterscheiden. Ein weiteres Ziel der Clusteranalyse besteht in der Charakterisierung der gebildeten Gruppen.[291]

Im Folgenden wird überprüft, ob die drei Anforderungen an das empirische Verfahren erfüllt werden:

- Ziele: Bei der Clusteranalyse werden Objekte zu Typen zusammengefasst. Die Zusammenfassung erfolgt anhand spezifischer Merkmale der Objekte. Die Anzahl der zu berücksichtigenden Merkmale ist unbegrenzt. Um jedoch interpretierbare Ergebnisse zu erzielen, sollten diese in einem sachlogischen Zusammenhang zu den zu bildenden Clustern stehen.[292] Die Charakterisierung der Cluster ist ebenfalls ein Bestandteil der Clusteranalyse – auch wenn dazu noch auf weitere analytische Verfahren zurückgegriffen wird.[293]
- Charakter: Die Clusteranalyse gehört zu den strukturentdeckenden Verfahren. Daher müssen Zusammenhänge und Strukturen nicht vorab bekannt sein.
- Restriktionen: Sowohl die Durchführung als auch die Auswertung einer Clusteranalyse wird mit den gegebenen technischen Möglichkeiten (Standard Statistiksoftware und handelsübliche Laptops für den Privatgebrauch) in einem vertretbaren zeitlichen Aufwand möglich. Hinsichtlich der verfügbaren Daten ist die Clusteranalyse an kein spezifisches Skalenniveau gebunden.[294]

Abschließend kann festgehalten werden, dass die Clusteranalyse dazu geeignet ist, die Fragestellung dieser Arbeit zu beantworten, da sie alle daraus abgeleiteten Anforderungen erfüllt.

---

[291] Vgl. Backhaus (2000), S. XXV und Bellgardt (2004), S. 230.
[292] Bacher (1996), S. 163.
[293] Zu diesen Verfahren zählen z. B. die Diskriminanzanalyse, die Varianzanalyse oder die Regressionsanalyse (vgl. Bacher (1996), S. 150–151).
[294] Vgl. Backhaus (2000), S. XXV und Bacher (1996), S. 198–225.

4.1.2.2 Die Multidimensionale Skalierung (MDS)

Die MDS gehört zur Gruppe der grafischen Skalierungsmethoden, deren Ziel es ist, Ähnlichkeiten oder Unähnlichkeiten zwischen mehreren Objekten nicht durch quantitative Größen, sondern in Form eines Diagramms zu verdeutlichen. Ausgangspunkt dieser Methode sind nicht die Merkmale der Objekte, sondern die daraus abgeleiteten Ähnlichkeiten oder Unähnlichkeiten zwischen den Objekten.[295]

Im Folgenden wird überprüft, ob die drei Anforderungen an das empirische Verfahren erfüllt werden:

- Ziele: Bei der MDS erfolgt die Zusammenfassung von Objekten zu Gruppen auf der Basis grafischer Verteilung der Objekte in einem Koordinatensystem. Eine solche Darstellung ist jedoch nur dann sinnvoll, wenn die Anzahl dargestellter Dimensionen begrenzt ist. Da die Anzahl notwendiger Dimensionen von der Anzahl der Merkmale abhängt, durch die ein Objekt charakterisiert wird, ist auch die Anzahl der analysierten Merkmale eingeschränkt. Damit ist die MDS bei der Untersuchung relativ vieler Merkmale im Vergleich zur Clusteranalyse im Nachteil.[296] Hinzu kommt, dass die Bildung von Typen bei der MDS nicht formalisiert erfolgt, sondern der subjektiven Einschätzung des Anwenders obliegt.[297]
- Charakter: Die MDS gehört wie die Clusteranalyse zu den strukturentdeckenden Verfahren. Daher müssen Zusammenhänge und Strukturen nicht bereits vorab bekannt sein.
- Restriktionen: Analog zur Clusteranalyse sind Durchführung und Auswertung der MDS in einem vertretbaren zeitlichen Aufwand möglich. Zudem ist die MDS-Methode an kein spezifisches Skalenniveau gebunden.[298]

Aufgrund der Einschränkungen bei der Anzahl der analysierten Merkmale erfüllt die MDS die Rahmenbedingungen in einem geringeren Ausmaß als die oben beschriebene Clusteranalyse.

---

[295] Vgl. Backhaus (2000), S. XXV–XXIV.
[296] Als Richtwert sollte die maximale Anzahl von Dimensionen nicht größer als ein Fünftel der untersuchten Objekte sein (vgl. Bacher (1996), S. 82–84).
[297] Vgl. Bacher (1996), S. 32–33.
[298] Vgl. Bacher (1996), S. 198–225.

4.1.2.3 Die Regressionsanalyse

Die Regressionsanalyse bestimmt den Zusammenhang zwischen einer abhängigen und mindestens einer unabhängigen Variable. Damit können die Beziehungen zwischen den Wachstumsmerkmalen direkt gemessen werden, ohne zunächst die Objekte zu ähnlichen Clustern zu verschmelzen.[299]

Im Folgenden wird überprüft, ob die drei Anforderungen an das empirische Verfahren erfüllt werden:

- Ziel: Bei der Regressionsanalyse werden keine Typen ähnlicher Unternehmen gebildet, sondern die Zusammenhänge zwischen den Wachstumsparametern direkt erfasst. Ein solches Vorgehen hat den Nachteil, dass Beziehungen und Wechselwirkungen zwischen allen relevanten Wachstumsmerkmalen nicht simultan – wie in den Anforderungen an das empirische Verfahren gefordert – betrachtet werden können.

- Charakter: Die Regressionsanalyse überprüft, ob ein unterstellter Zusammenhang zwischen verschiedenen Merkmalen tatsächlich besteht. Dazu ist es notwendig, dass die Merkmale vorab in abhängige und unabhängige Größen eingeteilt werden können. Da dies ein zumindest theoretisches Vorwissen über den betrachteten Zusammenhang voraussetzt, gehört diese Methode zu den strukturprüfenden Verfahren.

- Restriktionen: Sofern sich die Regressionsanalyse auf die Untersuchung von Zusammenhängen zwischen wenigen Variablen beschränkt, ist die Durchführung und Auswertung mit einem vertretbaren zeitlichen Aufwand möglich. Bei diesem Verfahren wird zudem davon ausgegangen, dass ein metrisches Skalenniveau vorliegt.[300]

Nach der Überprüfung wird deutlich, dass die Regressionsanalyse im Hinblick auf die Zielstellung, den Charakter und die Restriktionen den Anforderungen der hier betrachteten Fragestellung nicht in vollem Umfang genügt. Damit stellt sie im Vergleich zur Clusteranalyse eine weniger geeignete Methode zur Beantwortung der hier gestellten Forschungsfragen dar.

---

[299] Vgl. Backhaus (2000), S. XXII, Bortz (2005), S. 561–563, oder Schnell et al. (2005), S. 455–456.
[300] Vgl. Backhaus (2000), S. XXII.

4.1.2.4 Die Diskriminanzanalyse

Die Diskriminanzanalyse ist eine Methode zur Bestimmung von Unterschieden zwischen Gruppen. Die Unterschiede können anhand einer Vielzahl von Merkmalen ermittelt werden. Mit der Diskriminanzanalyse sind Aussagen darüber möglich, inwieweit sich die Gruppen voneinander unterscheiden und welche Variablen zur Trennung der Gruppen geeignet sind. Voraussetzung für die Durchführung der Diskriminanzanalyse ist, dass die Gruppeneinteilung bekannt ist.

Im Folgenden wird überprüft, ob die drei Anforderungen an das empirische Verfahren erfüllt werden:

- Ziel: Bei der Diskriminanzanalyse werden keine Typen ähnlicher Unternehmen gebildet, sondern bestehende Gruppen auf ihre Unterschiede und Gemeinsamkeiten untersucht. Dieses Verfahren eignet sich daher vor allem zur Analyse und Bewertung bestehender Typisierungen.
- Charakter: Da die Diskriminanzanalyse eine bestehende Gruppierung von Objekten analysiert und bewertet, zählt sie zu den strukturprüfenden Verfahren.
- Restriktionen: Die Durchführung der Diskriminanzanalyse ist in einem vertretbaren zeitlichen Aufwand möglich. Bei der Diskriminanzanalyse repräsentiert das Gruppenmerkmal die abhängige nominalskalierte Variable. Die Wachstumsmerkmale sind die abhängigen Variablen mit metrischem Skalenniveau.[301]

Auch im Fall der Diskriminanzanalyse wird deutlich, dass sie die Rahmenbedingungen der quantitativen Analyse nicht in vollem Umfang erfüllt. Damit bleibt auch diese Methode in ihrer Aussagekraft hinter der Clusteranalyse zurück.

4.1.3 Einordnung des empirischen Verfahrens in ein analytisches Gesamtkonzept

Nachdem die vier Methoden – Clusteranalyse, MDS, Regressionsanalyse und Diskriminanzanalyse – auf ihre Eignung zur Beantwortung der Forschungsfragen

---

[301] Vgl. Backhaus (2000), S. 146–147.

überprüft wurden, kann festgehalten werden, dass die Clusteranalyse den im Abschnitt 4.1.1 aufgeführten Anforderungen am besten gerecht wird. Daher wird dieses Verfahren als zentrales Analyseverfahren zur Beantwortung der Forschungsfrage ausgewählt. Mit dieser Analyse allein lassen sich die Forschungsfragen aber noch nicht beantworten. Dazu sind weitere Schritte erforderlich, die zusammen mit der Clusteranalyse das analytische Gesamtkonzept bilden. Zu diesen Schritten gehören die Beschaffung und Aufbereitung der Rohdaten, die Operationalisierung der Merkmale und die eigentliche Clusteranalyse, die sich in einen clusteranalytischen und interpretativen Teil aufspaltet. Bevor diese einzelnen Schritte in den nächsten Abschnitten detailliert erläutert werden, soll an dieser Stelle bereits ein erster Überblick über deren Inhalte gegeben werden.

Beim ersten Schritt geht es darum, die für die Analyse notwendigen Daten zu beschaffen und für die weiteren Analysen aufzubereiten. Dazu gehört, dass eine geeignete Datenquelle ausgewählt wird. Des Weiteren werden die Daten in ein kompatibles elektronisches Format überführt, das die Basis für die weiteren Analysen bildet.

Im zweiten Schritt werden die im Abschnitt 3.1.3 erläuterten Bestimmungsfaktoren des internationalen Wachstums operationalisiert. Damit wird festgelegt, wie diese Faktoren gemessen werden können. Zu diesen Faktoren gehören die Wachstumsrate, die Wachstumsstärke, die Faktorkorrelation und der Faktorverlauf. Dadurch kann beispielsweise die Wachstumsrate als absolute oder relative Größenänderung zwischen zwei Zeitpunkten gemessen werden; ferner kann sie auf eine Teilperiode normiert werden oder den gesamten Zeitraum umfassen – um nur einige Möglichkeiten zu nennen. Die operationalisierten Bestimmungsfaktoren werden als Merkmale des internationalen Wachstums oder im Zusammenhang mit der Clusteranalyse als Variable bezeichnet.

Im dritten Schritt erfolgt mit der Clusteranalyse die eigentliche empirische Untersuchung. Diese teilt sich nochmals in zwei Phasen – in eine clusteranalytische Phase und eine interpretative Phase. Während der clusteranalytischen Phase wird analysiert, ob in den empirischen Daten tatsächlich eine Clusterstruktur vorliegt, in wie vielen Gruppen die Objekte zusammengefasst werden und durch welche Merkmale die einzelnen Gruppen charakterisiert werden. Das primäre Ziel dieser Phase besteht somit in der Beantwortung der ersten Forschungsfrage. Während der interpretativen Phase wird anschließend überprüft, ob die Branchenkräfte Einfluss auf die gefundenen Cluster haben. Zu diesem Zweck werden die Merkmale der Cluster mit den im Abschnitt 3.3 aus den Branchenkräften abgeleiteten theoretischen Wachstumstypen verglichen. Können bei diesem Vergleich signifikante Übereinstimmungen festgestellt werden, so kann die Schlussfolgerung gezogen werden, dass die Branchenkräfte Einfluss auf die Typen des internationalen Wachstums haben. Der Fokus der zweiten Phase liegt somit auf der Beantwortung der zweiten Forschungsfrage.

4.2 Datenbeschaffung und Datenaufbereitung

Ziel dieses Abschnitts ist es, festzulegen, welche Datenbasis für die Analysen verwendet werden soll und wie diese Daten aufbereitet werden müssen. Im ersten Schritt wird die zu verwendende Datenquelle ausgewählt (Abschnitt 4.2.1). Die Beschreibung der Datenbasis erfolgt im darauf folgenden Abschnitt (Abschnitt 4.2.2). Im letzten Abschnitt wird erläutert, wie die Daten aufbereitet werden müssen, damit sie in den geplanten Analysen verwendet werden können (Abschnitt 4.2.3).

4.2.1 Bewertung und Auswahl möglicher Datenquellen

Die Größen zur Bestimmung des internationalen Wachstums wurden bereits im Abschnitt 3.1.3 beschrieben. Zur Berechnung dieser Größen werden Umsatz-, Mitarbeiter- und Vermögensdaten über mehrere Jahre, differenziert nach Inland und Ausland, von den zu untersuchenden Unternehmen benötigt. Zur Beschaffung der Daten können Primär- oder Sekundärquellen genutzt werden. Während es sich bei der Primärforschung um die Erhebung neuer, originärer Daten handelt, wird bei der Sekundärforschung auf bestehendes Datenmaterial zurückgegriffen.[302]

Die größten Vorteile der Sekundärdatenanalyse gegenüber einer Primärdatenanalyse sind die Schnelligkeit und der geringe Aufwand der Datenbeschaffung. Werden

---

[302] Vgl. Bortz (2005), S. 274–275.

bei der Sekundäranalyse Daten aus verschiedenen Primärquellen, beispielsweise aus Unternehmensveröffentlichungen, zusammengefasst, werden diese in der Regel auch derart vereinheitlicht, dass sie miteinander vergleichbar sind. Wesentlicher Nachteil von sekundär erhobenen Daten ist, dass sie nicht für die spezifische Fragestellung erhoben wurden und daher ggf. nicht zur vollständigen Problemlösung beitragen.[303] Da es sich bei den benötigten Daten nicht um sehr spezifische Unternehmenskennzahlen handelt, sondern um allgemeine zeitraumbezogene Größen, fallen die Nachteile einer Sekundäranalyse weniger schwer ins Gewicht. Daher sollen die Daten – sofern verfügbar – aus einer Sekundärquelle erhoben werden.

Zur Beschaffung der Unternehmensdaten wurden mehrere Sekundärquellen auf die Verfügbarkeit der benötigten Daten überprüft. Zu diesen Quellen gehörten die folgenden Datenbanken: ORBIS, Hoppenstedt Financial Information, Markus Unternehmensdatenbank, Hoovers Company Profiles, Datamonitor Company Profiles und die UNCTAD Statistic Database.

Die einzige Datenbank, in der die benötigten Daten vorliegen, ist die statistische Datenbank der UNCTAD. In dem dort jährlich veröffentlichten World Investment Report werden seit 1991 die 100 Unternehmen mit dem größten Vermögen im Ausland aufgeführt. Für diese Unternehmen sind jeweils der Umsatz, die Mitarbeiterzahl und das Vermögen insgesamt sowie der auf das Ausland entfallende Anteil aufgelistet. Da die UNCTAD-Datenbank alle relevanten Daten einer relativ langen Zeitspanne enthält, soll diese Quelle für die vorliegende Arbeit genutzt werden.

4.2.2 Beschreibung der Datenbasis

Der von der UNCTAD seit 1991 jährlich veröffentlichte World Investment Report enthält Finanzkennzahlen der 100 Unternehmen mit dem größten Vermögen im Ausland. Neben der Liste der 100 weltweit größten Unternehmen werden auch die 100 größten Unternehmen aus Entwicklungsländern und die zehn größten Unternehmen aus Schwellenländern, gemessen jeweils am Auslandsvermögen, aufge-

---

[303] Vgl. Reiter/Matthäus (1996), S. 26–30.

führt. Unternehmen der Finanzbranche, wie z. B. Banken und Versicherungen, werden in einer separaten Liste geführt, da Finanzkennzahlen, wie z. B. Umsatz und Vermögen, nicht mit denen von Nicht-Finanzunternehmen vergleichbar sind. Für diese Arbeit wird aus demselben Grund nur die Liste der 100 weltweit größten Unternehmen, gemessen am Auslandsvermögen, genutzt. Die Listen liegen für die Jahre 1990 bis 2005 vor, diese werden von der UNCTAD auch über ihre Internetseite als PDF-Dokument bereitgestellt. Welche Datenfelder in den Listen enthalten sind, ist in Abb. 33 erläutert.

Datenfelder	Erläuterung der Datenfelder
Rang	• Rangfolge der Unternehmen nach dem Transnationality Index (TNI)
Transnationality-Index	• Durchschnitt folgender Auslandquoten: ausländisches Vermögen durch Gesamtvermögen, Umsatz im Ausland durch Gesamtumsatz und Mitarbeiter im Ausland durch Gesamtmitarbeiter
Land	• Rechtlicher Sitz des Unternehmens
Branche	• Die Zuordnung der Branche folgt dem Schema der Standard Industrial Classification, wie es von der United States Securities and Exchange Commission (SEC) verwendet wird
Gesamtvermögen	• Gesamtes Anlage- und Umlaufvermögen des Unternehmens
Vermögen im Ausland	• Anlage- und Umlaufvermögen des Unternehmens außerhalb des Heimatlandes
Gesamtumsatz	• Gesamter Nettoumsatz des Unternehmens (entspricht dem Bruttoumsatz abzüglich Mehrwertsteuer und sonstiger Abgaben)
Umsatz im Ausland	• Nettoumsatz außerhalb des Heimatlandes (umfasst Umsatz von Auslandsniederlassungen und Exporte)
Gesamtmitarbeiter	• Gesamte Mitarbeiter des Unternehmens (Vollzeitäquivalent – umfasst Vollzeit- und Teilzeitkräfte)
Mitarbeiter im Ausland	• Mitarbeiter außerhalb des Heimatlandes (Anstellung bei den Auslandsniederlassungen eines Unternehmens)

Abb. 33: UNCTAD-Liste der 100 weltweit größten Unternehmen – Beschreibung der Datenfelder.
Quelle: Informationen aus UNCTAD (2010b).

Die von der UNCTAD erhobenen Daten basieren auf der Worldscope-Unternehmensdatenbank von Thomson Financials, den jährlich veröffentlichten Geschäftsberichten der Unternehmen sowie unveröffentlichten Unternehmensinformationen. In der Worldscope-Unternehmensdatenbank werden standardisierte Datendefinitionen verwendet, um Unterschiede in der Rechnungslegung auszugleichen sowie die Vergleichbarkeit der Daten zu gewährleisten. Fehlende Daten werden anhand der Geschäftsberichte ergänzt. Bei unklaren oder weiterhin fehlenden Daten werden die Unternehmen direkt kontaktiert und um Ergänzung bzw. Korrektur der Daten gebeten.[304]

Für die folgende empirische Untersuchung wurden die Finanzkennzahlen, wie sie von UNCTAD veröffentlicht wurden, verwendet. Auch wenn das Vorgehen bei der Erhebung der Daten nachvollziehbar und sachlich korrekt erscheint, so ist es dennoch nicht möglich, eine hundertprozentige Vergleichbarkeit der Daten zwischen den Unternehmen und den verschiedenen Zeiträumen zu gewährleisten. Die Verwendung der Daten ist aber trotz allem sinnvoll, da ein möglicher Fehler durch das Vorgehen der UNCTAD möglichst minimiert wird.[305] Auf eine nachträgliche Adjustierung der Daten wurde verzichtet, um die Vermischung verschiedener Vorgehensweisen zu vermeiden. Um eine bessere Auswertbarkeit der Daten zu gewährleisten, wurden die Rohdaten lediglich, wie im folgenden Abschnitt beschrieben, aufbereitet.

4.2.3 Aufbereitung der Rohdaten

Für die Auswertung der Daten war es notwendig, die als PDF-Dokumente vorliegenden Rohdaten in ein elektronisch auswertbares Format zu überführen. Dazu wurden die Daten im ersten Schritt in das Tabellenkalkulationsprogramm Excel übertragen und anschließend manuell aufbereitet. Es wurden zunächst die Felder Beschreibungen, Datendefinition und Formate angepasst. Anschließend wurden die übertragenen Daten mit der Ausgangsdatenbasis verglichen, um Übertragungsfehler auszuschließen. Im zweiten Schritt wurden die Daten aufbereitet. Dazu wurden folgende Anpassungen vorgenommen:

---

[304] UNCTAD (2010a).
[305] Zudem ist anzumerken, dass dieses Problem auch in anderen wissenschaftlichen Arbeiten, die vergleichende Analysen auf der Basis von Finanzkennzahlen von Unternehmen durchführen, auftritt.

- Die Bezeichnungen der Unternehmen wurden vereinheitlicht. Dies war notwendig, da die Schreibweisen der Unternehmen in den UNCTAD-Listen aus unterschiedlichen Jahren variierten. Beispielsweise wurden für Britisch Petroleum Plc. folgende Bezeichnungen verwendet: „BP", „British Petroleum" oder „British Petroleum Company Plc.". Insbesondere bei Akquisitionen und Fusionen wurde, um die Auswertbarkeit zu gewährleisten, der neue Name nach der Akquisition/Fusion einheitlich auch für die Zeit vor der Akquisition/Fusion hinterlegt. So wurde aus der Daimler Benz AG auch vor der Fusion mit der Chrysler Corp. die DaimlerChrysler AG.[306]

- Ebenso wie die Unternehmensbezeichnungen wurden auch die Länderbezeichnungen vereinheitlicht. Basis für die Zuordnung des Landes ist der rechtliche Sitz des Unternehmens laut Geschäftsbericht. Bei Aufteilung des Unternehmenssitzes auf mehrere Länder wurden entsprechend mehrere vermerkt. Dies war allerdings nur bei drei Unternehmen der Fall: Shell, Unilever und RioTinto.

- Des Weiteren wurde auch die Branchenzuordnung vereinheitlicht. Aufgrund unterschiedlicher Zuordnungen wurde ein einheitlicher Branchenschlüssel vergeben. Als Basis diente das North American Industry Classification System (NAICS). Dieser Schlüssel ist eine Weiterentwicklung der bereits seit 1930 bestehenden Standard Industrial Classification.

- Da die Finanzkennzahlen in der UNCTAD-Liste einheitlich in US-Dollar aufgeführt sind, war eine Umrechnung der Währungen nicht erforderlich. Für die Berechnung von Wachstumsraten und Zeitvergleiche war jedoch die Inflation zu berücksichtigen. Dazu wurden die Kennzahlen des Umsatzes und des Vermögens um Inflationseffekte bereinigt, indem alle Werte zu „Preisen" des Basisjahres 1990 angegeben wurden. Basis der Berechnung ist die im Anhang I dargestellte US-amerikanische Inflationsrate.[307]

Um eine sinnvolle Auswertung der Daten zu gewährleisten, ist es weiterhin notwendig, dass erstens möglichst viele Unternehmen in die Untersuchung einbezogen werden und zweitens die Daten aus einem möglichst langen Zeitraum vorliegen.

---

[306] Bei einer Fusion von Unternehmen wurde vor der Fusion nur dasjenige Unternehmen umbenannt, das die rechtliche Nachfolge des fusionierten Unternehmens übernommen hat.

[307] Für die Inflationsraten vgl. Bureau-of-Labor-Statistics (2010). Durch die Berücksichtigung der Inflation wurde ein Effekt, der die Vergleichbarkeit der Daten beeinflusst, minimiert. Es sei darauf hingewiesen, dass die Vergleichbarkeit auch noch durch weitere Effekte, wie z. B. die Veränderung von Standards in der Rechnungslegung, beeinflusst werden kann.

Insgesamt wurden für den Zeitraum von 1990 bis 2005 durch die UNCTAD Daten von 204 unterschiedlichen Unternehmen erfasst. Davon liegen Daten von 33 Unternehmen über den gesamten Zeitraum (15 Jahre) vor. Um die Untersuchungsbasis zu erweitern, wurden auch Unternehmen in die Untersuchung einbezogen, bei denen Daten aus mindestens neun Jahren vorlagen.[308] Dazu gehören insgesamt 42 Unternehmen; demnach wurden zunächst insgesamt 75 Unternehmen in die Untersuchung einbezogen. Ein Überblick über die Unternehmen und die aufbereiteten Ausgangsdaten (ohne Berücksichtigung der Inflation) ist im Anhang IV aufgeführt.

4.3 Operationalisierung der Merkmale des internationalen Wachstums

Zur Charakterisierung des internationalen Wachstums von Unternehmen wurden im Abschnitt 3.1.3 vier Merkmale abgeleitet: Wachstumsraten, Wachstumsstärke, Faktorkorrelation und Wachstumsverlauf. Ziel dieses Abschnitts ist es, diese vier Merkmale so zu operationalisieren, dass sie anhand der verfügbaren Daten gemessen werden können. Verfügbar sind die im vorangegangenen Abschnitt aufgeführten Umsatz-, Mitarbeiterzahl- und Vermögensentwicklungen der Unternehmen differenziert in Inland und Ausland. Diese verfügbaren Daten werden im Folgenden als Indikatoren bezeichnet. Die Frage, wie aus den Indikatoren die vier Merkmale des internationalen Wachstums berechnet werden, bildet den Kern der folgenden Ausführungen.

4.3.1 Die Wachstumsrate

In der Literatur gibt es unterschiedliche Ansätze zur Messung des Unternehmenswachstums. Diese Unterschiede beziehen sich erstens auf die betrachtete Basisgröße (z. B. Umsatz, Mitarbeiter, Vermögen), zweitens auf die Art der Berechnung der

---

[308] Der Zeitraum von neun Jahren ergibt sich aufgrund der Verfügbarkeit der Daten. Bei einer weiteren Verkürzung des Zeitraumes unter neun Jahre steigt die Anzahl der Unternehmen nur unwesentlich, wobei die Daten unvollständiger und die Datenreihen sehr kurz für eine sinnvolle Auswertung werden.

Wachstumsrate. Während die verschiedenen Basisgrößen bereits ausführlich im Abschnitt 3.1 diskutiert wurden, geht es im Folgenden um die Unterschiede in der Art der Berechnung der Wachstumsrate. Die Berechnungen unterscheiden sich vor allem im Hinblick auf die folgenden drei Aspekte:

- relative vs. absolute Betrachtung,
- Zeitraum- vs. Periodenbetrachtung,
- Randpunkt- vs. Durchschnittsbetrachtung.[309]

Absolute vs. relative Betrachtung. Bei einer absoluten Betrachtung wird das Wachstum (W) als absolute Größendifferenz eines Merkmals (X_t) an zwei unterschiedlichen Zeitpunkten ($t=0$ und $t=1$) gemessen. Es wird durch $W_{absolut} = X_1 - X_0$ bestimmt. Handelt es sich hingegen um eine relative Betrachtung, wird die absolute Größendifferenz eines Merkmals an zwei Zeitpunkten ins Verhältnis zur Ausgangsgröße gesetzt. Damit ergibt sich für das relative Wachstum $W_{relativ} = (X_1 - X_0)/X_0$.[310]

Beide Betrachtungsweisen haben den Nachteil, dass sie abhängig von der Größe eines Unternehmens sind. Während bei einer absoluten Betrachtung große Unternehmen tendenziell ein höheres Wachstum aufweisen, ist dies bei einer relativen Betrachtung genau umgekehrt.[311] Die relative Betrachtung hat jedoch den Vorteil, dass die Ergebnisse auch zwischen verschiedenen Merkmalen (wie z. B. Umsatz und Mitarbeiterzahl) vergleichbar sind. Da dieser Aspekt für die weitere Analyse von Bedeutung sein wird, soll eine relative Betrachtung des Wachstums erfolgen. Der Einfluss der Unternehmensgröße auf die Wachstumsrate wird durch die erhebungsbedingte Auswahl relativ größenhomogener Unternehmen minimiert.

Zeitraum- vs. Periodenbetrachtung. Bei der Zeitraumbetrachtung wird das Wachstum über den gesamten Betrachtungszeitraum gemessen, unabhängig davon, ob seine Spanne lediglich ein Jahr oder mehrere Jahre umfasst. Das relative zeitraum-

---

[309] Vgl. Weinzimmer et al. (1998), S. 238–240 und Delmar (1997), S. 203–205.
[310] Vgl. Weinzimmer et al. (1998), S. 218.
[311] Dieser Zusammenhang kann an folgendem Beispiel schnell verdeutlicht werden: Ein Unternehmen, das die Anzahl seiner Mitarbeiter von eins auf fünf erhöht, wächst absolut um vier Mitarbeiter und relativ um 400 Prozent. Erhöht ein Unternehmen seine Mitarbeiterzahl z. B. von zehn auf 14, dann wächst es absolut zwar auch um vier Mitarbeiter, relativ aber nur um 40 Prozent.

bezogene Wachstum berechnet sich durch: $W_{Zeitraum} = (X_{Startwert} - X_{Endwert})/X_{Startwert}$.[312] Bei einer Periodenbetrachtung wird das Wachstum auf eine bestimmte Periode – in der Regel ein Jahr – normiert. Dies geschieht, indem die durchschnittliche relative Veränderung des Merkmals als geometrisches Mittel bestimmt wird. In Abhängigkeit von der Anzahl der betrachteten Perioden (n) ergibt sich die folgende Formel: $W_{Periode} = \sqrt[n]{X_{Endwert}/X_{Startwert}}$.[313]

Im Vergleich zur Periodenbetrachtung hat die Zeitraumbetrachtung den Nachteil, dass sie nur bei gleich langen Betrachtungszeiträumen vergleichbare Daten liefert. Da die Vergleichbarkeit von Daten für die weitere Untersuchung von Bedeutung ist, soll eine periodenbezogene Betrachtung erfolgen.

Randpunkt- vs. Durchschnittsbetrachtung: Bei der Randpunktbetrachtung werden nur die beiden Randpunkte einer Zeitreihe bei der Berechnung der Wachstumsrate berücksichtigt. Die Berechnung erfolgt somit nach folgender Formel: $W_{Endpunkte} = \sqrt[n]{X_{Endwert}/X_{Startwert}}$.[314] Im Gegensatz zur Randpunktbetrachtung werden bei der Durchschnittsbetrachtung auch die Werte zwischen den Randpunkten bei der Berechnung der Wachstumsrate berücksichtigt. Dies kann erstens durch die Berechnung des geometrischen Mittels bezogen auf die jährlichen Einzelwachstumswerte oder zweitens durch die Berechnung einer Trendfunktion erfolgen. Da die Trendfunktion mögliche Verzerrungen durch Ausreißer in der Zeitreihe besser kompensiert, ist sie der Durchschnittsberechnung vorzuziehen.[315]

Es wurde oben bereits die Entscheidung für eine relative Betrachtung getroffen. Daher kann die Wachstumsrate W am besten über einen exponentiellen Trend der

---

[312] Zur Vereinfachung beziehen sich die folgenden Ausführungen nur auf das relative Wachstum. Die gleiche Logik trifft aber auch für das absolute Wachstum zu.
[313] Hellmund et al. (1992), S. 235. Die mit der dargestellten Formel berechneten Wachstumsgrößen werden auch als CAGR (Compound Annual Growth Rate) bezeichnet.
[314] Zur Vereinfachung beziehen sich die folgenden Ausführungen nur auf das relative periodenbezogene Wachstum. Die gleiche Logik trifft aber auch für das absolute und zeitraumbezogene Wachstum zu.
[315] Vgl. Weinzimmer et al. (1998), S. 239.

Form $f(t) = a \cdot W^t$ abgeschätzt werden. Die Wachstumsrate ergibt sich nach folgender Formel:[316]

$$\log(W) = \frac{n \cdot \sum \log(X_t) \cdot \sum t^2 - \sum \log(X_t) \cdot t \cdot \sum t}{n \cdot \sum t^2 - (\sum t)^2}.$$ (n = Anzahl der betrachteten Perioden)

Im Vergleich zur Randpunktbetrachtung hat die Durchschnittsbetrachtung den Vorteil, dass sie weniger anfällig für Ausreißer ist. So können bei einer Randbetrachtung Ausreißer an den Randpunkten das Ergebnis sehr stark beeinflussen. Die Durchschnittsbetrachtung bietet zudem den Vorteil, durch die Berücksichtigung weiterer Datenpunkte den Wachstumsverlauf genauer abzubilden.[317] Da auch in den vorliegenden Daten das Problem von Ausreißern auftreten kann, wird die Durchschnittsbetrachtung mittels des exponentiellen Trends zur Berechnung der Wachstumsrate gewählt.

Abschließend kann festgehalten werden, dass die Wachstumsrate als eine relative, periodenbezogene Größe auf der Basis einer exponentiellen Trendfunktion gemessen wird.

4.3.2 Die Wachstumsstärke

Die Wachstumsstärke (WS) beschreibt das Verhältnis zwischen dem Wachstum im Inland und Ausland. Sie ist definiert als Quotient aus der Wachstumsrate im Inland und Ausland: $WS = \frac{W_{Ausland}}{W_{Inland}}$. Die Ausprägungen der Wachstumsstärke können wie folgt interpretiert werden:[318]

---

[316] Vgl. Hellmund et al. (1992), S. 269.
[317] Vgl. Weinzimmer et al. (1998), S. 239.
[318] Vgl. Kutschker/Schmid (2006), S. 256, Schmidt (1989), S. 970, und Schmidt (1981), S. 63–64.

- $WS > 0$ — Die Entwicklungen im Inland und Ausland sind gleichgerichtet, d. h., entweder wachsen die Unternehmen im Inland und Ausland oder sie schrumpfen im Inland und Ausland.
- $WS < 0$ — Die Entwicklungen im Inland und Ausland sind entgegengesetzt, d. h., entweder wächst ein Unternehmen im Inland und schrumpft im Ausland oder genau umgekehrt.
- $|WS| = 1$ — Die Entwicklung (egal in welche Richtung) erfolgt im Ausland genauso schnell wie im Inland.
- $|WS| > 1$ — Die Entwicklung (egal in welche Richtung) erfolgt im Ausland schneller als im Inland.
- $|WS| < 1$ — Die Entwicklung (egal in welche Richtung) erfolgt im Ausland langsamer als im Inland.

Die Wachstumsstärke wird für jeden der drei Indikatoren Umsatz, Mitarbeiterzahl und Vermögen berechnet.

4.3.3 Die Faktorkorrelation

Durch die Faktorkorrelation sollen die Zusammenhänge zwischen der Entwicklung der Wachstumsindikatoren bestimmt werden. Im Fokus stehen dabei die Beziehungen zwischen den Input- und Output-Größen im Inland und Ausland. Durch die Kombination dieser Größen ergeben sich insgesamt acht zu untersuchende Zusammenhänge:

- Umsatz im Ausland zu (1) Mitarbeitern im Ausland / (2) Mitarbeiter im Inland / (3) Vermögen im Ausland / (4) Vermögen im Inland
- Umsatz im Inland zu (5) Mitarbeitern im Ausland / (6) Mitarbeiter im Inland / (7) Vermögen im Ausland / (8) Vermögen im Inland

Im Abschnitt 4.1.1 wurde bereits erläutert, dass es aufgrund fehlender theoretischer Informationen schwierig ist, eindeutig festzulegen, bei welcher der Größen es sich um die abhängige und bei welcher um die unabhängige Variable handelt. Die folgenden Beispiele sollen die damit einhergehende Problematik noch einmal verdeutlichen: Beispielsweise kann die Ausdehnung der Produktion im Inland (Input-Faktoren im Inland) zu einem höheren Produktangebot und Produktabsatz im Ausland (Output-Faktoren im Ausland) führen. Auf der anderen Seite kann ein im Ausland steigender Absatz auch dazu beitragen, dass im Inland mehr produziert wird, um die ausländische Nachfrage zu befriedigen. In einem weiteren Fall kann z. B. die Ausdehnung der Produktion im Inland (Input-Faktoren im Inland) den Absatz im Ausland fördern (Output-Faktoren im Ausland). Gleichzeitig führt der gestiegene Absatz im Ausland zum Aufbau von Produktions- oder Servicekapazitäten im Ausland. Da – wie in den Beispielen deutlich wurde – die Richtung des Zusammenhangs zwischen den Wachstumsindikatoren nicht eindeutig bestimmt werden kann, wird auf die Korrelationsanalyse als Analyseinstrument zurückgegriffen.[319]

Die Anwendung der Korrelationsanalyse auf Zeitreihen ist aber nicht völlig unproblematisch, da diese in der Regel gegen die theoretische Modellannahme der Unabhängigkeit der Kettenglieder (keine Autokorrelation) verstößt. Insbesondere bei Zeitreihen wird diese Annahme regelmäßig nicht erfüllt, da die einzelnen Elemente der Reihe zeitlich geordnet sind und einem bestimmten Trend unterliegen.[320]

Wird dennoch die Korrelation zwischen zwei Zeitreihen berechnet, führt dies zu zum Teil unsinnigen Ergebnissen und sehr hohen Korrelationskoeffizienten. Wenn zwei Zeitreihen einen ausgeprägten Trend aufweisen, ergibt sich meist automatisch eine hohe Korrelation, auch wenn zwischen den beiden Zeitreihen kein sachlogischer Zusammenhang besteht. So würde z. B. auch die Entwicklung der Geburtenraten mit dem Bestand an Störchen in Deutschland korrelieren.[321]

Um die Berechnung solcher Scheinkorrelationen zu vermeiden, ist es notwendig, den Trend in einer Zeitreihe zu eliminieren. Dies erfolgt, indem die Zeitreihe entsprechend dem zugrunde liegenden Trend transformiert wird. Da bei Wachstumsreihen in der Regel von einem exponentiellen Trend ausgegangen wird, kann die Zeitreihe

---

[319] Vgl. Bortz (2005), S. 235–236, Backhaus (2000), S. 2–5 und Neubauer et al. (2002), S. 213–217.
[320] Vgl. Hellmund et al. (1992), S. 284 und Backhaus (2000), S. 39–41. Da für die betrachteten Zeitreihen mit hoher Wahrscheinlichkeit davon ausgegangen werden kann, dass ein Trend vorliegt, bildet dies auch die Basis für die Berechnung der Wachstumsrate im Abschnitt 4.3.1.
[321] Vgl. Neubauer et al. (2002), S. 225.

durch die Bildung von Veränderungskoeffizienten $V_t = \frac{X_t}{X_{t-1}}$ in eine trendfreie Reihe transformiert werden.[322] Praktisch bedeutet dies, dass die Korrelation nicht mehr zwischen der Entwicklung der absoluten Größen bestimmt wird, sondern zwischen der jährlichen Wachstumsrate dieser Größen.

Da es sich bei dem Veränderungskoeffizienten um ein Merkmal mit metrischem Skalenniveau handelt, kann die Produkt-Moment-Korrelation nach Bravis-Pearson berechnet werden: $r = \frac{\sum_{t=1}^{n}(V_t - \overline{V}) \cdot (V'_t - \overline{V'})}{\sqrt{\sum_{t=1}^{n}(V_t - \overline{V})^2 \cdot \sum_{t=1}^{n}(V'_t - \overline{V'})^2}}$.

4.3.4 Der Faktorverlauf

Der Faktorverlauf beschreibt, ob die Wachstumsindikatoren sich homogen oder heterogen entwickeln. Bei einer homogenen Entwicklung kann vermutet werden, dass die entsprechenden Aktivitäten im Unternehmen von Routineabläufen geprägt sind, während bei einem heterogenen Verlauf seltene Großereignisse die Entwicklung bestimmen. Zur Charakterisierung des Verlaufs von Wachstumsgrößen wurden von Delmar et al. (2003) bereits folgende Größen vorgeschlagen:[323]

- (I) Anteil der Jahre mit besonders hohem Wachstum.
- (II) Anteil der Jahre mit einer deutlichen Veränderung der Wachstumsrate.
- (III) Standardabweichung der jährlichen Wachstumsraten.
- (IV) Anteil des größten absoluten Wachstums in einer Periode am gesamten Wachstum im betrachteten Zeitraum.

Die vorgeschlagenen Größen bilden einen ersten Ansatzpunkt für die Beschreibung des Faktorverlaufs. Es soll nun geprüft werden, inwieweit diese Größen auch dazu geeignet sind, die Entwicklung der Wachstumsindikatoren zu beschreiben. Zu diesem Zweck werden die vier Größen im Folgenden bewertet.

---

[322] Vgl. Neubauer et al. (2002), S. 140.
[323] Vgl. Delmar et al. (2003), S. 200–203.

Die ersten beiden Größen sind zwar zur Beschreibung des Faktorverlaufs geeignet; allerdings hängt das Ergebnis der Beschreibung von der subjektiven Festlegung der Schwellen für „besonders hohes Wachstum" und für „eine deutliche Veränderung der Wachstumsrate" ab. Um zu vermeiden, dass die Ergebnisse der Beschreibung von subjektiven Festlegungen beeinflusst werden, sollen diese beiden Merkmale nicht herangezogen werden.

Bei der dritten und vierten Messgröße ist eine subjektive Festlegung von Schwellenwerten nicht erforderlich. Die beiden Größen unterscheiden sich aber im Hinblick auf das Objekt ihrer Messung. So misst die Standardabweichung (III. Messgröße) die Streuung der Merkmalswerte um das arithmetische Mittel; dahingegen misst der Anteil des größten Wachstums (IV. Merkmal) die Konzentration der Merkmalswerte.[324] Welche der beiden Größen am besten geeignet ist, zwischen einer durch Routineabläufe geprägten homogenen Entwicklung und einer durch seltene Großereignisse geprägten heterogenen Entwicklung zu unterscheiden, soll anhand des Beispiels in Abb. 34 verdeutlicht werden.

In der Abb. 34 sind zwei fiktive Beispiele der Umsatzentwicklung von Unternehmen dargestellt. Während sich beim Unternehmen A das Wachstum zwar von Jahr zu Jahr verändert, stellen diese Änderungen über die Zeit betrachtet doch keine seltenen Großereignisse dar, sondern eher eine gewisse Routine und Regelmäßigkeit. Beim Unternehmen B verläuft die Entwicklung bis auf eine Ausnahme sehr gleichmäßig: mit geringem, jedoch konstantem Wachstum. Die Ausnahme bildet die Periode 12, in der es zu einem plötzlichen Anstieg der Merkmalsgröße kommt – beispielsweise wegen eines seltenen Großereignisses, z. B. einer Akquisition. Der Vergleich der Faktorverläufe beider Unternehmen müsste also ergeben, dass sich Unternehmen A deutlich homogener entwickelt als Unternehmen B. Bei der Betrachtung der Standardabweichung ergibt sich jedoch kein Unterschied zwischen beiden Unternehmen, während das Konzentrationsmaß deutlich von 19 auf 33 Prozent steigt. Auch wenn es sich bei diesem Vergleich um ein konstruiertes Beispiel handelt, so wird dennoch deutlich, dass das Konzentrationsmaß besser geeignet ist, um zwischen einem heterogenen und homogenen Verlauf nach obiger Definition zu unterscheiden.

---

[324] Zu Begriffen der Streuung und Konzentration vgl. Neubauer et al. (2002), S. 73–84 und 102–109.

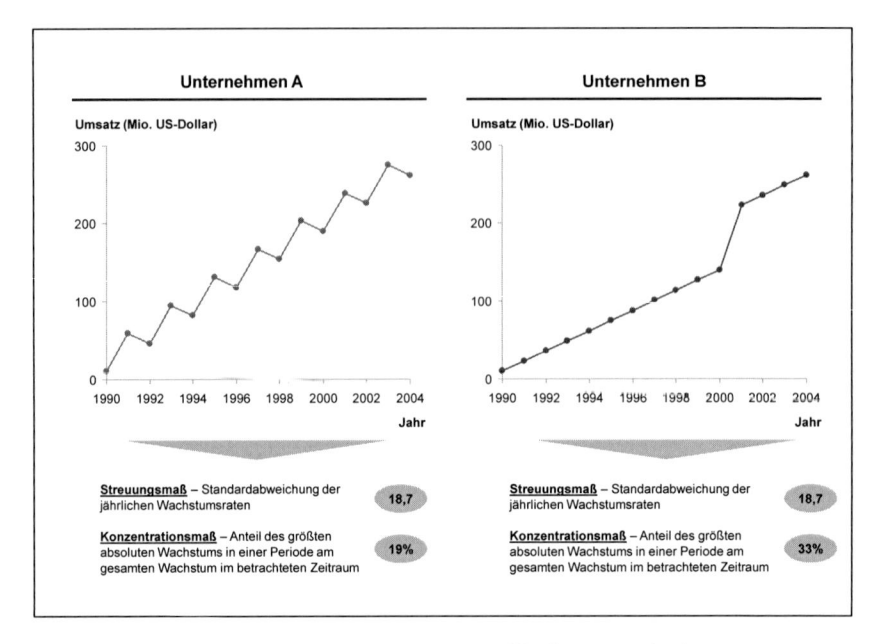

Abb. 34: Beispiel für homogene und heterogene Wachstumsverläufe.

Aber auch das hier verwendete Konzentrationsmaß der sogenannten Konzentrationsrate, das den Anteil des größten Wachstums während einer Periode in Bezug zum gesamten Wachstum setzt, ist nicht unproblematisch. Die Beschränkung auf eine Periode ist eine subjektive Entscheidung, die erstens den Grad der Konzentration in anderen Perioden vernachlässigt, zweitens die Vergleichbarkeit beeinflusst, sofern sich die Gesamtzahl der Perioden ändert.[325] Aus diesen Gründen wird zur Messung der Konzentration auf allgemein anwendbare Konzentrationsmaße zurückgegriffen. Zu den am häufigsten verwendeten Maßen gehören der Gini-Koeffizient und der Herfindahl-Index.

Der Gini-Koeffizient gehört zu den relativen Konzentrationsmaßen. Er wird anhand der Lorenz-Kurve bestimmt: Die Fläche zwischen der Winkelhalbierenden und der

---

[325] Dass die Konzentrationsrate von der Anzahl der betrachteten Perioden abhängt, kann an folgendem Beispiel verdeutlicht werden: Bei einer Betrachtung von fünf Perioden würde sich bei völliger Gleichverteilung des Wachstums eine Konzentrationsrate von 20 Prozent ergeben. Bei der Betrachtung von zehn Perioden würde die Konzentrationsrate bei völliger Gleichverteilung nur bei zehn Prozent liegen. Werden beide Konzentrationsraten verglichen, würde man jedoch annehmen, dass in dem ersten Fall eine höhere Konzentration vorliegt.

Lorenz-Kurve wird ins Verhältnis zur maximalen Konzentrationsfläche gesetzt. Die Berechnung und Interpretation der so berechneten Konzentrationsmaßen sind mit folgenden Problemen verbunden:[326]

- Zu jedem berechneten Gini-Koeffizient gibt es mindestens zwei mögliche Ausprägungen der zugehörigen Merkmalswerte.[327]
- Die Interpretation des Gini-Koeffizienten ist nur in Verbindung mit der Darstellung der Lorenz-Kurve sinnvoll.

Da beide dargestellten Probleme insbesondere bei der Analyse einer Vielzahl von Konzentrationswerten wie im vorliegenden Fall nicht unbedeutend sind, soll der Herfindahl-Index zur Berechnung der Konzentration verwendet werden.

Der Herfindahl-Index (HI) ist ein Maß der absoluten Konzentration. Er wird berechnet durch $HI = (Var^2 + 1) \cdot \frac{1}{n}$, mit dem Variationskoeffizient $Var = \frac{\sqrt{\sum (X_i - \bar{X})^2 / n}}{\bar{X}}$ und der Anzahl der Merkmalswerte n. Der Herfindahl-Index erreicht bei völliger Konzentration auf einen Merkmalswert den Wert $HI = 1$ und bei Gleichverteilung aller Merkmalswerte den unteren Wert $HI = \frac{1}{n}$. Da der untere Wert von der Anzahl der Merkmalswerte abhängt, kann der Herfindahl-Index durch einfache Transformation $HI' = \frac{HI - 1/n}{1 - 1/n}$ auf den Wertebereich zwischen 0 und 1 normiert werden.

4.4 Vorgehen bei der Datenauswertung

In diesem Abschnitt wird das Verfahren der Clusteranalyse erläutert. Die Gliederung orientiert sich dabei an den zwei bereits beschriebenen Phasen der Clusteranalyse –

---

[326] Vgl. Hellmund et al. (1992).
[327] Folgendes Beispiel verdeutlicht diesen Punkt: Verfügt z. B. in einem Land 50 Prozent der Bevölkerung über zehn Prozent des Einkommens und in einem anderen Land 90 Prozent der Bevölkerung über 50 Prozent des Einkommens, ist der Gini-Koeffizient mit 0,4 für beide Länder gleich groß.

der clusteranalytischen Phase im Abschnitt 4.4.1 sowie der interpretativen Phase im Abschnitt 4.4.2.

4.4.1 Phase I – Die clusteranalytische Lösung

Das Ziel der ersten Phase besteht darin, Clusterstrukturen in den empirischen Daten aufzuspüren und zu beschreiben. Zunächst wird skizziert, welche Schritte zur Durchführung einer Clusteranalyse erforderlich sind (Abschnitt 4.4.1.1). Die detaillierte Erläuterung der einzelnen Schritte erfolgt anschließend in den Abschnitten 4.4.1.2 bis 4.4.1.8.

4.4.1.1 Vorgehen bei der clusteranalytischen Lösung

Die Clusteranalyse ist ein heuristisches Verfahren zur systematischen Gruppierung von Objekten ausgehend von ihren Eigenschaften. Das Ziel der Analyse ist es, Objekte so zu gruppieren, dass die Objekte einer Gruppe erstens bezüglich ihrer Eigenschaften möglichst ähnlich sowie zweitens die Unterschiede zwischen den Gruppen möglichst groß sind. Ausgangspunkt der Clusteranalyse bildet eine Datenmatrix aus Objekten und Variablen, die die Eigenschaften der Objekte repräsentieren. Ein charakteristisches Merkmal dieser Analyse ist, dass alle Eigenschaften eines Objektes simultan bei der Lösung berücksichtigt werden.[328] Eine Übersicht über die in dieser Arbeit verwendeten Variablen und die in den statistischen Auswertungen verwendeten Abkürzungen ist im Anhang V dargestellt.

Für die Durchführung einer Clusteranalyse sind zwei Elemente von zentraler Bedeutung: die Wahl eines Distanzmaßes und die Festlegung des Clusteralgorithmus.[329]

- Durch das Distanzmaß wird festgelegt, wie die Ähnlichkeiten oder Unähnlichkeiten zwischen den Objekten berechnet werden sollen. Das Distanzmaß repräsen-

---

[328] Vgl. Bortz (2005), S. 565.
[329] Vgl. Backhaus (2000), S. 329–332.

tiert damit ein Berechnungsschema, das beschreibt, auf welchem Weg ein quantitativer Wert ausgehend von Eigenschaften zweier Objekte ermittelt wird, der Auskunft über den Grad der Ähnlichkeit zwischen den beiden Objekten gibt.
- Mit dem Clusteralgorithmus wird festgelegt, wie die einzelnen Objekte auf der Basis berechneter Ähnlichkeitswerte zu Gruppen zusammengefasst werden. Abhängig von der Festlegung des Algorithmus ergeben sich für die zu bildenden Gruppen unterschiedliche Eigenschaften.

Für jedes dieser beiden zentralen Elemente gibt es unterschiedliche Lösungsansätze, die wiederum miteinander kombiniert werden können. Letztendlich gibt es daher auch nicht die ultimative Clusteranalyse, sondern verschiedene Techniken, mit denen Objekte gruppiert werden können. Da es wegen der Möglichkeit der Verwendung unterschiedlicher Techniken auch zu unterschiedlichen Ergebnissen kommen kann, ist es notwendig, die Clusterlösung auf ihre Validität und inhaltliche Interpretierbarkeit zu überprüfen.

Im Folgenden werden die einzelnen Schritte, die zur Durchführung einer Clusteranalyse notwendig sind, beschrieben:[330]

Auswahl der Variablen und Objekte. Die Objekte und Variablen sind so auszuwählen, dass sie den Anforderungen zur Berechnung des Distanzmaßes und des Clusteralgorithmus gerecht werden.
Auswahl eines geeigneten Distanzmaßes. Zu berücksichtigen sind sowohl inhaltliche Überlegungen als auch Anforderungen, die sich aufgrund des verwendeten Datenmaterials ergeben.
Festlegung des Clusteralgorithmus. Von Bedeutung sind vor allem inhaltliche Überlegungen.
Transformation der Variablen. Abhängig vom Skalenniveau der Ausgangsdaten, des gewählten Distanzmaßes und des Clusteralgorithmus ist ggf. eine Transformation der Variablen erforderlich.
Durchführung der Clusteranalyse. Die eigentliche Berechnung der Clusterlösung erfolgt in der Regel mittels einer geeigneten Statistiksoftware.

---

[330] Vgl. Bacher (1996), S. 151

Bestimmung der Clusteranzahl. Da die Clusteralgorithmen nicht die „optimale" Anzahl der zu bildenden Cluster ermitteln, müssen diese mittels anderer analytischer Verfahren abgeleitet werden.

Modellprüfung der Clusterlösung. Da es eine Vielzahl von Wahlmöglichkeiten bei der Durchführung einer Clusteranalyse gibt, muss die berechnete Lösung auf ihre Validität, Homogenität und Stabilität überprüft werden.

Das beschriebene Analyseschema zur Durchführung einer Clusteranalyse bildet die Grundlage für die Gliederung der folgenden Abschnitte. Die einzelnen Schritte, die zur Durchführung einer Clusteranalyse notwendig sind, werden im Folgenden detailliert erläutert und auf die Problematik des internationalen Wachstums angewendet.

4.4.1.2 Auswahl der Variablen und Objekte

Die Anforderungen an die Auswahl der Variablen und Objekte ergeben sich weniger aus den „technischen" Anforderungen der Clusteranalyse selbst, sondern aus inhaltlichen Überlegungen in Bezug auf den Forschungsgegenstand. Welche Überlegungen dies sind, wird zunächst für die Variablen und anschließend für die Objekte erläutert.

(I) Anforderungen an die Auswahl der Variablen

Grundsätzlich gibt es keine spezifischen Anforderungen dahingehend, welche und wie viele Variablen in die Clusteranalyse einbezogen werden dürfen und welche nicht. Um jedoch sicherzustellen, dass die Ergebnisse der Analyse sinnvoll interpretierbar sind, sollten die Variablen eine Verbindung zum untersuchten Sachverhalt haben. Ob eine solche Verbindung besteht, ist vor der Analyse mittels theoretischer Überlegungen zu validieren. Besteht diese Verbindung nicht, sind diese Variablen von der Untersuchung auszuschließen.[331]

---

[331] Vgl. Backhaus (2000), S. 380–382 und Bacher (1996), S. 163–167.

Die Auswahl der Variablen zur Charakterisierung des internationalen Wachstums erfolgte ebenfalls auf der Basis theoretischer Überlegungen. Im Abschnitt 3 wurde erläutert, warum bestimmte Bestimmungsfaktoren zur Charakterisierung des internationalen Wachstums ausgewählt wurden. Wie aus diesen Bestimmungsfaktoren messbare Merkmale abgeleitet werden, wurde im Abschnitt 4.3 beschrieben.

Neben den dargestellten inhaltlichen Überlegungen kann auch empirisch überprüft werden, ob die ausgewählten Variablen zur Identifikation von Gruppen beitragen. Diese Überprüfung erfolgt durch die Berechnung von Wilks-Lambda mit anschließendem F-Test auf Signifikanz. Da die Berechnungen bereits eine Einteilung der Objekte in Gruppen voraussetzen, ist die Überprüfung der Variablen auf ihre Trennfähigkeit erst im Anschluss an die Clusteranalyse möglich.[332] Aus diesem Grund handelt es sich bei diesem Test eher um eine Modellprüfung der berechneten Clusterlösung als um eine Vorüberprüfung der Datenanforderungen. Dementsprechend wird auf diesen Test erst im Abschnitt 4.4.1.8 intensiver eingegangen.

Neben der Relevanz der Variablen für den untersuchten Sachverhalt ist auch zu prüfen, ob zwischen den Variablen Abhängigkeiten bestehen. Ist dies der Fall, so kann es zur Überbetonung bestimmter Merkmale bei der Clusteranalyse kommen und ggf. das gesamte Ergebnis verzerrt werden. Beim Auftreten solcher Abhängigkeiten besteht die Möglichkeit, durch eine Faktoranalyse die betroffenen Variablen zu einem Faktor zu verschmelzen oder sie ganz von der Untersuchung auszuschließen. Die Überprüfung, ob zwischen den Variablen Abhängigkeiten bestehen, kann durch die Erstellung einer Korrelationsmatrix zwischen den Variablen erfolgen. Die Berechnung des Korrelationskoeffizienten erfolgt durch die Produkt-Moment-Korrelation nach Bravis-Pearson: $r = \dfrac{\sum_{t=1}^{n}(X_t - \overline{X}) \cdot (Y_t - \overline{Y})}{\sqrt{\sum_{t=1}^{n}(X_t - \overline{X})^2 \cdot \sum_{t=1}^{n}(Y_t - \overline{Y})^2}}$.[333]

---

[332] Vgl. Backhaus (2000), S. 176–177.
[333] Vgl. Backhaus (2000), S. 381–382.

(II) Anforderungen an die Auswahl der Objekte

Die Berechnung von Distanzmaßen zwischen den Objekten ist nur dann sinnvoll möglich, wenn für jedes Objekt alle Merkmale vollständig erfasst sind. Ist dies nicht der Fall, kann die Ähnlichkeit zwischen zwei Objekten nicht bestimmt werden. Aus diesem Grund sind Objekte mit unvollständigen Daten aus der Untersuchung auszuschließen.

Ein weiterer bei der Auswahl der Objekte zu berücksichtigender Aspekt ist das Problem der Ausreißer. Ausreißer sind Objekte, die sich in allen Merkmalsausprägungen von den anderen Objekten deutlich unterscheiden. Da ein solches Objekt mit keinem anderen Objekt Ähnlichkeiten aufweist, würde es insgesamt die Clusterbildung erschweren. Daher sind auch Ausreißer aus der Analyse zu entfernen.

Die Identifikation von Ausreißern erfolgt durch das kontrahierende Clusterverfahren „Single Linkage". Da dieses Verfahren zur Kettenbildung neigt, ermöglicht es die Identifikation von Ausreißern. Als Ausreißer können Unternehmen eingestuft werden, die erst in den letzten Fusionierungsschritten eines „Single Linkage"-Algorithmus in eine Clusterlösung einbezogen und nur schwach besetzten Clustern zugeordnet werden. Im Dendrogramm (Anhang IX) sind das diejenigen Unternehmen, die in der Grafik unten aufgeführt werden und sich deutlich von den übrigen Unternehmen absetzen.[334]

4.4.1.3 Auswahl eines geeigneten Distanzmaßes

Die Auswahl eines geeigneten Distanzmaßes ist einer der zentralen und entscheidenden Schritte bei der Durchführung einer Clusteranalyse. Durch die Festlegung dieses Maßes wird bestimmt, wie Ähnlichkeiten bzw. Unähnlichkeiten zwischen Objekten bestimmt werden.[335] Die Basis für die Berechnung der Distanzen zwischen

---

[334] Vgl. Bacher (1996), S. 304–306 und Backhaus (2000), S. 380–382.
[335] Vgl. Backhaus (2000), S. 329. Zum Begriffsverständnis: Zur Vereinfachung werden unter dem Begriff Distanzmaß sowohl Ähnlichkeits- als auch Unähnlichkeitsmaße subsumiert. Damit wird die Distanz als Oberbegriff definiert, der sowohl Ähnlichkeiten als auch Unähnlichkeiten erfasst.

zwei Objekten bilden die Merkmale, durch die die Objekte charakterisiert werden. Das Ergebnis der Berechnung ist ein Zahlenwert, der bei Anwendung eines Ähnlichkeitsmaßes umso höher ist, je ähnlicher die Objekte einander sind. Bei der Anwendung eines Unähnlichkeitsmaßes ist der Zusammenhang genau umgekehrt.[336]

Soll ein bestimmtes Distanzmaß ausgesucht werden, kann zwischen einer Vielzahl von Distanzmaßen verschiedener Größen gewählt werden. Die Entscheidung für eines der Maße sollte gefällt werden auf der Grundlage inhaltlicher Überlegungen, Anforderungen an das Skalenniveau und der verfügbaren Statistiksoftware. Um diese Auswahl systematisch treffen zu können, ist es zunächst erforderlich, einen systematischen Überblick über die verfügbaren Distanzmaße zu schaffen. In Abb. 35 ist ein solcher Überblick dargestellt. Auch wenn die dort aufgeführten Distanzmaße zu den am häufigsten genannten und verwendeten gehören, erhebt diese Darstellung doch keinen Anspruch auf Vollständigkeit.

---

[336] Vgl. Bacher (1996), S. 198–200, Backhaus (2000), S. 331–332 und Bortz (2005), S. 556. Auch wenn die Unterscheidung zwischen Ähnlichkeits- und Unähnlichkeitsmaßen im Moment redundant erscheint, so wird durch die Maße nicht derselbe Sachverhalt lediglich in unterschiedlicher Richtung gemessen, sondern die Unterschiede werden durch andere Kriterien bestimmt.

```
                    Häufig verwendete Distanzmaße
                              |
              ┌───────────────┴───────────────┐
       Ähnlichkeitsmaße                  Unähnlichkeitsmaße
              |                               |
       ┌──────┴──────┐                 ┌──────┴──────┐
   Nominal      Metrisch           Nominal       Metrisch
   skalierte    skalierte          skalierte     skalierte
   Variablen    Variablen          Variablen(1)  Variablen
```

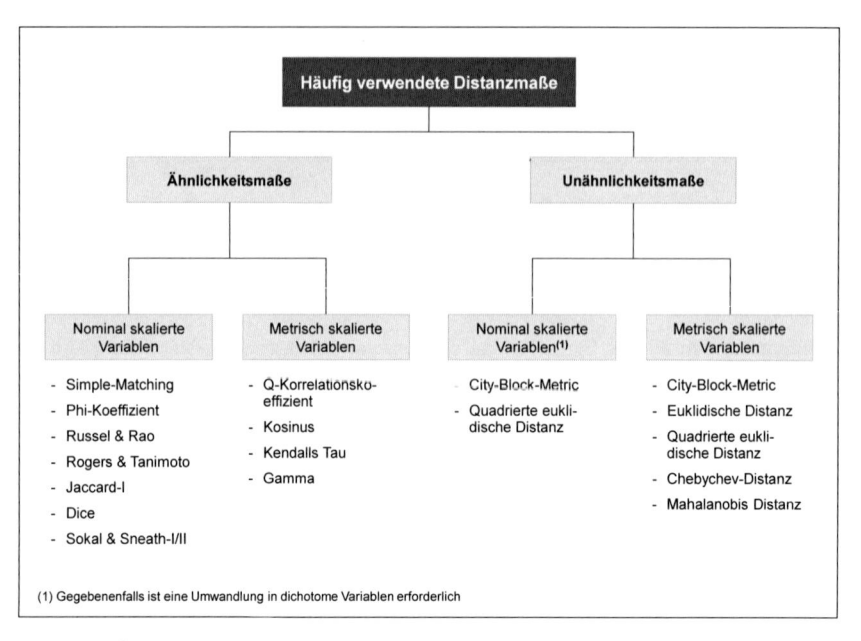

- Simple-Matching
- Phi-Koeffizient
- Russel & Rao
- Rogers & Tanimoto
- Jaccard-I
- Dice
- Sokal & Sneath-I/II

- Q-Korrelationskoeffizient
- Kosinus
- Kendalls Tau
- Gamma

- City-Block-Metric
- Quadrierte euklidische Distanz

- City-Block-Metric
- Euklidische Distanz
- Quadrierte euklidische Distanz
- Chebychev-Distanz
- Mahalanobis Distanz

(1) Gegebenenfalls ist eine Umwandlung in dichotome Variablen erforderlich

Abb. 35: Überblick über häufig verwendete Distanzmaße.
Quelle: Informationen aus Bacher (1996), S. 198–225, Bortz (2005), S. 566–571, und Bühl/Zöfel (2005), S. 501–503.

In einem ersten Schritt lassen sich die Distanzmaße in Maße unterteilen, die entweder die Ähnlichkeit oder die Unähnlichkeit zwischen zwei Objekten messen. Je nachdem, welches der beiden Maße verwendet wird, ergibt sich eine unterschiedliche Bewertung des Zusammenhangs zwischen zwei Objekten. Welche Unterschiede dies sind, soll anhand der folgenden Ausführungen sowie der Abb. 36 verdeutlicht werden.

Bei der Anwendung von Ähnlichkeitsmaßen wird der Zusammenhang zwischen zwei Objekten mittels Ähnlichkeit ihrer Merkmalsprofile bestimmt. Dies bedeutet, je ähnlicher die Merkmalsprofile sind, desto größer ist der Zusammenhang zwischen den Objekten. Die Niveauhöhe der Profile bzw. ihr absoluter Abstand spielt hingegen keine Rolle. Wird für die in Abb. 36 dargestellten Objekte der Zusammenhang auf der Grundlage eines Ähnlichkeitsmaßes bestimmt, so wäre dieser zwischen den Objekten A & B höher als zwischen den Objekten A & C. Ähnlichkeitsmaße werden in den meisten Fällen für nominalskalierte Variablen verwendet, da für die Ermittlung absoluter Abstände eine Transformation der Variablen erforderlich wird.

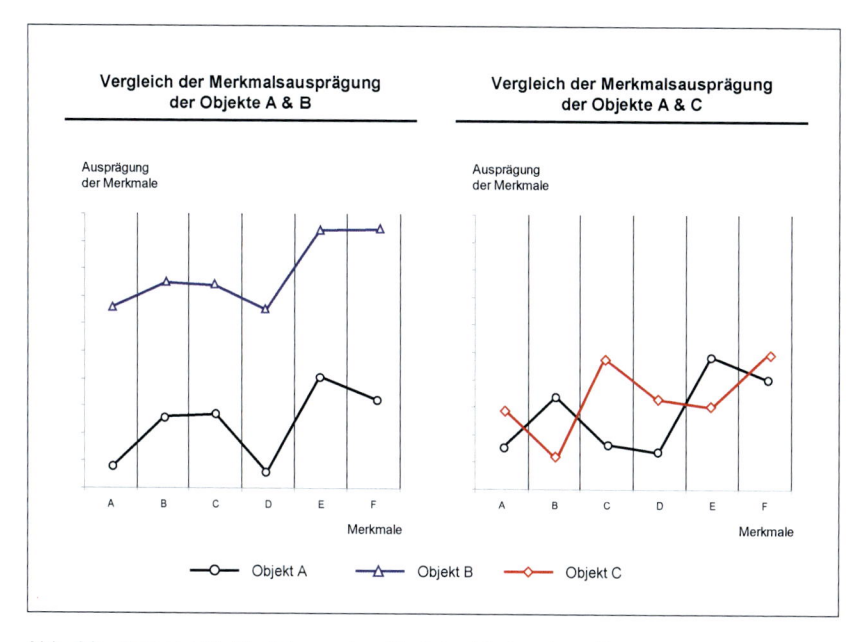

Abb. 36: Beispiel für ähnliche und unähnliche Merkmalsprofile.

Im Unterschied zu den Ähnlichkeitsmaßen wird bei Anwendung eines Unähnlichkeitsmaßes der Zusammenhang zwischen zwei Objekten anhand ihres absoluten Abstandes gemessen. Daraus folgt: Je größer der absolute Abstand ist, desto unähnlicher sind zwei Objekte. Verglichen mit den Unähnlichkeitsmaßen wird der Zusammenhang zwischen den Objekten in Abb. 36 bei Anwendung eines Unähnlichkeitsmaßes genau entgegengesetzt bewertet. Bei dieser Sichtweise ist der Zusammenhang zwischen den Objekten A & B geringer als zwischen den Objekten A & C.[337]

Es stellt sich nun die Frage, welches Maß am besten geeignet ist, um den Zusammenhang zwischen Unternehmen in Bezug auf das internationale Wachstum zu bewerten. Grundsätzlich könnten zur Bewertung sowohl Ähnlichkeits- als auch Un-

---

[337] Vgl. Backhaus (2000), S. 344–345 und Bortz (2005), S. 570.

ähnlichkeitsmaße herangezogen werden, wobei die durch Ähnlichkeitsmaße beschriebenen Zusammenhänge der Profilverläufe deutlich schwerer zu interpretieren sind.

Werden beispielsweise Unternehmen auf der Grundlage ähnlicher Profilverläufe zu Gruppen zusammengefasst, so ist ein Vergleich der Ausprägung einzelner Wachstumsmerkmale zwischen den Gruppen nicht sinnvoll möglich. Da es bei der Gruppenbildung nicht auf die absolute Höhe der Wachstumsrate ankommt, sondern nur auf das Profil, können die Wachstumsraten in den Gruppen deutlich voneinander abweichen. Ein Vergleich der Profile ist aber auch nicht zweckmäßig, wie das folgende Beispiel zeigen soll. Profile können miteinander verglichen werden, indem die Verhältnisse von Merkmalen einer Gruppe mit den entsprechenden Verhältnissen anderer Gruppen verglichen werden; z. B.: Die Wachstumsrate im Ausland ist doppelt so hoch wie im Inland. Während ein solcher Vergleich bei Merkmalen einer Kategorie noch sinnvoll möglich ist, sind beispielsweise Vergleiche der Wachstumsrate des Auslandsumsatzes mit der Korrelation zwischen Auslandsumsatz und Auslandsmitarbeitern nicht sinnvoll.

Demgegenüber ist ein Vergleich von Merkmalen zwischen den Gruppen bei der Messung der absoluten Differenzen durch ein Unähnlichkeitsmaß unproblematisch. Bei der Anwendung dieses Maßes können Aussagen wie „das Wachstum in Gruppe A ist doppelt so groß wie in Gruppe B" gemacht werden. Es ist aber auch möglich, ganze Profile miteinander zu vergleichen. Der Unterschied zu den Ähnlichkeitsmaßen besteht darin, dass sich alle Profile einer Gruppe auf einem Niveau befinden und es dafür größere Abweichungen zwischen der Struktur der Profile gibt. Da aber auch diese Unterschiede durch den Vergleich der absoluten Differenzen in einer Gruppe relativ gering sein müssen, sind auch die Verhältnisse relativ ähnlich.

Aus den oben genannten Gründen soll der Zusammenhang zwischen Unternehmen in Bezug auf das internationale Wachstum durch ein Unähnlichkeitsmaß bestimmt werden.[338]

In der Abb. 37 sind eine Reihe von Unähnlichkeitsmaßen aufgelistet. Da alle betrachteten Merkmale ein metrisches Skalenniveau aufweisen, sollen alle Maße betrachtet werden, die für ein solches Skalenniveau geeignet sind. In Abb. 37 sind alle Distanzmaße aufgeführt und erläutert, die diese Bedingung erfüllen.

Distanzmaß	Berechnung	Erläuterung
City-Block-Metric	$U\ddot{A}_{g,g^*} = \sum_i \lvert X_{g,i} - X_{g^*;i} \rvert$	Die Distanz nach der City-Block-Metric ist die Summe der absoluten Differenzen zwischen den Merkmalen. Sie ist der Weg von einem Punkt zum anderen unter Ausnutzung „rechtwinkliger" Verbindungen.
Euklidische Distanz	$U\ddot{A}_{g,g^*} = \sqrt[2]{\sum_i (X_{g,i} - X_{g^*;i})^2}$	Die Euklidische Distanz ist die direkte Verbindung zwischen zwei Punkten. Durch die Quadrierung erfolgt eine Übergewichtung großer Differenzen.
Quadrierte Euklidische Distanz	$U\ddot{A}_{g,g^*} = \sum_i (X_{g,i} - X_{g^*;i})^2$	Die Quadrierte Euklidische Distanz wird aus der Euklidischen Distanz abgeleitet. Durch die fehlende Rücknormierung werden große Differenzen noch stärker gewichtet.
Chebyshev-Distanz	$U\ddot{A}_{g,g^*} = \max_i \lvert X_{g,i} - X_{g^*;i} \rvert$	Die Chebyshev-Distanz ist die größte Differenz, die zwischen zwei Merkmalen auftritt. Die Gewichtung großer Differenzen ist bei diesem Distanzmaß maximal, da nur das Merkmal mit der größten Differenz betrachtet wird.

Abb. 37: Beschreibung der Unähnlichkeitsmaße für metrische Variablen.[339]
Quelle: Informationen aus Bacher (1996), S. 222, und Bühl/Zöfel (2005), S. 501–503.

---

[338] Da die Begründung für die Auswahl eines Unähnlichkeitsmaßes relativ allgemein ist und daher auch für andere Zusammenhänge gilt, ist es nicht verwunderlich, dass die Unähnlichkeitsmaße deutlich häufiger zur Bewertung von Zusammenhängen zwischen Objekten herangezogen werden, die durch Merkmale mit metrischem Skalenniveau charakterisiert sind (vgl. Bacher (1996), S. 221).

[339] Die Mahalanobis-Distanz bildet die einzige Ausnahme. Sie basiert zwar ebenfalls auf der Minkowski-Metrik, beseitigt aber zusätzlich noch Varianzen und Korrelationen zwischen den Variablen. Vgl. Bock (1974), S. 71–74.

Alle in der Abb. 37 aufgeführten Distanzmaße können aus der verallgemeinerten Minkowski-Metrik abgeleitet werden: $U\ddot{A}_{g,g'}(q,r) = \sqrt[q]{\sum_i \left(X_{g,i} - X_{g';i}\right)^r}$. Sie unterscheiden sich nur durch eine Variation der Parameter q und r. Je größer der Parameter r gewählt wird, desto stärker werden große Differenzen zwischen wenigen Variablen gewichtet. Im Unterschied dazu: Je kleiner der Parameter r gewählt wird, desto stärker werden kleine Differenzen in vielen Merkmalen gewichtet. Daraus folgt: Bei großen Parametern (r) sind zwei Objekte am ähnlichsten (kleines Unähnlichkeitsmaß), wenn keine ihrer Variablen auffällig große Unterschiede aufweist und wenn bei allen Variablen eine gewisse Schwankungsbreite vorliegt. Bei entgegengesetzter Ausgangslage: Bei kleinen Parametern (r) sind die Objekte am ähnlichsten (kleines Unähnlichkeitsmaß), wenn viele ihrer Variablen nur sehr geringe Unterschiede aufweisen und wenn bei wenigen Merkmalen dafür sehr große Differenzen bestehen.

Der Parameter q hat die Funktion der Rücknormierung der Distanzen auf die ursprüngliche Skaleneinheit.[340] Wird auf die Rücknormierung verzichtet, d. h. $q=1$ festgelegt, dann wird der Effekt durch den Faktor r verstärkt.[341]

Bei der Gruppierung von Unternehmen in Bezug auf ihr internationales Wachstum ist es sinnvoll, möglichst homogene Gruppen zu bilden, die in allen Merkmalen möglichst ähnlich sind und die in einzelnen Merkmalen keine besonders starken Differenzen aufweisen. Dadurch wird sowohl die Interpretierbarkeit der Gruppen erleichtert als auch gewährleistet, dass alle Merkmale für die Gruppenzusammensetzung ähnlich relevant sind. Aus diesem Grund ist es sinnvoll, möglichst große Parameter zu wählen. Diese werden bei der Chebyshev-Distanz angewandt ($q \Rightarrow \infty$ und $r \Rightarrow \infty$). Dennoch wird die Chebyshev-Distanz nicht verwendet, da sie, wie in Abb. 37 erläutert, nur ein Merkmal des internationalen Wachstums in die Bestimmung des Zusammenhangs zweier Objekte mit einbezieht. Da nur ein Merkmal des internationalen Wachstums betrachtet wird, würde die komplexe Struktur zwischen den verschiedenen Merkmalen des internationalen Wachstums zu sehr vereinfacht werden. Aus diesem Grund soll auf ein häufig gewähltes Distanzmaß mit kleineren Para-

---

[340] Der Rücknormierung ist vergleichbar mit dem Zusammenhang zwischen Standardabweichung und Varianz.
[341] Vgl. Bacher (1996), S. 221–224.

metern der Minkowski-Metrik zurückgegriffen werden – die Quadrierte Euklidische Distanz ($q \Rightarrow 1$ und $r \Rightarrow 2$).

Wie in der Abb. 37 deutlich wird, erfolgt die Berechnung des Unähnlichkeitsmaßes bei der Euklidischen Distanz auf der Basis der absoluten Differenzen der Merkmalswerte. Da bei diesem Distanzmaß die Differenzen direkt aus den Merkmalswerten gebildet werden, ist sicherzustellen, dass die Variablen nicht nur dasselbe Skalenniveau haben, sondern auch miteinander vergleichbar sind. Da dies für die Variablen, die das internationale Wachstum erklären, nicht der Fall ist, sind diese zunächst durch Transformation in vergleichbare Größen zu überführen. Wie diese Transformation erfolgen kann, wird im Abschnitt 4.4.1.5 erläutert.

Das Ergebnis der Berechnung der Euklidischen Distanzen ist eine Unähnlichkeitsmatrix, in der die Unähnlichkeitswerte für alle Objektkombinationen erfasst sind.

4.4.1.4 Festlegung des Clusteralgorithmus

Im vorangegangenen Abschnitt wurde gezeigt, wie aus den Merkmalswerten der Objekte Unähnlichkeiten zwischen den Objekten ermittelt werden können. Die auf der Grundlage der Merkmalswerte erstellte Unähnlichkeitsmatrix bildet den Ausgangspunkt für die in diesem Abschnitt zu erläuternden Clusteralgorithmen. Aufgabe dieser Algorithmen ist es, Objekte zu Gruppen zusammenzufassen. Es gibt mehrere Herangehensweisen, wie diese Zusammenfassung durchgeführt werden kann. Welche dieser Herangehensweisen letztendlich ausgesucht wird, hängt ähnlich wie bei den Distanzmaßen vor allem von inhaltlichen Überlegungen ab. Um die Auswahl treffen zu können, ist es zunächst erforderlich, sich einen systematischen Überblick über die verfügbaren Clusteralgorithmen zu verschaffen. In Abb. 38 ist ein solcher systematischer Überblick dargestellt. Anhand dieses Schemas soll zunächst ein geeignetes Clusterverfahren ausgewählt werden. Anschließend soll unter der Verwendung dieses Verfahrens der Clusteralgorithmus beschrieben werden.

Bei der Auswahl der Clusteralgorithmen sollte ein Aspekt stets beachtet werden: Alle heute existierenden Clusteralgorithmen sind nicht in der Lage, die global beste Clusterlösung zu identifizieren. Der Grund dafür ist, dass die Anzahl möglicher Clusterlösungen mit zunehmender Zahl der Objekte exponentiell ansteigt; selbst heute zur Verfügung stehende Rechnerkapazitäten reichen nicht aus, um alle Optionen bewerten zu können. Die Lösungen der Clusteralgorithmen stellen somit „nur" Näherungslösungen dar. Es kann somit nie ausgeschlossen werden, dass es unter den nicht untersuchten Clusterkombinationen eine bessere Lösung geben könnte.[342]

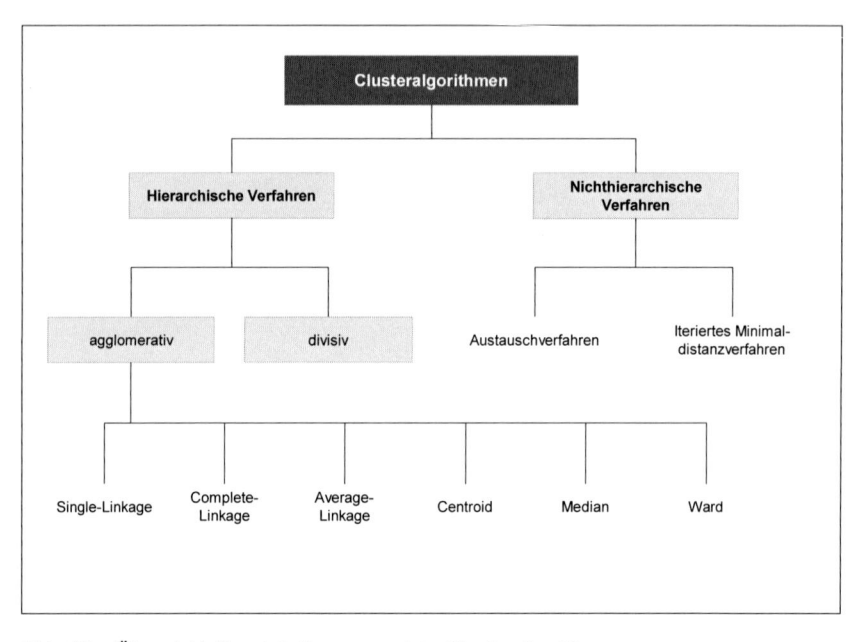

```
                        Clusteralgorithmen
                    ┌─────────┴─────────┐
          Hierarchische Verfahren    Nichthierarchische
                                         Verfahren
          ┌─────────┴─────────┐       ┌─────────┴─────────┐
      agglomerativ        divisiv   Austauschverfahren  Iteriertes Minimal-
                                                         distanzverfahren
   ┌──────┬──────┬──────┐
Single- Complete- Average- Centroid  Median   Ward
Linkage Linkage  Linkage
```

Abb. 38: Übersicht über häufig verwendete Clusteralgorithmen.
Quelle: In Anlehnung an Backhaus (2000), S. 348.

Im Folgenden wird die Systematisierung der verschiedenen Clusteralgorithmen erläutert. Zunächst können die Clusteralgorithmen nach hierarchischen und nichthierarchischen Verfahren unterteilt werden.[343]

---

[342] Vgl. Bortz (2005), S. 571.
[343] Eine tiefergehende Ausdifferenzierung der Clusterverfahren ist bei Bacher (1996) zu finden. Diese Differenzierung bezieht in die Betrachtung allerdings Methoden ein, die nur noch entfernt etwas mit der Clusteranalyse gemein haben. Somit werden sie vielmehr als alternative Methoden betrachtet, deren Abgrenzung bereits im Abschnitt 4.1 erfolgt ist.

- Nichthierarchische (partitionierende) Clusteralgorithmen sind dadurch gekennzeichnet, dass sie ausgehend von einer gegebenen Gruppeneinteilung versuchen, mithilfe der Verschiebung von Objekten zwischen einzelnen Gruppen zu einer besseren Lösung zu gelangen.[344] Für das Ergebnis dieses Algorithmus ist es entscheidend, eine inhaltlich logische Startgruppierung der Objekte vorbereitet zu haben. Häufig wird diese Startgruppierung durch einen hierarchischen Algorithmus mit dem Ziel gebildet, diese durch ein nichthierarchisches Verfahren zu optimieren.[345]

- Bei den hierarchischen Algorithmen müssen keine Gruppeneinteilungen oder Startwerte vorgegeben werden. Begonnen wird in den meisten Fällen mit einer Zuordnung, bei der jedes Objekt ein eigenes Cluster bildet. Anschließend werden die Cluster fusioniert. Begonnen wird mit denjenigen Clustern, die den geringsten Abstand zueinander haben (kleinste Unähnlichkeit). Dieser Prozess wird so oft wiederholt, bis alle Objekte zu einem Cluster zusammengefasst wurden. Die optimale Anzahl der Cluster ergibt sich, indem der Fusionierungsprozess vor der vollständigen Fusionierung aller Objekte anhand eines geeigneten Kriteriums abgebrochen wird. Wie ein solches Kriterium definiert werden kann, wird im Abschnitt 4.4.1.7 erläutert.[346]

Für die Gruppierung von Unternehmen anhand von Gemeinsamkeiten in ihrer internationalen Wachstumsentwicklung sind die hierarchischen Verfahren am besten geeignet. Die Anwendung eines nichthierarchischen Verfahrens ist wegen der fehlenden Ausgangs-Gruppeneinteilung nicht möglich. Nur aus den vorhandenen theoretischen Informationen ist eine solche Ableitung nicht durchführbar, was auch den explorativen Charakter der Untersuchung unterstreicht.

Nach der Aufteilung der Clusterverfahren in hierarchische und nichthierarchische Verfahren und der Auswahl der hierarchischen Verfahren für die weiteren Betrach-

---

[344] Die Forderung einer gegebenen Gruppeneinteilung widerspricht eigentlich dem explorativen Charakter der Clusteranalyse. Diese Forderung ist nur insofern zu rechtfertigen, als die gegebene Gruppeneinteilung das Ergebnis einer Voranalyse auf der Basis eines anderen Clusteralgorithmus ist.
[345] Bortz (2005), S. 573–574 und Bacher (1996), S. 238–243.
[346] Bortz (2005), S. 571–572 und Bacher (1996), S. 308–315. Erläutert wurde das agglomerative Vorgehen. Analog dazu ist auch divisives Vorgehen möglich, bei dem genau umgekehrt vorgegangen wird. Eine Gegenüberstellung beider Verfahren erfolgt im nächsten Abschnitt.

tungen können diese wiederum in agglomerative und divisive Verfahren unterschieden werden.[347]

- Bei agglomerativen Verfahren ist der Ausgangspunkt die feinste Einteilung der Objekte, d. h., jedes Objekt bildet ein eigenes Cluster. Die Anzahl der Cluster entspricht somit der Anzahl der betrachteten Objekte. Anschließend werden die Cluster fusioniert. Begonnen wird dabei immer mit den Clustern mit dem geringsten Abstand zueinander. Dieser Prozess wird so oft wiederholt, bis alle Objekte zu einem Cluster zusammengefasst wurden.
- Anders als bei agglomerativen Verfahren beginnen die divisiven Verfahren bei der gröbsten Einteilung der Objekte, d. h., alle Objekte werden einem Cluster zugeordnet. Anschließend wird dieses Cluster in zwei Cluster zerlegt. Dieser Prozess der Aufteilung von Clustern wird so oft wiederholt, bis jedes Objekt ein eigenes Cluster bildet.

Für diese Arbeit sollen die agglomerativen Verfahren angewendet werden, da die Anwendung der divisiven Verfahren sehr aufwendig und rechenintensiv ist. Der Grund dafür ist, dass es für die Aufteilung von Clustern mit G-Objekten insgesamt $2^{G-1}-1$ Möglichkeiten gibt. Bei lediglich 70 Objekten ergeben sich bereits über eine Trillion unterschiedlicher Möglichkeiten, die berechnet und bewertet werden müssten.

Die wichtigsten hierarchisch-agglomerativen Verfahren sind in der Abb. 39 zusammengefasst. Der Ablauf dieser Verfahren entspricht der folgenden Schrittfolge:

1. Ausgangspunkt ist die feinste Partition – jedes Objekt repräsentiert ein Cluster.
2. Berechnung der Distanzmatrix auf der Basis des definierten Distanzmaßes.
3. Bestimmung der Objekte mit der geringsten Distanz zueinander.
4. Fusionierung der Objekte mit der geringsten Distanz zu einem neuen Cluster.
5. Neuberechnung der Abstände zu dem neu fusionierten Cluster.
6. Ist mehr als ein Cluster übrig, wird der Prozess ab Schritt drei wiederholt.
7. Ende der Iteration.

---

[347] Vgl. Backhaus (2000), S. 348–356.

Die Unterschiede zwischen den verschiedenen in Abb. 39 erläuterten hierarchisch-agglomerativen Verfahren wird am Schritt 5., der „Neuberechnung der Abstände zu dem neu fusionierten Cluster", deutlich. Diese Unterschiede sind in Abb. 39 erläutert.[348]

Verfahren	Erläuterung
Single-Linkage	• Der Abstand zwischen zwei Clustern wird anhand des Objektpaares mit dem geringsten Abstand bestimmt. • Es werden die Cluster mit dem geringsten Abstand miteinander fusioniert. • Dieses Verfahren neigt zur Bildung von Ketten, da immer nur die ähnlichsten Objekte miteinander verbunden werden. • Die Cluster können sehr heterogen werden, wenn ungünstige (Rand-)Objekte für die Verschmelzung von Clustern herangezogen werden. • Das Verfahren neigt dazu, zu wenige sehr große sowie viele sehr kleine Gruppen zu bilden – kontrahierende Eigenschaft.
Complete-Linkage	• Der Abstand zwischen zwei Clustern wird anhand des Objektpaares mit dem weitesten Abstand bestimmt. • Es werden die Cluster mit dem geringsten Abstand miteinander fusioniert. • Die Cluster sind hinsichtlich ihrer Objekte sehr homogen. • Dieses Verfahren neigt dazu, Objekte in sehr kleine, gleich große Gruppen einzuteilen – dilatierende Eigenschaft.
Average-Linkage	• Der Abstand zwischen zwei Clustern wird anhand des durchschnittlichen Abstandes aller Objektpaare beider Cluster bestimmt. • Es werden die Cluster mit dem geringsten Abstand miteinander fusioniert. • Dieses Verfahren ordnet sich in der Mitte der beiden Extrema Single- und Complete-Linkage ein – konservative Eigenschaft.
Centroid	• Für jedes Cluster werden die Mittelwerte der Variablen für alle im Cluster enthaltenen Fälle berechnet. Der Abstand zwischen den Clustern wird anhand dieser Mittelwerte (Centroid des Clusters) gebildet. • Es werden die Cluster mit dem geringsten Abstand miteinander fusioniert. • In diesem Verfahren liegt der Fokus auf der Maximierung der Heterogenität zwischen den Clustern und weniger auf der Homogenität in den Clustern.
Median	• Im Unterschied zum Centroid-Verfahren werden die Mittelwerte der Variablen nur bei der ersten Fusionierung berechnet. Anschließend wird mit den Mittelwerten (Centroiden) weitergerechnet. Dies hat zur Folge, dass die Ausgangscluster nicht gewichtet werden, d. h. deren Fallzahlen keine Berücksichtigung finden. • Im Anschluss werden wieder die beiden Cluster mit dem geringsten Abstand fusioniert. • In diesem Verfahren liegt der Fokus ebenfalls auf der Maximierung der Heterogenität zwischen den Clustern und weniger auf der Homogenität in den Clustern.

---

[348] Vgl. Backhaus (2000), S. 352–356.

Verfahren	Erläuterung
Ward	• Für jedes Cluster wird die Fehlerquadratsumme berechnet. Dies ist die Summe der quadrierten Abweichung jedes Merkmals vom jeweiligen Merkmalsmittelwert. • Verglichen werden jeweils die Summen der Fehlerquadratsummen in den beiden zu fusionierenden Clustern mit der potenziellen Fehlerquadratsumme in dem neu fusionierten Cluster. • Fusioniert werden anschließend die beiden Cluster, bei denen es bei einer Fusionierung zu dem geringsten Anstieg der Fehlerquadratsumme kommt. • Im Unterschied zum Centroid- und Median-Verfahren liegt der Fokus beim Ward-Verfahren auf der Maximierung der Homogenität in den Clustern und weniger auf der Heterogenität zwischen den Clustern.

Abb. 39: Beschreibung der hierarchisch-agglomerativen Clusterverfahren.[349]

Quelle: Informationen aus Backhaus (2000), S. 352–356, und Bühl/Zöfel (2005), S. 506.

Welches von den beschriebenen Clusterverfahren für einen bestimmten Sachverhalt am besten geeignet ist, lässt sich nicht immer eindeutig bestimmen. Dennoch kann ausgehend von einigen Rahmenbedingungen die Anzahl der infrage kommenden Verfahren eingegrenzt werden. Zur Gruppierung der Unternehmen im Rahmen dieser Arbeit sollten zwei Rahmenbedingungen erfüllt sein:

1. Die Homogenität in den Clustern sollte bei der Gruppierung der Unternehmen ein stärkeres Gewicht haben als die Heterogenität zwischen den Clustern. Aus den Vorüberlegungen konnte bisher lediglich abgeleitet werden, dass bestimmte Gruppen von Unternehmen sich in Bezug auf die Entwicklung ihres internationalen Wachstums ähneln. Darüber, wie stark sich die Gruppen untereinander unterscheiden, konnten keine Anhaltspunkte gefunden werden. Es ist vielmehr wahrscheinlich, dass es einige Gruppen gibt, die sich stärker voneinander unterscheiden als andere.[350]
2. Es sollten Gruppen entstehen, die sinnvoll interpretiert werden können. „Sinnvoll" bezieht sich in diesem Fall nicht auf die Ausprägung der Merkmale, sondern auf die Größe der Gruppe. So ist es relativ schwierig, Gruppen mit sehr wenigen Objekten zu interpretieren.

---

[349] Wie bereits erläutert, stellt die Mahalanobis-Distanz die einzige Ausnahme dar. Sie basiert zwar auch auf der Minkowski-Metrik, beseitigt jedoch zusätzlich noch Varianzen und Korrelationen zwischen den Variablen.

[350] Ausgehend von den Überlegungen im Abschnitt 3.3 kann z. B. vermutet werden, dass Unternehmen des multinationalen Typs sich weniger von den globalen Unternehmen unterscheiden als von Unternehmen des internationalen Typs.

Mit der Anwendung des ersten Kriteriums können bereits die Verfahren Single-Linkage, Centroid und Median ausgeschlossen werden, da bei diesen Verfahren vor allem die Heterogenität zwischen den Gruppen erhöht wird. Zieht man das zweite Kriterium hinzu, kann das Complete-Linkage-Verfahren ausgeschlossen werden, da dabei relativ kleine Gruppen entstehen.[351] In die engere Auswahl kommen somit die Verfahren Average Linkage und Ward. Diese beiden Verfahren sind relativ ähnlich; daher lässt sich nicht eindeutig bestimmen, welches zu wählen ist. Blashfield (1976) hat in einer Analyse der hierarchisch-agglomerativen Clusterverfahren festgestellt, dass der Ward-Algorithmus die genauesten und verlässlichsten Ergebnisse liefert.[352] Für dieses Verfahren spricht, dass es erstens noch deutlicher den Homogenitätsaspekt in den Mittelpunkt stellt und zweitens relativ gleich große Gruppen bildet.[353] Um sicherzustellen, dass durch diese Entscheidung das Ergebnis nicht bedeutend beeinflusst wird, wird im Rahmen der Modellprüfung im Abschnitt 5.2.3 geprüft, wie stark sich die Lösung bei Anwendung des alternativen Verfahrens verändert.

Ähnlich der Euklidischen Distanz basiert auch das Ward-Verfahren auf der Summation absoluter Differenzen zwischen Merkmalswerten und den entsprechenden Merkmalsmittelwerten. Zur Bildung dieser Differenzen ist es notwendig, dass die Variablen nicht nur dasselbe Skalenniveau haben, sondern auch miteinander vergleichbar sind. Da dies bei Variablen, die das internationale Wachstum erklären, nicht der Fall ist, sind diese zunächst durch Transformation in vergleichbare Größen zu überführen. Wie diese Transformation erfolgen kann, wird im nächsten Abschnitt erläutert.

4.4.1.5 Transformation der Variablen

Bereits bei der Auswahl eines geeigneten Distanzmaßes im Abschnitt 4.4.1.3 und bei der Festlegung des Clusteralgorithmus im Abschnitt 4.4.1.4 wurde angedeutet, dass eine Transformation der Variablen erforderlich ist. Denn sowohl die Berechnung der

---

[351] Zudem stellt das Complete-Linkage-Verfahren sehr hohe Anforderungen an die Homogenität, die meist deutlich die Anforderungen des Forschungsgegenstandes übersteigt (vgl. Bacher (1996), S. 146–149).
[352] Vgl. Blashfield (1976), S. 385.
[353] Vgl. Bacher (1996), S. 147 und Backhaus (2000), S. 365.

Euklidischen Distanz als auch die Anwendung des Ward-Verfahrens erfordern vergleichbare Variable auf gleichem Skalenniveau.

Erfüllt wird die Anforderung, dass die Variablen das gleiche Skalenniveau aufweisen, da alle Merkmale auf einer metrischen Skala erfasst wurden. Dies bedeutet jedoch nicht, dass sie auch vergleichbar sind. So ist die Wachstumsrate nicht direkt mit dem Korrelationskoeffizienten vergleichbar. Denn die Wachstumsrate wird in Prozent gemessen und kann theoretisch jeden Wert zwischen minus und plus Unendlich annehmen, während der Korrelationskoeffizient ein Indikator mit dem Wertebereich zwischen 0 und 1 ist. Analog trifft dies auch für die Variablen zu, die die Wachstumsstärke und den Wachstumsverlauf messen. Da die an die Variablen gestellte Anforderung der Vergleichbarkeit nicht erfüllt wird, müssen die Variablen in vergleichbare Daten transformiert werden.[354]

Es bestehen grundsätzlich zwei Möglichkeiten der Datentransformation: die empirische und theoretische Transformation. Die theoretische Transformation setzt voraus, dass die Ober- und Untergrenzen einer Variablen theoretisch definiert sind. Da diese Bedingung zumindest von der Wachstumsrate sowie der Wachstumsstärke nicht erfüllt ist, scheidet diese Möglichkeit der Transformation aus. Es bleibt demnach die empirische Transformation übrig. Für deren Berechnung bestehen wiederum zwei Möglichkeiten:[355]

1. Die Z-Transformation mit $Z_{g,i} = \dfrac{X_{g,i} - \overline{X}_i}{S_i}$, wobei $Z_{g,i}$ der transformierte Wert der Variable X_{gi} des Objektes g und des Merkmals i ist. $\overline{X}_i$ ist der Mittelwert, S_i ist die Standardabweichung des Merkmals i.

2. Die Extremwertnormalisierung mit $E_{g,i} = \dfrac{X_{g,i} - A_i}{B_i - A_i}$, wobei $E_{g,i}$ der transformierte Wert der Variablen X_{gi} des Objektes g und des Merkmals i ist. A_i ist die Obergrenze, B_i die Untergrenze des Merkmals i.

---

[354] Vgl. Bacher (1996), S. 174.
[355] Vgl. Bacher (1996), S. 174–180.

Da die Extremwerttransformation durch die Berücksichtigung der positiven und negativen Randpunkte extrem anfällig für Ausreißer ist, soll die Vergleichbarkeit der Daten durch die Z-Transformation sichergestellt werden.

4.4.1.6 Durchführung der Clusteranalyse

Die Durchführung der Clusteranalyse erfolgte mithilfe der Computerprogramme SPSS und Microsoft Excel. SPSS ist eines der weltweit am häufigsten genutzten Programme zur statistischen Datenanalyse. Neben verschiedenen Analysemöglichkeiten bietet es auch die Option der hierarchischen Clusteranalyse. Microsoft Excel ist ein Tabellenkalkulationsprogramm, das umfangreiche Möglichkeiten der Kalkulation und Darstellung quantitativer Daten bietet.[356]

Beide Softwarelösungen wurden entsprechend ihren spezifischen Fähigkeiten für unterschiedliche Teilbereiche der Clusteranalyse eingesetzt. Microsoft Excel wurde für die Berechnung der Merkmale des internationalen Wachstums aus den Indikatoren verwendet. Insgesamt wurden 23 Variablen berechnet, die anschließend ins SPSS übertragen wurden. In SPSS erfolgte die eigentliche Berechnung der Clusterlösung. Da SPSS jedoch keine Routine zur Verfügung stellt, um z. B. die Anzahl der Cluster zu bestimmen oder die Validität der Lösung zu bewerten, erfolgten diese Analysen wiederum in Microsoft Excel.[357]

4.4.1.7 Bestimmung der Clusteranzahl

Die im Abschnitt 4.4.1.4 erläuterten hierarchisch-agglomerativen Clusterverfahren fassen Objekte zu Clustern zusammen. Wie bereits erläutert, erfolgt dies in einem iterativen Prozess, indem Schritt für Schritt Objekte und Cluster so lange miteinander fusioniert werden, bis am Ende alle Objekte zu einem Cluster zusammengefasst sind. Eine optimale Anzahl der Cluster wird durch diesen Algorithmus nicht bestimmt;

---

[356] Vgl. Bühl/Zöfel (2005), S. 15.
[357] Vgl. Bacher (2001), S. 71–74.

dazu müssen andere analytische Verfahren herangezogen werden. Da diese Verfahren in den meisten Fällen jedoch auch keine eindeutigen Lösungen, sondern verschiedene Optionen hinsichtlich der optimalen Clusteranzahl liefern, ist in die Entscheidung über die Clusteranzahl zusätzlich die inhaltliche Interpretation der Cluster mit einzubeziehen. Zur Bestimmung der Clusteranzahl in dieser Arbeit sollen daher zunächst anhand der fünf am häufigsten verwendeten analytischen Verfahren mögliche Optionen für eine optimale Clusteranzahl identifiziert und anhand inhaltlicher Überlegungen die optimale Option ausgewählt werden.[358]

Im Folgenden werden die fünf häufig verwendeten analytischen Verfahren zur Bestimmung der Clusteranzahl bei hierarchisch-agglomerativen Verfahren beschrieben.

(I) Test der proportionalen Fehlerverbesserung

Mit dem Test der proportionalen Fehlerverbesserung wird überprüft, ob es bei einer weiteren Erhöhung der Clusteranzahl zu einer deutlichen Verringerung der Streuung in den Clustern kommt. Die Summe der Streuung in den Clustern für eine Lösung mit K-Clustern wird anhand der Streuungsquadratsumme SQ_K bestimmt. Die Streuungsquadratsumme berechnet sich wie folgt: $SQ_K = \sum_{k=1}^{K} \sum_{g \in k} \sum_{i=1}^{I} (X_{g,i} - \overline{X}_{k,i})^2$. Wie stark sich die Streuung beim Übergang von zwei aufeinander folgenden Clusterlösungen verändert, ergibt sich aus dem Verhältnis der jeweiligen Streuungsquadratsummen; dieses wird berechnet durch: $PRE_K = 1 - \dfrac{SQ_K}{SQ_{K-1}}$. Der Quotient PRE_K gibt an, um wie viel Prozent sich die Streuungsquadratsumme beim Übergang von der Lösung mit $K-1$ Clustern zur Lösung mit K-Clustern verändert. Ab der Clusterlösung K, bei der sich die Fehlerverbesserung im Vergleich zur vorhergehenden Lösung deutlich verlangsamt, kann die weitere Betrachtung abgebrochen werden. Die zu wählende Clusterlösung, bei der es zum letzten Mal zu einer deutlichen relativen Fehlerverbesserung kam, ist dann $K-1$.[359]

---

[358] Vgl. Milligan/Cooper (1985), S. 159–179, Bacher (1996), S. 316–319 und Bacher (2001), S. 78.
[359] Vgl. Bacher (1996), S. 317.

(II) Test der erklärten Streuung

Beim Test der erklärten Streuung wird gemessen, welcher Anteil der gesamten Streuungen zwischen den Objekten durch die jeweilige Clusterlösung erklärt werden kann. Die Basis für die Berechnung der erklärten Streuung bilden ähnlich wie bei der proportionalen Fehlerverbesserung die Streuungsquadratsummen der Clusterlösungen. Die erklärte Streuung ETA_K einer bestimmten Clusterlösung K ergibt sich aus dem Verhältnis der Streuungsquadratsumme der betrachteten Clusterlösung SQ_K und der Streuungsquadratsumme zwischen allen Objekten. Die Streuungsquadratsumme der Ein-Clusterlösung entspricht SQ_1; daraus folgt $ETA_K = 1 - \frac{SQ_K}{SQ_1}$. Die optimale Clusterlösung ist dann erreicht, wenn durch eine Erhöhung der Clusteranzahl keine wesentliche Verbesserung der erklärten Streuung mehr erfolgt.[360]

(III) Test der maximalen F-Werte

Der F-Wert ist ein an die Varianzanalyse angelehntes Kriterium, das der Tatsache Rechnung trägt, dass bei größeren Clusterzahlen rein zufällig geringere Streuungsquadratsummen auftreten können. Diese Tatsache wird berücksichtigt, indem die Freiheitsgrade G (Anzahl der untersuchten Objekte) berücksichtigt werden. Der F-Wert berechnet sich wie folgt: $F-MAX_K = \frac{(SQ_1 - SQ_K)/(K-1)}{SQ_K/(G-K)}$. Die optimale Clusterlösung liegt vor, wenn der F-Wert im Bereich der infrage kommenden Lösungen sein Maximum erreicht.[361]

(IV) Normalverteilungstest nach Mojena (1977)

Durch den Test von Mojena (1977) sollen insbesondere die Tests der proportionalen Fehlerverbesserung und der erklärten Streuung stärker formalisiert werden. Die Grundannahme dieses Tests ist, dass die Veränderungen des Verschmelzungsni-

---

[360] Vgl. Bacher (1996), S. 317.
[361] Vgl. Bacher (1996), S. 317–320.

veaus ($V_K = \frac{1}{2} \cdot (SQ_K - SQ_{K+1})$) der verschiedenen Clusterlösungen normal verteilt sind.[362] Die Verteilung des Verschmelzungsniveaus für die Clusterlösung K ist durch den Mittelwert $\bar{V}_K = \sum_{k=1}^{K} V_k / K$ und die Standardabweichung $S_K = \sqrt{\frac{1}{K-1} \sum_{k=1}^{K} (V_k - \bar{V}_K)^2}$ charakterisiert.

Für jede neue Clusterlösung $(K+1)$ wird überprüft, ob das zugehörige Verschmelzungsniveau V_{K+1} noch zur Normalverteilung gehört. Ist dies nicht der Fall, so liegt ein signifikanter Zuwachs des Verschmelzungsniveaus vor und die Anzahl der Cluster wird auf K festgesetzt. Die Teststatistik für den signifikanten Zuwachs lautet:

$z = \frac{V_{K+1} - \bar{V}_K}{S_K}$. Ist $z > 2,75$, liegt mit einer (einseitigen) Signifikanz von 99,7 Prozent das Verschmelzungsniveau nicht mehr innerhalb der Normalverteilung.[363]

(V) Analyse des Dendrogramms

Auch die Analyse des Dendrogramms kann bereits Anhaltspunkte bezüglich der optimalen Zahl der Cluster liefern. Es bietet den Vorteil, dass die Clusterlösungen simultan anhand mehrerer Merkmale bewertet werden können. So können im Dendrogramm die Größe der Cluster, die Ähnlichkeit der Cluster und die Veränderung der Streuungsquadratsummen zwischen verschiedenen Clustern optisch erfasst werden.

4.4.1.8 Modellprüfung der Clusterlösung

Nachdem im vorangegangenen Abschnitt erläutert wurde, wie die optimale Anzahl der Cluster bestimmt werden kann, soll es in diesem Abschnitt um die Überprüfung der gefundenen Lösung gehen.

---

[362] Mojena (1977) verwendet statt der Streuungsquadratsummen die Verschmelzungsniveaus. Das Verschmelzungsniveau kann jedoch leicht aus den Streuungsquadratsummen abgeleitet werden. Es ist genau die Hälfte der Differenz der Streuungsquadratsummen zwischen zwei Clusterlösungen.

[363] Vgl. Bacher (1996), S. 249–250.

Durch die Modellprüfung soll bestimmt werden, inwieweit die identifizierte Clusterlösung die empirischen Daten angemessen repräsentiert. Nur wenn die Clusterlösung den empirischen Daten angemessen ist, ist eine inhaltliche Interpretation der Clusterlösung sinnvoll. Für die Modellprüfung wurden verschiedene Kriterien und Verfahren entwickelt. Zunächst werden die Kriterien erläutert, anschließend die entsprechenden Verfahren zur Überprüfung der Kriterien beschrieben.[364]

(I) **Prüfung der Validität.** Das Vorhandensein einer Clusterstruktur kann für empirische Daten nicht vorausgesetzt werden. Daher ist zu überprüfen, inwiefern den Daten tatsächlich eine Clusterstruktur zugrunde liegt.

(II) **Prüfung der Homogenität.** Da es nicht nur eine Möglichkeit gibt, Objekte zu Gruppen zusammenzufassen, ist zu überprüfen, inwieweit die Clusterlösung dazu beiträgt, die Homogenität zwischen den Objekten eines Clusters sowie die Heterogenität zwischen den Clustern zu erhöhen.

(III) **Prüfung der Stabilität.** Da beim Clusterverfahren keine eindeutigen Regeln für die Modellspezifikationen, die zu berücksichtigenden Variablen und Objekte bestehen, ist zu überprüfen, ob auch bei Änderung dieser Parameter die Lösung relativ stabil bleibt.

(IV) **Prüfung auf inhaltliche Interpretierbarkeit.** Der Zweck einer Gruppierung besteht darin, bestehende Strukturen offenzulegen. Da dies nur dann möglich ist, wenn die Clusterlösung interpretiert werden kann, ist sie auch unter diesem Aspekt zu überprüfen.

Für die einzelnen Kriterien wurden unterschiedliche Verfahren zu deren Überprüfung entwickelt. Die Fragen, welche dies sind und wie diese angewendet werden können, bilden den Kern der folgenden Ausführungen.

(Ia) Prüfung der Validität – Zufallstestung des Verschmelzungsschemas[365]

Die Prüfung der Validität der Clusterstruktur erfolgte durch das von Lathrop/Williams (1989) entwickelte Verfahren der Zufallstestung des Verschmelzungsschemas. Mit

---

[364] Vgl. Bacher (2004), S. 42, Bortz (2005), S. 580–584 und Bacher (1996), S. 17–19.
[365] Da es mehrere Verfahren zur Prüfung der Validität gibt, von denen in dieser Arbeit zwei benannt werden, sollen diese mit Ia und Ib bezeichnet werden.

diesem Verfahren wird überprüft, ob in den Daten tatsächlich eine Clusterstruktur vorliegt.

Ausgangspunkt für dieses Testverfahren ist die Erstellung einer Zufallsdatenmatrix. Dazu werden auf der Basis empirischer Verteilungskennwerte der Variablen (Mittelwert und Standardabweichung) sowie der Annahme, dass die Objekte in den Variablen normal verteilt sind, für jede Variable eines Objektes zufällige Daten ermittelt. Für diese Zufallsdatenmatrix wird anschließend eine Clusteranalyse durchgeführt und das Verschmelzungsschema gespeichert. Die Erstellung einer Zufallsdatenmatrix sowie die Durchführung einer Clusteranalyse werden hinreichend oft wiederholt.[366] Es wird dann geprüft, ob sich das empirisch ermittelte Verschmelzungsniveau der zu prüfenden Clusterlösung signifikant von den Clusterlösungen auf der Basis von Zufallsdaten unterscheidet. Ist dies der Fall, so kann auf das Vorliegen einer Clusterstruktur in den untersuchten Daten geschlossen werden.[367]

(Ib) Prüfung der Validität – Signifikanztest der Merkmalsvariablen

Ein weiterer Test zur Überprüfung der Validität ist der Signifikanztest der Merkmalsvariablen. Mit diesem Test wird überprüft, ob die Merkmalsvariablen einen Beitrag zur Trennung der Cluster leisten.

Die Überprüfung erfolgt für jede Variable durch die Berechnung von Wilks' Lambda, das dem Quotienten aus der Summe der Streuungsquadratsummen in den Clustern und der Gesamtstreuungsquadratsumme einer Variablen Y mit

$$\Lambda = \frac{\sum_{k=1}^{K}\sum_{g \in k}(Y_{g,k} - \overline{Y}_k)^2}{\sum_{g=1}^{G}(Y_g - \overline{Y})^2}$$

entspricht. Je geringer der Wert für Wilks' Lambda ist, desto stärker ist der Beitrag einer Merkmalsvariablen bei der Trennung der Cluster. Die Prüfung auf Signifikanz erfolgt durch Anwendung des F-Tests.

---

[366] Der Prozess sollte so oft wiederholt werden, bis sich die Mittelwerte der Verschmelzungsschemata nur noch minimal ändern. Als Richtgröße gelten 20 bis 100 Wiederholungen (vgl. Bacher (1996), S. 251).

[367] Vgl. Bacher (1996), S. 250–252.

(IIa) Prüfung der Homogenität – Gamma-Test der Objektzuordnung[368]

Mit dem Gamma-Test der Objektzuordnung wird geprüft, ob die Zuordnung der Objekte zu Clustern den empirischen Daten angemessen ist. Dazu wird die Anzahl von übereinstimmenden U^+ und nicht übereinstimmenden U^- Objektpaaren ermittelt. Übereinstimmend ist ein Objektpaar, wenn die Unähnlichkeiten zu den Objektpaaren innerhalb eines Clusters kleiner sind als zu den Objektpaaren außerhalb eines Clusters. Dementsprechend gilt ein Objektpaar als nicht übereinstimmend, wenn die Unähnlichkeiten innerhalb eines Clusters größer sind als außerhalb eines Clusters. Aus der Anzahl der übereinstimmenden und nicht übereinstimmenden Objektpaare wird der Gamma-Koeffizient mittels der Formel $\Gamma = \dfrac{U^+ - U^-}{U^+ + U^-}$ berechnet. Der Wert, ab dem der Gamma-Koeffizient hoch genug ist, d. h. die Zuordnung der Objekte zu Clustern den empirischen Daten angemessen ist, wird bei Bacher (1996) mit 0,65 angegeben.[369]

Zur Prüfung des Gamma-Koeffizienten auf Signifikanz haben Jain/Dubes (1988) die Teststatistik $z(\Gamma) = G \cdot \Gamma - 1{,}8\ln(G)$ entwickelt, wobei G die Anzahl der Objekte bezeichnet. Ist $z(\Gamma) > 2$, kann Gamma mit einer Wahrscheinlichkeit von 95 Prozent als signifikant betrachtet werden.[370]

(IIb) Prüfung der Homogenität – Test des Homogenitätsindex

Eine Clusterlösung ist homogen, wenn die Homogenität in den Clustern im Vergleich zur Homogenität zwischen den Clustern höher ist. Das heißt, dass auch die Unähnlichkeiten zwischen den Objekten in den Clustern geringer sind als zwischen den Objekten außerhalb der Cluster. Genau dieses Verhältnis wird durch den Homogenitätsindex erfasst.

---

[368] Da es auch mehrere Verfahren zur Prüfung der Homogenität gibt, von denen in dieser Arbeit zwei herangezogen werden, sollen diese mit IIa und IIb bezeichnet werden.
[369] Vgl. Bacher (1996), S. 243–245.
[370] Vgl. Jain/Dubes (1988).

Zur Berechnung dieses Indexes wird die durchschnittliche Unähnlichkeit in einem Cluster k mit $\overline{U\!\ddot{A}}^{in}_{k} = \left(\sum_{g \in k} \sum_{g^* \in k; g^* > k} U\!\ddot{A}_{g,g^*}\right) / (G_k \cdot (G_k - 1)/2)$ und zwischen den Clustern k und k^* durch k mit $\overline{U\!\ddot{A}}^{in}_{k} = \left(\sum_{g \in k} \sum_{g^* \in k; g^* > k} U\!\ddot{A}_{g,g^*}\right) / (G_k \cdot (G_k - 1)/2)$ für jedes der K-Cluster berechnet. Aus den Werten für jedes Cluster werden anschließend die Durchschnittswerte aller Cluster ermittelt. Die durchschnittliche Unähnlichkeit in allen Clustern wird daher mit der Formel $\overline{U\!\ddot{A}}^{in}_{K} = \left(\sum_{k=1}^{K} \overline{U\!\ddot{A}}^{in}_{k}\right) / K$ berechnet, die durchschnittliche Unähnlichkeit zwischen den Clustern wird berechnet mit der Formel $\overline{U\!\ddot{A}}^{zw}_{K} = \left(\sum_{k=1}^{K} \sum_{k^* > k}^{K} \overline{U\!\ddot{A}}_{k,k^*}\right) / (K \cdot (K-1)/2)$. Zur Charakterisierung der Unähnlichkeit wird der Quotient aus der durchschnittlichen Unähnlichkeit in den Clustern und zwischen den Clustern gebildet durch $H_K = \dfrac{\overline{U\!\ddot{A}}^{in}_{K}}{\overline{U\!\ddot{A}}^{zw}_{K}}$.[371]

(III) Prüfung der Stabilität – Rand-Test der Modellparameter

Ob es sich bei der gewählten Clusterlösung um eine stabile Lösung handelt, kann durch weitere Clusteranalysen mit veränderten Modellparametern überprüft werden. Ob sich die neuen Lösungen von der zu testenden Lösung unterscheiden, kann mittels des Rand-Indexes bestimmt werden. Der Rand-Index berechnet sich nach folgender Formel: $Rand(CL_1, CL_2) = \dfrac{2}{n \cdot (n-1)} \sum_{g_1} \sum_{g_2 > g_1} r_{g_1, g_2}$. Die Variable r_{g_1, g_2} ist gleich eins, wenn die Objekte g_1 und g_2 in den beiden Clusterlösungen CL_1 und CL_2 entweder demselben Cluster angehörten oder unterschiedlichen Clustern zugeordnet waren. Überschreitet der Rand-Index den Schwellenwert von 0,7, gilt die Übereinstimmung zwischen beiden Lösungen als ausreichend.[372]

(IV) – Prüfung auf inhaltliche Interpretierbarkeit

Zur Prüfung der inhaltlichen Interpretierbarkeit gibt es kein spezifisches Testverfahren. Inwiefern eine Lösung interpretiert werden kann, hängt einerseits von den Er-

---

[371] Vgl. Bacher (1996), S. 254–256.
[372] Vgl. Rand (1971), Fraboni/Saltstone (1992), S. 603–621 und Bacher (1996), S. 278.

gebnissen der Clusteranalyse, andererseits vom Untersuchungskontext ab. So ist es möglich, dass dieselbe Clusterlösung in Bezug auf die eine Fragestellung interpretiert und in Bezug auf eine andere Fragestellung nicht interpretiert werden kann. Da diese Prüfung eng mit der inhaltlichen Interpretation der Clusterlösung in der zweiten Phase der Clusteranalyse verbunden ist, kann auch erst dort abschließend getestet werden, ob die inhaltliche Interpretierbarkeit gegeben ist.

Damit unterscheidet sich die inhaltliche Interpretation von den anderen Testverfahren, da sie nicht vor, sondern erst während der Interpretation der Clusterergebnisse erfolgt. Um dennoch die Bedeutung des Tests auf inhaltliche Interpretierbarkeit herauszustellen, wurde er explizit im Rahmen der Testverfahren mit aufgeführt.

4.4.2 Phase II – Die inhaltliche Interpretation der Clusterlösung

Während das Ziel der ersten Phase der Clusteranalyse darin bestand, Clusterstrukturen in den empirischen Daten aufzudecken und zu beschreiben, geht es in der zweiten Phase darum, die Clusterlösung zu interpretieren. Die Beschreibung des Vorgehens der Interpretation bildet den Kern des ersten Abschnitts (4.4.2.1). Im weiteren Verlauf werden diejenigen statistischen Methoden erläutert, mit denen erstens signifikante Gruppenunterschiede aufgedeckt (Abschnitt 4.4.2.2) und zweitens die Richtung sowie das Ausmaß dieser Unterschiede beschrieben werden können (Abschnitt 4.4.2.3).

4.4.2.1 Vorgehen bei der inhaltlichen Interpretation

Das Ziel der inhaltlichen Interpretation der Clusterlösung besteht nicht nur darin, die Cluster zu beschreiben, sondern auch darin, Ursachen für das Auftreten bestimmter Typen zu benennen. In der hier vorliegenden Arbeit soll insbesondere der Vermutung nachgegangen werden, inwieweit die Branche und die darin wirkenden Kräfte mit dem Auftreten bestimmter Typen des internationalen Wachstums in Verbindung gebracht werden können.

Wie bereits in Kapitel 2 und Abschnitt 3.1 erläutert, gibt es bisher keine theoretische oder empirische Arbeit, die sich explizit mit dieser Thematik beschäftigt hat. Aus diesem Grund wurde ein Modell verwendet – das IR-Schema – auf dessen Basis zumindest Vermutungen über den Zusammenhang zwischen der Branche und dem internationalen Wachstum von Unternehmen abgeleitet werden können. Ausgehend vom IR-Schema wurden unter Beachtung von Branchenkräften Vermutungen über die Existenz sowie über Merkmale bestimmter Wachstumstypen angestellt.[373] Im Rahmen der Interpretation soll überprüft werden, ob sich die auf Basis des IR-Schemas vermuteten Wachstumstypen in den empirischen Typen wiederfinden lassen. Zu diesem Zweck werden die Merkmale der vermuteten und der empirischen Typen miteinander verglichen.

Der Vergleich der Merkmale der vermuteten und der empirischen Typen erfolgt in zwei Schritten. Zunächst wird überprüft, ob die einzelnen Merkmale, die die Typen des internationalen Wachstums theoretisch voneinander abgrenzen, auch in den empirischen Daten für die Unterscheidung der Cluster relevant sind. Diese Überprüfung geschieht durch den im Abschnitt 4.4.2.2 beschriebenen Test zur Signifikanz der Gruppenunterschiede.

Wenn als gesichert gilt, dass sich die identifizierten Cluster in Bezug auf ein Merkmal signifikant unterscheiden, können diese Merkmale mit den Merkmalen der vermuteten Typen verglichen werden. Um einen sinnvollen Abgleich zwischen den vermuteten und empirischen Merkmalen zu ermöglichen, ist es jedoch notwendig, die absoluten Merkmalsausprägungen eines Clusters anhand der untersuchten Grundgesamtheit zu kalibrieren. Nur so ist es z. B. möglich, einen durchschnittlichen Korrelationskoeffizienten von 0,5 in einem Cluster richtig einzuordnen. Beträgt der durchschnittliche Korrelationskoeffizient aller Unternehmen z. B. nur 0,2, kann der Koeffizient von 0,5 als relativ hoch bezeichnet werden; bei einem Durchschnitt von 0,8 eher als relativ niedrig. Um die dargestellten Probleme zu vermeiden, werden die Merkmalswerte nicht direkt miteinander verglichen, sondern lediglich, wie im Abschnitt 4.4.2.3 beschrieben, die Richtung und das Ausmaß der Gruppenunterschiede.

---

[373] Vgl. dazu die Ausführungen im Abschnitt 3.3.

4.4.2.2 Test auf Signifikanz der Gruppenunterschiede

Im Abschnitt 4.4.1.8 wurde bereits erläutert, dass mittels Wilks' Lambda und des F-Tests geprüft werden kann, ob die einzelnen Merkmale des internationalen Wachstums einen Beitrag zur Trennung der Cluster leisten. Für einen positiven F-Test ist es ausreichend, wenn sich die Merkmale mindestens zwischen zwei Clustern signifikant unterscheiden. Dies kann jedoch zu Fehlinterpretationen einiger Cluster führen. Werden beispielsweise in einem Cluster Unternehmen mit sehr hohem und in einem anderen Cluster Unternehmen mit sehr niedrigem Umsatzwachstum gruppiert, wird das Unternehmenswachstum insgesamt als trennendes Merkmal ausgewiesen. Dies ändert sich auch dann nicht, wenn in einem dritten Cluster Unternehmen mit völlig unterschiedlichen Wachstumsraten gruppiert werden. Um Fehlinterpretationen einzelner Cluster zu vermeiden, ist es daher erforderlich, die Merkmale, die zur Trennung und damit zur Charakterisierung jedes einzelnen Clusters beitragen, zu kennen.

Verfahren, mit denen die Bedeutung der Merkmalsvariablen für jedes einzelne Cluster überprüft werden kann, sind die multiplen Vergleiche im Rahmen der einfaktoriellen Varianzanalyse (ANOVA). Bei diesem Verfahren werden die Mittelwertdifferenzen bezogen auf eine Merkmalsvariable aller möglichen Cluster miteinander verglichen und auf signifikante Unterschiede überprüft.[374] Eine Merkmalsvariable leistet genau dann einen Beitrag zur Charakterisierung eines Clusters, wenn sich ihr Mittelwert mindestens von einem anderen Cluster signifikant unterscheidet.

Zur Durchführung der multiplen Vergleiche gibt es unterschiedliche Testverfahren. Am besten geeignet erscheint der Tamhane-Test, da dieser erstens auch bei unterschiedlich großen Clustern exakte Ergebnisse liefert, und zweitens keine Gleichheit der Varianzen in den Clustern voraussetzt.[375]

---

[374] Im Unterschied zum T-Test, der ebenfalls Mittelwertunterschiede auf Signifikanz überprüft, werden bei der einfaktoriellen Varianzanalyse andere Wahrscheinlichkeiten für die Berechnung der Signifikanz herangezogen (vgl. Janssen/Laatz (2003), S. 331).

[375] Wie sich später noch zeigen wird, ist für die berechnete Clusterlösung das Kriterium der Varianzengleichheit nicht erfüllt (vgl. Anhang XVI und Janssen/Laatz (2003), S. 329–326).

4.4.2.3 Vergleich von Richtung und Ausmaß der Gruppenunterschiede

Nachdem erläutert wurde, wie die zur Charakterisierung eines Clusters relevanten Merkmale identifiziert werden können, soll nun beschrieben werden, wie die eigentliche Charakterisierung eines Clusters anhand dieser Merkmale und der Abgleich mit den vermuteten Clustereigenschaften erfolgen können.

Wie bereits im Abschnitt 4.4.2.1 erläutert, ist es nicht sinnvoll, Merkmale der Cluster direkt miteinander zu vergleichen. Zielführender ist es, die Merkmalsausprägungen in Relation zu anderen Clustern oder zum Durchschnitt aller Objekte zu betrachten.[376] Eine solche Betrachtung lässt sich auch leichter mit den Vermutungen über die Eigenschaften bestimmter Cluster abgleichen, da es nicht auf die absolute, sondern nur auf die relative Höhe der Merkmalsausprägung ankommt.

Dieses Vorgehen hat zudem den Vorteil, dass die relativen Unterschiede nicht mehr hinsichtlich ihrer Signifikanz geprüft werden müssen, da dies bereits durch die im vorigen Abschnitt beschriebenen Verfahren der einfaktoriellen Varianzanalyse erfolgt ist.

Ein relativer Vergleich ermöglicht es zudem, nicht nur die einzelnen Merkmale isoliert zu betrachten, sondern ganze Merkmalsprofile miteinander zu vergleichen. Dazu können für jedes Merkmal die Abweichungen vom Mittelwert des jeweiligen Merkmals herangezogen werden. Eine unterschiedliche Skalierung der Merkmale wird durch die im Abschnitt 4.4.1.5 erläuterte Z-Transformation ausgeglichen. Die Mittelwerte für alle Merkmale tragen nach der Z-Transformation einheitlich den Wert 0 mit einer Standardabweichung von 1.

---

[376] Ein ähnliches Vorgehen ist z. B. zu finden bei Delmar et al. (2003), S. 204–208, Gerybadze/Stephan (2003), S. 24–37, oder Harzing (2000), S. 113–116.

5 Empirische Ergebnisse

Nachdem im vorangegangenen Kapitel das empirische Vorgehen ausführlich erläutert wurde, werden im Folgenden die Ergebnisse der Analysen vorgestellt. Um einen Überblick über die verwendete Datenbasis zu gewinnen, wird diese zunächst beschrieben (Abschnitt 5.1). Im darauf folgenden Abschnitt wird überprüft, erstens, ob den empirischen Daten eine Clusterstruktur zugrunde liegt, zweitens, in wie viele Gruppen die Objekte zusammengefasst werden können und drittens, durch welche Merkmale die einzelnen Gruppen charakterisiert werden (Abschnitt 5.2). Im Abschnitt 5.3 erfolgt die inhaltliche Interpretation der Clusterlösung. Dazu wird überprüft, inwieweit die gefundene Lösung signifikant ist und den im Abschnitt 3.3 abgeleiteten Wachstumstypen entspricht. Die Zusammenfassung und Bewertung der empirischen Ergebnisse erfolgt im letzten Abschnitt (5.4).

5.1 Deskriptive Auswertung der Datenbasis

Bevor in den nächsten Abschnitten die Wachstumsdaten der Unternehmen mittels der Clusteranalyse untersucht und interpretiert werden, soll im Folgenden zunächst ein Überblick über die der Untersuchung zugrunde liegende Datenbasis verschafft werden. Dies geschieht wie folgt: Zunächst wird ein Überblick über die verwendete Datenbasis gegeben (Abschnitt 5.1.1); anschließend wird detailliert auf die Bestimmungsfaktoren des internationalen Wachstums eingegangen (Abschnitt 5.1.2) – Ziel ist es, ein Verständnis für die absolute Größe der Faktoren und die Verteilung in der Grundgesamtheit der Daten zu schaffen. Im letzten Abschnitt wird der Frage nachgegangen, inwieweit die externen Kontextfaktoren Einfluss auf die Bestimmungsfaktoren haben (Abschnitt 5.1.3).

5.1.1 Allgemeiner Überblick über die Datenbasis

Die Grundlage dieser Untersuchung bilden die Umsatz-, Vermögens- und Mitarbeiterzahlen von 75 Unternehmen.[377] Wie oben bereits erläutert, wurden die Unternehmen mit dem größten Vermögen im Ausland für die Analyse selektiert. Dies ist auch der Grund dafür, dass der durchschnittliche jährliche Umsatz der betrachteten Unternehmen mit einer Summe von US$ 4.494 Mrd. einen Anteil von durchschnittlich 15 Prozent am weltweiten Bruttoinlandsprodukt des jeweiligen Jahres hat. Dieser Anteil hat sich jedoch im betrachteten Zeitraum von 20 Prozent im Jahr 1990 auf elf Prozent im Jahr 2005 nahezu halbiert.[378] Die umsatzstärksten Unternehmen kommen aus der Industrie – und zwar aus der Automobilbranche und der Erdölwirtschaft. So führt Exxon Mobil Corp. die Liste mit einem durchschnittlichen Jahresumsatz von US$ 173 Mrd. an, gefolgt von General Motors Corp. mit US$ 166 Mrd. Die kleineren Unternehmen weisen einen Umsatz von durchschnittlich US$ 10 Mrd. p. a. aus.

Analog dem Umsatz kommen auch die Unternehmen mit dem größten Vermögen aus der Automobilbranche und der Erdölwirtschaft. Nur an der Spitze steht mit General Electric Company ein Unternehmen mit dem Schwerpunkt der Aktivitäten in Maschinenbau und Elektrotechnik. Insgesamt verfügten die hier betrachteten Unternehmen im Betrachtungszeitraum über ein Vermögen von US$ 4.333 Mrd. Davon entfiel auf General Electric Company ein Vermögen von US$ 400 Mrd., während die kleineren Unternehmen im Durchschnitt auf ein Vermögen von US$ 16 Mrd. kamen.

In den betrachteten 75 Unternehmen arbeiten 10,5 Millionen Menschen; der größte Anteil ist für Unternehmen der Automobilbranche tätig: Spitzenreiter mit 521 Tausend Beschäftigten ist General Motors Corp. Daneben zählen aber vor allem Unternehmen mit einem hohen Dienstleistungsanteil – beispielsweise McDonalds Inc. oder Carrefour S.A. – zu den mitarbeiterreichsten Unternehmen.

---

[377] Es ist zu beachten, dass die 75 Unternehmen auch evtl. Ausreißer enthalten, die erst in den folgenden Abschnitten identifiziert werden.
[378] The-World-Bank (2010). Ein möglicher Grund für diese Reduktion ist u. a. die zunehmende Bedeutung von Dienstleistungsunternehmen, die aufgrund ihrer geringen Vermögensbindung die Auswahlkriterien der UNCTAD nicht erfüllen. Vgl. Kutschker/Schmid (2006), S. 147.

Neben den oben beschriebenen Umsatz-, Vermögens- und Mitarbeiterzahlen ist außerdem von Bedeutung, welcher Anteil davon jeweils auf das Ausland entfällt.

Im Durchschnitt beträgt der Anteil des Vermögens im Ausland der Unternehmen 53 Prozent, an den Mitarbeitern 55 Prozent und am Umsatz 61 Prozent. Der hohe Anteil des Umsatzes im Ausland kann mit der Exporttätigkeit der Unternehmen erklärt werden. Bei dieser Markteintritts- und Marktbearbeitungsstrategie werden die im Ausland abgesetzten Güter auf der Basis inländischer Produktionsmittel – Mitarbeiter und Vermögen – erstellt. Hieraus lässt sich schlussfolgern, dass der Export auch bei großen und bereits relativ lange im Ausland aktiven Unternehmen weiterhin eine bedeutende Rolle spielt. Inwiefern sich dies für verschiedene Branchen unterscheidet, wird im Rahmen der Clusteranalyse noch untersucht.

Des Weiteren ist auch der Anteil ausländischer Mitarbeiter höher als der Auslandsanteil des Vermögens. Der Grund hierfür könnte sein, dass zum einen Kostenvorteile bei Mitarbeiterverlagerungen stärker ins Gewicht fallen als die Verlagerung des Vermögens ins Ausland.[379] Zum anderen ist bei bestimmten Gütern eine Verlagerung von Mitarbeiterressourcen ins Ausland zwingend notwendig. Daher gehören auch die Hersteller von Nahrungsmitteln (z. B. Nestlé S.A., Coca-Cola Company) sowie Verlage und Rundfunkunternehmen (z. B. News Corporation Ltd.) zu den Unternehmen mit dem höchsten Auslandsanteil hinsichtlich aller drei genannten Größen.

Wie bereits erläutert, wurden die 75 untersuchten Unternehmen entsprechend der ersten und zweiten Ebene der SIC-Branchencodes zwölf verschiedenen Branchen zugeordnet.[380] Die meisten der untersuchten Unternehmen kommen aus der Automobilbranche (11), der chemischen Industrie (10) und der Rohstoffindustrie (10). Ein detaillierter Überblick über die Branchenverteilung ist in Anhang VI zu finden. Neben der Branche wurden auch die Herkunftsländer erfasst. Die untersuchten Unternehmen stammen aus insgesamt zwölf Ländern. Die meisten Unternehmen kommen aus den USA (18), Japan (14) und Frankreich (10). Ein detaillierter Überblick über die Länderverteilung ist ebenfalls in Anhang VI zu finden.

---

[379] Kostenvorteile bei der Verlagerung von Vermögen (z. B. Betriebsstätten, Produktionsanlagen) können z. B. durch geringere Sicherheits- oder Umweltanforderungen entstehen.
[380] Die zweite Ebene wurde dann gewählt, wenn die erste Ebene zu undifferenziert war. Dies trifft insbesondere für die Fertigungsunternehmen zu.

Nach diesem allgemeinen Überblick über die Datenbasis folgt in den nächsten beiden Abschnitten eine systematische Auswertung der Bestimmungsfaktoren und der externen Kontextfaktoren des internationalen Wachstums.

5.1.2 Deskriptive Auswertung der Bestimmungsfaktoren

Ziel dieses Abschnittes ist es, Transparenz über die absolute Größe der Bestimmungsfaktoren zu schaffen. Dazu werden die Verteilungsmerkmale wie Mittelwerte und Standardabweichungen ausgewertet und es wird auf Besonderheiten in Bezug auf einzelne Branchen oder Länder eingegangen.

5.1.2.1 Die Wachstumsrate

Wie im Abschnitt 4.3.1 erläutert, werden durch die Wachstumsrate relative Veränderungen des Vermögens, der Mitarbeiterzahl und des Umsatzes jeweils im Inland und Ausland bestimmt. Bezogen auf den Umsatz lag das Wachstum der betrachteten Unternehmen im Untersuchungszeitraum sowohl im Inland (mit -0,3 Prozent) als auch im Ausland (mit 3,1 Prozent) unter dem Wachstum des weltweiten Bruttoinlandsprodukts von 4,1 Prozent.[381] Mögliche Ursache für das im Vergleich zum weltweiten Bruttoinlandsprodukt geringe Umsatzwachstum sind die Auswahlkriterien der UNCTAD. Wie im Abschnitt 2.1.2.4 erläutert, ist die Wachstumsrate negativ mit der Unternehmensgröße korreliert. Da jedoch für die Untersuchung die weltweit größten Unternehmen selektiert wurden, ist ihre Wachstumsrate dementsprechend unterdurchschnittlich. Des Weiteren erfolgte die Auswahl der Unternehmen durch die UNCTAD auf der Basis des Vermögens. Dies hat den bereits oben erläuterten Effekt, dass Industrieunternehmen aufgrund ihrer größeren Vermögensbindung im Vergleich zu Dienstleistungsunternehmen häufiger den Auswahlkriterien der UNCTAD entsprechen. Dies hat zur Folge, dass mit den Dienstleistungsunternehmen ein Wirtschafts-

---

[381] Vgl. The-World-Bank (2010).

sektor mit zunehmender Bedeutung und überdurchschnittlichem Wachstum in den ausgewählten Unternehmen unterrepräsentiert ist.[382]

Nach der Betrachtung des Umsatzwachstums wird im Folgenden die Entwicklung der Inputfaktoren Mitarbeiter und Vermögen beschrieben.

Wie in Abb. 40 dargestellt, fällt im Vergleich zum Umsatz auf, dass das Wachstum des Vermögens sowohl im Inland als auch im Ausland größer ist. Im Gegensatz dazu ist das Wachstum des zweiten Inputfaktors – der Mitarbeiter – geringer als das Umsatzwachstum. Dies deutet darauf hin, dass sich die durchschnittliche Produktionsfunktion der betrachteten Unternehmen verändert haben muss. Während der Kapitaleinsatz gestiegen ist, hat sich der Bedarf an Mitarbeitern weniger stark erhöht bzw. sogar reduziert. Dies erscheint insofern nachvollziehbar, als u. a. aufgrund der technischen Entwicklung manuelle Tätigkeiten automatisiert werden konnten und durch die Steigerung der Effizienz Mitarbeiter eingespart werden können.[383] Inwieweit dieser Effekt für alle oder nur für einige Branchen zutrifft, wird im Rahmen der Clusteranalyse noch vertiefend untersucht werden.

Durchschnittliche Wachstumsrate aller Unternehmen			
	Mittelwert	Standardabweichung	Varianz
Wachstumsrate des Umsatzes im Ausland	3,1 %	0,063	0,004
Wachstumsrate des Vermögens im Ausland	5,9 %	0,064	0,004
Wachstumsrate der Mitarbeiterzahl im Ausland	2,5 %	0,059	0,003
Wachstumsrate des Umsatzes im Inland	-0,3 %	0,068	0,005
Wachstumsrate des Vermögens im Inland	1,9 %	0,073	0,005
Wachstumsrate der Mitarbeiterzahl im Inland	-1,7 %	0,069	0,005

Abb. 40: Durchschnittliche Wachstumsrate aller betrachteten Unternehmen.

Ein weiterer Aspekt, der bei der Betrachtung der Wachstumsraten in Abb. 40 deutlich wird, ist das unterschiedliche Wachstum im Inland und im Ausland. So wachsen alle drei Faktoren im Ausland stärker als im Inland – ein Aspekt, der im folgenden Abschnitt noch weiter vertieft wird.

---

[382] Vgl. Kutschker/Schmid (2006), S. 147.
[383] Verwiesen sei auf die Effekte der Lernkurve. Vgl. Kutschker/Schmid (2006), S. 427.

5.1.2.2 Die Wachstumsstärke

Wie im Abschnitt 4.3.2 erläutert, beschreibt die Wachstumsstärke das Verhältnis zwischen dem Wachstum im Inland und im Ausland. Sie ist dementsprechend als Quotient aus der Wachstumsrate im Inland und Ausland definiert. Ein Überblick über die durchschnittliche Wachstumsstärke aller Unternehmen ist in Abb. 41 dargestellt.

Durchschnittliche Wachstumsstärke aller Unternehmen			
	Mittelwert	Standard-abweichung	Varianz
Wachstumsstärke des Umsatze	2,85	17,46	304,69
Wachstumsstärke des Vermögens	1,56	9,50	90,33
Wachstumsstärke der Mitarbeiterzahl	-0,09	3,54	12,53

Abb. 41: Durchschnittliche Wachstumsstärke aller betrachteten Unternehmen.

Ein Nachteil der hier abgebildeten Wachstumsstärken ist, dass sie allein betrachtet immer mehrere Interpretationen zulassen. So kann z. B. die Wachstumsstärke des Umsatzes von zwei bedeuten, dass der Auslandsumsatz doppelt so schnell wächst wie der Inlandsumsatz, oder aber, dass der Auslandsumsatz doppelt so schnell sinkt wie der Inlandsumsatz. Um die Interpretation der Wachstumsstärke zu vereinfachen, wurden in Abb. 42 die Unternehmen entsprechend ihrer Wachstumsstärke und dem „Vorzeichen" des Wachstums im Inland und Ausland gruppiert.

Bevor die Ergebnisse zur durchschnittlichen Wachstumsstärke erläutert werden, wird zunächst die Abb. 42 erläutert. In der Abb. 42 sind die Unternehmen entlang von zwei Dimensionen gruppiert. Auf der X-Achse sind die Unternehmen nach dem Betrag der Wachstumsstärke gruppiert. Hier wird unterschieden, ob der Betrag der Wachstumsstärke größer oder kleiner ist als eins – d. h., ob der absolute Betrag des Wachstums im Ausland größer oder kleiner ist als im Inland. Auf der Y-Achse sind die Unternehmen nach dem Vorzeichen der Wachstumsstärke gruppiert. Es wird in einem ersten Schritt unterschieden, ob die Wachstumsstärke positiv oder negativ ist, und in einem zweiten Schritt, ob das Wachstum im Inland bzw. Ausland positiv oder negativ ist. Dies ist erforderlich, da die Wachstumsstärke mit positiven Vorzeichen nur auf gleichgerichtetes Wachstum hinweist, dieses aber im Inland und Ausland sowohl positiv als auch negativ ausfallen kann. Ebenso deutet eine negative Wachstumsstärke auf unterschiedliche Vorzeichen beim inländischen und ausländischen Wachstum hin; welche der beiden Größen positiv bzw. negativ ist, lässt sich jedoch nicht ableiten. Für eine bessere Verständlichkeit sind die unterschiedlichen Felder farbig markiert. Für Unternehmen in den blau markierten Feldern steigt der Auslandsanteil der jeweiligen Größe, bei Unternehmen in den rot markierten Feldern sinkt der Auslandsanteil.

Im folgenden Abschnitt werden die in Abb. 42 dargestellten Ergebnisse der Wachstumsstärke erläutert. Bei der Wachstumsstärke des Umsatzes fällt auf, das nur 33 der betrachteten 75 Unternehmen sowohl im Inland als auch im Ausland gewachsen sind und dass der Umsatz von 15 Unternehmen im Inland und im Ausland rückläufig war. Auch wenn im vorangegangenen Abschnitt bereits auf ein geringes durchschnittliches Wachstum der betrachteten Unternehmen hingewiesen wurde, so überrascht die Heterogenität der Wachstumsverteilung dennoch. Deutlich wird diese Heterogenität auch durch die hohe Standardabweichung der Wachstumsstärke. Inwiefern die Branche eine mögliche Ursache für diese Heterogenität ist, wird im Rahmen der Clusteranalyse untersucht.

Auch wenn das Wachstum des Umsatzes, wie oben beschrieben, nur relativ gering ausfällt, so wird dieses geringe Wachstum wesentlich durch das Wachstum im Ausland getragen. Dies wird dadurch deutlich, dass bei der überwiegenden Anzahl der Unternehmen der Umsatz im Ausland stärker wächst als im Inland bzw. der Umsatz im Inland stärker zurückgeht als im Ausland – dies trifft auf 57 Unternehmen in den blauen Feldern zu. Dementsprechend stieg auch der Auslandsanteil des Umsatzes zwischen 1990 und 2005 von 56 auf 64 Prozent.

Die Wachstumsstärke der Mitarbeiterzahlen ist leicht negativ, was darauf schließen lässt, dass das Wachstum der Mitarbeiterzahl im In- und Ausland häufig gegensätzlich verläuft. Das heißt zunächst, dass entweder die Anzahl der Mitarbeiter im Ausland wächst und im Inland zurückgeht, oder dass die Anzahl der Mitarbeiter im Ausland zurückgeht und im Inland wächst. Da der Anteil der Mitarbeiter im Ausland aber von 49 auf 59 Prozent stieg, kann davon ausgegangen werden, dass die Mitarbeiterzahlen im Ausland wachsen und im Inland sinken. Diese Beobachtung deckt sich im Wesentlichen auch mit der Verteilung der Unternehmen, wie sie in Abb. 41 dargestellt ist. So wächst bei 26 Unternehmen die Anzahl der Mitarbeiter im Ausland, während gleichzeitig ein Abbau der Mitarbeiter im Inland erfolgt. Es fällt aber auch auf, dass bei 17 Unternehmen die Mitarbeiterzahlen im Inland und Ausland rückläufig sind, wobei der Abbau im Inland deutlich stärker als im Ausland ist. Auf der anderen Seite gibt es aber nur relativ wenige Unternehmen, bei denen sowohl die Mitarbeiteranzahl im Ausland als auch im Inland wächst – genau genommen 21 Unternehmen.

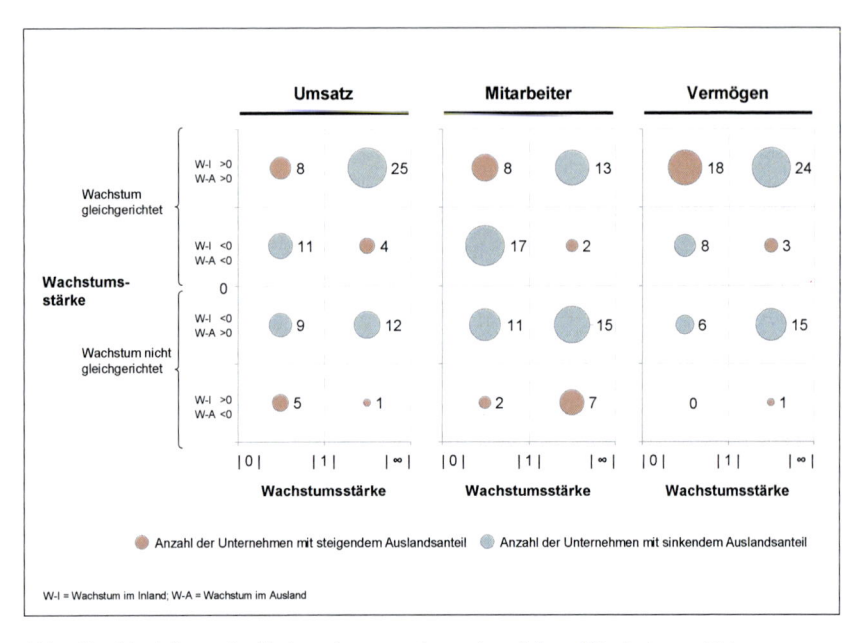

Abb. 42: Verteilung der Unternehmen entsprechend ihrer Wachstumsstärke.

Hinsichtlich des Vermögens ist die Wachstumsstärke positiv und größer als eins. Dies hat zur Folge, dass auch der Auslandsanteil des Vermögens im Durchschnitt von 45 auf 58 Prozent am deutlichsten gestiegen ist. Im Unterschied zu den Mitarbeitern erfolgte die Ausweitung der Auslandsaktivitäten jedoch weniger stark zulasten des Inlands.

Abschließend lässt sich zur Wachstumsstärke noch festhalten, dass die Verteilungsgrößen wie die Standardabweichung und die Varianz sehr hoch sind (vgl. Abb. 41) sowie die Verteilung der Unternehmen in der Verteilungsmatrix sehr heterogen ist.

Dies ist bereits ein erster Hinweis darauf, dass es gerade bei der vergleichenden Betrachtung von ausländischem und inländischem Wachstum größere Unterschiede zwischen den Unternehmen gibt als bei der undifferenzierten Betrachtung des gesamten Wachstums.

5.1.2.3 Die Faktorkorrelation

Durch die Faktorkorrelation wird bestimmt, inwieweit ein Zusammenhang zwischen Wachstumsindikatoren besteht. Wie die Korrelationen berechnet werden, wurde im Abschnitt 4.3.3 bereits ausführlich erläutert. Einen Überblick über die durchschnittlichen Faktorkorrelationen aller Unternehmen gibt die Abb. 43.

Die stärkste Korrelation besteht zwischen dem Umsatz im Ausland und den ausländischen Input-Faktoren Mitarbeiter und Vermögen. Weniger stark ist hingegen der vergleichbare Zusammenhang zwischen den inländischen Input- und Output-Größen. Eine mögliche Ursache könnte sein, dass insbesondere im Ausland – stärker als im Inland – nur dann die Mitarbeiterzahlen und das Vermögen aufgestockt werden, wenn diese direkt und unmittelbar zur Erzielung von Umsatz erforderlich sind. Im Gegensatz dazu werden eher langfristig orientierte Investitionen in Mitarbeiter und Vermögen eher im Inland erfolgen. Zu beobachten ist dies z. B. bei Automobilunternehmen, wo die wesentliche Entwicklung neuer Modelle im Inland erfolgt, die Produktion aber teilweise ins Ausland verlagert wurde.[384] Es sei aber darauf hingewiesen, dass aufgrund der geringen Unterschiede zwischen den Korrelationsfaktoren dieser Effekt eher gering ist.

Ein größerer Unterschied besteht jedoch in den „Überkreuzkorrelationen", d. h. Input-Faktoren aus dem Inland und Output-Faktoren des Auslandes und vice versa. Insgesamt ist der Zusammenhang bei den „Überkreuzverbindungen" deutlich geringer als bei den oben beschriebenen Korrelationen. Dies könnte zum einen ein Hinweis darauf sein, dass separate Produktionsfunktionen für das Inland und Ausland existie-

---

[384] Es sei darauf hingewiesen, dass es auch hier Ausnahmen gibt. So entwickelt z. B. General Motors einen Teil seiner Modelle durch seine ausländische Tochter Opel in Deutschland.

ren, oder dass es nur eine globale Produktionsfunktion gibt, die nicht nach Ausland und Inland differenziert werden kann.

Des Weiteren sei auch hier darauf hingewiesen, dass die Standardabweichungen relativ groß sind, d. h. bei einer differenzierten Betrachtung der Unternehmen durchaus abweichende Aussagen zu einzelnen Faktoren zu erwarten sind. Diese Betrachtung erfolgt im Rahmen der Clusteranalyse.

	Korrelation zwischen		
	Mittelwert	Standard-abweichung	Varianz
Umsatz im Ausland und Vermögen im Ausland	0,52	0,47	0,22
Umsatz im Ausland und Mitarbeiterzahl im Ausland	0,48	0,41	0,17
Umsatz im Ausland und Vermögen im Inland	0,33	0,48	0,23
Umsatz im Ausland und Mitarbeiterzahl im Inland	0,00	0,54	0,29
Umsatz im Inland und Vermögen im Ausland	0,18	0,48	0,23
Umsatz im Inland und Mitarbeiterzahl im Ausland	0,13	0,47	0,22
Umsatz im Inland und Vermögen im Inland	0,42	0,45	0,20
Umsatz im Inland und Mitarbeiterzahl im Inland	0,33	0,44	0,19

Abb. 43: Korrelationen zwischen den Wachstumsindikatoren.

5.1.2.4 Der Faktorverlauf

Mit dem Faktorverlauf wird beschrieben, ob sich die Wachstumsindikatoren homogen oder heterogen entwickeln. Wie im Abschnitt 4.3.4 erläutert, wird der Faktorverlauf mit einem Konzentrationsmaß gemessen. Je größer das Konzentrationsmaß, das maximal einen Wert von eins erreichen kann, desto heterogener ist der Verlauf des Wachstumsindikators.

Wie in Abb. 44 deutlich wird, sind die durchschnittlichen Konzentrationen der Wachstumsindikatoren sehr heterogen. So beträgt die durchschnittliche Konzentration des Umsatzes im Ausland 0,10. Dies ist ein sehr geringer Wert; insbesondere, da der minimale Wert für die hier betrachteten Unternehmen nicht kleiner als ca. 0,08 werden kann.[385] Bei diesem minimalen Wert würden sich die Wachstumsindikatoren vollständig homogen entwickeln. Daher kann geschlussfolgert werden, dass sich der Umsatz im Inland relativ homogen entwickelt. Im Unterschied dazu ist die Konzentration der Mitarbeiterzahl im Ausland mit einem Wert von 0,18 fast doppelt so hoch, d. h., die Entwicklung verläuft deutlich heterogener. Dies kann z. B. bedeuten, dass es einen „großen Sprung" in der Entwicklung der Mitarbeiterzahlen als Folge einer Akquisition eines anderen Unternehmens gab.

Wachstumsmerkmale aller Unternehmen			
	Mittelwert	Standardabweichung	Varianz
Konzentration des Umsatzes im Ausland	0,10	0,06	0,00
Konzentration des Vermögens im Ausland	0,13	0,07	0,01
Konzentration der Mitarbeiterzahl im Ausland	0,17	0,23	0,06
Konzentration des Umsatzes im Inland	0,12	0,11	0,01
Konzentration des Vermögens im Inland	0,17	0,22	0,05
Konzentration der Mitarbeiterzahl im Inland	0,18	0,13	0,02

Abb. 44: Konzentration der Wachstumsindikatoren.

Beim Vergleich der Konzentrationsmaße ergeben sich zudem nur geringe Unterschiede zwischen den Werten im Inland und Ausland. Es fällt jedoch auf, dass die Entwicklung des Umsatzes im In- und Ausland deutlich homogener verläuft als die Mitarbeiterzahl- und Vermögensentwicklung. Da mögliche Ursachen für diesen Effekt auf dieser aggregierten Ebene jedoch nicht abgeleitet werden können, werden diese Effekte im Rahmen der Clusteranalyse analysiert.

5.1.3 Deskriptive Auswertung der externen Kontextfaktoren

Nachdem im vorangegangenen Abschnitt der Schwerpunkt auf den Bestimmungsfaktoren lag, stehen die Kontextfaktoren des internationalen Wachstums im Mittelpunkt dieses Abschnitts. Ziel ist es, zu beschreiben, inwieweit die externen Kontextfaktoren

---

[385] Die Untergrenze von 0,08 ergibt sich aus den in Abschnitt 4.3.4 erläuterten Berechnungen für den Herfindahl-Index. Basis für diese Berechnung ist die durchschnittliche Anzahl der betrachteten Merkmalswerte, in diesem Fall die Anzahl der Jahre für die Daten je Unternehmen vorlagen (im Durchschnitt 12,9 Jahren).

zu einer unterschiedlichen Verteilung der Bestimmungsfaktoren beitragen. Dazu soll vor allem wieder Transparenz über die Datenbasis geschaffen und weniger der konkrete Einfluss der Kontextfaktoren gemessen werden. Dies erfolgt im Rahmen der Clusteranalyse in den folgenden Abschnitten. Zunächst werden im Abschnitt 5.1.3.1 der Einfluss der Kernbranche und im Abschnitt 5.1.3.2 der Einfluss des Sitzes des Unternehmens analysiert.

5.1.3.1 Kernbranche der Unternehmen

Insgesamt wurden die 75 Unternehmen zwölf verschiedenen Branchen entsprechend der ersten und zweiten Ebene des SIC-Branchencodes zugeordnet. Ein detaillierter Überblick über die Länderverteilung ist im Anhang VI zu finden.

Für jede der zwölf Branchen wurden zunächst die Wachstumsraten für Umsatz, Mitarbeiterzahl und Vermögen jeweils im In- und Ausland bestimmt. Die Ergebnisse sind in Abb. 45 dargestellt.[386]

---

[386] Es sei darauf hingewiesen, dass einige Durchschnittswerte nur vorsichtig zu interpretieren und nicht auf die ganze Branche übertragbar sind, da nur sehr wenige Unternehmen erfasst wurden. Dazu gehören die Versorgungsunternehmen, Telekommunikationsunternehmen, Einzelhandelsunternehmen und Verlags-/Rundfunkunternehmen.

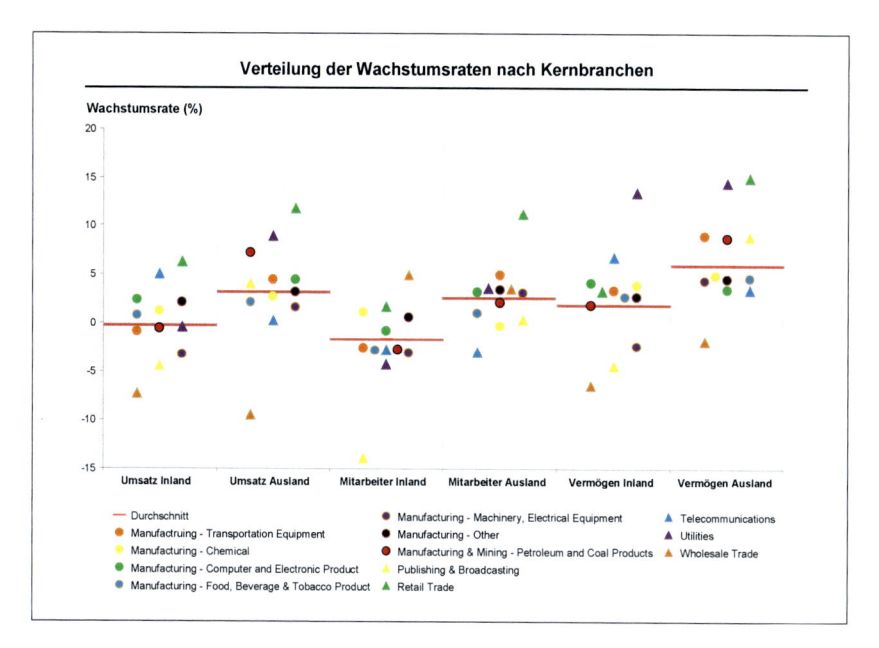

Abb. 45: Verteilung der Wachstumsraten nach Kernbranchen.

Auffällig ist, dass die Wachstumsraten „klassischer" Produktionsunternehmen (gekennzeichnet durch verschiedenfarbige Kreise) relativ eng beieinander an den jeweils durchschnittlichen Wachstumsraten liegen. Größere Abweichungen vom Durchschnitt gibt es insbesondere bei Handelsunternehmen, Verlags-/Rundfunk- und Versorgungsunternehmen. Besonders auffällig sind dabei die Großhandelsunternehmen, die sowohl bei Umsatz als auch bei Vermögen jeweils deutlich unter den durchschnittlichen Wachstumsraten liegen.[387] Die Ergebnisse der Verteilung für jeden einzelnen Wachstumsindikator werden im Folgenden erläutert.

- Umsatz Inland: Im Inland konnten vor allem Unternehmen der „neueren" Branchen überdurchschnittlich wachsen. Dazu gehört z. B. die Telekommunikationsbranche, die insbesondere von der Einführung der Mobiltechnologie und der Deregulierung profitiert hat. Dazu gehört auch die Computer- und Elektronikbranche, die u. a. Fortschritte in der Informationsverarbeitung für sich nutzen konnte.

---

[387] Da es sich bei diesen Unternehmen um die Handelsaktivitäten japanischer Keiretsu handelt, ist es auch möglich, dass die Entwicklung auch landesspezifische Ursachen hat.

- Umsatz im Ausland: Im Ausland sind vor allem Rohstoffunternehmen überdurchschnittlich gewachsen. Mögliche Ursache ist der steigende Rohstoffbedarf in Schwellen- und Entwicklungsländern wie China und Indien. Auch die Automobilhersteller wachsen im Ausland überdurchschnittlich. Auch in diesem Fall könnte die Ursache in einem schneller steigenden Bedarf der Schwellen- und Entwicklungsländer liegen. Mit Einzelhandels- und Versorgungsunternehmen weisen zwei weitere Branchen ein hohes Wachstum im Ausland auf. Da diesen Branchen jedoch nur zwei Unternehmen zugeordnet wurden, muss der dargestellte Effekt nicht branchenspezifisch sein.
- Mitarbeiter Inland: In nur vier der betrachteten Branchen ist die Anzahl der Mitarbeiter gewachsen; dazu gehören Handelsunternehmen sowie die chemische Industrie und sonstige Produktionsunternehmen.
- Mitarbeiter im Ausland: Die Anzahl der Mitarbeiter im Ausland ist in allen Branchen bis auf die Telekommunikationsbranche gestiegen. Besonders stark ist das Wachstum im Einzelhandel und bei den Automobilherstellern.
- Vermögen Inland: Vor allem das Vermögen der Versorgungsunternehmen wuchs deutlich überdurchschnittlich. Eine mögliche Ursache ist die Deregulierung der Märkte und der damit einhergehende Verkauf von öffentlichen kommunalen oder regionalen Versorgungsunternehmen wie z. B. Stadtwerken.
- Vermögen Ausland: Wie im Inland wuchs bei Versorgungsunternehmen auch im Ausland das Vermögen überdurchschnittlich. Auch hier ist die Deregulierung der Märkte ein möglicher Grund.

Nach der Betrachtung der Wachstumsraten wird im Folgenden auf die Unterschiede bei den Wachstumsstärken in verschiedenen Branchen näher eingegangen. Um die Interpretation der Wachstumsstärken zu vereinfachen, werden wie bereits im Abschnitt 5.1.2.2 die Unternehmen entsprechend ihrer Wachstumsstärke und den „Vorzeichen" des Wachstums im In- und Ausland gruppiert. Unternehmen der gleichen Branche sind in der Abb. 46 durch dasselbe grafische Element gekennzeichnet.

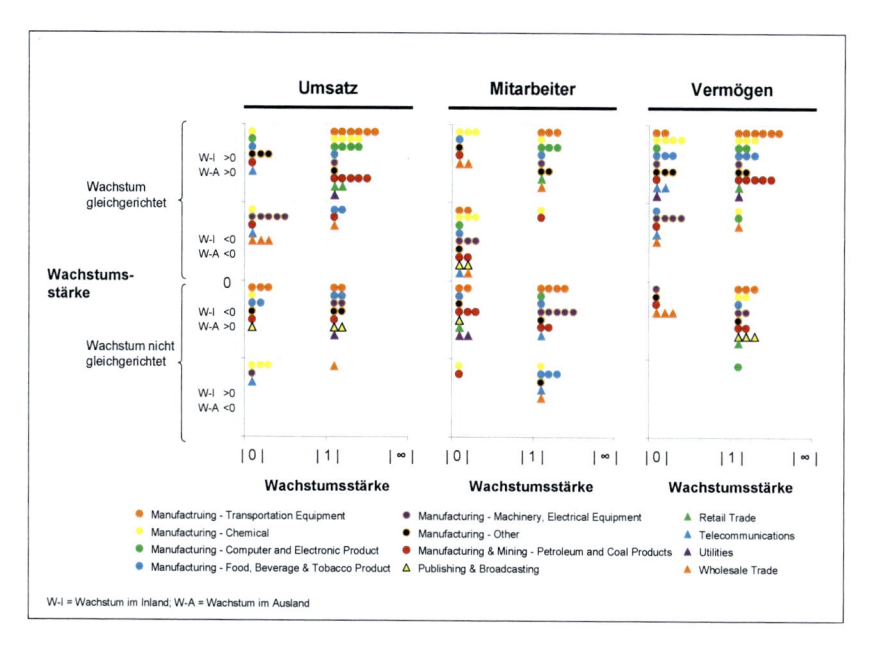

Abb. 46: Verteilung der Wachstumsstärke nach Branchen.

Beim Vergleich der Wachstumsstärke zwischen den Branchen können grob drei Gruppen unterschieden werden. Als erstes Branchen, bei denen das Wachstum bei allen Unternehmen im Ausland immer größer ist als im Inland. Zu diesen Branchen gehören der Einzelhandel und Verlags-/Rundfunkunternehmen.

In der zweiten Gruppe finden sich Branchen, bei denen bei fast allen Unternehmen das Wachstum im Ausland immer größer als im Inland war. Zu dieser Gruppe gehören Automobil-, Maschinen- und Anlagenhersteller sowie Rohstoffunternehmen. So gibt es z. B. bei den Automobilherstellern zwei Unternehmen, bei denen das Vermögen im Inland stärker wuchs als im Ausland. Gemeinsam ist den Unternehmen dieser Gruppe, dass sie eher „traditionellen" Branchen zugeordnet sind, die im Inland kaum oder nur wenig wachsen. Dies führt dazu, dass auch das Wachstum der Input-Faktoren im Inland deutlich geringer ausfällt als im Ausland. Besonders deutlich ist dieser Effekt bei den Mitarbeitern. Wie in der Grafik deutlich wird, wurden bei über der Hälfte der Unternehmen dieser Gruppe Mitarbeiter im Inland abgebaut und im Ausland aufgebaut.

In der dritten Gruppe sind Unternehmen versammelt, bei denen die Wachstumsstärke eher heterogen ausgeprägt ist. So nimmt z. B. der Auslandsanteil der Computer- und Elektronikbranche hinsichtlich Umsatz und Mitarbeiterzahl bis auf ein Unternehmen bei allen Unternehmen zu. Beim Vermögen ist es jedoch umgekehrt: Hier nimmt bei der Mehrzahl der Unternehmen der Auslandsanteil ab. Ein Grund dafür könnte sein, dass bei diesen Unternehmen die ressourcenintensive Forschung und Entwicklung im Herkunftsland des Unternehmens gebündelt wird. Ein weiteres Beispiel für Branchen der dritten Gruppe sind die Chemie- und die Nahrungsmittelindustrie. In beiden Branchen nimmt jeweils nur bei der Hälfte der Unternehmen der Auslandsanteil zu. Ein möglicher Grund hierfür ist wahrscheinlich die zu grobe Brancheneinteilung; so sind z. B. in der Chemiebranche sowohl Pharmaunternehmen wie Novartis als auch klassische Chemieunternehmen wie BASF enthalten. Hinsichtlich der Position im IR-Schema unterscheiden sich beide Branchen aber grundlegend.[388] So wird die Chemieindustrie als Branche mit geringen Lokalisierungs- und Globalisierungsvorteilen charakterisiert, während bei der Pharmaindustrie von hohen Lokalisierungs- und Globalisierungsvorteilen ausgegangen wird.

5.1.3.2 Unternehmenssitz

Nachdem im vorangegangenen Abschnitt der Schwerpunkt auf der Kernbranche lag, steht der Unternehmenssitz im Mittelpunkt dieses Abschnitts. Wie im Abschnitt 5.1.1 erläutert, haben die betrachteten Unternehmen ihren Sitz in 13 verschiedenen Ländern. Da es einige Länder gibt, in denen nur sehr wenige Unternehmen ihren Sitz haben, wurden diese Länder für die folgende Auswertung zu Regionen zusammengefasst. So wurden Finnland, Schweden, Niederlande, Italien und die Schweiz zu Europa sowie Kanada, Australien und die USA zu Nordamerika/Australien zusammengefasst.

Insgesamt wurden die Unternehmen zu zwei Regionen und vier Ländern gruppiert und für diese Gruppen die Wachstumsraten für den Umsatz, die Mitarbeiter und das Vermögen jeweils im Inland und Ausland bestimmt. Die Ergebnisse sind in Abb. 47

---

[388] Vgl. Abb. 22.

dargestellt. Es sei darauf hingewiesen, dass die Branchenverteilung der betrachteten Unternehmen in den jeweiligen Ländergruppen auch einen deutlichen Einfluss auf die Wachstumsraten der hier betrachteten Ländergruppen hat. Besonders deutlich wird dies bei Japan, wo die Wachstumsverteilung sehr ähnlich der Verteilung der Großhandelsunternehmen ist. Auch sagen die dargestellten Wachstumswerte nichts über das Wachstum eines Landes aus, z. B. über die Wachstumsrate des BIP, da hier jeweils nur ein kleiner Ausschnitt der Unternehmen eines Landes betrachtet wird.

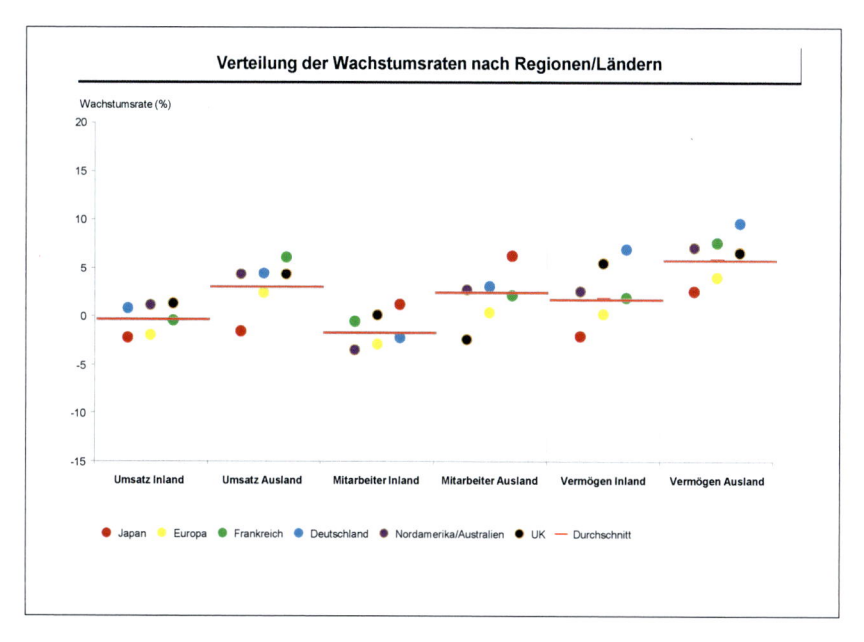

Abb. 47: Verteilung der Wachstumsraten nach Regionen/Ländern.

Bei der Betrachtung der Verteilung der Wachstumswerte wird deutlich, dass die Streuung zwischen den Ländern in Abb. 47 geringer ist, als dies bei den Branchen in Abb. 45 der Fall war. Dies bedeutet, dass durch den Sitz des Unternehmens ein geringerer Teil der Unterschiede zwischen den Wachstumsraten der Unternehmen erklärt wird als durch die Branche. Zu den Ländern und Regionen, bei denen die Wachstumsraten immer über dem Durchschnitt liegen (jeweils mit einer Ausnahme), gehören Deutschland, Großbritannien und Nordamerika/Australien.

Die Verteilung der Unternehmen nach Wachstumsstärke ist im Anhang VII analog der Abb. 46 dargestellt.

5.2 Entwicklung der clusteranalytischen Lösung

In diesem Abschnitt soll überprüft werden, erstens, ob den empirischen Daten eine Clusterstruktur zugrunde liegt; zweitens, in wie viele Gruppen die Objekte zusammengefasst werden können, und drittens, durch welche Merkmale die einzelnen Gruppen charakterisiert werden. Bevor mit der Berechnung der Clusterlösung begonnen werden kann, werden zunächst die zu untersuchenden Objekte und Variablen ausgewählt (Abschnitt 5.2.1). Anschließend erfolgt die eigentliche Berechnung der Clusterlösung und die Bestimmung der Clusteranzahl (Abschnitt 5.2.2). Ob die berechnete Clusterlösung valide, homogen und stabil ist, wird im Abschnitt 5.2.3 überprüft. Zum Abschluss dieses Abschnitts werden die einzelnen Cluster beschrieben (Abschnitt 5.2.4).

5.2.1 Auswahl der Variablen und Objekte

Die im Abschnitt 4.4.1.2 bereits theoretisch erläuterten Kriterien zur Auswahl der Variablen und Objekte sollen nun anhand der Daten empirisch überprüft werden.

(I) Anforderungen an die Auswahl der Variablen

Im ersten Schritt wird überprüft, ob die ausgewählten Variablen sich zur Identifikation von Gruppen eignen. Da dieser Test frühestens nach der Durchführung der Clusteranalyse und der Zuordnung der Objekte zu Gruppen möglich ist, wird er im Rahmen der Modellprüfung im Abschnitt 5.2.3 durchgeführt.

Im zweiten Schritt wird überprüft, ob zwischen den einzelnen Variablen Abhängigkeiten bestehen. Zu diesem Zweck wurde die im Anhang VIII dargestellte Korrelationsmatrix erstellt. Wie aus der Korrelationsmatrix ersichtlich ist, sind die Abhängigkeiten zwischen den Variablen gering. Der durchschnittliche Korrelationskoeffizient beträgt $\bar{r} = 0{,}12$.[389] Eine mittlere Korrelation ($r > 0{,}5$) konnte nur bei vier, eine hohe Korrelation ($r > 0{,}7$) nur bei einer der insgesamt 253 Merkmalskombinationen festgestellt werden.[390] Aufgrund der geringen Korrelation zwischen den Merkmalsvariablen ist eine Verdichtung der Merkmale oder der Ausschluss einer Variablen nicht erforderlich.

(II) Anforderungen an die Auswahl der Objekte

Zunächst wurde überprüft, ob für die zu untersuchenden Objekte alle Merkmalsvariablen vollständig erfasst wurden. Für die zunächst 75 in die Untersuchung einbezogenen Unternehmen wurden jeweils alle 23 Merkmale berechnet. Alle berechneten Werte waren vollständig und konnten somit bei der weiteren Analyse berücksichtigt werden.

Im nächsten Schritt wurde überprüft, ob sich unter den 75 Unternehmen Ausreißer befinden, die das Ergebnis der Clusteranalyse negativ beeinflussen könnten. Dazu wurden die Daten mithilfe des Single-Linkage-Algorithmus analysiert. Als Ergebnis dieser Analyse wurde ein Dendrogramm zur Identifizierung der Ausreißer erstellt (Anhang IX).

Bei der Analyse des Dendrogramms fällt auf, dass sich insbesondere die letzten fünf Unternehmen deutlich von den anderen absetzen. Ab dem Unternehmen Robert Bosch GmbH nimmt die Unähnlichkeit zwischen den Unternehmen deutlich zu (zu erkennen an dem großen Abstand zwischen den Fusionierungslinien). Außerdem werden auch die folgenden Unternehmen nicht zu größeren Clustern vereint, sondern bilden nur sehr kleine Einheiten – bestehend aus sich selbst. Aus diesem Grund können die letzten fünf Unternehmen – Robert Bosch GmbH, Roche Holding AG, Volkswagen Group, Saint-Gobain S.A., Seagram Company Ltd. – als Ausreißer identifiziert und aus der Untersuchung ausgeschlossen werden.

---

[389] Bezogen auf die Absolutwerte der einzelnen Korrelationskoeffizienten.
[390] Ein Überblick über die Einstufung der Werte des Korrelationskoeffizienten ist z. B. zu finden bei Zöfel (2003).

5.2.2 Bestimmung der Clusteranzahl

Auf der Grundlage der im vorangegangenen Abschnitt ausgewählten 70 Unternehmen und 23 Variablen wurde die Clusteranalyse mithilfe von SPSS durchgeführt. Das Ergebnis dieser Analyse ist erstens die Zuordnungsübersicht, aus der hervorgeht, welche Objekte wann und mit welcher Zunahme der Streuungsquadratsummen miteinander verschmolzen wurden (Anhang X); zweitens das Dendrogramm, das einen grafischen Überblick über die Clusterzuordnung der Unternehmen liefert (Anhang XI).

Nach der technischen Abarbeitung des Algorithmus geht es nun darum, zu bestimmen, in wie viele Cluster die Unternehmen sinnvoll gruppiert werden könnten. Dazu wurden die bereits im Abschnitt 4.4.1.7 definierten fünf verschiedenen Tests durchgeführt.

- (I) Test der proportionalen Fehlerverbesserung. An der oberen Abbildung im Anhang XII ist deutlich zu erkennen, dass ab der Lösung mit vier Clustern keine deutliche Fehlerverbesserung mehr erfolgt. Dies lässt auf eine Lösung mit vier Clustern schließen.
- (II) Test der erklärten Streuung. An der unteren Abbildung im Anhang XII ist nicht zu erkennen, ab welcher Clusteranzahl keine wesentliche Verbesserung der erklärten Streuung mehr erfolgt. Dieser Test hilft demnach nicht bei der Auswahl einer Clusterlösung.
- (III) Test der maximalen F-Werte. Die F-Werte erreichen bei einer Lösung von zwei Clustern ihr lokales Maximum. Für eine Drei- bis Sieben-Cluster-Lösung sind die F-Werte deutlich geringer; ab einer Acht-Cluster-Lösung steigen sie wieder an. Die Ergebnisse des F-Tests weisen auf eine Lösung mit zwei Clustern.
- (IV) Normalverteilungstest nach Mojena (1977). Für die Zwei- bis Sieben-Cluster-Lösungen liegen die Verschmelzungsniveaus nicht mehr innerhalb der Normalverteilung. Nach diesem Kriterium wären dies somit mögliche Lösungen für die Clustergröße.
- (V) Analyse des Dendrogramms. Wie das Dendrogramm im Anhang XI zeigt, setzen sich die Zwei- und Vier-Cluster-Lösungen deutlich von den anderen Lösungen ab, da die Cluster relativ größenhomogen sind und die Distanz zu ande-

ren Clusterlösungen relativ groß ist. Eine Drei-Cluster-Lösung erscheint als nicht sinnvoll, da der Abstand zu einer Vier-Cluster-Lösung zu gering wäre. Auch bei einer Fünf-Cluster-Lösung ist der Abstand zu einer Lösung mit sechs Clustern sehr gering. Hinzu kommt, dass die dann gebildeten Cluster nur relativ wenige Unternehmen bündeln würden.

Zusammenfassend lässt sich festhalten, dass am häufigsten Zwei- sowie Vier-Cluster-Lösungen im Verlauf der Testverfahren als optimale Clustergrößen erkannt wurden. Da es zunächst nicht sinnvoll ist, mit beiden Lösungen weiterzuarbeiten, soll anhand inhaltlicher Überlegungen eine Lösung gewählt werden. Im Abschnitt 3.3 wurde bereits die Vermutung geäußert, dass es vier verschiedene Typen des internationalen Wachstums von Unternehmen gibt. Aus diesem Grund erscheint es sinnvoll, mit der Vier-Cluster-Lösung und nicht mit der Zwei-Cluster-Lösung zu arbeiten. Ob sich diese Lösung tatsächlich als valide erweist, wird im nächsten Abschnitt überprüft.

5.2.3 Modellprüfung der Clusterlösung

Ziel der Modellprüfung ist es, zu bestimmen, inwieweit die berechnete Clusterlösung die empirischen Daten angemessen repräsentiert. Die dazu nötigen Testverfahren hinsichtlich Validität, Homogenität, Stabilität und Interpretierbarkeit wurden im Abschnitt 4.4.1.8 erläutert. Im Folgenden erfolgt die Anwendung der Testverfahren auf die im vorangegangenen Abschnitt identifizierte Vier-Cluster-Lösung.

- (Ia) Prüfung der Validität durch Zufallstestung des Verschmelzungsschemas. Auf der Grundlage der Verteilungskennwerte der empirischen Daten wurden Zufallsdatenmatrizen ermittelt, für die ebenfalls eine Clusteranalyse durchgeführt wurde. Da sich nach der Erstellung von 20 Datenmatrizen die Unterschiede in den Verteilungsschemas der Zufallslösungen kaum noch veränderten, wurde die Berechnung weiterer Zufallswerte abgebrochen. Der Vergleich der empirischen Clusterlösung und der Clusterlösung auf der Basis der Zufallsdaten zeigt, dass sich beide Lösungen mit einer Wahrscheinlichkeit von 95 Prozent bei fast allen Clustern unterscheiden.[391] Nur bei Lösungen mit sieben bis neun Clustern sind die Unterschiede zwischen empirischer und zufälliger Lösung nicht signifikant.[392] Der Anhang XIII zeigt den Vergleich beider Lösungen. Damit kann davon ausgegangen werden, dass die berechnete Vier-Cluster-Lösung nicht zufällig, sondern den empirischen Daten angemessen ist.

- (Ib) Prüfung der Validität durch den Signifikanztest der Merkmalsvariablen. Bei allen 23 Merkmalsvariablen wurde überprüft, ob sie einen Beitrag zur Trennung der Cluster leisten. Zu diesem Zweck wurde Wilks' Lambda berechnet und auf Signifikanz überprüft. Wie die Tabelle im Anhang XIV zeigt, leisten 20 der 23 Variablen bei einer Irrtumswahrscheinlichkeit kleiner als fünf Prozent einen signifikanten Beitrag zur Trennung der Cluster. Die höchste Bedeutung für die Trennung der Cluster haben die Wachstumsraten des Umsatzes und des Vermögens im In- und Ausland sowie die Korrelation zwischen Umsatz und Vermögen sowohl im Ausland als auch im Inland. Keine signifikante Bedeutung bei der Trennung der Cluster haben die Konzentration des Umsatzes und des Vermögens im Ausland sowie die Korrelation zwischen der Mitarbeiterzahl und dem Umsatz im Ausland. Daraus lässt sich die Schlussfolgerung ziehen, dass die große Mehrheit der ausgewählten Variablen einen signifikanten Beitrag zur Trennung der Cluster leistet.

- (IIa) Prüfung der Homogenität durch den Gamma-Test der Objektzuordnung. Bei diesem Test wird das Verhältnis der übereinstimmenden und nichtübereinstimmenden Objektpaare durch den Gamma-Koeffizienten bestimmt. In Bezug auf die Vier-Cluster-Lösung ergibt sich ein Gamma-Koeffizient von 0,79 bei einer Irrtumswahrscheinlichkeit kleiner fünf Prozent. Dieser Wert ist relativ hoch, da bereits ab dem Schwellenwert von 0,65 von einer hohen Homogenität der Clusterlösung ausgegangen wird.[393]

- (IIb) Prüfung der Homogenität durch den Test des Homogenitätsindex. Mit diesem Test wird überprüft, ob durch die Zuordnung der Objekte homogene Cluster

---

[391] Die Vergleichbarkeit wurde durch die Z-Transformation der Verschmelzungsschemata gewährleistet (vgl. Abschnitt 4.4.1.5).
[392] Diese Lösungen entsprechen den Verschmelzungsschritten 61 bis 63.
[393] Vgl. Abschnitt 4.4.1.8.

entstanden sind. Die Analyse hat ergeben, dass durch die Gruppierung der Objekte die durchschnittliche Homogenität in den Clustern um 36 Prozent erhöht werden konnte. Dies bedeutet, dass die Unähnlichkeit der Objekte in den Clustern um 36 Prozent geringer ist als zwischen den Clustern. Somit trägt die Vier-Cluster-Lösung zu einer deutlichen Erhöhung der Homogenität zwischen den Objekten bei.

- (III) Prüfung der Stabilität mittels Rand-Tests der Modellparameter. Es wurde geprüft, ob sich die Clusterlösung bei Veränderung verschiedener Modellparameter signifikant verändert.
    - Als Erstes wurde das Clusterverfahren geändert. Wie bereits im Abschnitt 4.4.1.4 deutlich wurde, war die Entscheidung zwischen dem gewählten Ward-Algorithmus und dem alternativen Average-Linkage-Algorithmus am schwierigsten. Aus diesem Grund wurde eine alternative Clusterlösung mit dem Average-Linkage-Algorithmus berechnet. Der Vergleich der neuen mit der bestehenden Lösung zeigt, dass 85 Prozent der Unternehmen bei beiden Lösungen identisch zugeordnet wurden. Damit liegt der Rand-Index deutlich über dem Schwellenwert von 0,7.
    - Als Zweites wurde das gewählte Distanzmaß verändert. Es wurden sowohl für die Euklidische Distanz als auch für die City-Block-Metric neue Clusterlösungen berechnet. Bei der Verwendung der Euklidischen Distanz ergibt sich kein Unterschied zur ursprünglichen Lösung auf der Basis der Quadrierten Euklidischen Distanz ($Rand = 1$). Wird auf die City-Block-Metric als Distanzmaß zurückgegriffen, ergibt sich eine Übereinstimmung mit der ursprünglichen Lösung von 77 Prozent, die auch über dem Schwellenwert von 0,7 liegt.
    - Als Drittes wurde überprüft, ob die Clusterlösung sich bei der Verringerung der betrachteten Merkmalsvariablen verändert. Dazu wurden die drei Variablen ausgeschlossen, die beim Test auf Signifikanz der Merkmalsvariablen (Ib) kein deutliches Ergebnis gezeigt haben. Auf die Clusterlösung wirkte sich die Eliminierung der Variablen jedoch kaum aus. Die veränderte und die bestehende Lösung stimmten zu 92 Prozent überein.
    - Als Letztes wurde überprüft, ob sich die Clusterlösung bei einer Verringerung der Objektanzahl verändert. Dazu wurden nur die Unternehmen be-

trachtet, für die die Daten über den gesamten Untersuchungszeitraum von 15 Jahren vorlagen. Die sich ergebende Clusterlösung stimmt zu 73 Prozent mit der bestehenden Lösung überein. Da dieser Wert über dem Schwellenwert von 0,7 liegt, kann davon ausgegangen werden, dass die Ausdehnung der Untersuchung auf Unternehmen, für die nur Daten über neun Jahre zur Verfügung stehen, zu keiner signifikanten Veränderung des Clusterergebnisses geführt hat.

Da bei jeder der durchgeführten Veränderungen der Modellparameter die Übereinstimmungen zur bestehenden Clusterlösung – gemessen mit dem Rand-Index – größer als der Schwellenwert von 0,7 waren, kann die gefundene Vier-Cluster-Lösung als stabil bezeichnet werden. Eine detaillierte Überblicksdarstellung über die Clusterlösungen bei Veränderung der Modellparameter ist im Anhang XV enthalten.

- (IV) Prüfung der Interpretierbarkeit. Wie bereits erläutert, erfolgt die Prüfung der Interpretierbarkeit im Rahmen der inhaltlichen Interpretation im Abschnitt 5.3.

Zusammenfassend hat die Modellprüfung ergeben, dass die berechnete Vier-Cluster-Lösung valide, homogen und stabil ist. Damit kann davon ausgegangen werden, dass die identifizierte Clusterlösung die empirischen Daten angemessen repräsentiert.

5.2.4 Ergebnisse der Clusteranalyse

Nachdem die Clusterlösung berechnet und auf Validität, Homogenität und Stabilität getestet wurde, soll im Folgenden das Ergebnis, d. h. die vier Cluster hinsichtlich ihrer Größe und Zusammensetzung, der Wachstumsmerkmale sowie spezifischer Charakteristika, beschrieben werden.

Im ersten Schritt werden die Ergebnisse zur Größe und Zusammensetzung der Cluster betrachtet. Insgesamt wurden vier annähernd gleich große Cluster gebildet. Dem ersten Cluster wurden 20 Unternehmen, dem zweiten 14, dem dritten 21 und dem vierten 15 Unternehmen zugeordnet. Welche Unternehmen den Clustern zugeordnet wurden, kann der Abb. 48 entnommen werden.

Clusterzuordnung der Unternehmen			
Cluster 1	**Cluster 2**	**Cluster 3**	**Cluster 4**
• ABB Ltd. • Alcatel • Atlantic Richfield LLC • Aventis S.A. • B.A.T. Industries Plc. • Bridgestone Corp. • Coca-Cola Company • Du Pont Nemours & Company • Electrolux AB • Hitachi Ltd. • IBM Corp. • Itochu Corp. • Marubeni Corp. • Matsushita Electric Industrial Company Ltd. • Mitsubishi Corp. • Mitsui & Company Ltd. • Nissho Iwai Corp. • Philips Electronics N.V. • Stora Enso OYJ • Toshiba Corp.	• BASF AG • BMW AG • British Petroleum Plc. • Chevron Corp. • Dow Chemical Company • E.ON AG • ENI Group S.P.A. • Exxon Mobil Corp. • General Electric Company • General Motors Corp. • Honda Motor Company Ltd. • Motorola Inc. • Royal Ahold N.V. • Royal Dutch/Shell Plc.	• Alcan Inc. • Altria Group Inc. • Bayer AG • BHP Billiton Group Ltd. • DaimlerChrysler AG • Diageo Plc. • Elf Aquitaine S.A. • Fiat S.P.A. • Ford Motor Company • Michelin • News Corporation Ltd. • Nissan Motor Company Ltd. • Novartis AG • Renault S.A. • Rio Tinto Plc. • Siemens AG • Sony Corp. • Thomson Corp. • Unilever • Vivendi Universal S.A. • Volvo AB	• Alcoa Inc. • Cable & Wireless Plc. • Canon Electronics Inc. • Carrefour S.A. • GlaxoSmithKline Plc. • Hewlett-Packard Company • Holcim AG • Johnson & Johnson • McDonald's Corp. • Nestlé S.A. • Procter & Gamble Company • Suez S.A. • Total S.A. • Toyota Motor Corp. • Verizon Communications Inc.

Abb. 48: Clusterzuordnung der Unternehmen.

Gemäß der Erwartung wurden die Unternehmen einer Branche nicht eindeutig jeweils nur einem Cluster zugeordnet. Für einige Branchen sind jedoch Schwerpunkte in der Zuordnung zu erkennen. So wurden Großhandelsunternehmen sowie Maschinen- und Anlagenbauer schwerpunktmäßig dem ersten Cluster zugeordnet, Mineralölunternehmen dem zweiten Cluster, Automobilhersteller, Nahrungsmittel- und Getränkehersteller sowie Medienunternehmen dem dritten Cluster, Chemie- und Telekommunikationsunternehmen dem vierten Cluster. Eine detaillierte Übersicht über die Branchenverteilung ist im Anhang XVII enthalten.

Ähnlich wie die Branchen wurden auch Unternehmen mit gleichem Herkunftsland nicht denselben Clustern zugeordnet. Im Gegensatz zur Branche lassen sich –

ausgenommen japanische Unternehmen, die im Wesentlichen dem ersten Cluster zugeordnet wurden[394] – keine weiteren Länderschwerpunkte in den Clustern erkennen. Dies spricht dafür, dass die Zuordnung der Unternehmen zu den Clustern unabhängig von den Herkunftsländern der Unternehmen erfolgt. Eine detaillierte Übersicht über die Länderverteilung ist ebenfalls im Anhang XVII enthalten.

Im zweiten Schritt werden die Wachstumsmerkmale der vier Cluster betrachtet. Eine Übersicht über die Mittelwerte der Merkmale für jedes Cluster ist in Abb. 49 dargestellt. Auch wenn die detaillierte Interpretation der Merkmale erst im nächsten Abschnitt erfolgt, so stechen doch die folgenden Aspekte bereits bei der ersten Betrachtung besonders hervor:

- Die Wachstumsraten fast aller Indikatoren sind im Cluster 1 deutlich geringer als in den anderen Clustern und teilweise auch negativ.
- Die Wachstumsraten der Mitarbeiterzahlen sind bis auf das Cluster 4 in allen anderen Clustern negativ.
- Nur die Unternehmen in den Clustern 2 und 3 wachsen bezogen auf den Umsatz im Ausland stärker als im Inland (Wachstumsstärke des Auslandsgeschäftes größer als 1).
- In Bezug auf den Ressourceneinsatz (Mitarbeiter und Vermögen) wachsen alle Cluster im Durchschnitt im Ausland stärker als im Inland.
- In Bezug auf den Faktorverlauf scheint es, als seien die Unternehmen im Cluster 2 durch einen homogeneren und die Unternehmen im Cluster 4 durch einen leicht heterogeneren Faktorverlauf als der Durchschnitt aller Cluster geprägt.
- Der Zusammenhang zwischen den verschiedenen Merkmalen ist besonders stark ausgeprägt im Cluster 4.

---

[394] Bei über der Hälfte der japanischen Unternehmen, die dem ersten Cluster zugeordnet wurden, handelt es sich um die Handelsaktivitäten japanischer Keiretsu. Daher kann es sich auch um einen Brancheneffekt handeln.

Mittelwertvergleich der Wachstumsmerkmale in den einzelnen Clustern									
	Cluster						Cluster			
	1	2	3	4		1	2	3	4
Wachstumsrate					**Wachstumsstärke**				
W-Rate SA	-3,8 %	6,9 %	3,7 %	6,2 %	W-Stärke S	0,8	3,7	-0,7	-2,0
W-Rate VA	0,0 %	10,8 %	5,4 %	9,5 %	W-Stärke V	-0,1	2,5	-1,0	1,6
W-Rate MA	0,9 %	3,0 %	0,5 %	5,7 %	W-Stärke M	-1,0	-1,1	-0,4	2,0
W-Rate SI	-4,9 %	2,6 %	-4,0 %	7,5 %					
W-Rate VI	-4,4 %	2,8 %	1,0 %	9,3 %	**Faktorkorrelation**				
W-Rate MI	-1,3 %	-4,3 %	-3,9 %	4,3 %	Korrel. SA/VA	0,08	0,72	0,65	0,63
					Korrel. SA/MA	0,27	0,44	0,54	0,60
Faktorverlauf					Korrel. SA/VI	0,48	0,58	-0,07	0,46
Konz. SA	0,10	0,08	0,10	0,12	Korrel. SA/MI	0,29	-0,22	-0,32	0,25
Konz. VA	0,13	0,09	0,14	0,12	Korrel. SI/VA	0,09	0,51	-0,28	0,54
Konz. MA	0,22	0,08	0,14	0,15	Korrel. SI/MA	0,20	0,23	-0,13	0,38
Konz. SI	0,12	0,07	0,12	0,20	Korrel. SI/VI	0,50	0,55	0,19	0,59
Konz. VI	0,16	0,08	0,14	0,20	Korrel. SI/MI	0,35	-0,17	0,40	0,62
Konz. MI	0,20	0,10	0,17	0,23					
S = Umsatz, V = Vermögen, M = Mitarbeiter					I = Inland, A = Ausland				

Abb. 49: Mittelwertvergleich der Wachstumsmerkmale in den einzelnen Clustern.

Im dritten Schritt werden die Cluster entsprechend ihren spezifischen Charakteristika beschrieben. Dies soll auch dazu dienen, den Clustern charakterisierende Bezeichnungen zu geben, als es mit der bisher verwendeten Nummerierung möglich war.

- **Cluster 1: Wenig wachsende inlandbezogene Unternehmen.** Diese Unternehmen zeichnen sich dadurch aus, dass sie deutlich geringere Wachstumsraten aufweisen als Unternehmen in anderen Clustern. Zudem sind Korrelationen zwischen den Umsätzen im Inland/Ausland und dem Ressourceneinsatz im Inland deutlich höher als zwischen den Umsätzen im Inland/Ausland und dem Ressourceneinsatz im Ausland.
- **Cluster 2: Auslandfokussierte vermögensintensive Unternehmen.** Bei Unternehmen fällt besonders auf, dass der Umsatz, die Mitarbeiterzahl und das Vermögen im Ausland deutlich stärker wachsen als im Inland. Hinzu kommt, dass die Umsätze im Ausland und im Inland deutlich stärker mit dem Vermögen korrelieren als mit dem Mitarbeitereinsatz. Dies lässt vermuten, dass die Unternehmen in diesem Cluster vermögensintensiven Branchen angehören.
- **Cluster 3: In- und auslandfokussierte Unternehmen.** Bei den Unternehmen in diesem Cluster fällt auf, dass die höchsten Korrelationen zwischen Umsatz und Ressourceneinsatz zwischen den Größen bestehen, die entweder beide das Aus-

land oder das Inland abbilden. Zwischen Ausland und Inland scheinen keine engen Verknüpfungen zu bestehen.

- **Cluster 4: Stark wachsende Netzwerkunternehmen.** Die Unternehmen in diesem Cluster weisen über alle Indikatoren hinweg im In- und Ausland die höchsten Wachstumsraten auf. Außerdem haben sie ebenso zwischen allen Faktoren durchgehend hohe Korrelationswerte. Bei Unternehmen in diesem Cluster sind daher wahrscheinlich alle Aktivitäten miteinander verbunden.

Nachdem die Clusterlösung berechnet, geprüft und in diesem Abschnitt die vier Typen des internationalen Wachstums beschrieben wurden, kann die erste Forschungsfrage als beantwortet betrachtet werden. Der Beantwortung der zweiten Forschungsfrage widmet sich indes der folgende Abschnitt.

5.3 Inhaltliche Interpretation der Clusterlösung

In diesem Abschnitt soll die zweite Forschungsfrage – Haben die Merkmale einer Branche Einfluss auf die Typen des internationalen Wachstums? – beantwortet werden. Dazu wird zunächst überprüft, welche Merkmale die einzelnen Gruppen signifikant voneinander unterscheiden (Abschnitt 5.3.1). Anschließend wird geprüft, inwieweit die gefundene Lösung den im Abschnitt 3.3 abgeleiteten Wachstumstypen entspricht (Abschnitt 5.3.2).

5.3.1 Test auf Signifikanz der Gruppenunterschiede

Nachdem im Abschnitt 5.2.3 erläutert wurde, dass 20 der 23 in die Clusteranalyse einbezogenen Variablen insgesamt zur Trennung der Cluster beitragen, soll nun die Relevanz der Variablen für jedes einzelne Cluster überprüft werden. Dazu wird zunächst analysiert, welche Variablen zur Trennung der einzelnen Cluster beitragen (Abschnitt 5.3.1.1). Im nächsten Schritt wird für jeden Bestimmungsfaktor ausgeführt, wie stark die einzelnen Variablen zur Trennung der Cluster beitragen und mögliche Ursachen werden diskutiert (Abschnitte 5.3.1.2 bis 5.3.1.5).

5.3.1.1 Überblick über relevante Variablen zur Trennung der Cluster

In diesem Abschnitt wird überprüft, welche Variablen zur Trennung jedes einzelnen Clusters beitragen. Da die Überprüfung der Cluster auf Varianzhomogenität ergeben hat, dass die Varianzen zwischen den Clustern nicht homogen sind (vgl. Anhang XVI), wurde der Tamhane-Test durchgeführt, für den diese Voraussetzung nicht zwingend erfüllt sein muss. Mit diesem Test wird bei jedem Cluster mit einem Signifikanzniveau von 95 Prozent überprüft, durch welche Merkmalsvariablen sich das Cluster von einem oder mehreren anderen Clustern unterscheidet. Zu diesem Zweck wurde für jedes Cluster und für jede Variable die Differenz zu den anderen drei Clustern berechnet. Beim Vorliegen einer signifikanten Differenz wurde dies mit einem Stern gekennzeichnet. Die Ergebnisse dieses Tests sind im Anhang XVIII dargestellt. Ein Merkmal charakterisiert ein Cluster genau dann, wenn die Differenz bezogen auf dieses Merkmal mindestens zu einem weiteren Cluster signifikant ist, d. h. mindestens ein Differenzwert mit einem Stern gekennzeichnet ist.

Die Prüfung ergab, dass die bereits im Abschnitt 5.2.3 aufgeführten Variablen – Konzentration des Umsatzes und des Vermögens im Ausland sowie die Korrelation zwischen Mitarbeiterzahl und Umsatz im Ausland – keines der Cluster signifikant charakterisierten. Für die verbleibenden 20 Variablen ergibt sich für die Cluster ein unterschiedliches Bild. Im Folgenden sind für jedes der vier Cluster die Variablen aufgeführt, die nicht zur Trennung dieses Clusters beitragen:

- Cluster 1: Konzentration des Vermögens und des Umsatzes im Inland sowie die Wachstumsstärke der Mitarbeiterzahl im Ausland.
- Cluster 2: Die Wachstumsstärke des Vermögens im Ausland, das Wachstum der Mitarbeiterzahl im Ausland und die Korrelation zwischen dem Umsatz im Inland und der Mitarbeiterzahl im Ausland.
- Cluster 3: Die Wachstumsstärke des Vermögens im Ausland und das Wachstum der Mitarbeiterzahl im Ausland.
- Cluster 4: Die Wachstumsstärke des Umsatzes im Ausland und die Korrelation zwischen dem Umsatz im Inland und der Mitarbeiterzahl im Inland.

Die Aufstellung verdeutlicht, dass für jedes Cluster zu den drei insgesamt nicht relevanten Variablen noch einmal zwei bis drei Variablen kommen, die nicht zur Abgrenzung des Clusters beitragen. Dies heißt aber auch, dass die einzelnen Cluster von 17 bis 18 Variablen signifikant voneinander abgegrenzt werden. Für eine umfassende Betrachtung des Wachstums, wie sie in dieser Arbeit erfolgt ist, war es somit richtig, möglichst viele Faktoren in die Analyse mit einzubeziehen. Es wird aber auch deutlich, welche Faktoren am stärksten die einzelnen Cluster voneinander abgrenzen. In den folgenden vier Abschnitten wird der Einfluss der einzelnen Bestimmungsfaktoren auf das internationale Wachstum detailliert erläutert.

5.3.1.2 Beitrag der Wachstumsrate zur Trennung der Cluster

Die Wachstumsraten bezogen auf den Umsatz, die Mitarbeiterzahl und das Vermögen im In- und Ausland haben wesentlich zur Trennung der Cluster beigetragen. Die größte Bedeutung haben in diesem Zusammenhang die Wachstumsraten im Inland. In Abb. 50 sind die Wachstumsraten in den einzelnen Clustern und die Bedeutung der einzelnen Variablen für die Trennung der Cluster[395] dargestellt.

Die größte Bedeutung für die Trennung der Cluster haben demnach die inländischen Wachstumsraten. So werden durch die Wachstumsraten von Umsatz und Vermögen im Inland fünf von sechs möglichen Clusterkombinationen signifikant voneinander getrennt, bei den Mitarbeitern sind es noch drei Clusterkombinationen.

Dies ist ein erster Hinweis darauf, dass die Wachstumsraten im Inland noch eine größere Bedeutung für die Charakterisierung der Entwicklung eines Unternehmens haben als die Entwicklung im Ausland. Zugespitzt formuliert: Die Entwicklung eines Unternehmens entscheidet sich im Inland.
Dies heißt jedoch nicht, dass das Ausland keine Bedeutung für Unternehmen hat – was auch an den hohen Auslandsquoten zu erkennen ist.[396] Vielmehr deutet dies lediglich darauf hin, dass die Wachstumsraten der Unternehmen im Ausland weniger

---

[395] Die Bedeutung der Variablen für die Trennung der Cluster hängt davon ab, wie viele Clusterkombinationen durch die Variable signifikant getrennt werden. Clusterkombinationen sind alle möglichen paarweisen Kombinationen der Cluster (z. B. Cluster 1 mit Cluster 2; Cluster 1 mit Cluster 4). Insgesamt sind sechs verschiedene paarweise Kombinationen möglich. Die Anzahl der Clusterkombinationen, zwischen denen die Variable signifikant (Niveau 0,05) trennt, ist in der Abb. 50 in den grauen Feldern dargestellt.
[396] Vgl. Abschnitt 5.1.1.

stark voneinander abweichen als im Inland.[397] Ein möglicher Grund für diese Unterschiede könnte die unterschiedliche Nachfragesituation im Inland und Ausland sein. So könnte im Inland die Nachfrage für einige Produkte bereits stärker gesättigt sein als im Ausland, während es bei anderen Produkten keine Unterschiede gibt.

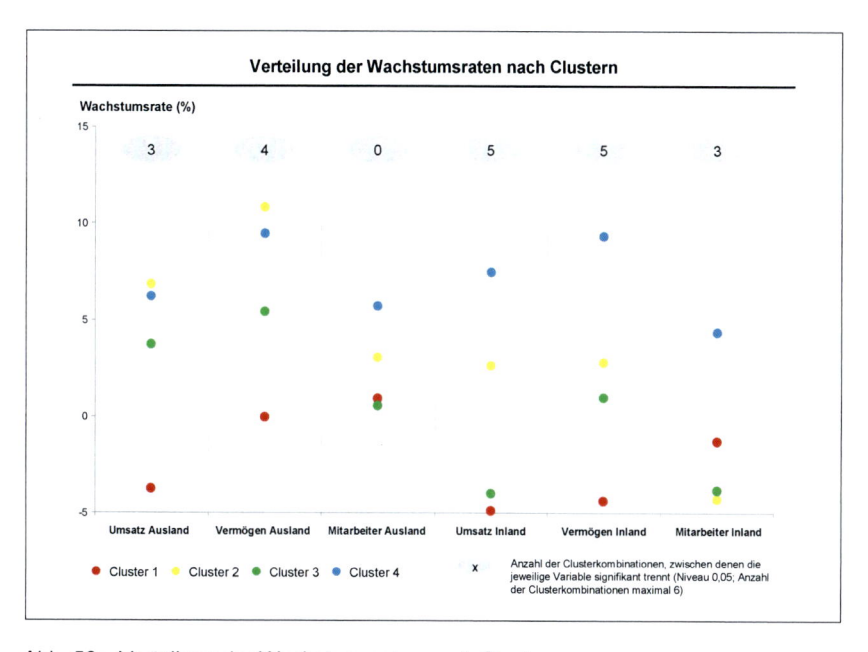

Abb. 50: Verteilung der Wachstumsraten nach Clustern.

Die Effekte sollen am Beispiel der Automobilhersteller und der Computer- und Elektronikbranche erläutert werden. Während die Automobilhersteller im Inland aufgrund gesättigter Märkte einen Umsatzrückgang von durchschnittlich minus einem Prozent erzielen, werden im Ausland noch Wachstumsraten von vier Prozent erreicht. Im Unterschied dazu wächst die Computer- und Elektronikbranche sowohl im Inland als auch im Ausland mit deutlich geringeren Differenzen in den Wachstumsraten von nur zwei Prozentpunkten. Beim Vergleich der Wachstumsraten beider Branchen beträgt die Differenz im Ausland null und im Inland drei Prozentpunkte.

---

[397] Vgl. dazu auch die Verteilungswerte im Abschnitt 5.1.2.1.

Die Bedeutung der Wachstumsrate für die Trennung der Cluster zeigt sich auch bei der Betrachtung der einzelnen Cluster. So ist das Cluster 4 nahezu durchgehend durch die höchsten durchschnittlichen Wachstumsraten gekennzeichnet und das Cluster 1 durch die geringsten.

5.3.1.3 Beitrag der Wachstumsstärke zur Trennung der Cluster

Die Wachstumsstärke bezogen auf den Umsatz, die Mitarbeiterzahl und das Vermögen hat im Vergleich mit den anderen drei Bestimmungsgrößen des internationalen Wachstums am wenigsten zur Trennung der Cluster beigetragen. So konnte die Wachstumsstärke des Umsatzes zwischen zwei Clusterkombinationen die Wachstumsstärke der Mitarbeiter zwischen einer und die Wachstumsstärke des Vermögens zwischen keiner Clusterkombination signifikant trennen.

Ein möglicher Grund für die geringe Signifikanz der Wachstumsstärke bei der Trennung der Cluster liegt in der Variablen selbst. So kann ein und dieselbe Ausprägung der Wachstumsstärke unterschiedlich interpretiert werden.[398] So kann die Wachstumsstärke von zwei beispielsweise in dem Sinne interpretiert werden, dass ein Unternehmen im Ausland doppelt so schnell wächst wie im Inland, oder aber, dass ein Unternehmen im Ausland doppelt so schnell schrumpft wie im Inland. Aus diesem Grund ist es sinnvoller, die Wachstumsstärke nicht isoliert zu betrachten, sondern in Verbindung mit den jeweiligen Wachstumsraten. Eine solche Betrachtung erfolgt in Abb. 51, in der, wie bereits im Abschnitt 5.1.2.2, die Unternehmen entsprechend ihrer Wachstumsstärke gruppiert wurden. Die farbige Kennzeichnung entspricht in diesem Fall dem jeweiligen Cluster, dem die Unternehmen zugeordnet wurden.[399]

In der Abb. 51 wird durch die Zuordnung der Unternehmen zu Clustern bereits deutlich, wie stark die Variablen die einzelnen Cluster voneinander trennen. Am deutlichsten ist die Trennung der Cluster bei der Wachstumsstärke des Umsatzes und

---

[398] Vgl. Abschnitt 4.3.2.
[399] Es sei darauf hingewiesen, dass die Anzahl der Unternehmen geringer als in Abb. 46 ist. Dies liegt daran, dass die im Abschnitt 5.2.1 als Ausreißer identifizierten Unternehmen nicht mehr berücksichtigt wurden.

des Vermögens zu erkennen. Beim Umsatz kann jedes Cluster hinsichtlich der Wachstumsstärke wie folgt eindeutig charakterisiert werden:
- Cluster 1: Der Umsatz sinkt im Inland stärker als im Ausland.
- Cluster 2: Der Umsatz steigt im Ausland stärker als im Inland.
- Cluster 3: Der Umsatz sinkt im Inland und steigt im Ausland.
- Cluster 4: Der Umsatz steigt im Inland und Ausland gleich.

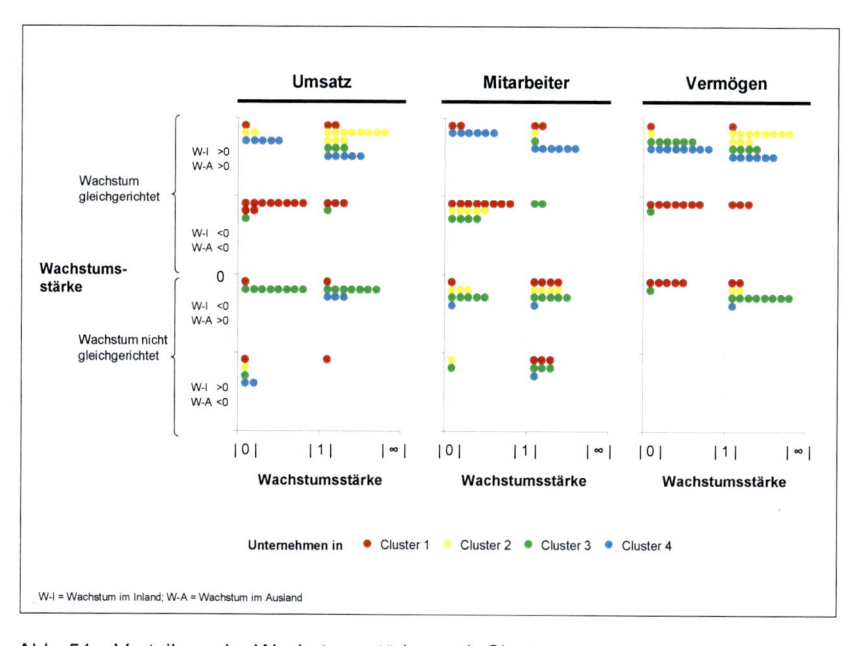

Abb. 51: Verteilung der Wachstumsstärke nach Clustern.

Auch beim Vermögen können die Cluster hinsichtlich ihrer Wachstumsstärke charakterisiert werden – allerdings nicht so deutlich wie beim Umsatz. Cluster 2 und 4 zeigen hinsichtlich des Vermögens die gleiche Verteilung der Wachstumsstärke wie beim Umsatz; bei den Clustern 1 und 3 ist das Bild weniger deutlich. Hinsichtlich der Mitarbeiter ergibt sich nur noch ein deutliches Bild für das Cluster 4, in dem die Verteilung der Wachstumsstärke gleich der beim Umsatz und Vermögen ist.

Hinsichtlich der Cluster kann vermutet werden, dass nur bei einem Cluster (Cluster 4) das Wachstum der Input-Parameter und die Entwicklung des Outputs (Umsatz) im Inland und Ausland gleichgerichtet sind. Bei der Mehrzahl der Unternehmen hingegen entwickeln sich Input- und Output-Größen in unterschiedliche Richtungen. Diese Vermutung wird bei der detaillierten Beschreibung der Cluster in Abschnitt 5.3.2 weiter vertieft.

Abschließend kann zudem festgehalten werden, dass die alleinige Betrachtung eines Bestimmungsfaktors nicht ausreicht, um das internationale Wachstum eines Unternehmens zu erfassen. So waren in diesem Fall nur durch die Kombination von Wachstumsstärke und Wachstumsraten sinnvolle Aussagen möglich.

5.3.1.4 Beitrag der Faktorkorrelation zur Trennung der Cluster

Auch die Faktorkorrelation trägt zur Trennung der Cluster bei; allerdings weniger stark als die oben bereits erläuterte Wachstumsrate. Am stärksten trennen die Variablen, die die Korrelation zwischen inländischen und ausländischen Größen bestimmen. Diese Korrelationen werden im Folgenden als „Überkreuzkorrelationen" bezeichnet. Die Korrelationen zwischen Faktoren entweder im Inland oder im Ausland trennen die Cluster hingegen weniger stark. Diese Korrelationen werden im Folgenden als „direkte Korrelationen" bezeichnet.

Im Abschnitt 5.1.2.3 wurde erläutert, dass die direkten Korrelationen im Durchschnitt höher sind als die Überkreuzkorrelationen. Auch gibt es bis auf zwei Ausnahmen nur wenige Unterschiede zwischen den Clustern hinsichtlich der Höhe der direkten Korrelationen. Dies liegt möglicherweise daran, dass bei vielen Unternehmen der Output noch in großem Maße mit lokalen Ressourcen erstellt wird.

Die größten Unterschiede zwischen den Clustern bestehen bei den Überkreuzkorrelationen. Insbesondere in Bezug auf das Vermögen gibt es zwei Cluster (Cluster 2 und 4) mit hohen Überkreuzkorrelationen. Bei den anderen beiden Clustern fallen die Überkreuzkorrelationen geringer aus. Eine mögliche Ursache für diese Unterschiede ist die bereits im Abschnitt 5.3.2.3 angestellte Vermutung, nach der sowohl separate Produktionsfunktionen für das Inland und Ausland existieren als auch globale Produktionsfunktionen, die nicht nach Ausland und Inland differenzieren.

So lassen die relativ hohen Überkreuzkorrelationen vermuten, dass bei diesen Unternehmen die Produktionsprozesse stark vernetzt sind. Eine Ausweitung des Absatzes ist z. B. nur möglich, wenn eine Erweiterung der Kapazitäten im In- und Ausland erfolgt. Die Produktionsfunktion bezieht somit inländische und ausländische Faktoren mit ein. In den Clustern mit durchschnittlich geringer Überkreuzkorrelation ist die Produktion hingegen weniger stark vernetzt; d. h., es existieren separate Produktionsfunktionen für In- und Ausland, die andere Faktoren weniger stark berücksichtigen.

5.3.1.5 Beitrag des Faktorverlaufs zur Trennung der Cluster

Von den vier betrachteten Bestimmungsfaktoren des internationalen Wachstums trägt der Faktorverlauf mit am wenigsten zur Trennung der Cluster bei. Von den sechs Konzentrationsmaßen zur Bestimmung des Faktorverlaufs trennen zwei keines der Cluster signifikant und die anderen maximal drei Clusterkombinationen.

Beim Vergleich ausländischer und inländischer Konzentrationsfaktoren trennen die inländischen Konzentrationsfaktoren am deutlichsten zwischen den Clustern. Ein möglicher Grund ist, dass es für viele der hier betrachteten Unternehmen nur geringe Einschränkungen hinsichtlich der Wachstumsmöglichkeiten im Ausland gibt; so sind z. B. sowohl organisches Wachstum als auch Akquisitionen gleichberechtigt möglich. Im Gegensatz dazu sind die Möglichkeiten im Inland in einigen Branchen, durch Akquisitionen zu wachsen, stärker eingeschränkt. So ist beispielsweise in manchen Branchen ein Zusammenschluss mit lokalen Wettbewerbern aus kartellrechtlichen Gründen nur eingeschränkt möglich.[400] Dies führt dazu, dass im Inland in einigen Branchen Zusammenschlüsse zwischen Unternehmen leichter möglich sind als in anderen. Dementsprechend gibt es im Inland größere Unterschiede hinsichtlich der Homogenität des Wachstums.

Des Weiteren bestehen auch Unterschiede hinsichtlich der Entwicklung zwischen Input- und Output-Faktoren. So ist die Entwicklung der Output-Faktoren etwas hete-

---

[400] Im Ausland gibt es in der Regel für Unternehmen weniger kartellrechtliche Bedenken, da sie entweder den Ländermarkt erstmalig betreten oder nur einen geringen Marktanteil aufweisen.

rogener als die der Input-Faktoren. Dies ist jedoch nur dann möglich, wenn sich die Produktionsfunktionen der Unternehmen sprunghaft verändern. Mögliche Ursachen dafür sind z. B. Effizienzsteigerungen infolge von Innovationen, Zusammenschlüssen von Unternehmen mit stark unterschiedlichen Produktionsfunktionen oder Ausnutzung von Größenvorteilen bei Akquisitionen.

5.3.2 Vergleich von Richtung und Ausmaß der Gruppenunterschiede

Ziel der folgenden Ausführungen ist es, die im Abschnitt 5.2 bereits identifizierten und beschriebenen Cluster inhaltlich zu interpretieren. Interpretation heißt für die hier betrachtete Fragestellung: Es soll festgestellt werden, ob die empirisch erhobenen Typen des internationalen Wachstums mit den auf der Basis der Branchenkräfte theoretisch abgeleiteten Typen übereinstimmen. Sollte dies der Fall sein, ist es wahrscheinlich, dass die in einer Branche wirkenden Kräfte Einfluss auf die Typen des internationalen Wachstums haben.

In Bezug auf den Vergleich der Wachstumstypen wurde im Abschnitt 4.4.2.3 bereits erläutert, dass es nicht sinnvoll ist, die Merkmale zweier Cluster direkt miteinander zu vergleichen. Besser ist es, Merkmalsausprägungen in Relation zu anderen Clustern oder zum Durchschnitt aller Objekte zu beschreiben und diese relativen Ausprägungen dann für den Vergleich zwischen theoretischen und empirischen Typen heranzuziehen.

Im Abschnitt 3.3 wurde dargestellt, wie die Merkmalswerte der vermuteten Wachstumstypen im Vergleich zum Durchschnitt der Unternehmen ausgeprägt sind. Die Ergebnisse dieses Vergleichs wurden anschaulich in Wachstumsprofilen für jeden Wachstumstyp erfasst. Ein entsprechender Vergleich der Merkmalswerte und die Erstellung von Wachstumsprofilen für die empirischen Werte werden in diesem Abschnitt durchgeführt. Gleichzeitig soll der Vergleich beider Wachstumsprofile zeigen, wo Gemeinsamkeiten und Unterschiede zwischen den vermuteten und empirischen Clustern liegen.

Um nicht jedes der drei vermuteten und der vier empirischen Wachstumsprofile miteinander vergleichen zu müssen, werden anhand der Beschreibung der empirischen Cluster (Abschnitt 5.2.4) und der vermuteten Cluster (Abschnitt 3.3) bereits die wahrscheinlich ähnlichsten Kombinationen ausgewählt. Zu diesen Kombinationen gehören die wenig wachsenden inlandbezogenen Unternehmen und der internationale Wachstumstyp, die in- und auslandfokussierten Unternehmen und der multinationale Wachstumstyp sowie die stark wachsenden Netzwerkunternehmen und der global gemischte Wachstumstyp.

Dem vierten empirischen Cluster, den auslandfokussierten vermögensintensiven Unternehmen, kann auf Anhieb kein Wachstumstyp eindeutig zugeordnet werden. Aus diesem Grund soll geprüft werden, mit welchem der drei vermuteten Wachstumstypen die meisten Gemeinsamkeiten bestehen und auf welche Ursachen die Abweichungen zurückgeführt werden können.

In den folgenden Abschnitten wird nun die Übereinstimmung zwischen den ausgewählten Kombinationen von vermuteten und empirischen Wachstumstypen überprüft. Zur besseren Übersicht werden die beiden vermuteten und empirischen Wachstumsprofile jeweils in einer Abbildung kombiniert. Im letzten Abschnitt erfolgt die Zuordnung der auslandfokussierten vermögensintensiven Unternehmen.

5.3.2.1 Der internationale Wachstumstyp

In Abb. 52 wird das Wachstumsprofil der wenig wachsenden inlandbezogenen Unternehmen mit dem vermuteten Wachstumsprofil des internationalen Wachstumstyps verglichen. Die Merkmale des vermuteten Wachstumstyps sind als graue Balken, die Merkmale des empirischen Unternehmensclusters als rote Linien dargestellt. Im Folgenden werden Unterschiede und Gemeinsamkeiten zwischen den beiden Wachstumsprofilen erläutert. Die Gliederung orientiert sich dabei an den vier Bestimmungsfaktoren des internationalen Wachstums.

(I) **Die Wachstumsrate**: Die Wachstumsraten im Ausland liegen wie vermutet auch bei dem empirischen Wachstumstyp unter dem Durchschnitt der betrachteten Unternehmen. Im Inland hingegen sind die gemessenen Wachstumsraten geringer als für diesen Wachstumstyp vermutet. Den Unternehmen gelingt es scheinbar nicht, trotz der starken Ausrichtung auf den Inlandsmarkt überdurchschnittlich zu wachsen. Die wahrscheinlichste Ursache ist, dass internationale Unternehmen in einem Branchenumfeld agieren, das insgesamt durch ein geringes Wachstumsniveau geprägt ist. Dies könnte jedoch auch eine mögliche Erklärung für die Inlandfokussierung des internationalen Wachstumstyps sein. Bei einem geringen Wachstum oder der Stagnation des Gesamtmarktes können einzelne Unternehmen nur wachsen, wenn sie andere Unternehmen verdrängen. Da es für ein Unternehmen deutlich schwieriger ist, diesen Verdrängungswettbewerb im Ausland gegen dort ansässige Unternehmen zu bestehen, erfolgt eine Fokussierung auf den Heimatmarkt.

(II) **Die Wachstumsstärke des Auslandsgeschäfts**: Die Wachstumsstärke des Auslandsgeschäftes liegt für die signifikanten Werte wie vermutet unter dem Durchschnittswert der betrachteten Unternehmen.

(III) **Die Faktorkorrelation**: Die Faktorkorrelation des empirischen Wachstumstyps bestätigt nahezu exakt die Vermutungen über die Zusammenhänge zwischen den Merkmalsvariablen. Am deutlichsten ist dieser Zusammenhang für die Korrelationen in Bezug auf den Auslandsumsatz ausgeprägt.

(IV) **Der Faktorverlauf**: Da die Mehrzahl der empirischen Merkmale nicht signifikant ist, ist ein sinnvoller Vergleich mit dem vermuteten Faktorverlauf nicht möglich.

Hinsichtlich des internationalen Wachstumstyps kann festgehalten werden, dass sich wesentliche Elemente der vermuteten Charakteristika auch in den empirischen Daten wiedergefunden haben. Dazu gehört insbesondere die hohe Übereinstimmung in dem Merkmal Faktorkorrelation. Denn gerade an diesem Merkmal werden die Spezifika des internationalen Wachstumstyps – die Fokussierung auf den Inlandsmarkt – besonders deutlich. Überraschend war, dass trotz der Fokussierung auf das Inland die dort erzielten Wachstumsraten hinter dem Durchschnitt der betrachteten Unternehmen zurückblieben.

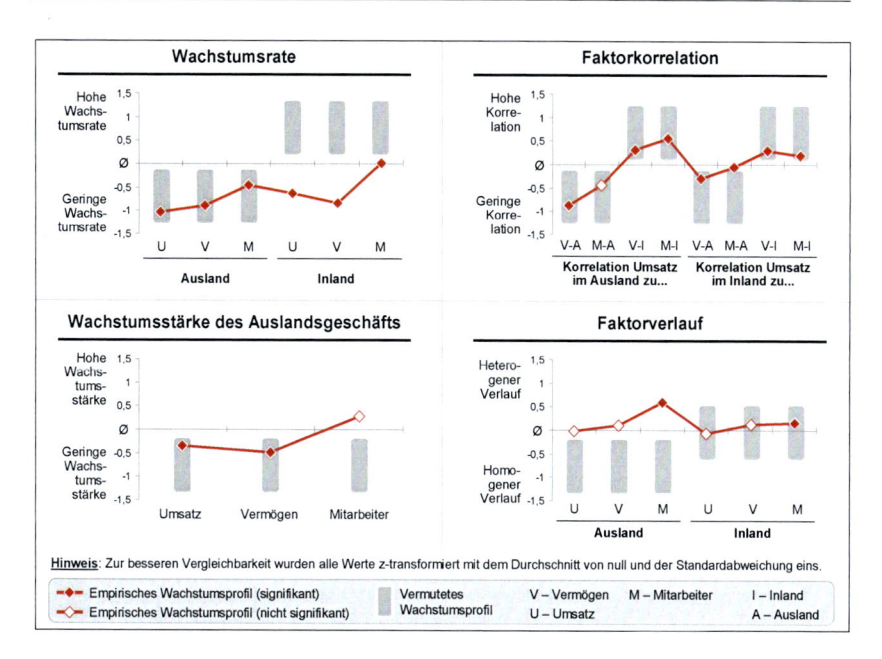

Abb. 52: Vergleich der Wachstumsprofile des internationalen Wachstumstyps und der wenig wachsenden inlandbezogenen Unternehmen.

5.3.2.2 Der multinationale Wachstumstyp

In Abb. 53 wird das Wachstumsprofil der in- und auslandfokussierten Unternehmen mit dem vermuteten Wachstumsprofil des multinationalen Wachstumstyps verglichen. Die Merkmale des vermuteten Wachstumstyps sind als graue Balken, die Merkmale des empirischen Unternehmensclusters als rote Linien dargestellt. Im Folgenden werden die Unterschiede und Gemeinsamkeiten zwischen den beiden Wachstumsprofilen erläutert. Die Gliederung orientiert sich dabei an den vier Bestimmungsfaktoren des internationalen Wachstums.

(I) **Die Wachstumsrate**: Wie vermutet, liegen die gemessenen Wachstumsraten in- und auslandfokussierter Unternehmen sowohl im Inland als auch im Ausland nahe den durchschnittlichen Wachstumsraten.

(II) **Die Wachstumsstärke des Auslandsgeschäfts**: Auch die Wachstumsstärke des Auslandsgeschäfts liegt bei den in- und auslandfokussierten Unternehmen im Durchschnitt aller Unternehmen. Damit entspricht sie genau der vermuteten Merkmalsausprägung des multinationalen Wachstumstyps.

(III) **Die Faktorkorrelation**: Bis auf die Korrelation zwischen dem Vermögen und Umsatz im Inland stimmt das empirische Merkmalsprofil mit dem vermuteten Merkmalsprofil überein. Es ist gut zu erkennen, dass die Korrelationen zwischen den Merkmalen mit „Grenzübertritt" deutlich geringer ausfallen, als wenn nur die Zusammenhänge im Inland oder nur im Ausland betrachtet werden. Der „Ausreißer" – die Korrelation zwischen Vermögen und Umsatz im Inland – liegt zwar unter dem Durchschnitt aller Unternehmen, aber dennoch über den beiden entsprechenden grenzüberschreitenden Korrelationen (Umsatz Inland zu Vermögen Ausland und Umsatz Ausland zu Vermögen Inland). Dies widerspricht jedoch nicht der Grundannahme bezüglich des multinationalen Wachstumstyps, nach der die Beziehungen in einem Land wichtiger sind als zwischen Inland und Ausland.

(IV) **Der Faktorverlauf**: Der Faktorverlauf der in- und auslandfokussierten Unternehmen entspricht exakt den vermuteten Merkmalswerten.

Zusammenfassend kann festgehalten werden, dass die vermuteten Charakteristika des multinationalen Typs für alle untersuchten Bestimmungsfaktoren sehr gut in den empirischen Daten wiedergefunden werden können. Es ist somit davon auszugehen, dass der multinationale Wachstumstyp existiert und dass sich die Merkmale wie erläutert aus den Branchenkräften ableiten lassen.

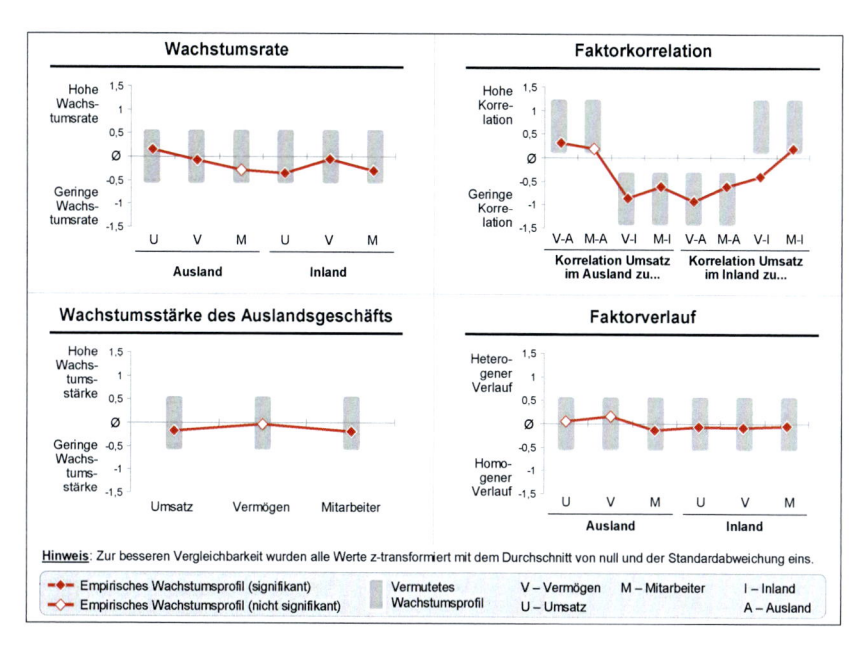

Abb. 53: Vergleich der Wachstumsprofile des multinationalen Wachstumstyps und der in- und auslandfokussierten Unternehmen.

5.3.2.3 Der global gemischte Wachstumstyp

In Abb. 54 wird das Wachstumsprofil der stark wachsenden Netzwerkunternehmen mit dem vermuteten Wachstumsprofil des global gemischten Wachstumstyps verglichen. Die Merkmale des vermuteten Wachstumstyps sind als graue Balken, die Merkmale des empirischen Unternehmensclusters als rote Linien dargestellt. Im Folgenden werden Unterschiede und Gemeinsamkeiten zwischen den beiden Wachstumsprofilen erläutert. Die Gliederung orientiert sich an den vier Bestimmungsfaktoren des internationalen Wachstums.

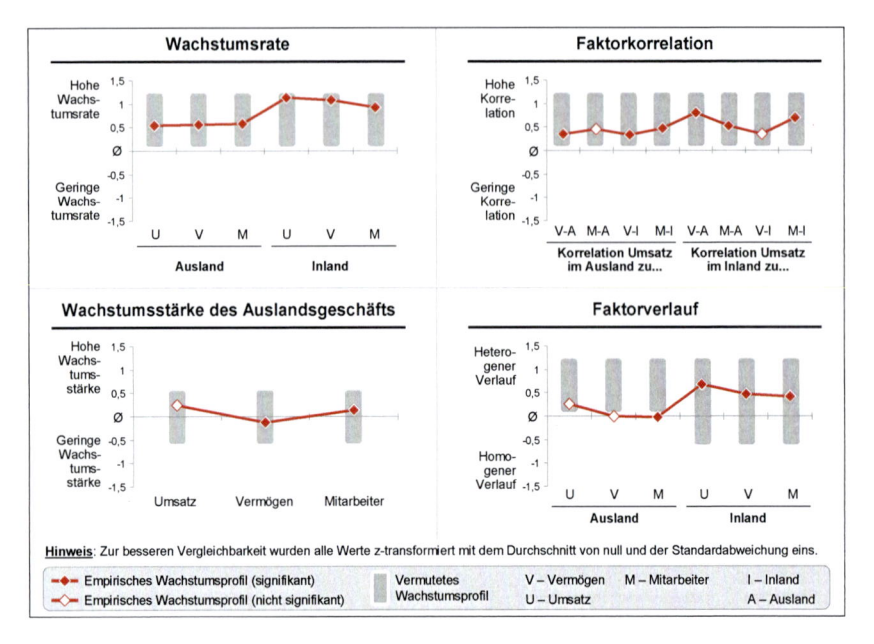

Abb. 54: Vergleich der Wachstumsprofile des global gemischten Wachstumstyps und der stark wachsenden Netzwerkunternehmen.

(I) **Die Wachstumsrate.** Die Wachstumsraten stark wachsender Netzwerkunternehmen liegen sowohl für die inländischen als auch die ausländischen Indikatoren deutlich über dem Durchschnitt aller betrachteten Unternehmen. Eine solche Merkmalsausprägung wurde auch für den global gemischten Wachstumstyp vermutet.

(II) **Die Wachstumsstärke des Auslandsgeschäfts.** Wie für den global gemischten Typ vermutet, liegen die empirisch ermittelten Werte für die Wachstumsstärke der stark wachsenden Netzwerkunternehmen annähernd im Durchschnitt der empirisch untersuchten Unternehmen.

(III) **Die Faktorkorrelation.** Für alle signifikanten Merkmalswerte liegen die Korrelationen über dem Durchschnitt der Merkmalswerte. Damit stimmen auch die Ausprägungen des dritten Bestimmungsfaktors zwischen den vermuteten und empirischen Wachstumstypen überein.

(IV) **Der Faktorverlauf.** Der Faktorverlauf im Inland liegt über dem Durchschnitt der betrachteten Unternehmen. Damit entspricht diese Merkmalsausprägung auch dem für diesen Wachstumstypen vermuteten Wachstumsverlauf. Im Hinblick auf den Wachstumsverlauf im Ausland entspricht dieser signifikante Merkmalswert nicht exakt der vermuteten Ausprägung. Mögliche Ursachen für diese Abweichung sind aber nur schwer zu ermitteln; vor allem, da die beiden anderen Wachstumsverläufe im Inland nicht signifikant sind.

Wie bereits bei den beiden zuvor betrachteten Wachstumstypen konnten auch für den global gemischten Wachstumstyp die wesentlichen Charakteristika in den empirischen Daten nachgewiesen werden. Damit konnte ein weiterer theoretischer Wachstumstyp empirisch bestätigt werden.

5.3.2.4 Die auslandfokussierten vermögensintensiven Unternehmen

Dem empirischen Cluster auslandfokussierter vermögensintensiver Unternehmen konnte auf Anhieb kein Wachstumstyp eindeutig zugeordnet werden. Aus diesem Grund wird überprüft, mit welchem der drei vermuteten Wachstumstypen die meisten Gemeinsamkeiten bestehen.

Diese Überprüfung wurde durchgeführt, indem jedes signifikante Wachstumsmerkmal der auslandfokussierten vermögensintensiven Unternehmen mit der vermuteten Ausprägung der drei Wachstumstypen verglichen wurde. Der Vergleich der 17 signifikanten Merkmalsvariablen ergab fünf Übereinstimmungen mit dem internationalen Wachstumstyp, sechs Übereinstimmungen mit dem multinationalen Wachstumstyp und zehn Übereinstimmungen mit dem global gemischten Wachstumstyp. Da die meisten Übereinstimmungen bei dem global gemischten Wachstumstyp bestehen, soll geprüft werden, ob es sich bei den auslandfokussierten vermögensintensiven Unternehmen ggf. um einen Spezialfall des global gemischten Wachstumstyps handeln könnte. Dazu sollen vor allem die Ursachen für die Unterschiede zwischen den Wachstumsmerkmalen beider Typen analysiert werden. Für einen besseren Überblick über die bestehenden Unterschiede wurden die Wachstumsprofile wie bei den anderen Wachstumstypen in Abb. 55 gemeinsam dargestellt. Bei der Analyse der Unterschiede der Wachstumsprofile fällt auf, dass

- bei den Wachstumsraten und Korrelationen diejenigen Merkmale abweichen, die eine Verbindung zu den Mitarbeitern im Inland aufweisen, und dass alle Merkmale in Bezug auf die Mitarbeiter im Ausland nicht signifikant sind;
- beim Faktorverlauf alle Merkmale der auslandfokussierten vermögensintensiven Unternehmen von denen des global gemischten Wachstumstyps abweichen;
- bei der Wachstumsstärke des Auslandsgeschäfts beide Typen die gleichen Merkmalsausprägungen aufweisen.

Bei den auslandfokussierten vermögensintensiven Unternehmen handelt es sich um Unternehmen, bei denen die Ressource Kapital eine viel größere Bedeutung hat als der Einsatz von Mitarbeitern. Dies bedeutet, dass durch die Ressource Kapital der Umsatz deutlich stärker determiniert wird als durch den Einsatz von Mitarbeitern. Dieser Zusammenhang spiegelt sich auch in den Wachstumsraten und Korrelationen in Abb. 55 wider. Auf der einen Seite fällt das Wachstum der Mitarbeiterzahl deutlich geringer aus als das Wachstum des Vermögens. Auf der anderen Seite ist auch der Zusammenhang zwischen dem Umsatz und der Mitarbeiterzahl deutlich schwächer als zwischen dem Umsatz und dem Vermögen (dies trifft sowohl für das Inland als auch das Ausland zu).

Beim Vergleich der Wachstumsprofile der auslandorientierten vermögensintensiven Unternehmen und des global gemischten Wachstumstyps hinsichtlich der Wachstumsraten und Korrelationen wird deutlich, dass bis auf die Merkmalswerte, die mit den Mitarbeiterzahlen in Verbindung stehen, die empirischen mit den vermuteten Merkmalswerten übereinstimmen. Aus diesem Grund könnte es sich bei den auslandorientierten vermögensintensiven Unternehmen um einen Spezialfall des global gemischten Wachstumstyps handeln, der durch eine hohe Vermögensintensität gekennzeichnet ist.

Offen bleibt die Frage, warum der Wachstumsverlauf dieses „Spezialfalls" homogener als bei dem global gemischten Wachstumstyp ist. Eine mögliche Erklärung könnte sein, dass der Aufbau der benötigten Vermögenswerte nicht auf einmal, sondern nur sukzessive erfolgen kann und die Möglichkeiten von Unternehmensakquisitionen begrenzt sind.

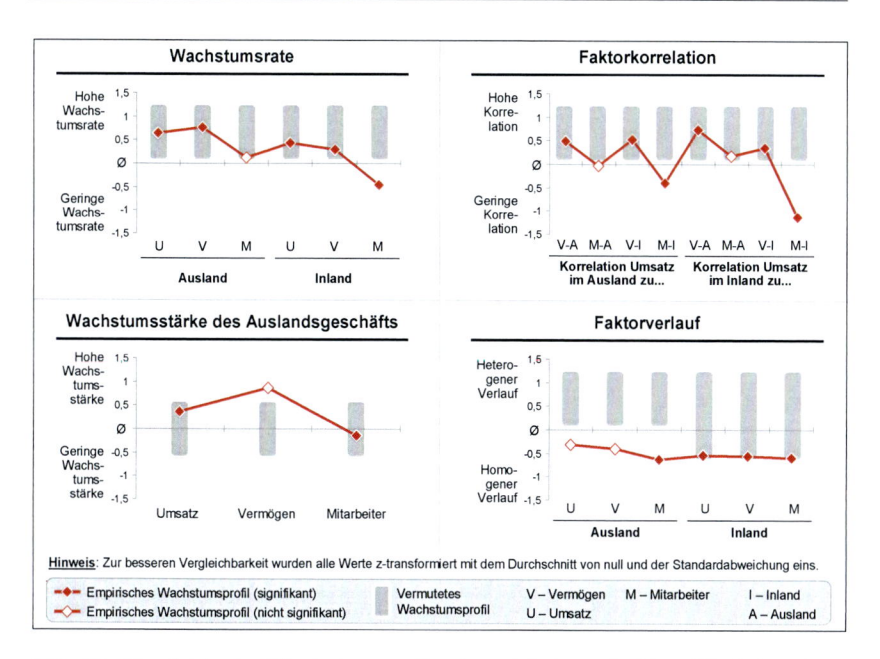

Abb. 55: Vergleich der Wachstumsprofile des global gemischten Wachstumstyps und der auslandorientierten vermögensintensiven Unternehmen.

5.4 Zusammenfassung und Bewertung der empirischen Ergebnisse

Ziel dieses Abschnittes ist es, zum einen die empirischen Ergebnisse zusammenzufassen und zum anderen kritisch zu beleuchten. Der Schwerpunkt der ersten beiden Abschnitte liegt auf der Zusammenfassung der Ergebnisse (Abschnitte 5.4.1 und 5.4.2). Im letzten Abschnitt (5.4.3) werden die Ergebnisse dann kritisch bewertet.

5.4.1 Existenz von Typen des internationalen Wachstums

Ein Ziel der empirischen Analyse war es, zu bestimmen, ob Typen des internationalen Wachstums existieren und durch welche Merkmale diese charakterisiert werden. Im Abschnitt 5.2 wurde dazu zunächst gezeigt, dass in den Daten eine Clusterstruktur vorliegt und die Unternehmen in vier Gruppen klassifiziert werden können. Auch die Modellprüfung hat ergeben, dass die Clusterlösung valide, homogen und stabil ist. Die wesentlichen Ergebnisse der Modellprüfung sind:

- **Validität:** Die empirische Clusterlösung unterscheidet sich mit einer Wahrscheinlichkeit von 95 Prozent von einer Clusterlösung auf Basis von Zufallsdaten.
- **Homogenität:** Mit einer Wahrscheinlichkeit von 95 Prozent trägt die gefundene Clusterlösung dazu bei, die Homogenität zwischen den Unternehmen eines Clusters zu vergrößern und zwischen den Clustern zu reduzieren.
- **Stabilität:** Auch bei Veränderungen der Modellparameter sind die Änderungen der Clusterlösung geringer als der definierte Schwellenwert.

Neben dem reinen Nachweis der Existenz der Clusterstruktur ist insbesondere von Bedeutung, welche Bestimmungsfaktoren zur Trennung der Cluster beigetragen haben und durch welche Merkmale des internationalen Wachstums die Cluster charakterisiert sind.

Es folgt zunächst die Erläuterung zur Bedeutung der Bestimmungsfaktoren.

Zur Veranschaulichung der Bedeutung der Bestimmungsfaktoren wurde für jeden der vier Faktoren analysiert, welcher Anteil der möglichen Clusterkombinationen durch den Faktor signifikant getrennt wird.[401] Die Ergebnisse sind im Folgenden dargestellt.

- Die **Wachstumsrate** trennt 56 Prozent der möglichen Clusterkombinationen. Damit hat sie für die Trennung der Cluster die höchste Bedeutung. Insbesondere die Wachstumsraten im Inland trennen deutlich zwischen den Clustern; d. h., dass die Wachstumsraten der Unternehmen im Ausland weniger stark voneinander abweichen als im Inland.
- Die **Faktorkorrelationen** trennen 40 Prozent der möglichen Clusterkombinationen und gehören damit zu den zweitwichtigsten Größen für die Trennung der

---

[401] Erläuterung der Kalkulation: Basis für die Berechnung des Anteils sind die maximal möglichen sechs Clusterkombinationen multipliziert mit der jeweiligen Anzahl der Variablen je Bestimmungsfaktor. Die resultierende Gesamtzahl möglicher Clusterkombinationen je Bestimmungsfaktor wird mit der Summe aller Clusterkombinationen, die durch die Variablen signifikant getrennt werden, ins Verhältnis gesetzt.

Cluster. Am stärksten trennen die Variablen, die die Korrelation zwischen inländischen und ausländischen Größen bestimmen und damit den Grad der Vernetzung zwischen Inland und Ausland determinieren können.

- Der **Faktorverlauf** trennt 19 Prozent der möglichen Clusterkombinationen und trägt damit deutlich weniger als die oben genannten Größen zur Trennung der Cluster bei. Wie bei der Wachstumsrate hat auch beim Faktorverlauf die inländische Entwicklung eine höhere Bedeutung für die Trennung der Cluster als die Entwicklung im Ausland.
- Die **Wachstumsstärke** trennt nur 17 Prozent der Clusterkombinationen und trägt damit am wenigsten zur Trennung der Cluster bei. Dies liegt vor allem daran, dass ein und dieselbe Ausprägung der Wachstumsstärke unterschiedlich interpretiert werden kann.[402]

Abschließend sollen in Bezug auf die Bedeutung der Bestimmungsfaktoren für die Trennung der Cluster noch zwei Punkte festgehalten werden. Erstens unterscheiden sich Cluster stärker hinsichtlich der Faktoren, die die Entwicklung im Inland und nicht im Ausland charakterisieren. Insbesondere vor dem Hintergrund der vielfältigen Möglichkeiten des Eintritts und der Bearbeitung ausländischer Märkte ist dieses Ergebnis überraschend.[403] Zweitens tragen nicht nur einzelne Faktoren zur Trennung der Cluster bei, sondern auch die Kombinationen von Faktoren. Dies wurde insbesondere bei der Wachstumsstärke deutlich. Durch die Verknüpfung der Wachstumsstärke mit den Wachstumsraten konnten deutlich mehr Unterschiede zwischen den Clustern identifiziert werden.[404]

Nachdem die Bedeutung der Bestimmungsfaktoren zur Trennung der Cluster erläutert wurde, folgt nun die Beschreibung der Merkmale des internationalen Wachstums. Wie vorhergesagt wurden vier Typen identifiziert; ein empirischer Typ konnte nicht direkt einem der theoretischen Wachstumstypen zugeordnet werden. Weitere Analysen haben gezeigt, dass es sich bei diesem empirisch festgestellten Typ sehr wahrscheinlich um einen Spezialfall des global gemischten Wachstumstyps handelt, der

---

[402] Vgl. Abschnitt 5.3.1.3.
[403] Für die verschiedenen Möglichkeiten des Markteintritts und der Marktbearbeitung vgl. Kutschker/Schmid (2006), S. 820–911.
[404] Vgl. Abschnitt 5.3.1.3.

sich durch eine hohe Vermögensintensität auszeichnet. Für jeden der Typen wurden die spezifischen Merkmale identifiziert und in Abb. 56 dargestellt.

Wachstumstypen \ Merkmale	Internationaler Wachstumstyp	Multinationaler Wachstumstyp	Global gemischter Wachstumstyp	
			Normalfall	Spezialfall – Vermögensintensiv
Wachstumsrate	• Unterdurchschnittliches Umsatz-, Mitarbeiterzahl- und Vermögenswachstum im Inland und Ausland	• Durchschnittliches Umsatz-, Mitarbeiterzahl- und Vermögenswachstum im Ausland und Inland	• Überdurchschnittliches Umsatz-, Mitarbeiterzahl- und Vermögenswachstum im Inland und Ausland	• Überdurchschnittliches Umsatz- und Vermögenswachstum im Inland und Ausland • Durchschnittliches bis unterdurchschnittliches Mitarbeiterzahlwachstum
Faktorkorrelation	• Umsätze im Inland und Ausland korrelieren stark mit dem Ressourceneinsatz im Inland • Geringer Zusammenhang zwischen ausländischen Ressourcen und Umsätzen im Inland und Ausland	• Umsätze im Ausland (Inland) korrelieren stark mit dem Ressourceneinsatz im Ausland (Inland) • Geringe „grenzüberschreitende" Abhängigkeiten zwischen Umsatz und Ressourceneinsatz	• Hohe Korrelationen zwischen allen Faktoren im Inland und im Ausland	• Hohe Korrelationen zwischen Umsatz und Vermögenseinsatz im Inland und im Ausland • Geringe Korrelationen zwischen Umsatz und Mitarbeitereinsatz im Inland und im Ausland
Wachstumsstärke des Auslandsgeschäfts	• Unterdurchschnittliche Wachstumsstärke sowohl auf der Absatz- als auch der Ressourcenseite	• Durchschnittliche Wachstumsstärke sowohl auf der Absatz- als auch der Ressourcenseite	• Durchschnittliche Wachstumsstärke sowohl auf der Absatz- als auch der Ressourcenseite	• Durchschnittliche Wachstumsstärke beim Umsatz- und Mitarbeitereinsatz • Durchschnittliche bis hohe Wachstumsstärke beim Vermögenseinsatz
Faktorverlauf	• Keine signifikanten Unterschiede zu anderen Unternehmen	• Durchschnittlich homogener bzw. heterogener Wachstumsverlauf im Inland und Ausland	• Heterogener Wachstumsverlauf im Inland • Keine signifikanten Unterschiede beim Wachstumsverlauf im Ausland zu anderen Unternehmen	• Homogener Wachstumsverlauf im Inland und Ausland

Abb. 56: Überblick über die Wachstumstypen und deren Wachstumsmerkmale.

5.4.2 Einfluss der Branchenfaktoren auf das internationale Wachstum

Ziel in diesem Abschnitt ist es, zu erläutern, welchen Einfluss die Branchenkräfte auf das internationale Wachstum haben. Dazu wird im ersten Teil des Abschnitts erläutert, wie auf der Basis theoretisch abgeleiteter Wachstumstypen der Zusammenhang mit den Branchenkräften hergestellt werden kann. Im zweiten Teil dieses Abschnitts wird beschrieben, inwieweit die Zuordnung der Unternehmen zu Wachstumsclustern den Branchen der Unternehmen entspricht.

Im Abschnitt 5.3.2 wurden ausgehend von den Branchenkräften vier Wachstumstypen theoretisch abgeleitet und hinsichtlich ihrer Merkmale charakterisiert. Es wurde anschließend überprüft, ob sich diese theoretischen Typen auch in den empirischen Daten der untersuchten Unternehmen wiederfinden lassen. Die Ausführungen im vorangegangenen Abschnitt haben gezeigt, dass drei der vier empirischen Wachstumstypen problemlos den drei theoretisch abgeleiteten Wachstumstypen zugeordnet werden können. Zudem hat der Vergleich der Wachstumsprofile gezeigt, dass es eine sehr hohe Übereinstimmung der theoretischen und empirischen Wachstumstypen gibt.

Nach Identifizierung und Beschreibung der Wachstumstypen muss abschließend ein entscheidender Aspekt der Fragestellung beantwortet werden: Wie sind die Wachstumstypen mit den in einer Branche wirkenden Kräften verknüpft?

Die Verknüpfung erfolgt mittels des in dieser Arbeit bereits ausführlich beschriebenen IR-Schemas. Für den internationalen und multinationalen Wachstumstyp ergibt sich die Verknüpfung auf der Basis der Strategietypen, die die Grundlage für die theoretische Ableitung der Wachstumstypen gebildet haben. Dies bedeutet, dass der internationale Wachstumstyp bei gering ausgeprägten globalisierungsfördernden Faktoren (Integration) und einer geringen Bedeutung der lokalen Anpassung (Differenzierung) am besten den Anforderungen der Branchenkräfte gerecht wird. Der multinationale Wachstumstyp wird den Branchenanforderungen am besten bei gering ausgeprägten globalisierungsfördernden Faktoren und einer hohen Bedeutung der lokalen Anpassung gerecht.

Der global gemischte Typ vereinigt zwei Strategietypen des IR-Schemas: den globalen und den gemischten. Die Unterschiede zwischen den beiden Typen hinsichtlich des Wachstums werden nur dann deutlich, wenn das Ausland nicht als Ganzes – wie in dieser Arbeit –, sondern differenziert nach einzelnen Ländern betrachtet wird. Aus diesem Grund ist der Typ des internationalen Wachstums für die globale und gemischte Strategie im IR-Schema identisch. In Bezug auf die Branchenkräfte stellt der global gemischte Wachstumstyp bei stark ausgeprägten globalisierungsfördernden Faktoren eine optimale Wachstumsalternative dar. Dabei ist es unerheblich, ob die lokale Anpassung von hoher oder geringer Bedeutung ist.

Der Spezialfall des global gemischten Typs, der sich durch eine hohe Bedeutung des Vermögens auszeichnet, kann analog dem Normalfall des global gemischten Wachstumstyps in das IR-Schema eingeordnet werden. Da sich dieser Typ aber durch einen hohen Vermögensanteil auszeichnet, stellt er wahrscheinlich bei einer stärkeren Ausprägung der globalisierungsfördernden Kräfte als beim Normalfall des global gemischten Typs die beste Reaktion auf die Branchenkräfte dar. Denn die Vermögensintensität einer Branche stellt einen Branchenfaktor dar, der durch die Dimension der Integration abgebildet wird.[405] In Abb. 57 wurden die vier Wachstumstypen auch noch einmal grafisch mittels des IR-Schemas mit der Branche verknüpft.

Nachdem im ersten Teil dieses Abschnitts der Zusammenhang zwischen Branchenkräften und Wachstumstypen erläutert wurde, soll nun im zweiten Teil kurz überprüft werden, inwieweit die Zuordnung der Unternehmen zu den Wachstumsclustern auch empirisch den jeweils auf sie wirkenden Branchenkräften entspricht.

Bevor mit der Überprüfung begonnen wird, soll noch darauf hingewiesen werden, dass das wesentliche Ziel der Arbeit darin bestand, Strukturen zu entdecken, d. h. Wachstumscluster zu identifizieren und einen möglichen Zusammenhang zur Branche aufzuzeigen. Aus diesem Grund ist die im Folgenden erläuterte Überprüfung der Strukturen als ein erstes Indiz für die Untermauerung der Ergebnisse zu verstehen und nicht als eine empirisch abgesicherte Überprüfung. Wie bei der Überprüfung vorgegangen wurde, wird im Folgenden erläutert.

---

[405] Vgl. dazu auch die Ausführungen im Abschnitt 3.2.3.2.

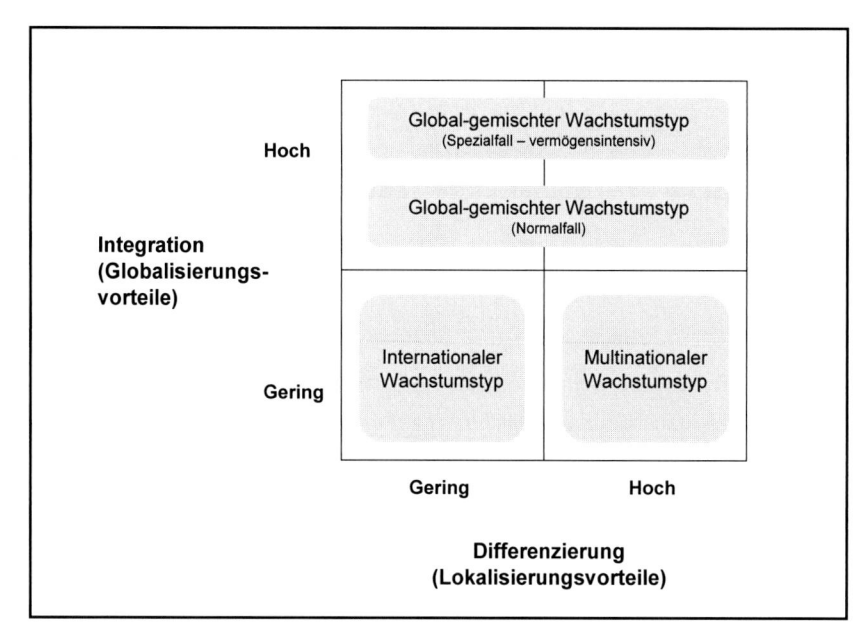

```
                    ┌─────────────────────────────┐
               Hoch │ Global-gemischter Wachstumstyp │
                    │ (Spezialfall – vermögensintensiv) │
                    ├─────────────────────────────┤
Integration         │ Global-gemischter Wachstumstyp │
(Globalisierungs-   │        (Normalfall)         │
vorteile)           ├──────────────┬──────────────┤
                    │ Internationaler│ Multinationaler│
              Gering│ Wachstumstyp  │ Wachstumstyp │
                    └──────────────┴──────────────┘
                       Gering          Hoch

                        Differenzierung
                     (Lokalisierungsvorteile)
```

Abb. 57: Verknüpfung von Branchenkräften und Wachstumstypen im IR-Schema.

Im Abschnitt 5.2.4 wurde bereits erläutert, wie sich die Branchen der untersuchten Unternehmen auf die vier Wachstumscluster verteilen. Auf der Basis dieser Verteilung ist es jedoch noch nicht möglich, den vier Wachstumsclustern bestimmte Branchenkräfte entsprechend der Branchenverteilung direkt zuzuordnen. Denn die Zuordnung der Unternehmen zu den Clustern ist nicht auf Basis der auf sie wirkenden Branchenkräfte erfolgt, sondern auf Basis ihrer tatsächlichen, empirisch bestimmten Wachstumsmerkmale. Inwieweit das Wachstumsprofil eines Unternehmens und die jeweils wirkenden Branchenkräfte einander entsprechen, kann anhand des Structure-Conduct-Performance-Paradigmas überprüft werden.[406] Demnach haben die Unternehmen theoretisch mehr Erfolg (Performance), bei denen die Wachstumsmerkmale (Conduct) entsprechend den wirkenden Branchenkräften (Structure) ausgeprägt sind, d. h. diese wie in der Abb. 57 dargestellt miteinander kombiniert werden.

Für eine derartige Überprüfung ist es erforderlich, den Erfolg der Unternehmen und die jeweils wirkenden Branchenkräfte zu bestimmen. Im Abschnitt 3.2.1.3 wurde

---

[406] Für den Zusammenhang mit dem IR-Schema vgl. Abschnitt 3.2.1.

bereits dargestellt, dass die Bestimmung des Erfolgs eines Unternehmens von dessen Zielen abhängt. Da das Wachstum ein Teilziel der Unternehmen ist, soll diese Größe pragmatisch für die Bestimmung des Erfolgs herangezogen werden. Für die Bestimmung der in einer Branche wirkenden Branchenkräfte wurden in dieser Arbeit keine empirischen Daten erhoben. Es soll daher pragmatisch auf die Einteilung der Branchen entlang der Dimensionen Integration und Differenzierung in Abb. 22 zurückgegriffen werden.[407]

Für die empirische Überprüfung wurden zunächst die Branchen der Unternehmen entsprechend dem SIC-Code den Bezeichnungen in der Abb. 22 zugeordnet. Dies war für sechs Branchen und 42 Unternehmen möglich. Branchen, für die keine Bewertung der Branchenkräfte vorlag – z. B. die Rohstoffunternehmen –, wurden in die Betrachtung nicht einbezogen. Anschließend wurde für alle Unternehmen einer Branche bestimmt, welche Branchenkräfte wirken und welches Wachstumsmuster sich auf Basis der Zuordnung in Abb. 57 ergibt. Dieses Wachstumsmuster wurde dann mit den tatsächlichen Wachstumsmerkmalen der Unternehmen verglichen. Ein Vergleich des Umsatzwachstums hat gezeigt, dass die Unternehmen, deren tatsächliche Wachstumsmerkmale dem prognostizierten Wachstumsmuster entsprochen haben, ein durchschnittlich höheres Wachstum aufgewiesen haben als die Unternehmen, bei denen dies nicht der Fall war. Die einzige Ausnahme bildet die Nahrungsmittelindustrie.

Auch wenn diese Ergebnisse teilweise nicht signifikant sind, so sind sie doch ein erstes empirisches Indiz dafür, dass Unternehmen, die ihr Wachstum an den Branchenkräften ausrichten, ein höheres Wachstum und damit mehr Erfolg aufweisen als Unternehmen, bei denen dies nicht der Fall ist.

Trotz dieser Ergebnisse muss zur zweiten Forschungsfrage festgehalten werden, dass die Frage nach dem Einfluss der Branche auf die Typen des internationalen Wachstums nicht abschließend beantwortet werden konnte. Es konnte zwar gezeigt werden, dass es Wachstumstypen gibt und sich diese auch theoretisch aus den

---

[407] Es wird auch auf die bereits im Abschnitt 3.2.3.2 ausführlich erläuterten Hinweise zu der Brancheneinteilung hingewiesen.

Branchenkräften ableiten lassen. Eine empirische Validierung dieses Zusammenhangs war im Rahmen dieser Arbeit allerdings nicht möglich.

5.4.3 Kritische Bewertung der Ergebnisse

Nach der Zusammenfassung der empirischen Ergebnisse bezüglich der beiden Forschungsfragen werden in diesem Abschnitt die Ergebnisse aus einer kritischen Perspektive bewertet. Auch wenn einzelne Annahmen durch die Empirie bestätigt wurden, so gibt es auch Punkte, die nicht den ursprünglichen Erwartungen entsprechen. Welche Punkte dies sind, wird im Folgenden erläutert.

- Für die Charakterisierung des internationalen Wachstums wurden die vier Bestimmungsfaktoren Wachstumsrate, Wachstumsstärke, Faktorkorrelation und Faktorverlauf mittels 23 Variablen operationalisiert. Hinsichtlich der Bedeutung der Faktoren gibt es jedoch große Unterschiede: So haben nur die Wachstumsrate und Faktorkorrelation einen großen Einfluss auf die Trennung der Wachstumscluster. Es ist daher möglich, dass eine Reduktion der Faktoren und Variablen zu den gleichen Ergebnissen führt, wobei die Komplexität reduziert wird.
- Es hat sich herausgestellt, dass die Wachstumsstärke am wenigsten zur Trennung der Wachstumscluster beiträgt. Dies liegt möglicherweise daran, dass ein und derselbe Wert für die Wachstumsstärke – wie im Abschnitt 4.3.2 erläutert – unterschiedlich interpretiert werden kann. Eine sinnvolle Interpretation der Wachstumsstärke ist jedoch nur möglich, wenn auch die Wachstumsraten im In- und Ausland mit einbezogen werden. Es ist daher zweckmäßiger, die Wachstumsstärke nicht nur als Quotienten aus ausländischer und inländischer Wachstumsrate zu erfassen, sondern zusätzlich eine Unterscheidung nach verschiedenen Kategorien vorzunehmen. Wie bereits im Abschnitt 5.3.1.3 dargestellt, würde die Einteilung in acht Kategorien die Interpretierbarkeit der Wachstumsstärke bereits deutlich verbessern.
- Weiterhin konnten nicht alle theoretisch abgeleiteten Wachstumscluster in den empirischen Daten nachgewiesen werden. Insbesondere war eine Unterscheidung des globalen und des gemischten Wachstumstyps nicht möglich. Wie im vorhergehenden Abschnitt erläutert, kann eine Unterscheidung dieser beiden

Wachstumstypen nur dann erfolgen, wenn das Ausland nicht als „Ganzes" betrachtet wird, sondern differenziert nach Regionen oder Ländern. Zur Charakterisierung des internationalen Wachstums sollte demnach eine noch differenziertere Betrachtung des ausländischen Wachstums erfolgen.
- Hinsichtlich der Clusterzuordnung wurden die Unternehmen einer Branche teilweise zu unterschiedlichen Clustern gruppiert. Um zu bewerten, welche Zuordnung den in einer Branche wirkenden Kräften entspricht, ist – wie im vorhergehenden Abschnitt erläutert – eine Bewertung des Erfolges erforderlich. Daher spiegelt der hier dargestellte Zusammenhang zwischen Wachstumsclustern und Branchenfaktoren ein theoretisches Konstrukt wider, das empirisch noch nicht belegt ist.

Trotz dieser kritischen Bewertung der empirischen Ergebnisse konnte zumindest die erste der beiden Forschungsfragen beantwortet werden. Zur zweiten Forschungsfrage muss festgehalten werden, dass die Frage nach dem Einfluss der Branche auf die Typen des internationalen Wachstums nicht abschließend beantwortet werden konnte. Es konnte zwar gezeigt werden, dass es Wachstumstypen gibt und sich diese auch theoretisch aus den Branchenkräften ableiten lassen. Eine empirische Validierung dieses Zusammenhangs war im Rahmen dieser Arbeit allerdings nicht möglich. Ein kritischer Blick auf die Ergebnisse soll helfen, verbliebene Schwachpunkte der Analyse transparent zu machen und weiteres Verbesserungspotenzial zu identifizieren.

6 Diskussion der Ergebnisse

Nachdem im vorangegangenen Abschnitt die empirischen Ergebnisse der Arbeit dargestellt wurden, sollen diese nun kritisch diskutiert werden. Dazu werden zunächst die Ergebnisse zusammengefasst (Abschnitt 6.1). Anschließend werden die Implikationen der Ergebnisse aus einer theoretischen, einer konzeptionellen und einer methodischen Perspektive beurteilt (Abschnitt 6.2). Im dritten Abschnitt wird auf die Bedeutung der Ergebnisse für die Unternehmensführung eingegangen (Abschnitt 6.3). Im vierten Abschnitt wird verdeutlicht, wo die Grenzen der Untersuchung liegen (Abschnitt 6.4). Zum Abschluss wird ein Ausblick auf den bestehenden Forschungsbedarf sowie mögliche Anknüpfungspunkte für zukünftige Forschungsvorhaben gegeben (Abschnitt 6.5).

6.1 Zusammenfassung der Ergebnisse

Die Zusammenfassung der Ergebnisse erfolgt entlang der beiden Forschungsfragen:
1. Welche Typen – Kombinationen von Merkmalsausprägungen – des internationalen Wachstums gibt es?
2. Haben die Merkmale einer Branche Einfluss auf die Typen des internationalen Wachstums?

Bezüglich der ersten Forschungsfrage wurde zunächst festgestellt, dass das internationale Wachstum von Unternehmen ein komplexes Konstrukt bildet, das nicht durch ein einzelnes Merkmal erfasst werden kann. Es wurde herausgearbeitet, dass sowohl statisch-komparative als auch dynamische Merkmale zur Beschreibung des internationalen Wachstums erforderlich sind. Es wurde zudem deutlich, dass nicht nur eine in Inland und Ausland getrennte Betrachtung, sondern auch die Betrachtung der Beziehungen zwischen Inland und Ausland notwendig ist, um das internationale Wachstum umfassend zu charakterisieren. Zu den Merkmalen, die Unternehmen am stärksten hinsichtlich des internationalen Wachstums charakterisieren und voneinander abgrenzen, gehören die Wachstumsraten im In- und Ausland und die Korrelation zwischen beiden Faktoren.

Ausgehend von den beschriebenen Merkmalen des internationalen Wachstums konnten in dieser Arbeit vier unterschiedliche Typen des internationalen Wachstums identifiziert werden. Dies ist ein Beleg dafür, dass die Merkmale des internationalen Wachstums nicht beliebig kombinierbar sind, sondern dass es beim internationalen Wachstum typische Entwicklungsmuster gibt. Dazu gehören insbesondere:

- **Internationaler Wachstumstyp:** Unternehmen, bei denen die Umsatzentwicklung stärker mit dem inländischen als mit dem ausländischen Ressourceneinsatz zusammenhängt, haben unterdurchschnittliche Wachstumsraten.
- **Global gemischter Wachstumstyp (Normalfall):** Eine überdurchschnittliche Wachstumsrate korrespondiert mit hohen Abhängigkeiten zwischen allen Faktoren – unabhängig, ob im Inland oder Ausland – sowie einem heterogenen Wachstumsverlauf im Inland.
- **Multinationaler Wachstumstyp:** Unternehmen, bei denen die Wachstumsentwicklungen im Ausland und Inland weitestgehend getrennt voneinander ablaufen, haben durchschnittliche Wachstumsraten und einen durchschnittlich homogenen Wachstumsverlauf im Ausland und im Inland.
- **Global gemischter Wachstumstyp (Spezialfall):** Unternehmen, bei denen die Umsatzentwicklung stärker mit der Vermögens- als mit der Mitarbeiterzahlentwicklung im Ausland und im Inland korreliert, wachsen deutlich homogener als andere Unternehmen.

Neben der Identifizierung der Typen des internationalen Wachstums konnte im Rahmen der Beantwortung der zweiten Forschungsfrage theoretisch abgeleitet werden, dass die Merkmale einer Branche die Bildung dieser Typen beeinflussen. Zunächst wurden auf Basis bestehender Theorien und empirischer Studien die Branchenmerkmale als Einflussfaktoren der Internationalisierung und des Wachstums von Unternehmen identifiziert. Die für das internationale Wachstum relevanten Branchenmerkmale wurden mithilfe des IR-Modells bestimmt. Als relevante Branchenmerkmale wurden die Stärke der globalisierungsfördernden Faktoren (Integration) und die Stärke der Faktoren, die lokale Anpassung fördern (Differenzierung), identifiziert. Entsprechend ihrer Wachstumsmerkmale konnten die Wachstumstypen mit den Branchenkräften wie folgt verknüpft werden:

- **Internationaler Wachstumstyp:** gering ausgeprägte globalisierungsfördernde Faktoren und geringe Bedeutung einer lokalen Anpassung.
- **Multinationaler Wachstumstyp:** gering ausgeprägte globalisierungsfördernde Faktoren und hohe Bedeutung einer lokalen Anpassung.
- **Global gemischter Wachstumstyp (Normalfall):** stark ausgeprägte globalisierungsfördernde Faktoren und lokale Anpassung ohne Bedeutung.
- **Global gemischter Wachstumstyp (Spezialfall):** sehr stark ausgeprägte globalisierungsfördernde Faktoren und lokale Anpassung ohne Bedeutung.

Es sei auch an dieser Stelle darauf hingewiesen, dass die Frage nach dem Einfluss der Branche auf die Typen des internationalen Wachstums nicht abschließend beantwortet werden konnte. Es konnte zwar gezeigt werden, dass es Wachstumstypen gibt und sich diese auch theoretisch aus den Branchenkräften ableiten lassen. Eine empirische Validierung dieses Zusammenhangs war im Rahmen dieser Arbeit allerdings nicht möglich.

6.2 Implikationen für die Literatur zum internationalen Management

Ziel dieses Abschnittes ist es, die Bedeutung der Ergebnisse dieser Arbeit für die Literatur zum internationalen Management zusammenzufassen. Dazu wird zunächst auf die Bedeutung für die dynamischen Ansätze der Internationalisierung eingegangen (Abschnitt 6.2.1). Anschließend wird der Beitrag zur Erweiterung der IO-Ansätze erläutert (Abschnitt 6.2.2) und zum Abschluss auf die Methodik zur Bestimmung des internationalen Wachstums eingegangen (Abschnitt 6.2.3).

6.2.1 Beitrag zu den dynamischen Ansätzen der Internationalisierung

Der Beitrag dieser Arbeit in Bezug auf die dynamischen Ansätze der Internationalisierung besteht vor allem in der Bestätigung und Erweiterung der vorhandenen Erkenntnisse.

In dieser Arbeit wurde bestätigt, dass die Internationalisierung eines Unternehmens kein statischer Zustand, sondern ein Prozess ist. Es wurde gezeigt, dass sich z. B. Wachstumsraten oder Auslandsquoten im Zeitverlauf verändern. Damit werden durch diese Arbeit die Ansätze unterstützt, die sich insgesamt mit der Dynamik der Internationalisierung befassen, wie beispielsweise der Produkt(lebens)zyklusansatz von Vernon (1966) oder der Internationalisierungsprozess der Uppsala-Schule – u. a. Johanson/Vahlne (1977).[408] Des Weiteren wurde in dieser Arbeit gezeigt, dass die Internationalisierung nicht bei allen Unternehmen gleich verläuft, sondern von den jeweils wirkenden Branchenkräften determiniert wird. Damit werden insbesondere neuere Ansätze bestätigt, nach denen es keine einheitliche Entwicklung der internationalen Aktivitäten eines Unternehmens gibt. So geht beispielsweise der Ansatz der Helsinki-Schule – u. a. Luostarinen (1989) – davon aus, dass die Internationalisierung bereits ab dem ersten Grenzübertritt von der Branche beeinflusst wird.[409]

Eine weitere Erkenntnis dieser Arbeit ist, dass für eine Charakterisierung des internationalen Wachstums sowohl die Entwicklung im Ausland als auch im Inland berücksichtigt werden muss. Damit unterstützt diese Arbeit eher ältere dynamische Ansätze wie die Produktlebenszyklustheorie – Vernon (1966) – und teilweise auch die Theorie der technologischen Lücke – Posner (1961), Hufbauer (1966) –, bei denen die Entwicklung im Inland und Ausland betrachtet wird. Dies soll jedoch nicht heißen, dass Ansätze, die nur die ausländische Entwicklung betrachten, zu falschen Erkenntnissen führen. Es wird vielmehr darauf hingewiesen, dass eine Erweiterung um eine inländische Perspektive zu einem vollständigeren Bild der internationalen Entwicklung von Unternehmen führt.

---

[408] Einschränkend ist hier anzumerken, dass in dieser Arbeit lediglich die Ergebnisse der Veränderung analysiert wurden. Die zugrunde liegenden Entscheidungen und das Verhalten, das zu den Veränderungen geführt hat, waren hingegen nicht Bestandteil der Untersuchung.
[409] Kutschker/Schmid (2006), S. 464.

Ein weiterer Aspekt, bei dem die Arbeit zu einer Ergänzung der bestehenden Ansätze beiträgt, ist der Fokus auf die Internationalisierung von Unternehmen, die bereits einen Großteil ihrer Umsätze im Ausland erwirtschaften. Im Gegensatz dazu liegt der Schwerpunkt der bestehenden dynamischen Theorien der Internationalisierung in der Regel auf der gesamten Entwicklung im Ausland, d. h. vom ersten Schritt über die „Landesgrenze" bis zum stetigen Ausbau der Aktivitäten im Ausland. So gehen die Entwicklungstheorien oder Stufenmodelle der internationalen Entwicklung davon aus, dass Unternehmen in Bezug auf ihre Internationalisierung verschiedene Stufen durchlaufen.[410] Beim Internationalisierungsprozess der Uppsala-Schule ist dies entsprechend der sogenannten Establishment Chain z. B. zunächst Wachstum auf der Absatzseite durch sporadische und später regelmäßige Exporte, denen die Produktion im Ausland durch die Gründung von Produktionsgesellschaften folgt. Wie bei der Uppsala-Schule sind die Stufenmodelle in der Regel dadurch gekennzeichnet, dass ein „letzter Schritt" existiert, nach dem kaum eine weitere Differenzierung der Internationalisierung erfolgt. Das in dieser Arbeit entwickelte Modell des internationalen Wachstums setzt aber erst an diesem „letzten Schritt" an. Es beschreibt die verschiedenen Wachstumstypen, die sich (spätestens dann) herausbilden, wenn Unternehmen bereits einen Großteil ihrer Umsätze im Ausland erwirtschaften. Damit stellt die Typologie des internationalen Wachstums eine Erweiterung der bestehenden Verlaufsmodelle dar, indem eine stärkere Differenzierung der Internationalisierung nach dem „letzten Schritt" erfolgt.

Eine Theorie, die zunächst nicht mit den Ergebnissen dieser Arbeit in Einklang steht, ist die Verhaltenstheorie von Aharoni (1966). Nach dieser Theorie wird die Entwicklung im Ausland wesentlich von den Entscheidungsprozessen im Unternehmen determiniert. Da die Entscheidungsprozesse aber nicht zwingend rational ablaufen, kommt es häufig zu irrationalen Entscheidungen. In Bezug auf das internationale Wachstum kann dies bedeuten, dass Unternehmen sich nicht entsprechend den vier Wachstumsclustern entwickeln oder die Wachstumsmerkmale nicht den Branchenkräften entsprechen. Im Gegensatz dazu konnte jedoch in dieser Arbeit gezeigt werden, dass das Wachstum auch im Ausland bestimmten Mustern folgt – somit also nicht (nur) auf irrationalen Entscheidungen basiert. Dies bedeutet natürlich nicht,

---

[410] Vgl. dazu z. B. den Internationalisierungsprozess der Uppsala-Schule (u. a. Johanson/Vahlne (1977)), den Internationalisierungsprozess der Helsinki-Schule (u. a. Luostarinen (1989)) und im weitesten Sinne auch die Stufenmodelle (u. a. Meissner/Gerber (1980) oder Cavusgil (1984)).

dass die Entwicklung im Ausland vollständig determiniert ist und ohne irrationelle Elemente abläuft. Vielmehr ist es möglich, durch die Verhaltenstheorie Abweichungen z. B. von den Wachstumstypen oder Unterschiede in der Branchenzuordnung besser zu erklären.

6.2.2 Konzeptionelle Erweiterung der IO-Ansätze

Ein wichtiger Beitrag dieser Arbeit bezieht sich auf die IO-Ansätze im Kontext des internationalen Managements.[411] Mit dem ursprünglich von Lawrence/Lorsch (1967) entwickelten IR-Schema konnte einer der bedeutendsten dieser Ansätze um eine dynamische Komponente erweitert werden.

Obwohl sich bisher viele Autoren wie Bartlett/Ghoshal (1991), Porter (1989b) und Meffert (1989)[412] mit der Anwendung des IR-Schemas auf unterschiedliche Strategiebereiche beschäftigt haben, blieben die Bereiche des Wachstums und der Dynamik bisher weitgehend unbeachtet. Der Fokus dieser Autoren lag auf der Verknüpfung der Branchenkräfte mit vorwiegend statischen Strategiedimensionen wie der Organisationsstruktur, der Rolle und Strategie von Tochtergesellschaften, der Organisationsstruktur von Tochtergesellschaften, den Koordinations- und Kontrollmechanismen sowie dem Personalmanagement von im Ausland aktiven Unternehmen.[413]

Basis für die Erweiterung des IR-Schemas in dieser Arbeit bildeten die bereits vorhandenen, vorwiegend statischen Strategiedimensionen. Ausgehend von dieser Basis konnte direkt auf mögliche Entwicklungsmuster der Unternehmen geschlossen werden. So führt z. B. eine exportorientierte Marktbearbeitungsstrategie in der Regel zu einer relativ hohen Korrelation zwischen dem Umsatz im Ausland und dem Ressourceneinsatz im Inland. Neben der Korrelation wurden auch weitere dynamische Dimensionen – Wachstumsrate, Wachstumsstärke und Wachstumsverlauf – betrachtet und zu charakteristischen Wachstumstypen kombiniert. Durch die Identifizierung von Typen des internationalen Wachstums und ihre Verknüpfung mit dem IR-

---

[411] Für einen Überblick dieser Ansätze vgl. Abb. 14.
[412] Vgl. Devinney et al. (2000), S. 677–678.
[413] Vgl. Roth/Morrison (1990), S. 100–105.

Schema kann somit den bestehenden Strategiedimensionen eine weitere Dimension hinzugefügt werden – die des internationalen Wachstums. Damit wurde die Relevanz des IR-Schemas für die Erklärung von Zusammenhängen im internationalen Management nochmals bestätigt und außerdem auf einen weiteren Bereich ausgedehnt.

6.2.3 Methodik zur Bestimmung des internationalen Wachstums

Für die Bestimmung des internationalen Wachstums sind insbesondere zwei methodische Aspekte von besonderer Bedeutung. Erstens wurde durch die Systematisierung und Operationalisierung von Bestimmungsfaktoren die Grundlage für die quantitative Beschreibung des internationalen Wachstums geschaffen. Zweitens wurde durch die Erstellung einer Typologie des internationalen Wachstums auf ein im internationalen Management bewährtes und äußerst populäres Analyseinstrument zurückgegriffen. Beide Aspekte werden im Folgenden weiter erläutert.

Als Erstes folgen die Erläuterungen zur Systematisierung und Operationalisierung der Bestimmungsfaktoren. Wie bereits im Abschnitt 1.2 erläutert, gibt es keinen Forschungsbereich, der sich explizit mit dem internationalen Wachstum von Unternehmen befasst. Aus diesem Grund war es erforderlich, die Systematik der Bestimmungsfaktoren neu zu entwickeln. Die Entwicklung der Systematik basiert auf der Wachstums- und Internationalisierungsforschung. Sie ist insbesondere durch folgende drei Aspekte charakterisiert:

- Eine umfassende Beschreibung des internationalen Wachstums ist auf der Basis lediglich eines Merkmals sehr eingeschränkt möglich. Aus diesem Grund wird auf mehrere Faktoren zurückgegriffen (Umsatz, Mitarbeiter, Vermögen). Dieses Vorgehen wird auch in verschiedenen wissenschaftlichen Arbeiten empfohlen.[414]
- Bei der Entwicklung der Systematik wurde gewährleistet, dass alle Größen sowohl im Inland als auch im Ausland erfasst werden. Auf die Zusammenfassung

---

[414] Für das Wachstum vgl. Weinzimmer et al. (1998), S. 237, Davidsson/Wiklund (2000), S. 37–38 und Kortzfleisch/Zahn (1988), S. 433–434. Für die Internationalisierung vgl. Sullivan (1994), S. 326–327 und Weinzimmer et al. (1998), S. 237.

von Größen zu einem Internationalisierungsindex wurde verzichtet, da dies die Interpretierbarkeit deutlich erschweren würde.[415]
- Der dritte Aspekt bezieht sich auf die Verknüpfung von statischen und dynamischen Faktoren. Im Gegensatz zu den meisten wissenschaftlichen Arbeiten, die eine statische oder statisch komparative Betrachtung wählen, erfolgt für das internationale Wachstum eine Verknüpfung der statischen und dynamischen Faktoren.[416]

Neben der Systematisierung liegt ein wesentlicher Beitrag der Arbeit auch in der Operationalisierung der Merkmale des internationalen Wachstums. Besonders deutlich ist dieser Beitrag bei der Operationalisierung der Wachstumsraten. Im Unterschied zu den meisten wissenschaftlichen Arbeiten wurde die Wachstumsrate durch die Bestimmung einer Trendfunktion ermittelt. Da die Trendfunktion mögliche Verzerrungen durch Ausreißer in der Zeitreihe besser kompensiert, ist sie der Randpunktbetrachtung oder Durchschnittsberechnung vorzuziehen.[417]

Als Zweites folgen die Erläuterungen zur Erstellung einer Typologie des internationalen Wachstums. Im Gegensatz zur Systematisierung und Operationalisierung der Bestimmungsfaktoren ist die Typologisierung ein bewährtes und populäres Instrument im internationalen Management. So gehören z. B. die Typologien von Bartlett (1989) oder Perlmutter/Heenan (1986) zu den bekanntesten und am häufigsten verwendeten Instrumenten aus dem Bereich des internationalen Managements.

In dieser Arbeit wurde erläutert, dass sich das internationale Wachstum von Unternehmen anhand verschiedener Merkmale beschreiben lässt. Es wurde des Weiteren gezeigt, dass diese Merkmale nicht völlig unabhängig voneinander sind. Damit wird auch durch diese Arbeit die Entwicklung von einer isolierten Betrachtung einzelner

---

[415] Vgl. Kutschker/Schmid (2006), S. 265.
[416] Vgl. z. B. Sullivan (1994), S. 328–329, Glaum (1996), S. 161–165, Annavarjula/Beldona (2000), S. 51–61, Contractor et al. (2003), S. 7 und Ruigrok/Wagner (2003), S. 66.
[417] Vgl. Weinzimmer et al. (1998), S. 239.

Merkmale hin zu einer Aggregation verschiedener Merkmale durch die Bildung von Wachstumstypen unterstützt.[418]

6.3 Implikationen für die Unternehmensführung

Das Wachstum gehört zu einem der wichtigsten Kriterien für die Bewertung der Leistungsfähigkeit von Unternehmen sowie ganzer Volkswirtschaften.[419] Es stellt somit eine wichtige Zielgröße für Entscheidungsträger in der Wirtschaft und Politik dar. Folglich ergeben sich daraus praktische Implikationen sowohl für die Wirtschaft als auch für die Politik.

(I) Praktische Implikationen aus Sicht von Entscheidungsträgern aus der Wirtschaft

Die theoretische Grundlage dieser Arbeit bilden die IO-Ansätze, die auf dem Structure-Conduct-Performance-Paradigma aufbauen. Gemäß diesem Paradigma erbringen diejenigen Unternehmen die höchste Leistung, die ihr Verhalten entsprechend der Branchenstruktur gestalten.[420]

Wird dieses Paradigma auf das internationale Wachstum von Unternehmen übertragen, bedeutet dies, dass Unternehmen, die ihr Wachstum an den Branchenkräften ausrichten, erfolgreicher sind als andere.[421] Mit der Ableitung der Typen des internationalen Wachstums wurde somit ein Instrument geschaffen, das dazu beiträgt, die Wachstumsstrategie von Unternehmen mit den relevanten Branchenstrukturen in Einklang zu bringen. Die einzelnen Wachstumstypen können in diesem Kontext als Normstrategien bezogen auf die Branchenumwelt interpretiert werden. Damit ist es

---

[418] In der Analyse verschiedener Wachstumsstudien von Delmar (1997) wird deutlich, dass der Fokus früherer Studien auf der isolierten Betrachtung einzelner Wachstumswerte lag. In neueren Untersuchungen wie z. B. von Delmar et al. (2003) oder Gerybadze/Stephan (2004) wird dabei häufiger auf die Bildung von Typen durch die Clusteranalyse zur Untersuchung des Unternehmenswachstums zurückgegriffen.
[419] Vgl. z. B. Canals (2000), S. 2–3 und Kortzfleisch/Zahn (1988), S. 436–437.
[420] Vgl. Kutschker/Schmid (2006), S. 797–799 und für eine kritische Würdigung der IO-Ansätze vgl. auch Abschnitt 3.2.1.4.
[421] Für eine Erläuterung, was unter Erfolg verstanden wird, vgl. Abschnitt 3.2.1.3.

Unternehmen bei Kenntnis der Branchenkräfte auf Grundlage der Typen des internationalen Wachstums möglich, ihre bisherige Wachstumsstrategie zu überprüfen und ggf. anzupassen.

Natürlich stellen die hier entwickelten Wachstumstypen noch kein unmittelbar einsatzfähiges Managementinstrument dar; aber den Unternehmen können erste Denkanstöße gegeben werden, ihr Wachstum im Inland und Ausland vor dem Hintergrund der Branchenkräfte zu hinterfragen. Zudem bieten die hier entwickelten Wachstumstypen eine hervorragende Grundlage für die Entwicklung detaillierter und praxisorientierter Managementinstrumente.

(II) Praktische Implikationen aus Sicht von politischen Entscheidungsträgern

Die Zuordnung der Typen des internationalen Wachstums zu den Branchenkräften und damit auch implizit zu den Branchen selbst erlaubt es, strukturelle Informationen darüber abzuleiten, wie stark und vor allem wo – im Inland oder Ausland – bestimmte Branchen wachsen. Informationen dieser Art sind vor allem dann nützlich, wenn es um den Einsatz politischer Instrumente wie Subventionen, gesetzliche Rahmenbedingungen etc. zur Förderung bestimmter Industrien geht. Durch die Kenntnis der Verläufe des internationalen Wachstums bestimmter Branchen ist es möglich, dass Instrumente direkt auf die Branchen gelenkt werden, die z. B. überdurchschnittlich wachsen, die besonders stark im Inland wachsen oder die besonders homogen wachsen. Es kann sich beispielsweise auch als sinnvoll erweisen, eine Branche zu fördern, bei der ein Teil der Förderung in das Wachstum im Ausland fließt. Dies ist dann der Fall, wenn gleichzeitig das Wachstum im Inland noch deutlich über dem allgemeinen Durchschnitt liegt, wie es bei Unternehmen des global gemischten Typs vorkommt.

Auch hier gilt die Einschränkung, dass es sich bei der Typologie des internationalen Wachstums noch um kein unmittelbar einsetzbares Instrument handelt. Die Typologie gibt dennoch Anstöße für die weitere Denkrichtung. Es sei auch an dieser Stelle darauf hingewiesen, dass die Frage nach dem Einfluss der Branche auf die Typen des internationalen Wachstums nicht abschließend beantwortet werden konnte. Es konnte zwar gezeigt werden, dass es Wachstumstypen gibt und sich diese auch theoretisch aus den Branchenkräften ableiten lassen. Eine empirische Validierung dieses Zusammenhangs war im Rahmen dieser Arbeit allerdings nicht möglich.

6.4 Einschränkungen der vorliegenden Arbeit

Nachdem die Implikationen der Ergebnisse dieser Arbeit aus verschiedenen Perspektiven beurteilt wurden, soll nun auf die Einschränkungen der Untersuchung hinsichtlich Umfang (Abschnitt 6.4.1), Methode (Abschnitt 6.4.2) sowie theoretischer Grundlagen (Abschnitt 6.4.3) eingegangen werden. Dies soll aber nicht dazu dienen, die Ergebnisse infrage zu stellen, sondern Transparenz darüber zu schaffen, wo die Grenzen bei der Interpretation der Ergebnisse liegen.

6.4.1 Einschränkungen hinsichtlich des Umfangs der Untersuchung

Auch wenn in dieser Arbeit erstmals Umsatz-, Mitarbeiter- und Vermögensdaten von Unternehmen differenziert nach Inland und Ausland über einen Zeitraum von bis zu 15 Jahren erfasst und analysiert wurden, ist der Umfang der Arbeit eingeschränkt. Die Einschränkungen beziehen sich insbesondere auf die Merkmale zur Erfassung des internationalen Wachstums sowie die betrachteten Einflussfaktoren des internationalen Wachstums.

Zunächst sei die Einschränkung hinsichtlich der Merkmale des internationalen Wachstums angesprochen. Zur Charakterisierung des Wachstums wurden insgesamt 23 Merkmale herangezogen. Bei diesen Merkmalen handelt es sich ausschließlich um direkt messbare quantitative Größen. Qualitative Merkmale wurden aufgrund des gewählten Vorgehens nicht berücksichtigt. Dadurch werden immaterielle Sachverhalte zur Charakterisierung des Wachstums, wie z. B. die Leistungsfähigkeit oder das Produktprogramm eines Unternehmens, nicht betrachtet.[422] Ebenso erfolgt keine Berücksichtigung der verschiedenen Spielarten der Internationalisierung, wie sie

---
[422] Vgl. Borschberg (1969), S. 39, Penrose (1959) und Kürpig (1981), S. 63–64.

z. B. in den mehrstufigen Konzepten von Perlmutter und Bartlett/Ghoshal beschrieben wurden.[423] Auch wenn bei der Charakterisierung des internationalen Wachstums eine Fokussierung auf die quantitativen Merkmale erfolgte, wurden „nur" einige dieser Merkmale berücksichtigt.[424] Auch wenn diese Faktoren zu den am häufigsten verwendeten gehören, kann das dadurch erzeugte Bild nicht vollständig sein. Neben der Einschränkung der verwendeten Merkmale erfolgte auch eine Einschränkung hinsichtlich ihrer Differenzierung. So wurde bei der Charakterisierung des internationalen Wachstums nur zwischen Merkmalen im Inland und Ausland als Ganzes unterschieden. Eine weitere Differenzierung des Auslandes nach Ländern oder Regionen ist nicht erfolgt. Damit können Unterschiede in der Bearbeitung verschiedener Ländermärkte – wie sie z. B. durch die Psychic Distance Chain der Uppsala-Schule (u. a. Johanson/Vahlne (1977)) beschrieben werden – nicht erfasst werden.

Nach den Einschränkungen hinsichtlich der Bestimmungsfaktoren folgt nun die Erläuterung der Einschränkungen in Bezug auf die Kontextfaktoren des internationalen Wachstums. Hinsichtlich der Einflussgrößen des internationalen Wachstums lag der Fokus auf der Branche. Damit stand ein externer Faktor im Mittelpunkt der Betrachtung. Interne oder demografische Faktoren wurden nicht betrachtet; ebenso wurden weitere externe Faktoren wie z. B. das Herkunftsland eines Unternehmens nicht berücksichtigt. Dass diese Größen nicht berücksichtigt wurden, heißt jedoch nicht, dass diese keinen Einfluss auf das internationale Wachstum haben. Im Abschnitt 3.2 wurde ausführlich erläutert, dass auch diese Größen das Wachstum bzw. die Internationalisierung beeinflussen. Aufgrund des geplanten Umfangs der Arbeit und der Verfügbarkeit der Daten wurde der Bestimmungsfaktor für die Untersuchung ausgewählt, der aufgrund theoretischer Überlegungen wahrscheinlich den stärksten Einfluss auf das internationale Wachstum hat.[425]

---

[423] Für eine ausführliche Beschreibung der Konzepte vgl. Kutschker/Schmid (2006), S. 278–318. Es sei darauf hingewiesen, dass einige mehrstufige Konzepte (für eine Übersicht siehe Abb. 20) für die Ableitung der Typen des internationalen Wachstums herangezogen wurden.
[424] Mögliche quantitative Merkmale sind im Abschnitt 3.1.1 dargestellt.
[425] Vgl. dazu auch die Ausführungen im Abschnitt 2.3.

6.4.2 Methodische Einschränkungen

Hinsichtlich der Methodologie der Arbeit gibt es im Wesentlichen zwei Einschränkungen. Diese betreffen zum einen die verwendete Datenbasis und zum anderen die Clusteranalyse als den analytischen Kern der Untersuchung. Zunächst werden die Einschränkungen hinsichtlich der Datenbasis erläutert.

Für die Arbeit wurden Umsatz-, Mitarbeiter- und Vermögensdaten von Unternehmen differenziert nach Inland und Ausland über einen Zeitraum von bis zu 15 Jahren erfasst und analysiert. Obwohl dabei ein möglichst breites Spektrum von Unternehmen aus verschiedenen Branchen und Ländern berücksichtigt wurde, sind bei der Betrachtung der Ergebnisse die folgenden Einschränkungen zu berücksichtigen:

- Insgesamt wurden in die Analyse 70 Unternehmen einbezogen. Bei der Auswahl der Unternehmen handelt es sich um keine repräsentative Zufallsstichprobe, da die Unternehmen anhand eines hohen Internationalisierungsgrades – gemessen mit dem Transnationalitätsindex – und ihrer Größe – gemessen anhand der Vermögenswerte – selektiert wurden. Dies hat zur Folge, dass die betrachteten Unternehmen über ein hohes absolutes Vermögen verfügen. Es ist daher nicht eindeutig belegt, inwiefern die Wachstumstypen auch auf kleinere Unternehmen angewendet werden können. Ferner führt die Orientierung an der absoluten Höhe des Vermögens dazu, dass tendenziell mehr Unternehmen aus Branchen mit einer hohen Vermögensintensität ausgewählt wurden und diese somit überrepräsentiert sind. Dies trifft insbesondere auf die Unternehmen aus der Mineralölbranche zu.
- Der betrachtete Zeitraum, in dem das Wachstum der Unternehmen beurteilt wurde, umfasst neun bis 15 Jahre. Auch wenn dieser Zeitraum über den in den meisten Wachstumsstudien betrachteten Zeiträumen liegt[426], stellt er dennoch nur einen Ausschnitt der Entwicklung eines Unternehmens dar. Entwicklungen, die außerhalb dieses Zeitraums liegen und durchaus differieren können, wurden nicht erfasst.
- Zur Sicherstellung der Qualität und der Vergleichbarkeit der Ausgangsdaten wurden in dieser Arbeit die Daten einheitlich aus einer Sekundärquelle bezogen. Die

---

[426] Vgl. Delmar (1997), S. 204–206.

Überprüfung der Daten beschränkte sich somit auf Plausibilitätskontrollen zwischen den einzelnen Datenpunkten. Dennoch besteht die Möglichkeit, dass aufgrund unterschiedlicher Rechnungslegungsverfahren, unterschiedlicher Nutzung von Gestaltungsspielräumen (z. B. bei Abschreibungen) oder interner Umstrukturierungen die Qualität und die Vergleichbarkeit der Daten eingeschränkt ist. Allerdings muss auch angemerkt werden, dass eine Überprüfung solcher Effekte für Zeiträume von 15 Jahren für 70 Unternehmen mit vertretbarem Aufwand nicht durchführbar ist.

Nach den Einschränkungen der Datenbasis werden nun die Einschränkungen in Bezug auf die Clusteranalyse erläutert. Mittels dieser Analyse wurden die Unternehmen auf der Basis ihrer Wachstumsmerkmale in der Art zu Gruppen zusammengefasst, dass die Unternehmen innerhalb einer Gruppe möglichst ähnlich waren.[427]

Aufgrund der Vielzahl der Möglichkeiten, wie die Unternehmen den Gruppen zugeordnet werden können – bei lediglich zehn Unternehmen gibt es bereits 115.975 Zuordnungsmöglichkeiten –, ist es in einem vertretbaren zeitlichen Rahmen nicht realistisch, alle Zuordnungsalternativen zu prüfen. Aus diesem Grund kommen in der Clusteranalyse heuristische Verfahren zum Einsatz, die die Anzahl möglicher Alternativen reduzieren und die wahrscheinlichsten Lösungen selektieren. Bei diesen Lösungen handelt es sich zwar um ein Optimum – ob dieses aber auch dem globalen Optimum entspricht, kann nicht mit Sicherheit bestimmt werden. Somit ist die gefundene Lösung eher eine Näherungslösung als ein exaktes Ergebnis.

Hinzu kommt, dass aufgrund der Vielfalt möglicher Clusteralgorithmen und Parameter zur Bestimmung der Ähnlichkeit zwischen den Objekten für ein und dasselbe Gruppierungsproblem mehrere mehr oder weniger ähnliche Lösungen berechnet werden können. Obwohl in dieser Arbeit genau begründet wurde, warum welcher Algorithmus oder welches Distanzmaß angewendet wurde und die Stabilität der Lösung getestet wurde, kann nicht vollständig ausgeschlossen werden, dass es nicht noch eine weitere, bessere und geeignetere Lösung gibt.

---

[427] Vgl. Backhaus (2000), S. XXV und Bellgardt (2004), S. 230.

6.4.3 Konzeptionelle Einschränkungen

Die konzeptionelle Einschränkung dieser Untersuchung besteht in der „unvollständigen" Anwendung des IO-Ansatzes.

Wie bereits erläutert, basiert diese Arbeit auf dem theoretischen Konzept des IO-Ansatzes. Kern dieses Ansatzes ist das Structure-Conduct-Performance-Paradigma, wovon in dieser Arbeit aber nur der erste Teil – „Structure" und „Conduct" – direkt betrachtet wurde. Mit der Anwendung des IR-Schemas auf das internationale Wachstum wurden die Umweltfaktoren („Structure") und die Wachstumstypen („Conduct") miteinander verbunden. Die Bewertung des Erfolgs einer bestimmten Umwelt-Wachstums-Kombination („Performance") erfolgte indes noch nicht. Dazu muss überprüft werden, ob sich der Erfolg von Unternehmen in einer bestimmten Branche voneinander unterscheidet, je nachdem, welchem Wachstumstyp die Unternehmen entsprechen. Theoretisch müssten diejenigen Unternehmen einer Branche erfolgreicher sein, deren Wachstumstyp dem des IR-Schemas entspricht.

Abschließend kann festgehalten werden, dass der Zusammenhang zwischen Branche und internationalem Wachstum theoretisch abgeleitet wurde, in dieser Arbeit jedoch nicht empirisch validiert werden konnte.

6.5 Ausblick

Die intensive Beschäftigung mit einem spezifischen Thema wie dem des internationalen Wachstums führt auf der einen Seite dazu, dass neues Wissen und neue Erkenntnisse generiert werden. Es macht aber auch deutlich, welche Wissenslücken noch klaffen und wo weiterer Forschungsbedarf besteht. Die Arbeit hat gezeigt, dass die weitere Forschung insbesondere an zwei Bereichen ansetzen sollte: erstens den Einschränkungen der vorliegenden Untersuchung und zweitens der Schaffung einer theoretischen Basis.

Die im vorhergehenden Abschnitt erläuterten Einschränkungen hinsichtlich Umfang, Methodik und Konzeption der Arbeit sind bereits wesentliche Ansatzpunkte für die weitere Forschung. Aufgrund ihrer Bedeutung sollen zwei Aspekte jedoch noch einmal separat herausgehoben werden. Erstens ist es für ein vollständiges Bild der Einflussfaktoren des internationalen Wachstums notwendig, den Umfang der Arbeiten zu erweitern. Hier ist es sinnvoll, zu überprüfen, welchen Einfluss die hier nicht betrachteten Kontextfaktoren auf das internationale Wachstum haben. Auch wenn die meisten empirischen Studien gezeigt haben, dass das Branchenumfeld die Entwicklung eines Unternehmens am stärksten beeinflusst, heißt dies nicht, dass andere Faktoren wie interne Fähigkeiten und Ressourcen oder die demografischen Merkmale eines Unternehmens keinen Einfluss auf die Unternehmensentwicklung hätten.[428] Aus diesem Grund sollte in weiteren wissenschaftlichen Arbeiten untersucht werden, inwiefern diese Kontextfaktoren von Unternehmen auch deren internationales Wachstum beeinflusst haben und insbesondere, welche Wechselwirkungen es zwischen externen, internen und demografischen Faktoren gibt.

Zweitens ist bei der Suche nach einer theoretischen Grundlage für diese Arbeit aufgefallen, dass es zwar zahlreiche Arbeiten aus dem Bereich des internationalen Managements gibt, die sich mit der Dynamik der Internationalisierung und den Entwicklungsprozessen im Ausland befassen, eine verbindende Betrachtung der Entwicklung im Ausland und Inland jedoch nicht erfolgt. Auch wenn diese Arbeit bereits ein erster Vorstoß in diese Richtung ist, so fehlen noch weitergehende theoretische Arbeiten und empirische Konzepte, die diesen Zusammenhang beleuchten. Gegebenenfalls ist es sogar möglich, eine übergreifende dynamische Theorie des internationalen Managements zu entwickeln, die die bestehenden Theorien integriert.

---

[428] Für einen Überblick über Faktoren, die das internationale Wachstum beeinflussen, vgl. Abschnitt 3.2.

Anhang

Anhangsverzeichnis

Anhang I:	US-Inflation – Preisindex bezogen auf das Basisjahr 1990	280
Anhang II:	Detaillierung der Kontextfaktoren des Wachstums	281
Anhang III:	Detaillierung der Kontextfaktoren der Internationalisierung	282
Anhang IV:	Verwendete Ausgangsdatenbasis	284
Anhang V:	Übersicht über die verwendeten Variablen zur Charakterisierung der Objekte	307
Anhang VI:	Unternehmensverteilung nach Branchen und Ländern	308
Anhang VII:	Verteilung der Wachstumsstärke nach dem Sitz der Unternehmen	309
Anhang VIII:	Korrelationsmatrix zwischen den Variablen	310
Anhang IX:	Dendrogramm – Single Linkage	311
Anhang X:	Zuordnungsübersicht – Ward	312
Anhang XI:	Dendrogramm – Ward	313
Anhang XII:	Dendrogramm – Proportionale Fehlerverbesserung, Erklärte Streuung	314
Anhang XIII:	Zufallstestung des Verschmelzungsschemas	315
Anhang XIV:	Gleichheitstest der Gruppenwillewerte	316
Anhang XV:	Veränderung der Clusterzuordnung	317
Anhang XVI:	Test der Homogenität der Varianzen	318
Anhang XVII:	Branchen- und Länderverteilung nach Clustern	319
Anhang XVIII:	Tamhane-Test der Gruppenunterschiede	320

Anhang I: US-Inflation – Preisindex bezogen auf das Basisjahr 1990

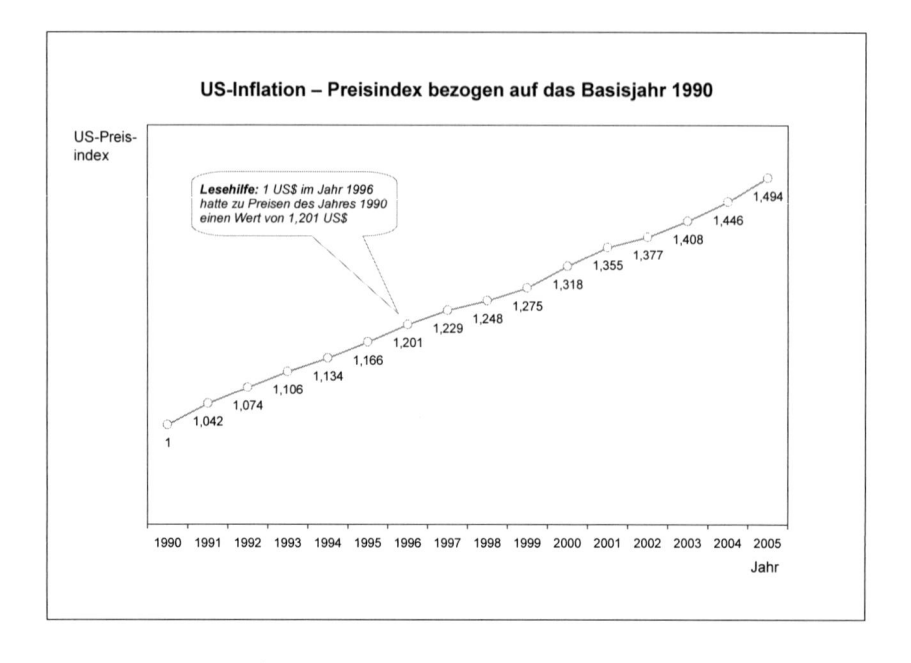

US-Inflation – Preisindex bezogen auf das Basisjahr 1990

US-Preisindex

Lesehilfe: 1 US$ im Jahr 1996 hatte zu Preisen des Jahres 1990 einen Wert von 1,201 US$

Jahr	Index
1990	1
1991	1,042
1992	1,074
1993	1,106
1994	1,134
1995	1,166
1996	1,201
1997	1,229
1998	1,248
1999	1,275
2000	1,318
2001	1,355
2002	1,377
2003	1,408
2004	1,446
2005	1,494

Anhang II: Detaillierung der Kontextfaktoren des Wachstums

Studie	Branchenzugehörigkeit	Technologie (Intensität, Komplexität)	Marketingintensität	Marktpotential	Konzentration der Kunden	Wettbewerbsintensität/Konzentration	Heimatland/Region	Staatliche Unterstützung	Strategieauswahl	Produktinnovationen	Unternehmensprozesse	Unternehmensstruktur	Auslandsaktivitäten	External equity	Mitarbeiterqualität	Produktionsmittelqualität
	Mikroumwelt						Makroumwelt		Fähigkeiten			Ressourcen				
Albach (1986)	✓															
Almus (2002)	✓						✓								✓	
Almus/Nerlinger (1999)																
Andersen/Kheam (1998)															✓	
Arbaugh (2003)									×							
Audretsch (1995)	✓															
Birley/Westhead (1990)	✓					✓		✓	✓		✓				✓	✓
Box et al. (1993)	✓														✓	
Chandler/Hanks (1994)	✓										✓				✓	✓
Davidsson (1991)	✓		✓	✓			×								✓	
Davidsson et al. (2002)	✓						×						×			
Delmar et al. (2003)	✓															
Dunkelberg et al. (1987)								✓	✓							
Dunne et al. (1989)																
Dunne/Hughes (1994)	✓															
Evans (1987)	✓															
Gerybadze/Stephan (2003)	✓									✓						
Gerybadze/Stephan (2004)	✓									✓						
Hakim (1989)	×						✓									
Hall (1987)																
Hansen (1995)	✓									✓	×					
Hitchens et al. (1993)	✓						✓									
Jones (1991)	✓						✓						×			
Keeble (1997)	✓						✓									
Kolvereid (1992)	✓						×						×			
Kumar (1985)							×			×	×		×	×	×	
Macrae (1992)	×				×										✓	
McGee et al. (1995)															✓	
Reichstein/Dahl (2004)	✓						✓									
Reynolds/Miller (1988)	✓															
Siegel et al. (1993)		✓	✓										✓		✓	
Storey et al. (1987)	×															
Storey et al. (1989)										✓			×	×	×	
Variyam/Kraybill (1992)	✓															
Wagner (1992)	✓															
Westhead/Birley (1995)	✓						×			×			×		×	
Wijewardena/Tibbits (1999)	×												×			
Woo et al. (1989)									✓	✓						
Wynarczyk et al. (1993)									✓						×	

✓	Faktor untersucht – Zusammenhang mit der Markteintritts- und Marktbearbeitungsstrategie nachgewiesen
×	Faktor untersucht – Zusammenhang mit der Markteintritts- und Marktbearbeitungsstrategie nicht nachgewiesen
×/✓	Faktor untersucht – Zusammenhang mit der Markteintritts- und Marktbearbeitungsstrategie nicht eindeutig nachgewiesen

Anhang III: Detaillierung der Kontextfaktoren der Internationalisierung

Studie	Mikroumwelt											Makroumwelt														
	Wettbewerbsintensität/Konzentration	Marketingintensität	Forschungsintensität	Technologie (Intensität, Komplexität)	Branchenwachstum	Marktpotential	Internationalisierung der Wettbewerber	Importintensität	Nachfrageunsicherheit	Kapitalintensität	Lokaler Ressourcenzugang erforderlich	Unterschiede zw. Landeskulturen	Geografische Entfernung	Sprachähnlichkeiten	Ausland: Stabiles Rechtssystem/Regierung	Ausland: Ökon. Entwicklung/Wachstum	Ausland: Marktattraktivität	Ausland: Marktgröße (GDP/GNP/Einwohner)	Ausland: Länderrisiko	Ausland: Staatsverschuldung	Ausland: Anteil Auslandsinvestitionen	Ausland: Verfügbarkeit von Kapital	Ausland: Verfügbarkeit von Arbeitskräften	Ausland: Qualität der Infrastruktur	Ausland: Bildungsniveau	Ausland: Stärke der Gewerkschaften	Ausland: Handelsschranken	Inland: Marktgröße
Agarwal (1994)											✓					✓		✓	✓									
Agarwal/Ramaswami (1992)					✓										✓			✓	✓									
Anderson/Coughlan (1987)			✗																✓									
Aulakh/Kotabe (1997)																												
Baughn/Osborn (1990)			✓																									
Brickley/Dark (1987)																			✓									
Brouthers (1995)			✓																									
Caves/Mehra (1986)	✓	✓	✗		✓		✓	✗																				
Chan (1995)																												
Chang/Rosenzweig (2001)	✓			✓								✓															✓	
Davidson/McFetridge (1985)			✗									✓	✓			✓		✓										
Davis et al. (2000)																												
Domke-Damonte (2000)																												
Erramilli (1991)												✓																
Erramilli (1996)												✓			✓		✓											✓
Erramilli/Rao (1993)			✓					✓		✓		✓						✗										
Fagre/Wells Jr (1982)	✗																											
Fladmoe-Lindquist/Jacque (1995)		✓										✓	✓		✓			✓										
Gatignon/Anderson (1988)												✓			✓			✓										
Gomes-Casseres (1989)		✗	✓							✓		✓			✓		✓											
Goodnow/Hansz (1972)												✓			✓	✓	✓											
Hennart (1991)	✗				✓				✓																			
Hennart/Larimo (1998)												✓																
Hennart/Park (1993)	✗			✓																								
Hennart/Reddy (1997)	✗			✓																								
Kim/Hwang (1992)	✗/✓								✗									✓										
Kobrin (1987)	✓																	✓	✗	✗	✓					✗		
Kogut/Singh (1988a)	✗	✗	✓		✗																							
Kogut/Singh (1988b)		✗	✓									✓																
Kwon/Hu (1995)																												
Kwon/Konopa (1993)	✓											✗	✗	✗	✗	✗		✓	✗			✗	✓	✓	✓			
Makino/Neupert (2000)					✓					✓																		
Osborn/Baughn (1990)			✓																									
Rhoades/Rechner																												
Shrader (2001)															✓													
Shrader et al. (2000)	✓		✓	✓	✓	✓													✓									
Singh/Kogut (1989)	✗	✗	✓	✓	✗			✓																				
Stopford/Wells (1972)			✓																									
Taylor et al. (1998)									✗			✓						✓										
Wilson (1980)																												

✓	Faktor untersucht – Zusammenhang mit der Markteintritts- und Marktbearbeitungsstrategie nachgewiesen
✗	Faktor untersucht – Zusammenhang mit der Markteintritts- und Marktbearbeitungsstrategie nicht nachgewiesen
✗/✓	Faktor untersucht – Zusammenhang mit der Markteintritts- und Marktbearbeitungsstrategie nicht eindeutig

Studie	Marketingfähigkeiten	Forschungsfähigkeiten	Diversifikation (Produkt/Market)	Innovationsgrad/Neuheit der Produkte	Nähe der Auslandsaktivitäten zum Kerngeschäft	Internationale Erfahrungen	Bisherige Formen der Markteintritte	Erfahrung Zielland	Erfahrung in der Industrie	Effiziente Produktion (geringe Kosten)	Marktpositionierung	Strategische Ausrichtung	Fähigkeit der lokalen Anpassung	Fähigkeit bei Planung und Kommunikation	Qualität des Managements	Organisationsstruktur	Multinationale Präsenz	Anteil Auslandsabsatz	Spezifische Assets	Abhängig von Ressourcen der Mutter	Verfügbare Auslandsmanager	Bestehende Vertriebsvereinbarung	Vorhandener Patentschutz
						Fähigkeiten												**Ressourcen**					
Agarwal (1994)		✓															✓						
Agarwal/Ramaswami (1992)			✓																				
Anderson/Coughlan (1987)		✓	x	x														✓				✓	x
Aulakh/Kotabe (1997)		✓				✓					x					✓		x					
Baughn/Osborn (1990)																							
Brickley/Dark (1987)																							
Brouthers (1995)																							
Caves/Mehra (1986)		✓		x			✓										✓						
Chan (1995)	x																✓						
Chang/Rosenzweig (2001)	x		x			✓	x																
Davidson/McFetridge (1985)		✓		✓	✓	✓											✓						
Davis et al. (2000)												✓			✓					✓			
Domke-Damonte (2000)		✓										✓											
Erramilli (1991)						✓				x													
Erramilli (1996)															✓								
Erramilli/Rao (1993)																			✓				
Fagre/Wells Jr (1982)		✓	✓	✓																			
Fladmoe-Lindquist/Jacque (1995)						✓																	
Gatignon/Anderson (1988)	✓	✓				✓																	
Gomes-Casseres (1989)	x	✓			x		✓	✓															
Goodnow/Hansz (1972)																							
Hennart (1991)	x	x	✓				✓																
Hennart/Larimo (1998)																							
Hennart/Park (1993)		✓	x		✓	x	x													✓			
Hennart/Reddy (1997)							✓																
Kim/Hwang (1992)								✓	x														
Kobrin (1987)	✓	✓														✓		✓					
Kogut/Singh (1988a)																							
Kogut/Singh (1988b)			x		x	x																	
Kwon/Hu (1995)			✓		✓								✓										
Kwon/Konopa (1993)																							
Makino/Neupert (2000)		✓									✓												
Osborn/Baughn (1990)																							
Rhoades/Rechner						x									✓	x				✓			
Shrader (2001)	x	x																					
Shrader et al. (2000)	x	✓	x			✓			✓									✓	✓				
Singh/Kogut (1989)			x		x	✓																	
Stopford/Wells (1972)	✓	✓	✓													✓		✓					
Taylor et al. (1998)						✓													✓				
Wilson (1980)			✓			✓																	

✓	Faktor untersucht – Zusammenhang mit der Markteintritts- und Marktbearbeitungsstrategie nachgewiesen
x	Faktor untersucht – Zusammenhang mit der Markteintritts- und Marktbearbeitungsstrategie nicht nachgewiesen
x/✓	Faktor untersucht – Zusammenhang mit der Markteintritts- und Marktbearbeitungsstrategie nicht eindeutig

Anhang IV: Verwendete Ausgangsdatenbasis

Rang	Jahr	Unternehmen	Land	Branche	Vermögen (Mio. US-$)		Umsatz (Mio. US-$)		Mitarbeiter	
					Ausland	Total	Ausland	Total	Ausland	Total
1	1990	Royal Dutch/Shell Plc.	Netherlands/United Kingdom	Manufacturing & Mining - Petroleum and Coal Products	69.200	106.400	47.100	106.500	99.000	137.000
2	1990	Ford Motor Company	United States	Manufacturing - Transportation Equipment	55.200	173.700	47.300	97.700	188.904	370.383
3	1990	General Motors Corp.	United States	Manufacturing - Transportation Equipment	52.600	180.200	37.300	122.000	251.130	767.200
4	1990	Exxon Mobil Corp.	United States	Manufacturing & Mining - Petroleum and Coal Products	51.600	87.700	90.500	115.800	65.000	104.000
5	1990	IBM corp.	United States	Manufacturing - Computer and Electronic Product	45.700	87.600	41.900	69.000	167.868	373.816
6	1990	British Petroleum Plc.	United Kingdom	Manufacturing & Mining - Petroleum and Coal Products	31.600	59.300	43.300	59.300	87.200	118.050
7	1990	ABB Ltd.	Switzerland	Manufacturing - Machinery, Electrical Equipment, Appliance, and Component	26.900	30.200	25.600	26.700	200.177	215.154
8	1990	Nestlé S.A.	Switzerland	Manufacturing - Food, Beverage & Tobacco Product		28.000	35.800	36.500	192.070	199.021
9	1990	Philips Electronics N.V.	Netherlands	Manufacturing - Machinery, Electrical Equipment, Appliance, and Component	23.300	30.600	28.800	30.800	217.149	272.800
11	1990	Unilever	Netherlands/United Kingdom	Manufacturing - Food, Beverage & Tobacco Product		24.700	16.700	39.600	261.000	304.000
12	1990	Matsushita Electric Industrial Company Ltd.	Japan	Manufacturing - Machinery, Electrical Equipment, Appliance, and Component		62.000	21.000	46.800	67.000	210.848
13	1990	Fiat S.P.A.	Italy	Manufacturing - Transportation Equipment	19.500	66.300	20.700	47.500	66.712	303.238
14	1990	Siemens AG	Germany	Manufacturing - Machinery, Electrical Equipment, Appliance, and Component		43.100	14.700	39.200	143.000	373.000
15	1990	Sony Corp.	Japan	Manufacturing - Computer and Electronic Product		32.600	12.700	20.900	62.100	112.900
16	1990	Volkswagen Group	Germany	Manufacturing - Transportation Equipment		42.000	25.500	42.100	95.934	268.744
17	1990	Elf Aquitaine S.A.	France	Manufacturing & Mining - Petroleum and Coal Products	17.000	42.600	11.400	32.400	33.957	90.000
18	1990	Mitsubishi Corp.	Japan	Wholesale trade	16.700	73.800	45.500	129.300		32.417
19	1990	General Electric Company	United States	Manufacturing - Machinery, Electrical Equipment, Appliance, and Component	16.500	153.900	8.300	57.700	62.580	298.000
20	1990	Du Pont Nemours & Company	United States	Manufacturing - Chemical	16.000	38.900	17.500	37.800	36.400	124.900
21	1990	Alcatel	France	Telecommunication	15.300	38.200	13.000	26.600	112.966	205.500
22	1990	Mitsui & Company Ltd.	Japan	Wholesale trade	15.000	60.800	48.100	136.200		9.094
23	1990	News Corporation Ltd.	Australia	Publishing & Broadcasting	14.600	20.700	4.600	5.700		38.432
24	1990	Bayer AG	Germany	Manufacturing - Chemical	14.200	25.400	20.300	25.900	80.000	171.000
25	1990	B.A.T. Industries Plc.	United Kingdom	Manufacturing - Food, Beverage & Tobacco Product		48.100	16.500	22.900		217.373
27	1990	Aventis S.A.	France	Manufacturing - Chemical	13.000	21.300	11.100	14.400	50.525	91.571
28	1990	BASF AG	Germany	Manufacturing - Chemical		24.300	19.100	29.000	46.059	134.647
29	1990	Toyota Motor Corp.	Japan	Manufacturing - Transportation Equipment	12.800	55.100	24.800	60.100	11.326	96.849
30	1990	Altria Group Inc.	United States	Manufacturing - Food, Beverage & Tobacco Product	12.500	46.600	10.500	51.200	66.000	168.000
32	1990	Roche Holding AG	Switzerland	Manufacturing - Chemical		17.800	6.700	7.000	41.802	52.685
33	1990	Novartis AG	Switzerland	Manufacturing - Chemical		20.500	7.900	14.300	69.702	94.141
35	1990	Michelin	France	Manufacturing - Other		14.900	9.100	11.500	111.533	140.829
36	1990	Dow Chemical Company	United States	Manufacturing - Chemical	10.900	24.000	10.300	19.800	28.612	62.080
37	1990	Total S.A.	France	Manufacturing & Mining - Petroleum and Coal Products		20.600	17.100	23.600	23.824	46.024
40	1990	Itochu Corp.	Japan	Wholesale trade	10.500	58.400	48.300	151.100	3.620	9.643
41	1990	Diageo Plc.	United Kingdom	Manufacturing - Food, Beverage & Tobacco Product	10.400	17.700	9.700	16.000		138.149
42	1990	Saint-Gobain S.A.	France	Manufacturing - Other	9.900	17.600	7.800	12.700	69.651	104.987
43	1990	Volvo AB	Sweden	Manufacturing - Transportation Equipment	9.700	18.100	12.200	14.100	20.346	68.800
45	1990	Vivendi Universal S.A.	France	Publishing & Broadcasting	9.000	27.700	5.500	21.500	55.983	173.000
46	1990	Nissan Motor Company Ltd.	Japan	Manufacturing - Transportation Equipment		36.400	16.800	35.700	30.050	129.546
47	1990	Rio Tinto Plc.	United Kingdom	Manufacturing & Mining - Petroleum and Coal Products	8.400	9.300	7.300	9.300	58.153	73.612

Rang	Jahr	Unternehmen	Land	Branche	Vermögen (Mio. US-$) Ausland	Vermögen (Mio. US-$) Total	Umsatz (Mio. US-$) Ausland	Umsatz (Mio. US-$) Total	Mitarbeiter Ausland	Mitarbeiter Total
48	1990	Chevron Corp.	United States	Manufacturing & Mining - Petroleum and Coal Products	8.400	35.100	9.800	38.600	10.953	54.208
52	1990	Electrolux AB	Sweden	Manufacturing - Machinery, Electrical Equipment, Appliance, and Component	7.800	11.700	11.900	13.900	123.337	150.892
54	1990	DaimlerChrysler AG	Germany	Manufacturing - Transportation Equipment		45.100	30.200	52.900	73.381	376.785
55	1990	Renault S.A.	France	Manufacturing - Transportation Equipment	7.400	23.500	12.200	30.200	42.492	157.378
57	1990	Thomson Corp.	Canada	Publishing & Broadcasting	7.400	7.900	4.800	5.300	38.700	44.800
58	1990	Stora Enso OYJ	Finland	Manufacturing - Other	7.300	15.000	8.900	11.100	47.544	69.691
60	1990	Holcim AG	Switzerland	Manufacturing - Other	6.900	7.400	3.400	3.800	27.754	29.557
61	1990	Alcan Inc.	Canada	Manufacturing - Other	6.800	10.600	7.600	8.900	41.040	55.500
63	1990	Honda Motor Company Ltd.	Japan	Manufacturing - Transportation Equipment	6.700	18.000	16.100	26.900	23.760	79.200
64	1990	Toshiba Corp.	Japan	Manufacturing - Computer and Electronic Product		39.200	10.300	33.300	27.000	162.000
65	1990	ENI Group S.P.A.	Italy	Manufacturing & Mining - Petroleum and Coal Products	6.500	60.300	15.600	41.800	22.131	130.745
66	1990	Procter & Gamble Company	United States	Manufacturing - Chemical	6.500	18.500	9.600	24.100	45.278	92.625
68	1990	Marubeni Corp.	Japan	Wholesale trade	6.300	54.900	38.100	131.000	3.500	9.905
69	1990	GlaxoSmithKline Plc.	United Kingdom	Manufacturing - Chemical	6.100	8.600	5.100	5.700	20.934	33.225
71	1990	Nissho Iwai Corporation	Japan	Wholesale trade		38.800	27.500	94.400	2.073	7.350
72	1990	Seagram Company Ltd.	Canada	Manufacturing - Food, Beverage & Tobacco Product	5.700	10.200	4.600	4.800	9.328	17.600
76	1990	Hewlett-Packard Company	United States	Manufacturing - Computer and Electronic Product	5.300	11.400	7.200	13.200	35.000	92.200
79	1990	Bridgestone Corp.	Japan	Manufacturing - Other		13.000	7.600	13.200	56.000	87.234
80	1990	Alcoa Inc.	United States	Manufacturing - Other	5.100	11.400	4.300	10.700	27.391	63.700
85	1990	Atlantic Richfield LLC	United States	Manufacturing & Mining - Petroleum and Coal Products	4.900	23.900	3.900	18.800	5.630	27.300
86	1990	Verizon Communications Inc.	United States	Telecommunication	4.900	33.800	3.000	18.400	35.000	177.000
88	1990	Robert Bosch GmbH	Germany	Manufacturing - Machinery, Electrical Equipment, Appliance, and Component		15.800	10.000	19.700	62.087	179.636
92	1990	McDonald's Corp.	United States	Manufacturing - Food, Beverage & Tobacco Product	4.600	10.700	6.500	18.800		177.000
93	1990	Cable & Wireless Plc.	United Kingdom	Telecommunication	4.600	7.200	3.300	3.800	28.261	37.681
96	1990	Johnson & Johnson	United States	Manufacturing - Chemical	4.400	9.500	5.800	11.200	44.369	84.902
97	1990	BHP Billiton Group Ltd.	Australia	Manufacturing & Mining - Petroleum and Coal Products	4.300	16.200	3.200	10.800		52.000
99	1990	E.ON AG	Germany	Utilities	6.600	30.800	9.500	32.900	14.696	106.877
1	1992	Royal Dutch/Shell Plc.	Netherlands/United Kingdom	Manufacturing & Mining - Petroleum and Coal Products	69.400	100.800	45.500	96.600	91.000	127.000
2	1992	Exxon Mobil Corp.	United States	Manufacturing & Mining - Petroleum and Coal Products	48.200	85.000	93.100	115.700	59.000	95.000
3	1992	IBM corp.	United States	Manufacturing - Computer and Electronic Product	45.700	86.700	39.900	64.500	143.900	301.500
4	1992	General Motors Corp.	United States	Manufacturing - Transportation Equipment	41.800	191.000	42.300	132.400	272.000	750.000
5	1992	Hitachi Ltd.	Japan	Manufacturing - Machinery, Electrical Equipment, Appliance, and Component		66.600	13.900	58.400		324.200
6	1992	Matsushita Electric Industrial Company Ltd.	Japan	Manufacturing - Machinery, Electrical Equipment, Appliance, and Component		74.400	29.900	60.800	94.800	252.100
7	1992	Nestlé S.A.	Switzerland	Manufacturing - Food, Beverage & Tobacco Product	28.700	31.300	37.700	38.400	211.300	218.000
8	1992	Ford Motor Company	United States	Manufacturing - Transportation Equipment	28.000	180.500	33.200	100.100	167.000	325.300
9	1992	Alcatel	France	Telecommunication		44.400	18.000	30.700	106.300	203.000
10	1992	General Electric Company	United States	Manufacturing - Machinery, Electrical Equipment, Appliance, and Component	24.200	192.900	8.400	57.100	58.000	231.000
11	1992	Philips Electronics N.V.	Netherlands	Manufacturing - Machinery, Electrical Equipment, Appliance, and Component	22.900	28.600	31.000	33.300	225.800	257.700
13	1992	ABB Ltd.	Switzerland	Manufacturing - Machinery, Electrical Equipment, Appliance, and Component	22.400	25.900	26.300	29.600	198.800	213.400
14	1992	Elf Aquitaine S.A.	France	Manufacturing & Mining - Petroleum and Coal Products		45.100	13.200	36.200		87.900
15	1992	Volkswagen Group	Germany	Manufacturing - Transportation Equipment		46.600	29.400	54.700	109.000	273.000
16	1992	Toyota Motor Corp.	Japan	Manufacturing - Transportation Equipment	20.700	76.700	22.000	81.300	16.300	108.200

Rang	Jahr	Unternehmen	Land	Branche	Vermögen (Mio. US-$)		Umsatz (Mio. US-$)		Mitarbeiter	
					Ausland	Total	Ausland	Total	Ausland	Total
17	1992	Siemens AG	Germany	Manufacturing - Machinery, Electrical Equipment, Appliance, and Component		44.600	27.000	50.300	160.000	413.000
18	1992	DaimlerChrysler AG	Germany	Manufacturing - Transportation Equipment		52.500	35.800	63.100	74.000	376.500
19	1992	British Petroleum Plc.	United Kingdom	Manufacturing & Mining - Petroleum and Coal Products		31.500	34.000	58.600	71.700	97.700
20	1992	Unilever	Netherlands/United Kingdom	Manufacturing - Food, Beverage & Tobacco Product	19.400	24.200	35.000	43.700	247.900	283.200
21	1992	Fiat S.P.A.	Italy	Manufacturing - Transportation Equipment	19.200	58.000	20.300	40.100	82.600	285.500
22	1992	Sony Corp.	Japan	Manufacturing - Computer and Electronic Product	19.000	39.100	13.400	34.400	71.100	126.000
24	1992	ENI Group S.P.A.	Italy	Manufacturing & Mining - Petroleum and Coal Products		54.900	12.900	33.800	25.200	124.000
25	1992	Du Pont Nemours & Company	United States	Manufacturing - Chemical	16.000	38.900	17.500	37.800	36.900	128.700
26	1992	B.A.T. Industries Plc.	United Kingdom	Manufacturing - Food, Beverage & Tobacco Product	14.200	43.600	24.100	31.200	183.000	198.000
27	1992	Altria Group Inc.	United States	Manufacturing - Food, Beverage & Tobacco Product	13.800	50.000	20.000	59.100	70.000	161.000
28	1992	Nissho Iwai Corporation	Japan	Wholesale trade		40.700	35.000	91.600	2.100	7.300
29	1992	Diageo Plc.	United Kingdom	Manufacturing - Food, Beverage & Tobacco Product	13.000	16.700	11.200	79.800		102.400
30	1992	Bayer AG	Germany	Manufacturing - Chemical	12.800	23.700	20.700	26.400	79.000	156.400
32	1992	Suez S.A.	France	Utilities		24.300	7.400	16.400	83.900	161.100
33	1992	Total S.A.	France	Manufacturing & Mining - Petroleum and Coal Products		20.900	14.900	25.900	28.500	51.100
34	1992	Seagram Company Ltd.	Canada	Manufacturing - Food, Beverage & Tobacco Product	11.300	11.800	5.900	6.100	9.300	15.800
35	1992	Saint-Gobain S.A.	France	Manufacturing - Other		17.200	9.100	14.100	66.900	100.400
36	1992	Dow Chemical Company	United States	Manufacturing - Chemical	10.800	25.400	9.400	18.900	28.200	61.400
38	1992	Toshiba Corp.	Japan	Manufacturing - Computer and Electronic Product		45.000	11.000	37.000	29.000	173.000
39	1992	Novartis AG	Switzerland	Manufacturing - Chemical	10.400	21.000	10.500	15.900	68.400	90.600
40	1992	Procter & Gamble Company	United States	Manufacturing - Chemical	10.200	24.900	15.900	30.400	59.400	103.500
41	1992	BASF AG	Germany	Manufacturing - Chemical		24.700	18.200	28.100	41.900	112.000
42	1992	Chevron Corp.	United States	Manufacturing & Mining - Petroleum and Coal Products	10.100	34.000	13.200	41.400	10.100	49.300
43	1992	Michelin	France	Manufacturing - Other	9.700	14.200	10.400	12.700		130.700
45	1992	Honda Motor Company Ltd.	Japan	Manufacturing - Transportation Equipment		24.100	19.500	29.300		90.900
47	1992	Bridgestone Corp.	Japan	Manufacturing - Other		14.800	7.500	14.000	54.000	85.800
50	1992	Electrolux AB	Sweden	Manufacturing - Machinery, Electrical Equipment, Appliance, and Component		11.500	12.400	14.200	104.900	121.100
52	1992	Nissan Motor Company Ltd.	Japan	Manufacturing - Transportation Equipment	8.900	62.900		50.200		143.700
53	1992	Aventis S.A.	France	Manufacturing - Chemical	8.800	20.400	12.100	14.800	42.500	83.300
54	1992	Itochu Corp.	Japan	Wholesale trade	8.700	61.400	5.200	165.800	3.300	7.400
57	1992	Marubeni Corp.	Japan	Wholesale trade		69.500	34.000	149.400		9.600
59	1992	Renault S.A.	France	Manufacturing - Transportation Equipment	8.300	24.000	15.200	34.100	42.400	146.600
60	1992	Roche Holding AG	Switzerland	Manufacturing - Chemical	8.200	18.900	8.900	9.200	45.700	56.300
62	1992	Holcim AG	Switzerland	Manufacturing - Other	7.600	8.200	5.000	5.600	33.000	35.200
63	1992	Volvo AB	Sweden	Manufacturing - Transportation Equipment		16.000	9.900	11.400	21.200	60.600
65	1992	Thomson Corp.	Canada	Publishing & Broadcasting	7.400	7.900	5.500	6.000	41.300	46.400
66	1992	GlaxoSmithKline Plc.	United Kingdom	Manufacturing - Chemical	7.300	10.800	6.400	7.200	25.100	37.100
68	1992	E.ON AG	Germany	Utilities		32.400	10.500	39.400	21.700	129.800
69	1992	Robert Bosch GmbH	Germany	Manufacturing - Machinery, Electrical Equipment, Appliance, and Component		15.200	10.100	22.100	64.200	177.200
71	1992	BMW AG	Germany	Manufacturing - Transportation Equipment		17.000	11.600	20.000	10.000	73.600
73	1992	Rio Tinto Plc.	United Kingdom	Manufacturing & Mining - Petroleum and Coal Products	6.800	6.900	7.200	44.000	45.000	68.300
74	1992	Alcan Inc.	Canada	Manufacturing - Other	6.700	10.100	6.600	7.600	35.000	49.000
75	1992	Mitsui & Company Ltd.	Japan	Wholesale trade		69.800	32.300	147.800		11.500

Rang	Jahr	Unternehmen	Land	Branche	Vermögen (Mio. US-$)		Umsatz (Mio. US-$)		Mitarbeiter	
					Ausland	Total	Ausland	Total	Ausland	Total
79	1992	Atlantic Richfield LLC	United States	Manufacturing & Mining - Petroleum and Coal Products		24.200	4.300	18.100		26.800
80	1992	Hewlett-Packard Company	United States	Manufacturing - Computer and Electronic Product	5.900	13.700	9.200	16.400		93.000
81	1992	Stora Enso OYJ	Finland	Manufacturing - Other	5.900	10.500	6.500	8.000	20.600	38.900
82	1992	Canon Electronics Inc.	Japan	Manufacturing - Machinery, Electrical Equipment, Appliance, and Component	5.600	17.400	9.500	13.600		64.500
84	1992	Verizon Communications Inc.	United States	Telecommunication	5.400	42.100	2.400	20.000	24.900	131.200
86	1992	McDonald's Corp.	United States	Manufacturing - Food, Beverage & Tobacco Product	5.300	11.700	3.400	7.100		166.000
88	1992	BHP Billiton Group Ltd.	Australia	Manufacturing & Mining - Petroleum and Coal Products	5.300	18.000	3.600	11.400	14.300	47.000
89	1992	Johnson & Johnson	United States	Manufacturing - Chemical	5.200	11.900	6.900	13.800	44.400	84.900
90	1992	Mitsubishi Corp.	Japan	Wholesale trade		30.700	21.200	26.500		107.900
100	1992	Alcoa Inc.	United States	Manufacturing - Other	4.500	11.000	3.800	9.500	29.400	63.600
1	1993	Royal Dutch/Shell Plc.	Netherlands/United Kingdom	Manufacturing & Mining - Petroleum and Coal Products	69.400	100.800	45.500	95.200	85.000	117.000
2	1993	Exxon Mobil Corp.	United States	Manufacturing & Mining - Petroleum and Coal Products	47.400	84.100	87.700	111.200	57.000	91.000
3	1993	IBM corp.	United States	Manufacturing - Computer and Electronic Product	44.100	81.100	37.000	64.100	130.655	256.207
4	1993	General Motors Corp.	United States	Manufacturing - Transportation Equipment	36.900	167.400	28.600	133.600	270.000	756.000
5	1993	General Electric Company	United States	Manufacturing - Machinery, Electrical Equipment, Appliance, and Component	31.600	251.500	11.200	60.500	59.000	222.000
6	1993	Toyota Motor Corp.	Japan	Manufacturing - Transportation Equipment		97.600	41.100	94.600	23.824	110.534
7	1993	Ford Motor Company	United States	Manufacturing - Transportation Equipment	30.900	198.900	36.000	108.500	180.904	332.700
8	1993	Hitachi Ltd.	Japan	Manufacturing - Machinery, Electrical Equipment, Appliance, and Component		86.700	16.500	71.800		330.637
9	1993	Sony Corp.	Japan	Manufacturing - Computer and Electronic Product		41.500	26.300	36.300	70.000	130.000
10	1993	Mitsubishi Corp.	Japan	Wholesale trade		85.200	65.300	168.400		157.900
11	1993	Nestlé S.A.	Switzerland	Manufacturing - Food, Beverage & Tobacco Product	24.800	30.600	38.400	39.200	203.100	209.800
13	1993	Nissan Motor Company Ltd.	Japan	Manufacturing - Transportation Equipment		68.300	24.200	56.500	34.464	143.916
14	1993	Matsushita Electric Industrial Company Ltd.	Japan	Manufacturing - Machinery, Electrical Equipment, Appliance, and Component	22.500	77.200	31.700	64.300	98.639	254.059
15	1993	Elf Aquitaine S.A.	France	Manufacturing & Mining - Petroleum and Coal Products	22.400	45.500	14.900	35.500	44.063	94.253
16	1993	ABB Ltd.	Switzerland	Manufacturing - Machinery, Electrical Equipment, Appliance, and Component	21.500	24.900	24.700	28.300		206.490
17	1993	Philips Electronics N.V.	Netherlands	Manufacturing - Machinery, Electrical Equipment, Appliance, and Component		23.800	26.600	30.300	200.000	244.400
18	1993	British Petroleum Plc.	United Kingdom	Manufacturing & Mining - Petroleum and Coal Products	19.000	28.100	39.200	52.400	62.600	84.500
20	1993	Siemens AG	Germany	Manufacturing - Machinery, Electrical Equipment, Appliance, and Component		58.400	13.800	50.000	153.000	403.800
21	1993	Unilever	Netherlands/United Kingdom	Manufacturing - Food, Beverage & Tobacco Product	18.000	24.700	16.100	40.000	187.000	294.000
22	1993	Mitsui & Company Ltd.	Japan	Wholesale trade		72.500	49.200	172.900		11.528
23	1993	Alcatel	France	Telecommunication		44.200	5.000	26.500	115.500	196.500
24	1993	Du Pont Nemours & Company	United States	Manufacturing - Chemical	16.400	37.100	16.800	37.100	36.400	114.000
25	1993	B.A.T. Industries Plc.	United Kingdom	Manufacturing - Food, Beverage & Tobacco Product	15.700	50.500	25.300	33.200	175.500	190.308
26	1993	Altria Group Inc.	United States	Manufacturing - Food, Beverage & Tobacco Product	15.600	51.200	22.500	65.100	86.000	173.000
27	1993	Volkswagen Group	Germany	Manufacturing - Transportation Equipment	15.600	45.900	24.500	44.400	103.000	253.000
28	1993	Nissho Iwai Corporation	Japan	Wholesale trade		45.600	36.600	100.790	2.078	7.245
29	1993	Novartis AG	Switzerland	Manufacturing - Chemical	14.900	21.500	14.500	15.300	68.854	87.480
31	1993	E.ON AG	Germany	Utilities		32.000	10.800	35.300	32.280	128.348
33	1993	Renault S.A.	France	Manufacturing - Transportation Equipment		36.100	13.300	28.200	39.029	139.733
34	1993	Chevron Corp.	United States	Manufacturing & Mining - Petroleum and Coal Products	12.600	34.700	10.200	36.200	10.627	47.576
36	1993	Dow Chemical Company	United States	Manufacturing - Chemical	11.500	24.600	8.800	18.100	28.250	62.200
37	1993	Itochu Corp.	Japan	Wholesale trade	11.500	61.400	43.000	165.800	3.329	7.449

Rang	Jahr	Unternehmen	Land	Branche	Vermögen (Mio. US-$)		Umsatz (Mio. US-$)		Mitarbeiter	
					Ausland	Total	Ausland	Total	Ausland	Total
38	1993	DaimlerChrysler AG	Germany	Manufacturing - Transportation Equipment	11.300	52.300	34.500	56.700	82.160	366.736
39	1993	BASF AG	Germany	Manufacturing - Chemical	11.200	23.200	17.400	24.600	41.779	112.020
40	1993	Saint-Gobain S.A.	France	Manufacturing - Other		16.600	8.300	12.700	66.000	98.000
41	1993	Michelin	France	Manufacturing - Other		14.100	9.900	12.300	87.000	124.575
42	1993	Procter & Gamble Company	United States	Manufacturing - Chemical		25.500	15.900	30.400	59.400	103.500
43	1993	Marubeni Corp.	Japan	Wholesale trade	10.400	68.500	36.200	151.400	2.800	10.000
44	1993	Bayer AG	Germany	Manufacturing - Chemical	10.400	23.100	15.200	23.600	83.300	164.200
45	1993	Toshiba Corp.	Japan	Manufacturing - Computer and Electronic Product		47.800	12.600	41.600	23.248	175.000
46	1993	Volvo AB	Sweden	Manufacturing - Transportation Equipment		16.100	11.600	13.300	29.664	73.641
47	1993	Suez S.A.	France	Utilities		24.400	6.700	15.800		158.000
48	1993	Honda Motor Company Ltd.	Japan	Manufacturing - Transportation Equipment	9.900	28.300	25.000	37.500	3.652	91.300
53	1993	Electrolux AB	Sweden	Manufacturing - Machinery, Electrical Equipment, Appliance, and Component		9.300	11.800	12.800	99.598	114.716
56	1993	ENI Group S.P.A.	Italy	Manufacturing & Mining - Petroleum and Coal Products		27.300	12.300	31.600	22.007	106.391
57	1993	Thomson Corp.	Canada	Publishing & Broadcasting	7.800	8.200	5.400	5.800	40.700	46.400
58	1993	Hewlett-Packard Company	United States	Manufacturing - Computer and Electronic Product		16.700	6.700	20.300	35.155	89.000
59	1993	GlaxoSmithKline Plc.	United Kingdom	Manufacturing - Chemical	7.700	11.100	7.200	8.000		47.104
60	1993	Holcim AG	Switzerland	Manufacturing - Other		8.300	5.200	5.700	30.096	32.162
61	1993	Diageo Plc.	United Kingdom	Manufacturing - Food, Beverage & Tobacco Product	7.500	14.700	10.100	10.200		87.163
68	1993	Seagram Company Ltd.	Canada	Manufacturing - Food, Beverage & Tobacco Product		11.700	5.900	6.000		15.805
69	1993	Total S.A.	France	Manufacturing & Mining - Petroleum and Coal Products	6.400	9.000	16.700	22.900	27.229	49.772
70	1993	Robert Bosch GmbH	Germany	Manufacturing - Machinery, Electrical Equipment, Appliance, and Component		14.700	9.600	19.600	60.488	164.506
71	1993	Bridgestone Corp.	Japan	Manufacturing - Other		15.600	7.100	14.300	52.000	83.081
75	1993	Verizon Communications Inc.	United States	Telecommunication	6.100	41.600	2.500	19.700	35.178	161.567
76	1993	Canon Electronics Inc.	Japan	Manufacturing - Machinery, Electrical Equipment, Appliance, and Component		19.300	11.300	16.400	27.839	64.535
78	1993	Roche Holding AG	Switzerland	Manufacturing - Chemical		20.800	9.500	9.700	45.430	56.082
80	1993	McDonald's Corp.	United States	Manufacturing - Food, Beverage & Tobacco Product	5.700	12.000	3.500	7.400		168.000
81	1993	Alcoa Inc.	United States	Manufacturing - Other	5.600	11.600	3.800	9.100	31.700	63.400
83	1993	Alcan Inc.	Canada	Manufacturing - Other	5.600	9.800	6.300	7.200	39.000	54.000
84	1993	Cable & Wireless Plc.	United Kingdom	Telecommunication		9.700	4.300	6.500	31.069	39.837
85	1993	Johnson & Johnson	United States	Manufacturing - Chemical	5.400	12.200	6.900	14.100	43.372	82.647
86	1993	BHP Billiton Group Ltd.	Australia	Manufacturing & Mining - Petroleum and Coal Products	5.300	18.000	3.600	11.500	12.000	47.000
87	1993	Atlantic Richfield LLC	United States	Manufacturing & Mining - Petroleum and Coal Products	5.200	23.900	4.400	18.500	6.000	26.800
88	1993	Stora Enso OYJ	Finland	Manufacturing - Other		8.300	5.000	6.400	22.641	33.641
93	1993	Fiat S.P.A.	Italy	Manufacturing - Transportation Equipment		48.700	19.500	31.600	66.712	287.957
95	1993	Motorola Inc.	United States	Manufacturing - Computer and Electronic Product	4.700	13.500	9.200	17.000	52.500	119.900
96	1993	Rio Tinto Plc.	United Kingdom	Manufacturing & Mining - Petroleum and Coal Products		6.800	4.800	5.300	58.527	59.975
1	1994	Royal Dutch/Shell Plc.	Netherlands/United Kingdom	Manufacturing & Mining - Petroleum and Coal Products	63.700	102.000	51.100	94.800	79.000	106.000
2	1994	Ford Motor Company	United States	Manufacturing - Transportation Equipment	60.600	219.400	38.100	128.400	96.726	337.778
3	1994	Exxon Mobil Corp.	United States	Manufacturing & Mining - Petroleum and Coal Products	56.200	87.900	72.300	113.900	55.000	86.000
4	1994	General Motors Corp.	United States	Manufacturing - Transportation Equipment		198.600	44.000	152.800	177.730	692.800
5	1994	IBM corp.	United States	Manufacturing - Computer and Electronic Product	43.900	81.100	39.900	64.100	115.555	219.839
6	1994	Volkswagen Group	Germany	Manufacturing - Transportation Equipment		52.400	29.000	49.300	96.545	242.318
7	1994	General Electric Company	United States	Manufacturing - Machinery, Electrical Equipment, Appliance, and Component	33.900	251.500	11.900	59.300	36.169	216.000

Rang	Jahr	Unternehmen	Land	Branche	Vermögen (Mio. US-$) Ausland	Vermögen (Mio. US-$) Total	Umsatz (Mio. US-$) Ausland	Umsatz (Mio. US-$) Total	Mitarbeiter Ausland	Mitarbeiter Total
8	1994	Toyota Motor Corp.	Japan	Manufacturing - Transportation Equipment		116.800	37.200	91.300	27.567	172.675
9	1994	DaimlerChrysler AG	Germany	Manufacturing - Transportation Equipment	27.900	66.500	46.300	74.000	79.297	330.551
10	1994	Elf Aquitaine S.A.	France	Manufacturing & Mining - Petroleum and Coal Products		48.900	26.200	38.900	43.950	89.500
12	1994	Mitsubishi Corp.	Japan	Wholesale trade		109.300	67.000	175.800	11.146	36.000
13	1994	Nestlé S.A.	Switzerland	Manufacturing - Food, Beverage & Tobacco Product	25.400	38.700	47.300	48.700	206.125	212.687
14	1994	Nissan Motor Company Ltd.	Japan	Manufacturing - Transportation Equipment		80.800	27.300	65.600	34.464	143.310
15	1994	ABB Ltd.	Switzerland	Manufacturing - Machinery, Electrical Equipment, Appliance, and Component	24.800	29.100	25.600	29.700	194.557	207.557
16	1994	Matsushita Electric Industrial Company Ltd.	Japan	Manufacturing - Machinery, Electrical Equipment, Appliance, and Component		92.200	39.200	78.100	112.314	265.397
17	1994	Roche Holding AG	Switzerland	Manufacturing - Chemical	23.400	25.900	10.300	10.500	50.869	61.381
18	1994	Alcatel	France	Telecommunication	23.100	51.200	21.900	30.200	117.000	197.000
19	1994	Sony Corp.	Japan	Manufacturing - Computer and Electronic Product		47.600	30.300	43.300	90.000	156.000
20	1994	Fiat S.P.A.	Italy	Manufacturing - Transportation Equipment	22.500	59.100	26.300	40.600	95.930	251.333
21	1994	Bayer AG	Germany	Manufacturing - Chemical	22.400	27.400	21.900	30.200	117.000	197.000
22	1994	Hitachi Ltd.	Japan	Manufacturing - Machinery, Electrical Equipment, Appliance, and Component		92.500	19.800	56.800	80.000	331.852
23	1994	Unilever	Netherlands/United Kingdom	Manufacturing - Food, Beverage & Tobacco Product	22.000	28.400	39.100	45.400	276.000	307.000
24	1994	Philips Electronics N.V.	Netherlands	Manufacturing - Machinery, Electrical Equipment, Appliance, and Component		27.800	31.700	33.700	210.000	253.000
25	1994	Siemens AG	Germany	Manufacturing - Machinery, Electrical Equipment, Appliance, and Component		50.600	30.100	52.100	158.000	376.000
26	1994	Renault S.A.	France	Manufacturing - Transportation Equipment		41.200	16.700	32.500	39.982	138.279
27	1994	British Petroleum Plc.	United Kingdom	Manufacturing & Mining - Petroleum and Coal Products	19.500	28.800	30.800	50.700	48.650	66.550
28	1994	Altria Group Inc.	United States	Manufacturing - Food, Beverage & Tobacco Product	18.000	52.600	24.200	65.100	85.000	165.000
30	1994	Mitsui & Company Ltd.	Japan	Wholesale trade		82.500	64.500	171.500	23.560	80.000
31	1994	Du Pont Nemours & Company	United States	Manufacturing - Chemical		36.900	18.600	39.300	35.000	107.000
32	1994	Nissho Iwai Corporation	Japan	Wholesale trade		55.500	34.300	118.400	2.101	7.245
33	1994	B.A.T. Industries Plc.	United Kingdom	Manufacturing - Food, Beverage & Tobacco Product	15.800	48.500	25.000	32.800	158.205	173.475
35	1994	Aventis S.A.	France	Manufacturing - Chemical	15.600	22.900	9.400	15.500	46.430	81.582
36	1994	Novartis AG	Switzerland	Manufacturing - Chemical	15.500	31.800	15.400	22.000	63.095	83.980
37	1994	ENI Group S.P.A.	Italy	Manufacturing & Mining - Petroleum and Coal Products		54.300	10.900	31.100	19.527	91.544
39	1994	Volvo AB	Sweden	Manufacturing - Transportation Equipment	14.200	18.600	16.700	20.200	30.664	75.549
40	1994	Chevron Corp.	United States	Manufacturing & Mining - Petroleum and Coal Products	13.000	34.400	10.600	35.100	10.636	45.758
41	1994	Toshiba Corp.	Japan	Manufacturing - Computer and Electronic Product		63.200	11.400	56.600	38.000	190.000
43	1994	Itochu Corp.	Japan	Wholesale trade		62.500	36.100	162.300	2.706	10.140
45	1994	BASF AG	Germany	Manufacturing - Chemical	11.300	25.700	19.600	27.000	40.297	106.266
47	1994	Marubeni Corp.	Japan	Wholesale trade		78.800	37.300	153.800	1.915	10.006
48	1994	Dow Chemical Company	United States	Manufacturing - Chemical	10.400	26.500	8.600	16.700	24.165	53.700
50	1994	Rio Tinto Plc.	United Kingdom	Manufacturing & Mining - Petroleum and Coal Products		11.700	5.600	6.100	43.112	44.499
51	1994	Honda Motor Company Ltd.	Japan	Manufacturing - Transportation Equipment		28.300	25.000	37.500	19.668	92.800
52	1994	Electrolux AB	Sweden	Manufacturing - Machinery, Electrical Equipment, Appliance, and Component		11.300	12.900	14.000	94.469	114.103
54	1994	Saint-Gobain S.A.	France	Manufacturing - Other		16.500	8.700	13.400	58.364	80.909
55	1994	Procter & Gamble Company	United States	Manufacturing - Chemical	9.600	25.500	16.100	30.300	57.500	96.500
58	1994	GlaxoSmithKline Plc.	United Kingdom	Manufacturing - Chemical	9.100	12.100	7.700	8.500	35.523	47.378
59	1994	Hewlett-Packard Company	United States	Manufacturing - Computer and Electronic Product	9.000	19.600	9.500	25.000	39.435	98.400
60	1994	Thomson Corp.	Canada	Publishing & Broadcasting	9.000	9.400	5.900	6.400	43.100	48.600
61	1994	Seagram Company Ltd.	Canada	Manufacturing - Food, Beverage & Tobacco	9.000	11.700	6.500	6.800		15.805

Rang	Jahr	Unternehmen	Land	Branche	Vermögen (Mio. US-$) Ausland	Vermögen (Mio. US-$) Total	Umsatz (Mio. US-$) Ausland	Umsatz (Mio. US-$) Total	Mitarbeiter Ausland	Mitarbeiter Total
62	1994	News Corporation Ltd.	Australia	Publishing & Broadcasting	9.000	19.400	7.300	8.400		25.844
65	1994	Robert Bosch GmbH	Germany	Manufacturing - Machinery, Electrical Equipment, Appliance, and Component		17.700	11.500	21.200	62.343	153.794
66	1994	BMW AG	Germany	Manufacturing - Transportation Equipment	8.200	17.100	17.900	25.900	50.474	109.362
67	1994	Michelin	France	Manufacturing - Other	8.000	13.100	9.900	12.200		117.776
68	1994	Canon Electronics Inc.	Japan	Manufacturing - Machinery, Electrical Equipment, Appliance, and Component	8.000	23.900	14.100	21.000	35.101	72.280
70	1994	E.ON AG	Germany	Utilities	7.700	38.600	12.400	43.700	23.894	126.875
73	1994	Total S.A.	France	Manufacturing & Mining - Petroleum and Coal Products		10.300	19.100	25.600	29.340	51.803
74	1994	McDonald's Corp.	United States	Manufacturing - Food, Beverage & Tobacco Product		13.600	4.200	8.300	92.690	183.000
76	1994	Diageo Plc.	United Kingdom	Manufacturing - Food, Beverage & Tobacco Product		15.500	4.700	11.800	27.006	64.300
77	1994	BHP Billiton Group Ltd.	Australia	Manufacturing & Mining - Petroleum and Coal Products	6.600	20.500	4.300	12.600	12.000	48.000
78	1994	Johnson & Johnson	United States	Manufacturing - Chemical	6.600	15.700	7.900	15.700	42.374	81.537
80	1994	Cable & Wireless Plc.	United Kingdom	Telecommunication		11.100	4.800	7.100	31.128	41.348
83	1994	Verizon Communications Inc.	United States	Telecommunication	5.800	42.500	2.600	19.900	14.793	111.000
84	1994	Carrefour S.A.	France	Retail Trade	5.800	11.900	13.300	27.100	44.200	90.300
87	1994	Alcan Inc.	Canada	Manufacturing - Other	5.700	9.700	8.000	9.300	28.000	39.000
88	1994	Atlantic Richfield LLC	United States	Manufacturing & Mining - Petroleum and Coal Products	5.600	24.600	2.600	15.000	4.631	23.200
89	1994	Motorola Inc.	United States	Manufacturing - Computer and Electronic Product	5.200	17.500	12.600	22.300	58.900	132.500
92	1994	Alcoa Inc.	United States	Manufacturing - Other		12.400	4.300	9.900	31.400	61.700
100	1994	Bridgestone Corp.	Japan	Manufacturing - Other		20.100	9.000	18.800	52.000	89.711
1	1995	Royal Dutch/Shell Plc.	Netherlands/United Kingdom	Manufacturing & Mining - Petroleum and Coal Products	79700	117600	80600	109900	81000	104000
2	1995	Ford Motor Company	United States	Manufacturing - Transportation Equipment	69200	238500	41900	137100	103334	346990
3	1995	General Electric Company	United States	Manufacturing - Machinery, Electrical Equipment, Appliance, and Component	69200	228000	17100	70000	72000	222000
4	1995	Exxon Mobil Corp.	United States	Manufacturing & Mining - Petroleum and Coal Products	66700	91300	96900	121800	44000	82000
5	1995	General Motors Corp.	United States	Manufacturing - Transportation Equipment	54100	217100	47800	163900	252699	745000
6	1995	Volkswagen Group	Germany	Manufacturing - Transportation Equipment	49800	58700	37400	61500	114000	257000
7	1995	IBM corp.	United States	Manufacturing - Computer and Electronic Product	41700	80300	45100	71900	112944	225347
8	1995	Toyota Motor Corp.	Japan	Manufacturing - Transportation Equipment	36000	118200	50400	111700	33796	146855
9	1995	Nestlé S.A.	Switzerland	Manufacturing - Food, Beverage & Tobacco Product	33200	38200	47800	48700	213637	220172
10	1995	Mitsubishi Corp.	Japan	Wholesale trade		79300	51000	124900	3859	9241
11	1995	Bayer AG	Germany	Manufacturing - Chemical	28100	31300	19700	31100	78000	142900
12	1995	ABB Ltd.	Switzerland	Manufacturing - Machinery, Electrical Equipment, Appliance, and Component	27200	32100	29400	33700	196937	209637
13	1995	Nissan Motor Company Ltd.	Japan	Manufacturing - Transportation Equipment	26900	63000	24900	56300	60795	139856
14	1995	Elf Aquitaine S.A.	France	Manufacturing & Mining - Petroleum and Coal Products	26900	49400	27800	42500	40650	85500
16	1995	DaimlerChrysler AG	Germany	Manufacturing - Transportation Equipment	26.000	66.300	45.600	72.100	68.907	310.993
17	1995	Unilever	Netherlands/United Kingdom	Manufacturing - Food, Beverage & Tobacco Product	25800	30100	42700	49700	276000	307000
18	1995	Philips Electronics N.V.	Netherlands	Manufacturing - Machinery, Electrical Equipment, Appliance, and Component	25200	32700	38400	40100	221000	265100
19	1995	Roche Holding AG	Switzerland	Manufacturing - Chemical	24500	30900	12000	12500	40422	50497
20	1995	Fiat S.P.A.	Italy	Manufacturing - Transportation Equipment	24400	59100	26300	40600	95930	248180
21	1995	Siemens AG	Germany	Manufacturing - Machinery, Electrical Equipment, Appliance, and Component	24000	57700	35500	62000	162000	373000
22	1995	Sony Corp.	Japan	Manufacturing - Computer and Electronic Product		47600	30300	43300	90000	151000
23	1995	Alcatel	France	Telecommunication	22700	51200	24200	32100	117400	191830
25	1995	Renault S.A.	France	Manufacturing - Transportation Equipment	21200	44600	19100	36800	40066	139950

Rang	Jahr	Unternehmen	Land	Branche	Vermögen (Mio. US-$)		Umsatz (Mio. US-$)		Mitarbeiter	
					Ausland	Total	Ausland	Total	Ausland	Total
26	1995	Altria Group Inc.	United States	Manufacturing - Food, Beverage & Tobacco Product	19500	53800	27700	66100	88201	151000
27	1995	British Petroleum Plc.	United Kingdom	Manufacturing & Mining - Petroleum and Coal Products	19300	28900	34800	57000	41350	58150
28	1995	Du Pont Nemours & Company	United States	Manufacturing - Chemical	17800	37300	20600	42200	35000	105000
29	1995	BASF AG	Germany	Manufacturing - Chemical	17600	29300	23500	32300	42850	106565
30	1995	Seagram Company Ltd.	Canada	Manufacturing - Food, Beverage & Tobacco Product	17500	21400	9500	9700	14447	16100
31	1995	B.A.T. Industries Plc.	United Kingdom	Manufacturing - Food, Beverage & Tobacco Product	17500	55100	29300	36300	155162	170412
32	1995	Mitsui & Company Ltd.	Japan	Wholesale trade	16600	68500	66600	163300	3696	11378
33	1995	Aventis S.A.	France	Manufacturing - Chemical	16100	27600	12400	17000	47009	82556
34	1995	BMW AG	Germany	Manufacturing - Transportation Equipment	15600	28500	22500	32200	52416	115763
35	1995	Honda Motor Company Ltd.	Japan	Manufacturing - Transportation Equipment	15500	33700	23500	39600	50937	96800
36	1995	Itochu Corp.	Japan	Wholesale trade	15100	72000	45100	186600	2649	9994
37	1995	Total S.A.	France	Manufacturing & Mining - Petroleum and Coal Products	15000	28400	19600	27200	30215	53536
38	1995	Novartis AG	Switzerland	Manufacturing - Chemical	14900	26500	7500	17500	63674	84077
39	1995	Nissho Iwai Corporation	Japan	Wholesale trade		47200	29500	89100	2103	6684
40	1995	Hitachi Ltd.	Japan	Manufacturing - Machinery, Electrical Equipment, Appliance, and Component	14700	102700	20500	94700	80000	331673
41	1995	News Corporation Ltd.	Australia	Publishing & Broadcasting	14500	24100	9000	10300	22062	30000
42	1995	ENI Group S.P.A.	Italy	Manufacturing & Mining - Petroleum and Coal Products		55900	12400	37300	15713	86422
43	1995	Chevron Corp.	United States	Manufacturing & Mining - Petroleum and Coal Products	13800	34300	11900	36300	12434	43019
44	1995	Dow Chemical Company	United States	Manufacturing - Chemical	13500	23600	11200	20200	22185	39500
45	1995	Marubeni Corp.	Japan	Wholesale trade	13400	71000	42800	144900	2307	9533
46	1995	Hewlett-Packard Company	United States	Manufacturing - Computer and Electronic Product	13000	24400	17600	31500	42049	102300
49	1995	Procter & Gamble Company	United States	Manufacturing - Chemical	12100	28100	16800	33400	62000	99200
50	1995	Robert Bosch GmbH	Germany	Manufacturing - Machinery, Electrical Equipment, Appliance, and Component		19900	14000	25000	66000	158372
53	1995	Saint-Gobain S.A.	France	Manufacturing - Other	11700	18600	9600	13500	67064	89852
54	1995	Holcim AG	Switzerland	Manufacturing - Other	11500	12500	6500	7000	40473	43923
55	1995	Cable & Wireless Plc.	United Kingdom	Telecommunication	11200	13800	5900	8500	30466	39636
56	1995	Matsushita Electric Industrial Company Ltd.	Japan	Manufacturing - Machinery, Electrical Equipment, Appliance, and Component	11100	75600	28900	64100	107530	265538
58	1995	Electrolux AB	Sweden	Manufacturing - Machinery, Electrical Equipment, Appliance, and Component	10700	12400	15000	16300	97351	112300
59	1995	Volvo AB	Sweden	Manufacturing - Transportation Equipment	10700	20700	21800	25600	67129	79050
64	1995	Thomson Corp.	Canada	Publishing & Broadcasting	9600	10000	6700	7200	40000	44400
65	1995	Diageo Plc.	United Kingdom	Manufacturing - Food, Beverage & Tobacco Product	9500	17500	11400	12600	45978	63533
67	1995	Michelin	France	Manufacturing - Other	8700	14200	10900	13200	35091	114397
69	1995	GlaxoSmithKline Plc.	United Kingdom	Manufacturing - Chemical	8400	13200	11100	12100	40392	54359
71	1995	McDonald's Corp.	United States	Manufacturing - Food, Beverage & Tobacco Product	8200	15400	5300	9800	125000	212000
72	1995	Motorola Inc.	United States	Manufacturing - Computer and Electronic Product	8300	22800	17000	27000	63200	142000
73	1995	Johnson & Johnson	United States	Manufacturing - Chemical	8200	17900	9700	18800	44300	82300
75	1995	Canon Electronics Inc.	Japan	Manufacturing - Machinery, Electrical Equipment, Appliance, and Component	8000	23900	14100	21000	35101	72280
77	1995	BHP Billiton Group Ltd.	Australia	Manufacturing & Mining - Petroleum and Coal Products	7800	21800	4400	12700	12900	48500
80	1995	Coca-Cola Company	United States	Manufacturing - Food, Beverage & Tobacco Product	7500	15000	12700	18000	19238	32000
81	1995	Rio Tinto Plc.	United Kingdom/Australia	Manufacturing & Mining - Petroleum and Coal Products	7300	15800	4700	9300	31616	51492
84	1995	Carrefour S.A.	France	Retail Trade	7200	13100	11200	29500	51200	102900
92	1995	Toshiba Corp.	Japan	Manufacturing - Computer and Electronic Product	6500	51800	12700	47700	36437	186000

Rang	Jahr	Unternehmen	Land	Branche	Vermögen (Mio. US-$)		Umsatz (Mio. US-$)		Mitarbeiter	
					Ausland	Total	Ausland	Total	Ausland	Total
95	1995	Verizon Communications Inc.	United States	Telecommunication	6200	37000	2600	20000	15751	106000
96	1995	Atlantic Richfield LLC	United States	Manufacturing & Mining - Petroleum and Coal Products	6200	24000	3400	15800	5168	22000
1	1996	General Electric Company	United States	Manufacturing - Machinery, Electrical Equipment, Appliance, and Component	82.800	272.400	21.100	79.200	84.000	239.000
2	1996	Royal Dutch/Shell Plc.	Netherlands/United Kingdom	Manufacturing & Mining - Petroleum and Coal Products	82.100	124.100	71.100	128.300	79.000	101.000
3	1996	Ford Motor Company	United States	Manufacturing - Transportation Equipment	79.100	258.000	65.800	147.000		371.702
4	1996	Exxon Mobil Corp.	United States	Manufacturing & Mining - Petroleum and Coal Products	55.600	95.500	10.200	117.000		79.000
5	1996	General Motors Corp.	United States	Manufacturing - Transportation Equipment	55.400	222.100	50.000	158.000	221.313	647.000
6	1996	IBM corp.	United States	Manufacturing - Computer and Electronic Product	41.400	81.100	46.600	75.900	121.655	240.615
7	1996	Toyota Motor Corp.	Japan	Manufacturing - Transportation Equipment	39.200	113.400	51.700	109.300	34.837	150.736
8	1996	Volkswagen Group	Germany	Manufacturing - Transportation Equipment		60.800	41.000	64.400	123.042	260.810
9	1996	Mitsubishi Corp.	Japan	Wholesale trade		77.900	50.200	127.400	3.819	8.794
11	1996	Nestlé S.A.	Switzerland	Manufacturing - Food, Beverage & Tobacco Product	30.900	34.000	42.000	42.800	206.125	212.687
12	1996	ABB Ltd.	Switzerland	Manufacturing - Machinery, Electrical Equipment, Appliance, and Component		30.900	32.900	33.800	203.541	214.894
13	1996	Elf Aquitaine S.A.	France	Manufacturing & Mining - Petroleum and Coal Products	29.300	47.500	26.600	44.800	41.600	85.400
14	1996	Bayer AG	Germany	Manufacturing - Chemical	29.100	32.000	25.800	31.400	94.375	142.200
16	1996	Nissan Motor Company Ltd.	Japan	Manufacturing - Transportation Equipment	27.000	58.100	29.200	53.800		135.331
17	1996	Fiat S.P.A.	Italy	Manufacturing - Transportation Equipment	26.900	70.600	19.800	51.300	90.390	237.865
18	1996	Unilever	Netherlands/United Kingdom	Manufacturing - Food, Beverage & Tobacco Product	26.400	31.000	45.000	52.200	273.000	304.000
19	1996	DaimlerChrysler AG	Germany	Manufacturing - Transportation Equipment		65.700	44.400	70.600	67.208	290.029
20	1996	Philips Electronics N.V.	Netherlands	Manufacturing - Machinery, Electrical Equipment, Appliance, and Component	24.500	31.700	38.900	40.900	21.600	262.500
21	1996	Roche Holding AG	Switzerland	Manufacturing - Chemical	24.500	29.500	12.600	12.900	39.074	48.972
22	1996	Siemens AG	Germany	Manufacturing - Machinery, Electrical Equipment, Appliance, and Component	24.400	56.300	38.400	62.600	176.000	379.000
23	1996	Alcatel	France	Telecommunication	23.500	48.400	24.600	31.600	118.820	190.600
24	1996	Sony Corp.	Japan	Manufacturing - Computer and Electronic Product	23.500	45.800	32.800	45.700	95.000	163.000
25	1996	Total S.A.	France	Manufacturing & Mining - Petroleum and Coal Products		30.300	25.800	34.000		57.555
26	1996	Novartis AG	Switzerland	Manufacturing - Chemical	21.400	43.400	28.600	29.200	91.192	116.178
27	1996	British Petroleum Plc.	United Kingdom	Manufacturing & Mining - Petroleum and Coal Products	20.700	31.800	39.200	69.800	37.750	53.700
28	1996	Altria Group Inc.	United States	Manufacturing - Food, Beverage & Tobacco Product	20.600	54.900	30.700	69.200	94.569	154.000
29	1996	ENI Group S.P.A.	Italy	Manufacturing & Mining - Petroleum and Coal Products		59.500	13.200	39.300		83.424
30	1996	Renault S.A.	France	Manufacturing - Transportation Equipment	19.000	42.200	19.400	36.000	43.381	140.905
31	1996	B.A.T. Industries Plc.	United Kingdom	Manufacturing - Food, Beverage & Tobacco Product	18.900	63.500	30.800	38.200	149.217	163.854
32	1996	Du Pont Nemours & Company	United States	Manufacturing - Chemical	18.400	38.000	20.800	43.800	34.000	97.000
33	1996	Aventis S.A.	France	Manufacturing - Chemical		27.100	13.300	16.800	41.818	75.250
34	1996	Seagram Company Ltd.	Canada	Manufacturing - Food, Beverage & Tobacco Product	18.200	18.600	12.200	12.600		31.000
35	1996	BASF AG	Germany	Manufacturing - Chemical	17.900	28.200	23.800	32.400	42.339	103.406
36	1996	Honda Motor Company Ltd.	Japan	Manufacturing - Transportation Equipment	17.800	33.500	26.400	42.300		101.100
37	1996	BMW AG	Germany	Manufacturing - Transportation Equipment		29.100	25.500	34.800	51.900	116.112
38	1996	Mitsui & Company Ltd.	Japan	Wholesale trade	17.100	61.200	56.600	132.000		11.250
39	1996	Nissho Iwai Corporation	Japan	Wholesale trade		47.200	28.800	89.100	1.997	6.684
40	1996	Itochu Corp.	Japan	Wholesale trade	15.200	66.100	40.200	153.500	2.584	9.766
41	1996	Hewlett-Packard Company	United States	Manufacturing - Computer and Electronic Product	15.200	27.700	21.400	38.300	48.200	122.000
44	1996	News Corporation Ltd.	Australia	Publishing & Broadcasting	14.500	24.200	8.600	9.900	17.212	26.513

Rang	Jahr	Unternehmen	Land	Branche	Vermögen (Mio. US-$) Ausland	Vermögen (Mio. US-$) Total	Umsatz (Mio. US-$) Ausland	Umsatz (Mio. US-$) Total	Mitarbeiter Ausland	Mitarbeiter Total
45	1996	Chevron Corp.	United States	Manufacturing & Mining - Petroleum and Coal Products	14.400	34.900	14.900	42.800	12.095	40.820
46	1996	Dow Chemical Company	United States	Manufacturing - Chemical	14.400	24.700	11.300	20.100	21.039	40.300
47	1996	Robert Bosch GmbH	Germany	Manufacturing - Machinery, Electrical Equipment, Appliance, and Component		21.300	16.700	26.700		172.359
48	1996	Marubeni Corp.	Japan	Wholesale trade	13.100	60.800	43.900	11.300		9.282
49	1996	Cable & Wireless Plc.	United Kingdom	Telecommunication	13.000	15.500	7.000	9.700	29.613	37.448
50	1996	Thomson Corp.	Canada	Publishing & Broadcasting	12.800	13.200	7.300	7.700	47.200	50.500
52	1996	Michelin	France	Manufacturing - Other		14.700	11.700	13.700		119.780
53	1996	Matsushita Electric Industrial Company Ltd.	Japan	Manufacturing - Machinery, Electrical Equipment, Appliance, and Component	12.300	67.800	23.800	62.000		270.651
56	1996	Holcim AG	Switzerland	Manufacturing - Other	11.700	12.700	6.900	8.000	39.122	42.970
58	1996	Saint-Gobain S.A.	France	Manufacturing - Other	11.500	21.600	10.200	15.700	74.467	111.701
59	1996	BHP Billiton Group Ltd.	Australia	Manufacturing & Mining - Petroleum and Coal Products	11.400	28.100	5.600	15.300	20.400	60.100
60	1996	Hitachi Ltd.	Japan	Manufacturing - Machinery, Electrical Equipment, Appliance, and Component	11.400	80.400	19.800	68.700	56.400	330.100
62	1996	Electrolux AB	Sweden	Manufacturing - Machinery, Electrical Equipment, Appliance, and Component	10.700	12.500	15.200	16.400	98.220	112.140
64	1996	Procter & Gamble Company	United States	Manufacturing - Chemical	10.700	27.500	17.500	35.800		106.000
67	1996	Volvo AB	Sweden	Manufacturing - Transportation Equipment	10.200	20.500	20.700	23.300	26.435	71.905
68	1996	McDonald's Corp.	United States	Manufacturing - Food, Beverage & Tobacco Product	9.600	17.400	6.100	10.700	53.000	234.000
69	1996	Diageo Plc.	United Kingdom	Manufacturing - Food, Beverage & Tobacco Product		17.500	12.700	14.000	55.000	65.699
70	1996	GlaxoSmithKline Plc.	United Kingdom	Manufacturing - Chemical	9.400	14.200	12.000	13.000	40.209	53.460
72	1996	Johnson & Johnson	United States	Manufacturing - Chemical	9.200	20.000	10.700	21.600	47.600	89.300
76	1996	Motorola Inc.	United States	Manufacturing - Computer and Electronic Product	8.600	24.100	16.900	28.000	63.738	139.000
77	1996	Vivendi Universal S.A.	France	Publishing & Broadcasting	8.500	45.900	10.000	32.400	57.433	217.300
81	1996	Canon Electronics Inc.	Japan	Manufacturing - Machinery, Electrical Equipment, Appliance, and Component	8.300	22.600	14.900	22.100	38.197	75.628
82	1996	Coca-Cola Company	United States	Manufacturing - Food, Beverage & Tobacco Product	8.200	12.000	12.600	18.700	20.000	30.000
87	1996	Bridgestone Corp.	Japan	Manufacturing - Other	7.800	15.200	10.000	18.000		92.458
91	1996	Toshiba Corp.	Japan	Manufacturing - Computer and Electronic Product	7.600	46.800	14.000	44.000		186.000
93	1996	Atlantic Richfield LLC	United States	Manufacturing & Mining - Petroleum and Coal Products	7.400	25.700	3.400	18.600		22.800
94	1996	Rio Tinto Plc.	United Kingdom/Australia	Manufacturing & Mining - Petroleum and Coal Products	7.300	15.800	4.700	9.300	31.616	51.492
97	1996	Verizon Communications Inc.	United States	Telecommunication	7.100	38.400	2.800	21.300		102.000
1	1997	General Electric Company	United States	Manufacturing - Machinery, Electrical Equipment, Appliance, and Component	97.400	304.000	24.500	90.800	111.000	276.000
2	1997	Ford Motor Company	United States	Manufacturing - Transportation Equipment	72.500	275.400	48.000	153.600	174.105	363.892
3	1997	Royal Dutch/Shell Plc.	Netherlands/United Kingdom	Manufacturing & Mining - Petroleum and Coal Products	70.000	115.000	69.000	128.000	65.000	105.000
4	1997	General Motors Corp.	United States	Manufacturing - Transportation Equipment	0	228.900	51.000	178.200		608.000
5	1997	Exxon Mobil Corp.	United States	Manufacturing & Mining - Petroleum and Coal Products	54.600	69.100	104.800	120.300		80.000
6	1997	Toyota Motor Corp.	Japan	Manufacturing - Transportation Equipment	41.800	105.000	50.400	88.500		159.035
7	1997	IBM corp.	United States	Manufacturing - Computer and Electronic Product	39.900	81.500	48.900	78.500	134.815	269.465
8	1997	Volkswagen Group	Germany	Manufacturing - Transportation Equipment		57.000	42.700	65.000	133.906	279.892
9	1997	Nestlé S.A.	Switzerland	Manufacturing - Food, Beverage & Tobacco Product	31.600	37.700	47.600	48.300	219.442	225.808
10	1997	DaimlerChrysler AG	Germany	Manufacturing - Transportation Equipment	30.900	67.200	46.100	69.000	74.802	300.068
12	1997	Fiat S.P.A.	Italy	Manufacturing - Transportation Equipment	30.000	69.100	20.200	50.600	94.877	242.322
14	1997	ABB Ltd.	Switzerland	Manufacturing - Machinery, Electrical Equipment, Appliance, and Component		29.800	30.400	31.300	200.574	213.057
15	1997	Bayer AG	Germany	Manufacturing - Chemical		30.300		32.000		144.600
16	1997	Elf Aquitaine S.A.	France	Manufacturing & Mining - Petroleum and Coal Products	26.700	42.000	25.600	42.300	40.500	83.700

Rang	Jahr	Unternehmen	Land	Branche	Vermögen (Mio. US-$) Ausland	Vermögen (Mio. US-$) Total	Umsatz (Mio. US-$) Ausland	Umsatz (Mio. US-$) Total	Mitarbeiter Ausland	Mitarbeiter Total
17	1997	Nissan Motor Company Ltd.	Japan	Manufacturing - Transportation Equipment	26.500	57.600	27.800	49.700		137.201
18	1997	Unilever	Netherlands/United Kingdom	Manufacturing - Food, Beverage & Tobacco Product	25.600	30.800	44.800	46.400	262.840	269.315
19	1997	Siemens AG	Germany	Manufacturing - Machinery, Electrical Equipment, Appliance, and Component	25.600	67.100	40.000	60.600	201.141	386.000
20	1997	Roche Holding AG	Switzerland	Manufacturing - Chemical		37.600	12.700	12.900	41.832	51.643
21	1997	Sony Corp.	Japan	Manufacturing - Computer and Electronic Product		48.200	40.300	51.100		173.000
22	1997	Mitsubishi Corp.	Japan	Wholesale trade	21.900	67.100	41.500	120.400		8.401
23	1997	Seagram Company Ltd.	Canada	Manufacturing - Food, Beverage & Tobacco Product	21.800	22.200	9.400	9.700		31.000
24	1997	Honda Motor Company Ltd.	Japan	Manufacturing - Transportation Equipment	21.500	36.500	31.500	45.400		109.400
25	1997	BMW AG	Germany	Manufacturing - Transportation Equipment	20.300	31.800	26.400	35.900	52.149	117.624
26	1997	Alcatel	France	Telecommunication	20.300	41.900	25.900	31.000		189.549
27	1997	Philips Electronics N.V.	Netherlands	Manufacturing - Machinery, Electrical Equipment, Appliance, and Component	20.100	25.500	33.000	33.500	206.236	252.268
28	1997	News Corporation Ltd.	Australia	Publishing & Broadcasting	20.000	30.700	9.500	10.700		28.220
29	1997	Altria Group Inc.	United States	Manufacturing - Food, Beverage & Tobacco Product	19.400	55.900	32.100	56.100		152.000
30	1997	British Petroleum Plc.	United Kingdom	Manufacturing & Mining - Petroleum and Coal Products	19.200	32.600	36.500	71.300	37.600	55.650
31	1997	Hewlett-Packard Company	United States	Manufacturing - Computer and Electronic Product	18.500	31.700	23.800	42.900		121.900
32	1997	Total S.A.	France	Manufacturing & Mining - Petroleum and Coal Products		25.200	23.400	31.900		54.391
33	1997	Renault S.A.	France	Manufacturing - Transportation Equipment	18.300	34.900	18.500	35.600	45.860	141.315
34	1997	Cable & Wireless Plc.	United Kingdom	Telecommunication		21.600	7.800	11.500	33.740	46.550
35	1997	Mitsui & Company Ltd.	Japan	Wholesale trade	17.900	55.500	52.300	132.600		10.994
36	1997	Aventis S.A.	France	Manufacturing - Chemical	17.800	27.500	11.500	15.000		68.377
38	1997	BASF AG	Germany	Manufacturing - Chemical		26.800	23.900	32.200		104.979
39	1997	Itochu Corp.	Japan	Wholesale trade	16.700	56.800	48.700	117.700	2.600	8.878
40	1997	Nissho Iwai Corporation	Japan	Wholesale trade	16.600	40.400	32.300	75.500	2.068	6.398
41	1997	Du Pont Nemours & Company	United States	Manufacturing - Chemical	16.600	42.700	20.400	39.700		98.000
42	1997	Diageo Plc.	United Kingdom	Manufacturing - Food, Beverage & Tobacco Product		29.700	17.600	22.600	63.761	79.161
43	1997	Novartis AG	Switzerland	Manufacturing - Chemical	16.000	36.700	21.000	21.500	71.403	87.239
45	1997	ENI Group S.P.A.	Italy	Manufacturing & Mining - Petroleum and Coal Products	14.600	49.400	12.500	34.300	23.239	80.178
46	1997	Chevron Corp.	United States	Manufacturing & Mining - Petroleum and Coal Products	14.300	35.500	13.800	40.600	8.610	39.362
47	1997	Dow Chemical Company	United States	Manufacturing - Chemical	14.300	23.600	11.300	20.000		42.861
51	1997	Saint-Gobain S.A.	France	Manufacturing - Other		22.700	9.500	18.300		107.168
52	1997	Thomson Corp.	Canada	Publishing & Broadcasting	13.000	13.300	8.300	8.800	46.300	49.800
55	1997	Matsushita Electric Industrial Company Ltd.	Japan	Manufacturing - Machinery, Electrical Equipment, Appliance, and Component	12.200	62.700	23.600	59.700		275.962
56	1997	Hitachi Ltd.	Japan	Manufacturing - Machinery, Electrical Equipment, Appliance, and Component	12.000	76.600	19.800	63.800	58.000	331.494
57	1997	Motorola Inc.	United States	Manufacturing - Computer and Electronic Product	11.700	27.300	17.400	29.800	70.000	150.000
58	1997	Marubeni Corp.	Japan	Wholesale trade	11.600	55.900	38.500	103.300	2.827	8.868
61	1997	E.ON AG	Germany	Utilities	10.400	45.000	16.000	46.200	32.178	129.960
62	1997	Volvo AB	Sweden	Manufacturing - Transportation Equipment		20.700	21.500	24.100	29.250	72.900
63	1997	Rio Tinto Plc.	United Kingdom/Australia	Manufacturing & Mining - Petroleum and Coal Products	10.200	16.700	5.800	9.400	27.297	50.507
65	1997	Procter & Gamble Company	United States	Manufacturing - Chemical	10.000	31.000	17.900	37.200		110.000
66	1997	McDonald's Corp.	United States	Manufacturing - Food, Beverage & Tobacco Product	10.000	18.200	6.800	11.400		267.000
69	1997	Johnson & Johnson	United States	Manufacturing - Chemical	9.500	21.100	10.900	22.600		90.500
71	1997	GlaxoSmithKline Plc.	United Kingdom	Manufacturing - Chemical		13.600	12.100	13.100		53.068
72	1997	Robert Bosch GmbH	Germany	Manufacturing - Machinery, Electrical Equipment, Appliance, and Component	9.000	19.500	17.700	27.000	89.071	179.719

Rang	Jahr	Unternehmen	Land	Branche	Vermögen (Mio. US-$) Ausland	Vermögen (Mio. US-$) Total	Umsatz (Mio. US-$) Ausland	Umsatz (Mio. US-$) Total	Mitarbeiter Ausland	Mitarbeiter Total
74	1997	Electrolux AB	Sweden	Manufacturing - Machinery, Electrical Equipment, Appliance, and Component		10.100	13.600	14.300		103.000
76	1997	Michelin	France	Manufacturing - Other		13.600	11.300	13.300		123.254
77	1997	B.A.T. Industries Plc.	United Kingdom	Manufacturing - Food, Beverage & Tobacco Product	8.100	84.800	26.200	34.500	115.000	117.339
80	1997	Vivendi Universal S.A.	France	Publishing & Broadcasting		43.100	9.200	28.600		193.300
84	1997	Verizon Communications Inc.	United States	Telecommunication		42.100		23.300		114.000
89	1997	Holcim AG	Switzerland	Manufacturing - Other	7.500	12.000	6.900	7.800	37.302	40.779
91	1997	Royal Ahold N.V.	Netherlands	Retail Trade	7.400	9.900	18.200	26.600	148.872	209.591
92	1997	Atlantic Richfield LLC	United States	Manufacturing & Mining - Petroleum and Coal Products		25.300	3.500	18.600	4.400	19.600
93	1997	Bridgestone Corp.	Japan	Manufacturing - Other	7.200	13.300	9.800	16.700		13.049
96	1997	Canon Electronics Inc.	Japan	Manufacturing - Machinery, Electrical Equipment, Appliance, and Component	7.000	22.000	14.600	21.200	41.211	78.767
98	1997	Toshiba Corp.	Japan	Manufacturing - Computer and Electronic Product	6.800	44.900	14.600	41.300		186.000
1	1998	General Electric Company	United States	Manufacturing - Machinery, Electrical Equipment, Appliance, and Component	128.600	355.900	28.700	100.500	130.000	293.000
2	1998	General Motors Corp.	United States	Manufacturing - Transportation Equipment	73.100	246.700	49.900	155.500		396.000
3	1998	Royal Dutch/Shell Plc.	Netherlands/United Kingdom	Manufacturing & Mining - Petroleum and Coal Products	67.000	110.000	50.000	94.000	61.000	102.000
4	1998	Ford Motor Company	United States	Manufacturing - Transportation Equipment		237.500	43.800	144.400	171.276	345.175
5	1998	Exxon Mobil Corp.	United States	Manufacturing & Mining - Petroleum and Coal Products	50.100	70.000	92.700	115.400		79.000
6	1998	Toyota Motor Corp.	Japan	Manufacturing - Transportation Equipment	44.900	131.500	55.200	101.000	113.216	183.879
7	1998	IBM corp.	United States	Manufacturing - Computer and Electronic Product	43.600	86.100	46.400	81.700	149.934	291.067
8	1998	British Petroleum Plc.	United Kingdom	Manufacturing & Mining - Petroleum and Coal Products	40.500	54.900	48.600	68.300	78.950	98.900
9	1998	DaimlerChrysler AG	Germany	Manufacturing - Transportation Equipment	118.000	159.700	125.400	154.600	208.502	441.502
10	1998	Nestlé S.A.	Switzerland	Manufacturing - Food, Beverage & Tobacco Product	35.600	41.100	51.200	52.000	225.665	231.881
11	1998	Volkswagen Group	Germany	Manufacturing - Transportation Equipment		70.100	52.300	80.200	142.481	297.916
12	1998	Unilever	Netherlands/United Kingdom	Manufacturing - Food, Beverage & Tobacco Product	32.900	35.800	39.400	44.900	240.845	265.103
13	1998	Suez S.A.	France	Utilities		84.600	12.900	34.800	126.500	201.000
15	1998	ABB Ltd.	Switzerland	Manufacturing - Machinery, Electrical Equipment, Appliance, and Component		32.900	23.100	27.700	154.263	162.793
17	1998	Diageo Plc.	United Kingdom	Manufacturing - Food, Beverage & Tobacco Product	27.900	46.300	10.500	12.400	65.393	77.029
18	1998	Honda Motor Company Ltd.	Japan	Manufacturing - Transportation Equipment	26.300	41.800	29.700	51.700		112.200
19	1998	Siemens AG	Germany	Manufacturing - Machinery, Electrical Equipment, Appliance, and Component		66.800	45.700	66.000	222.000	416.000
20	1998	Sony Corp.	Japan	Manufacturing - Computer and Electronic Product		52.500	40.700	56.600	102.468	173.000
21	1998	Renault S.A.	France	Manufacturing - Transportation Equipment	23.600	43.200	25.400	39.800	92.854	138.321
22	1998	News Corporation Ltd.	Australia	Publishing & Broadcasting	22.900	33.600	10.500	11.700		50.000
23	1998	BMW AG	Germany	Manufacturing - Transportation Equipment	22.900	35.700	26.800	37.700	53.107	119.913
24	1998	Mitsubishi Corp.	Japan	Wholesale trade	21.700	74.900	43.500	116.100	3.668	11.650
25	1998	Nissan Motor Company Ltd.	Japan	Manufacturing - Transportation Equipment	21.600	57.200	25.800	54.400		131.260
26	1998	Bayer AG	Germany	Manufacturing - Chemical	21.400	34.300	21.900	31.100	80.900	145.100
27	1998	Roche Holding AG	Switzerland	Manufacturing - Chemical	21.200	40.600	16.700	17.000	57.142	66.707
29	1998	Elf Aquitaine S.A.	France	Manufacturing & Mining - Petroleum and Coal Products	20.700	43.200	21.800	37.900	42.000	85.000
31	1998	Aventis S.A.	France	Manufacturing - Chemical		28.400	12.000	14.700	36.421	65.180
32	1998	Total S.A.	France	Manufacturing & Mining - Petroleum and Coal Products		27.000	20.800	28.600	35.100	57.166
33	1998	Philips Electronics N.V.	Netherlands	Manufacturing - Machinery, Electrical Equipment, Appliance, and Component	19.000	32.800	32.100	33.900	189.210	233.686
34	1998	Seagram Company Ltd.	Canada	Manufacturing - Food, Beverage & Tobacco Product	18.800	22.200	9.100	8.700		24.200
35	1998	Cable & Wireless Plc.	United Kingdom	Telecommunication	17.700	28.500	8.800	13.200	37.426	50.671

Rang	Jahr	Unternehmen	Land	Branche	Vermögen (Mio. US-$) Ausland	Vermögen (Mio. US-$) Total	Umsatz (Mio. US-$) Ausland	Umsatz (Mio. US-$) Total	Mitarbeiter Ausland	Mitarbeiter Total
36	1998	Hewlett-Packard Company	United States	Manufacturing - Computer and Electronic Product	17.600	33.700	25.200	46.500		124.600
37	1998	Mitsui & Company Ltd.	Japan	Wholesale trade	17.300	56.500	46.500	118.500		7.288
38	1998	ENI Group S.P.A.	Italy	Manufacturing & Mining - Petroleum and Coal Products		48.400	12.000	33.200	24.602	78.906
39	1998	Chevron Corp.	United States	Manufacturing & Mining - Petroleum and Coal Products	16.900	36.500	2.000	29.900	8.956	39.191
40	1998	BASF AG	Germany	Manufacturing - Chemical		30.400	24.200	32.400	46.730	105.945
41	1998	Du Pont Nemours & Company	United States	Manufacturing - Chemical	16.700	38.500	11.700	24.800	35.000	101.000
42	1998	Alcatel	France	Telecommunication	16.700	34.600	14.500	23.600	80.005	118.272
45	1998	Itochu Corp.	Japan	Wholesale trade	15.100	55.900	18.400	115.300		5.775
47	1998	Coca-Cola Company	United States	Manufacturing - Food, Beverage & Tobacco Product	14.900	19.200	11.900	18.800		29.000
49	1998	Nissho Iwai Corporation	Japan	Wholesale trade	14.200	38.500	9.100	71.600		4.041
50	1998	Fiat S.P.A.	Italy	Manufacturing - Transportation Equipment	14.200	76.100	19.400	51.000	87.861	220.549
51	1998	Motorola Inc.	United States	Manufacturing - Computer and Electronic Product	14.000	31.000	14.000	31.300	66.800	141.000
53	1998	Vivendi Universal S.A.	France	Publishing & Broadcasting		57.100	11.500	35.300	94.310	235.610
54	1998	Rio Tinto Plc.	United Kingdom/Australia	Manufacturing & Mining - Petroleum and Coal Products	12.400	16.100	7.100	7.100	22.478	34.809
55	1998	Matsushita Electric Industrial Company Ltd.	Japan	Manufacturing - Machinery, Electrical Equipment, Appliance, and Component	12.200	66.200	32.400	63.700	133.629	282.153
57	1998	Thomson Corp.	Canada	Publishing & Broadcasting	12.100	12.500	5.800	6.200	36.000	39.000
58	1998	Hitachi Ltd.	Japan	Manufacturing - Machinery, Electrical Equipment, Appliance, and Component	12.000	76.600	19.800	63.800	58.000	331.494
59	1998	McDonald's Corp.	United States	Manufacturing - Food, Beverage & Tobacco Product	12.000	19.800	7.500	12.400		284.000
60	1998	Robert Bosch GmbH	Germany	Manufacturing - Machinery, Electrical Equipment, Appliance, and Component		21.900	19.600	30.200	94.180	189.537
62	1998	Holcim AG	Switzerland	Manufacturing - Other	11.600	12.800	7.000	8.000	37.779	40.520
63	1998	Stora Enso OYJ	Finland	Manufacturing - Other	11.500	18.000	10.800	11.700	25.189	40.987
64	1998	Michelin	France	Manufacturing - Other		15.000	12.300	14.600	87.160	127.241
65	1998	E.ON AG	Germany	Utilities		52.200	14.700	49.000	39.220	116.774
67	1998	GlaxoSmithKline Plc.	United Kingdom	Manufacturing - Chemical	10.800	15.500	10.900	13.300	42.562	56.934
68	1998	Marubeni Corp.	Japan	Wholesale trade	10.600	53.800	31.400	98.800		8.618
69	1998	B.A.T. Industries Plc.	United Kingdom	Manufacturing - Food, Beverage & Tobacco Product	10.500	12.400	13.800	15.300	99.204	101.081
70	1998	Dow Chemical Company	United States	Manufacturing - Chemical	10.400	23.800	11.000	18.400	19.125	39.029
73	1998	Carrefour S.A.	France	Retail Trade	10.300	20.300	17.200	30.400	86.846	144.142
74	1998	Johnson & Johnson	United States	Manufacturing - Chemical		26.200	11.100	23.700		93.100
78	1998	Procter & Gamble Company	United States	Manufacturing - Chemical	10.000	31.000	17.900	37.200		110.000
82	1998	Electrolux AB	Sweden	Manufacturing - Machinery, Electrical Equipment, Appliance, and Component		10.300	13.800	14.500	89.573	99.322
83	1998	Volvo AB	Sweden	Manufacturing - Transportation Equipment		25.200	23.800	26.300	35.313	79.820
84	1998	Royal Ahold N.V.	Netherlands	Retail Trade		13.300	20.900	29.400	133.716	279.255
89	1998	BHP Billiton Group Ltd.	Australia	Manufacturing & Mining - Petroleum and Coal Products	8.000	20.600	8.700	12.600	20.000	50.000
92	1998	Canon Electronics Inc.	Japan	Manufacturing - Machinery, Electrical Equipment, Appliance, and Component	7.400	23.400	17.800	24.400	41.834	79.799
93	1998	Bridgestone Corp.	Japan	Manufacturing - Other	7.400	14.700	11.300	17.100		97.767
94	1998	Verizon Communications Inc.	United States	Telecommunication	7.300	43.600	3.300	25.700	22.000	120.000
95	1998	Atlantic Richfield LLC	United States	Manufacturing & Mining - Petroleum and Coal Products		25.200	1.600	10.300	4.300	18.400
99	1998	Alcoa Inc.	United States	Manufacturing - Other		17.000	6.600	15.300		103.500
100	1998	Toshiba Corp.	Japan	Manufacturing - Computer and Electronic Product	6.800	48.800	14.500	44.600		198.000
1	1999	General Electric Company	United States	Manufacturing - Machinery, Electrical Equipment, Appliance, and Component	141.100	405.200	32.700	111.600	143.000	310.000
2	1999	Exxon Mobil Corp.	United States	Manufacturing & Mining - Petroleum and Coal Products	99.400	144.500	115.500	160.900	68.000	107.000
3	1999	Royal Dutch/Shell Plc.	Netherlands/United Kingdom	Manufacturing & Mining - Petroleum and Coal Products	68.700	113.900	53.500	105.400	57.367	99.310

297

Rang	Jahr	Unternehmen	Land	Branche	Vermögen (Mio. US-$) Ausland	Vermögen (Mio. US-$) Total	Umsatz (Mio. US-$) Ausland	Umsatz (Mio. US-$) Total	Mitarbeiter Ausland	Mitarbeiter Total
4	1999	General Motors Corp.	United States	Manufacturing - Transportation Equipment	68.500	274.700	46.500	176.600	162.300	398.000
5	1999	Ford Motor Company	United States	Manufacturing - Transportation Equipment		273.400	50.100	162.600	191.486	364.550
6	1999	Toyota Motor Corp.	Japan	Manufacturing - Transportation Equipment	56.300	154.900	60.000	119.700	13.500	214.631
7	1999	DaimlerChrysler AG	Germany	Manufacturing - Transportation Equipment	139.168	175.900	122.400	151.000	225.705	466.938
8	1999	Total S.A.	France	Manufacturing & Mining - Petroleum and Coal Products		77.600	31.600	39.600	50.538	74.437
9	1999	IBM corp.	United States	Manufacturing - Computer and Electronic Product	44.700	87.500	50.400	87.600	161.612	307.401
10	1999	British Petroleum Plc.	United Kingdom	Manufacturing & Mining - Petroleum and Coal Products	39.300	52.600	57.700	83.500	62.150	80.400
11	1999	Nestlé S.A.	Switzerland	Manufacturing - Food, Beverage & Tobacco Product	33.100	36.800	45.900	46.700	224.554	230.929
12	1999	Volkswagen Group	Germany	Manufacturing - Transportation Equipment		64.300	47.800	70.600	147.959	306.275
14	1999	Siemens AG	Germany	Manufacturng - Machinery, Electrical Equipment, Appliance, and Component		76.600	53.200	72.200	251.000	443.000
17	1999	Diageo Plc.	United Kingdom	Manufacturing - Food, Beverage & Tobacco Product	28.000	40.400	16.400	19.000	59.852	72.479
19	1999	Suez S.A.	France	Utilities		71.600	9.700	23.500	150.000	220.000
20	1999	BMW AG	Germany	Manufacturing - Transportation Equipment	27.100	39.200	26.800	36.700	46.104	114.952
21	1999	ABB Ltd.	Switzerland	Manufacturing - Machinery, Electrical Equipment, Appliance, and Component	27.000	30.600	23.800	24.400	155.427	161.430
22	1999	Sony Corp.	Japan	Manufacturing - Computer and Electronic Product		64.200	43.100	63.100	115.717	189.700
23	1999	Seagram Company Ltd.	Canada	Manufacturing - Food, Beverage & Tobacco Product	25.600	35.000	12.300	11.800		
24	1999	Unilever	Netherlands/United Kingdom	Manufacturing - Food, Beverage & Tobacco Product	25.300	28.000	38.400	44.000	222.614	246.033
25	1999	Aventis S.A.	France	Manufacturing - Chemical		39.000	4.700	19.200		92.446
26	1999	Mitsubishi Corp.	Japan	Wholesale trade	24.600	78.600	15.800	127.300	3.437	7.556
27	1999	Roche Holding AG	Switzerland	Manufacturing - Chemical	24.500	27.100	18.100	18.400	57.970	67.695
28	1999	Renault S.A.	France	Manufacturing - Transportation Equipment		46.400	23.900	37.600		159.608
29	1999	Honda Motor Company Ltd.	Japan	Manufacturing - Transportation Equipment	24.400	41.800	38.700	51.700		112.200
31	1999	News Corporation Ltd.	Australia	Publishing & Broadcasting	23.500	38.400	12.900	14.300	24.500	33.800
32	1999	Motorola Inc.	United States	Manufacturing - Computer and Electronic Product	23.500	40.500	18.300	33.100	70.800	128.000
33	1999	Philips Electronics N.V.	Netherlands	Manufacturing - Machinery, Electrical Equipment, Appliance, and Component	22.700	29.800	31.800	33.500		226.874
34	1999	Nissan Motor Company Ltd.	Japan	Manufacturing - Transportation Equipment		59.700		58.100		136.397
35	1999	B.A.T. Industries Plc.	United Kingdom	Manufacturing - Food, Beverage & Tobacco Product	22.000	26.200	16.500	18.100	104.223	107.620
36	1999	ENI Group S.P.A.	Italy	Manufacturing & Mining - Petroleum and Coal Products	20.900	44.300	11.400	29.100		72.023
37	1999	Chevron Corp.	United States	Manufacturing & Mining - Petroleum and Coal Products	20.100	40.700	9.700	35.400	9.426	36.490
38	1999	Johnson & Johnson	United States	Manufacturing - Chemical	19.800	29.200	12.100	27.500	49.571	97.806
39	1999	Hewlett-Packard Company	United States	Manufacturing - Computer and Electronic Product		35.300	23.400	42.400	41.400	84.400
40	1999	Elf Aquitaine S.A.	France	Manufacturing & Mining - Petroleum and Coal Products	18.800	43.200	25.700	35.800		57.400
41	1999	Bayer AG	Germany	Manufacturing - Chemical	18.200	31.400	20.300	29.200	64.100	120.400
42	1999	Coca-Cola Company	United States	Manufacturing - Food, Beverage & Tobacco Product	18.000	21.600	12.400	19.800		37.000
43	1999	Alcatel	France	Telecommunication	17.700	34.000	16.400	23.200	85.712	115.712
45	1999	Mitsui & Company Ltd.	Japan	Wholesale trade	17.300	56.500	57.800	118.500		31.250
46	1999	BASF AG	Germany	Manufacturing - Chemical	17.100	30.000	22.500	29.500	46.455	104.628
47	1999	Vivendi Universal S.A.	France	Publishing & Broadcasting		79.300	16.700	39.100		275.591
51	1999	Fiat S.P.A.	Italy	Manufacturing - Transportation Equipment	15.200	80.400	16.500	45.200	98.589	221.319
52	1999	E.ON AG	Germany	Utilities	15.100	55.800	24.500	39.100	49.590	131.602
54	1999	Du Pont Nemours & Company	United States	Manufacturing - Chemical	14.800	40.800	13.300	26.900	36.000	94.000
55	1999	Hitachi Ltd.	Japan	Manufacturing - Machinery, Electrical Equipment, Appliance, and Component	14.600	91.500	15.400	77.700		323.827
56	1999	Matsushita Electric	Japan	Manufacturing - Machinery, Electrical	13.900	72.500	34.000	68.900	143.773	290.448

Rang	Jahr	Unternehmen	Land	Branche	Vermögen (Mio. US-$) Ausland	Vermögen (Mio. US-$) Total	Umsatz (Mio. US-$) Ausland	Umsatz (Mio. US-$) Total	Mitarbeiter Ausland	Mitarbeiter Total
		Industrial Company Ltd.		Equipment, Appliance, and Component						
57	1999	Thomson Corp.	Canada	Publishing & Broadcasting	13.600	13.800	5.500	5.800	37.000	40.000
58	1999	Dow Chemical Company	United States	Manufacturing - Chemical	13.300	33.500	14.500	25.900	21.850	51.012
59	1999	Holcim AG	Switzerland	Manufacturing - Other	12.500	13.600	7.300	8.100	36.719	39.327
60	1999	Itochu Corp.	Japan	Wholesale trade	12.400	55.900	18.400	115.300		40.683
61	1999	Canon Electronics Inc.	Japan	Manufacturing - Machinery, Electrical Equipment, Appliance, and Component	12.300	25.400	18.000	25.700	42.787	81.009
62	1999	Carrefour S.A.	France	Retail Trade	12.300	33.700	14.300	37.700		297.290
63	1999	McDonald's Corp.	United States	Manufacturing - Food, Beverage & Tobacco Product	12.100	21.000	8.100	13.300	260.000	314.000
64	1999	Michelin	France	Manufacturing - Other		17.300	11.900	13.800		130.434
65	1999	GlaxoSmithKline Plc.	United Kingdom	Manufacturing - Chemical	11.800	16.800	11.800	13.800	44.976	60.726
67	1999	Marubeni Corp.	Japan	Wholesale trade	10.800	54.200	31.900	99.300		8.618
68	1999	Procter & Gamble Company	United States	Manufacturing - Chemical	10.700	32.100	18.400	38.100		110.000
70	1999	Robert Bosch GmbH	Germany	Manufacturing - Machinery, Electrical Equipment, Appliance, and Component		20.900	18.500	28.000	96.970	194.889
71	1999	Stora Enso OYJ	Finland	Manufacturing - Other		16.200	10.000	10.700		40.226
76	1999	Royal Ahold N.V.	Netherlands	Retail Trade	10.000	14.300	23.300	33.800	59.428	308.793
80	1999	Electrolux AB	Sweden	Manufacturing - Machinery, Electrical Equipment, Appliance, and Component	9.100	9.800	13.900	14.500	84.035	92.916
81	1999	Nissho Iwai Corporation	Japan	Wholesale trade	9.100	38.500	12.900	68.700		18.446
87	1999	Rio Tinto Plc.	United Kingdom/Australia	Manufacturing & Mining - Petroleum and Coal Products	7.400	12.100	5.300	9.300	16.829	26.938
88	1999	Volvo AB	Sweden	Manufacturing - Transportation Equipment		17.700	13.400	15.100	28.630	53.600
90	1999	Atlantic Richfield LLC	United States	Manufacturing & Mining - Petroleum and Coal Products		26.300	2.000	12.500		16.600
97	1999	Toshiba Corp.	Japan	Manufacturing - Computer and Electronic Product	7.100	53.800	17.500	54.200	46.500	190.870
99	1999	Bridgestone Corp.	Japan	Manufacturing - Other	7.000	15.700	11.600	18.300	70.000	101.489
2	2000	General Electric Company	United States	Manufacturing - Machinery, Electrical Equipment, Appliance, and Component	159.188	437.006	49.528	129.853	145.000	313.000
3	2000	Exxon Mobil Corp.	United States	Manufacturing & Mining - Petroleum and Coal Products	101.728	149.000	143.044	206.083	64.000	97.900
4	2000	Vivendi Universal S.A.	France	Publishing & Broadcasting	93.260	141.935	19.420	39.357	210.084	327.380
5	2000	General Motors Corp.	United States	Manufacturing - Transportation Equipment	75.150	303.100	48.233	184.632	165.300	386.000
6	2000	Royal Dutch/Shell Plc.	Netherlands/United Kingdom	Manufacturing & Mining - Petroleum and Coal Products	74.807	122.498	81.086	149.146	54.337	95.365
7	2000	British Petroleum Plc.	United Kingdom	Manufacturing & Mining - Petroleum and Coal Products	57.451	75.173	105.626	148.062	88.300	107.200
8	2000	Toyota Motor Corp.	Japan	Manufacturing - Transportation Equipment	55.974	154.091	62.245	125.575		210.709
10	2000	Fiat S.P.A.	Italy	Manufacturing - Transportation Equipment	52.803	95.755	35.854	53.554	112.224	223.953
11	2000	IBM corp.	United States	Manufacturing - Computer and Electronic Product	43.139	88.349	51.180	88.396	170.000	316.303
12	2000	Volkswagen Group	Germany	Manufacturing - Transportation Equipment	42.725	75.922	57.787	79.609	160.274	324.402
13	2000	Chevron Corp.	United States	Manufacturing & Mining - Petroleum and Coal Products	42.576	77.621	65.016	117.095	21.693	69.265
15	2000	Suez S.A.	France	Utilities	38.521	43.460	24.145	32.211	117.280	173.200
16	2000	DaimlerChrysler AG	Germany	Manufacturing - Transportation Equipment	150.438	187.087	127.963	152.446	219.640	416.501
17	2000	News Corporation Ltd.	Australia	Publishing & Broadcasting	36.108	39.279	12.777	14.151	24.500	33.800
18	2000	Nestlé S.A.	Switzerland	Manufacturing - Food, Beverage & Tobacco Product	35.289	39.954	48.928	49.648	218.112	224.541
19	2000	Total S.A.	France	Manufacturing & Mining - Petroleum and Coal Products	33.119	81.700	82.534	105.828	30.020	123.303
21	2000	BMW AG	Germany	Manufacturing - Transportation Equipment	31.184	45.910	26.147	34.639	23.759	93.624
22	2000	Sony Corp.	Japan	Manufacturing - Computer and Electronic Product	30.214	68.129	42.768	63.664	109.080	181.800
23	2000	E.ON AG	Germany	Utilities	29.100	114.951	41.843	86.882	83.338	186.788
24	2000	ABB Ltd.	Switzerland	Manufacturing - Machinery, Electrical Equipment, Appliance, and Component		30.962	22.528	22.967	151.340	160.818
25	2000	Philips Electronics N.V.	Netherlands	Manufacturing - Machinery, Electrical Equipment, Appliance, and Component	27.885	35.885	33.308	34.870	184.200	219.429

Rang	Jahr	Unternehmen	Land	Branche	Vermögen (Mio. US-$)		Umsatz (Mio. US-$)		Mitarbeiter	
					Ausland	Total	Ausland	Total	Ausland	Total
27	2000	Diageo Plc.	United Kingdom	Manufacturing - Food, Beverage & Tobacco Product	25.980	37.550	15.880	18.470	59.587	72.474
29	2000	Honda Motor Company Ltd.	Japan	Manufacturing - Transportation Equipment	25.576	46.146	41.909	57.454	56.200	112.400
30	2000	Alcatel	France	Telecommunication	24.461	39.524	25.269	29.487		131.598
31	2000	B.A.T. Industries Plc.	United Kingdom	Manufacturing - Food, Beverage & Tobacco Product	23.860	25.076	16.374	17.603	82.583	86.805
32	2000	Nissan Motor Company Ltd.	Japan	Manufacturing - Transportation Equipment	23.347	51.610	28.680	48.717	39.698	133.833
33	2000	BASF AG	Germany	Manufacturing - Chemical	23.208	36.197	26.332	33.746	48.917	103.273
34	2000	Roche Holding AG	Switzerland	Manufacturing - Chemical	22.960	42.469	17.232	17.537	56.099	64.758
35	2000	Bayer AG	Germany	Manufacturing - Chemical	21.288	33.917	24.875	28.818	65.900	122.100
36	2000	ENI Group S.P.A.	Italy	Manufacturing & Mining - Petroleum and Coal Products	20.788	45.688	19.311	44.606	21.279	69.969
37	2000	Unilever	Netherlands/United Kingdom	Manufacturing - Food, Beverage & Tobacco Product	20.382	52.587	26.067	44.254	215.000	295.000
38	2000	Ford Motor Company	United States	Manufacturing - Transportation Equipment	19.874	283.390	51.691	170.058	185.264	350.117
39	2000	Rio Tinto Plc.	United Kingdom/Australia	Manufacturing & Mining - Petroleum and Coal Products	19.405	19.443	9.735	9.972	33.415	34.399
40	2000	Aventis S.A.	France	Manufacturing - Chemical	19.264	38.142	14.088	20.940	44.477	102.489
42	2000	Mitsui & Company Ltd.	Japan	Wholesale trade	19.118	64.071	45.901	128.162	5.659	39.344
44	2000	Hewlett-Packard Company	United States	Manufacturing - Computer and Electronic Product		34.009	27.505	48.871		87.944
45	2000	Carrefour S.A.	France	Retail Trade	17.137	24.065	28.664	60.298	209.542	330.247
46	2000	Procter & Gamble Company	United States	Manufacturing - Chemical	16.967	34.194	19.913	39.951		
47	2000	Coca-Cola Company	United States	Manufacturing - Food, Beverage & Tobacco Product	16.560	20.830	12.740	20.460	28.200	37.000
49	2000	Thomson Corp.	Canada	Publishing & Broadcasting	15.522	15.699	6.094	6.514	33.600	36.000
50	2000	Dow Chemical Company	United States	Manufacturing - Chemical	15.500	35.991	16.747	29.534	24.000	53.289
51	2000	Siemens AG	Germany	Manufacturing - Machinery, Electrical Equipment, Appliance, and Component		75.229	31.301	71.388		448.000
53	2000	Royal Ahold N.V.	Netherlands	Retail Trade	14.827	23.990	33.653	48.000		248.053
54	2000	Stora Enso OYJ	Finland	Manufacturing - Other	14.727	19.841	11.348	12.112	26.697	41.785
55	2000	Motorola Inc.	United States	Manufacturing - Computer and Electronic Product	14.713	42.343	21.796	37.580	58.000	147.000
56	2000	Hitachi Ltd.	Japan	Manufacturing - Machinery, Electrical Equipment, Appliance, and Component	14.650	92.804	22.110	75.483	67.819	337.911
57	2000	Saint-Gobain S.A.	France	Manufacturing - Other	14.487	29.222	19.829	26.798	125.130	171.125
58	2000	Verizon Communications Inc.	United States	Telecommunication	14.466	164.735	1.976	63.423		263.552
59	2000	Johnson & Johnson	United States	Manufacturing - Chemical	14.436	34.245	12.139	29.846	49.338	101.901
62	2000	Matsushita Electric Industrial Company Ltd.	Japan	Manufacturing - Machinery, Electrical Equipment, Appliance, and Component	13.745	72.518	33.974	68.862	143.773	290.448
65	2000	Michelin	France	Manufacturing - Other	12.900	15.950	12.557	14.326	96.504	128.122
67	2000	McDonald's Corp.	United States	Manufacturing - Food, Beverage & Tobacco Product	12.475	21.685	8.420	14.245	250.000	364.000
69	2000	Volvo AB	Sweden	Manufacturing - Transportation Equipment	12.133	21.053	16.237	17.489	47.565	72.031
70	2000	GlaxoSmithKline Plc.	United Kingdom	Manufacturing - Chemical	11.953	27.447	18.528	27.006	58.000	107.517
71	2000	Canon Electronics Inc.	Japan	Manufacturing - Machinery, Electrical Equipment, Appliance, and Component	11.737	24.627	4.997	24.185	47.177	86.673
74	2000	Robert Bosch GmbH	Germany	Manufacturing - Machinery, Electrical Equipment, Appliance, and Component	11.079	22.800	21.140	29.360	108.761	198.666
77	2000	Nissho Iwai Corporation	Japan	Wholesale trade	10.672	29.145	19.496	52.213	1.951	4.313
78	2000	Cable & Wireless Plc.	United Kingdom	Telecommunication	10.622	34.321	10.253	14.678	48.833	54.919
80	2000	Itochu Corp.	Japan	Wholesale trade	9.894	41.626	18.736	97.944		38.867
81	2000	Bridgestone Corp.	Japan	Manufacturing - Other	9.756	18.884	10.894	18.591	89.754	102.615
88	2000	Alcan Inc.	Canada	Manufacturing - Other	9.030	18.407	8.523	9.244	26.000	37.000
89	2000	Marubeni Corp.	Japan	Wholesale trade	9.000	52.682	40.000	96.438		31.342
91	2000	Electrolux AB	Sweden	Manufacturing - Machinery, Electrical Equipment, Appliance, and Component	8.810	9.519	13.089	13.576	78.969	87.128
98	2000	Renault S.A.	France	Manufacturing - Transportation Equipment	7.936	19.653	24.121	37.383	98.000	166.114

Rang	Jahr	Unternehmen	Land	Branche	Vermögen (Mio. US-$)		Umsatz (Mio. US-$)		Mitarbeiter	
					Ausland	Total	Ausland	Total	Ausland	Total
100	2000	Altria Group Inc.	United States	Manufacturing - Food, Beverage & Tobacco Product	7.425	79.067	32.051	63.276		178.000
2	2001	General Electric Company	United States	Manufacturing - Machinery, Electrical Equipment, Appliance, and Component	180.031	495.210	39.914	125.913	152.000	310.000
3	2001	British Petroleum Plc.	United Kingdom	Manufacturing & Mining - Petroleum and Coal Products	111.207	141.158	141.225	175.389	90.500	110.150
4	2001	Vivendi Universal S.A.	France	Publishing & Broadcasting	91.120	123.156	29.652	51.423	256.725	381.504
6	2001	Exxon Mobil Corp.	United States	Manufacturing & Mining - Petroleum and Coal Products	89.426	143.174	145.814	209.417	61.148	97.900
7	2001	Ford Motor Company	United States	Manufacturing - Transportation Equipment	81.169	276.543	52.983	162.412	188.919	354.431
8	2001	General Motors Corp.	United States	Manufacturing - Transportation Equipment	75.379	323.969	45.256	177.260	148.000	365.000
9	2001	Royal Dutch/Shell Plc.	Netherlands/United Kingdom	Manufacturing & Mining - Petroleum and Coal Products	73.492	111.543	72.952	135.211	52.109	89.939
10	2001	Total S.A.	France	Manufacturing & Mining - Petroleum and Coal Products	70.030	78.500	74.647	94.418	69.037	122.025
11	2001	Suez S.A.	France	Utilities	69.345	79.280	29.919	37.975	128.750	188.050
12	2001	Toyota Motor Corp.	Japan	Manufacturing - Transportation Equipment	68.400	144.793	59.880	108.808	186.911	246.702
13	2001	Fiat S.P.A.	Italy	Manufacturing - Transportation Equipment	48.749	89.264	24.860	52.002	103.565	198.764
15	2001	Volkswagen Group	Germany	Manufacturing - Transportation Equipment	47.480	92.520	57.426	79.376	157.579	324.413
16	2001	Chevron Corp.	United States	Manufacturing & Mining - Petroleum and Coal Products	44.943	77.572	57.673	104.409	35.569	67.569
18	2001	News Corporation Ltd.	Australia	Publishing & Broadcasting	35.650	40.007	13.880	15.087	24.700	33.800
19	2001	Honda Motor Company Ltd.	Japan	Manufacturing - Transportation Equipment	35.257	52.056	40.088	55.955	59.000	120.600
20	2001	E.ON AG	Germany	Utilities	33.990	87.755	22.744	71.419	64.285	151.953
21	2001	Nestlé S.A.	Switzerland	Manufacturing - Food, Beverage & Tobacco Product	33.065	55.821	34.704	50.717	223.324	229.765
23	2001	IBM corp.	United States	Manufacturing - Computer and Electronic Product	32.800	88.313	50.651	85.866	173.969	319.876
24	2001	ABB Ltd.	Switzerland	Manufacturing - Machinery, Electrical Equipment, Appliance, and Component	30.586	32.305	18.876	19.382	148.486	156.865
25	2001	Unilever	Netherlands/United Kingdom	Manufacturing - Food, Beverage & Tobacco Product	30.529	46.922	28.675	46.803	204.000	279.000
26	2001	ENI Group S.P.A.	Italy	Manufacturing & Mining - Petroleum and Coal Products	29.935	55.584	19.437	43.861	26.570	80.178
27	2001	BMW AG	Germany	Manufacturing - Transportation Equipment	29.901	45.415	25.304	34.482	23.338	97.275
28	2001	Philips Electronics N.V.	Netherlands	Manufacturing - Machinery, Electrical Equipment, Appliance, and Component	29.416	34.070	27.598	28.992	157.661	188.643
29	2001	Carrefour S.A.	France	Retail Trade	29.342	41.172	31.513	62.294	235.894	358.501
32	2001	Sony Corp.	Japan	Manufacturing - Computer and Electronic Product	26.930	61.393	38.605	57.595	99.300	168.000
33	2001	Aventis S.A.	France	Manufacturing - Chemical	26.368	34.761	13.377	20.567	47.968	91.729
35	2001	DaimlerChrysler AG	Germany	Manufacturing - Transportation Equipment	142.829	183.765	115.805	137.051	181.312	372.470
36	2001	B.A.T. Industries Plc.	United Kingdom	Manufacturing - Food, Beverage & Tobacco Product	24.966	24.966	37.231	37.231	81.425	81.425
38	2001	Nissan Motor Company Ltd.	Japan	Manufacturing - Transportation Equipment	24.382	54.113	29.078	47.091	37.417	125.099
40	2001	Roche Holding AG	Switzerland	Manufacturing - Chemical	22.794	25.289	17.156	17.463	55.451	63.717
41	2001	BASF AG	Germany	Manufacturing - Chemical	20.872	32.671	17.108	29.136	41.606	92.545
43	2001	Bayer AG	Germany	Manufacturing - Chemical	20.297	32.817	15.778	27.142	52.300	116.900
44	2001	GlaxoSmithKline Plc.	United Kingdom	Manufacturing - Chemical	20.295	31.758	27.319	29.689	60.962	107.470
45	2001	Royal Ahold N.V.	Netherlands	Retail Trade	19.967	28.562	40.150	59.701	183.851	270.739
46	2001	Saint-Gobain S.A.	France	Manufacturing - Other	19.961	28.478	19.091	27.245	130.000	173.329
47	2001	BHP Billiton Group Ltd.	Australia	Manufacturing & Mining - Petroleum and Coal Products	19.898	29.552	14.821	17.778	33.070	51.037
48	2001	Diageo Plc.	United Kingdom	Manufacturing - Food, Beverage & Tobacco Product	19.731	26.260	13.747	16.020	59.868	62.124
50	2001	Altria Group Inc.	United States	Manufacturing - Food, Beverage & Tobacco Product	19.339	84.968	33.944	89.924	39.831	175.000
54	2001	Motorola Inc.	United States	Manufacturing - Computer and Electronic Product	18.116	33.398	16.051	30.004	57.720	111.000
56	2001	Thomson Corp.	Canada	Publishing & Broadcasting	17.815	18.402	7.086	7.237	43.338	44.000
58	2001	Alcatel	France	Telecommunication	17.356	32.382	15.786	22.729	68.191	99.314
59	2001	Procter & Gamble Company	United States	Manufacturing - Chemical	17.342	40.776	19.040	40.238	43.381	102.000

Rang	Jahr	Unternehmen	Land	Branche	Vermögen (Mio. US-$)		Umsatz (Mio. US-$)		Mitarbeiter	
					Ausland	Total	Ausland	Total	Ausland	Total
60	2001	Coca-Cola Company	United States	Manufacturing - Food, Beverage & Tobacco Product	17.058	22.417	12.566	20.092	26.147	38.341
61	2001	Hewlett-Packard Company	United States	Manufacturing - Computer and Electronic Product	17.007	32.584	26.393	45.226	44.992	86.200
64	2001	Cable & Wireless Plc.	United Kingdom	Telecommunication	16.659	23.258	4.955	8.472	27.750	35.561
65	2001	Mitsubishi Corp.	Japan	Wholesale trade	16.556	61.087	15.821	100.553	18.779	44.034
66	2001	Volvo AB	Sweden	Manufacturing - Transportation Equipment	15.928	24.449	17.011	18.322	47.463	72.031
68	2001	Matsushita Electric Industrial Company Ltd.	Japan	Manufacturing - Machinery, Electrical Equipment, Appliance, and Component	15.712	57.204	26.815	52.263	142.984	267.196
70	2001	Du Pont Nemours & Company	United States	Manufacturing - Chemical	15.536	40.319	12.672	24.726	30.441	79.000
71	2001	Renault S.A.	France	Manufacturing - Transportation Equipment	15.444	44.414	19.825	32.589	48.826	140.417
72	2001	Holcim AG	Switzerland	Manufacturing - Other	15.016	16.097	7.454	8.170	44.613	47.362
73	2001	Mitsui & Company Ltd.	Japan	Wholesale trade	14.733	50.013	25.553	96.174	6.308	36.116
74	2001	Dow Chemical Company	United States	Manufacturing - Chemical	14.508	35.515	16.080	27.805	26.161	52.689
76	2001	Stora Enso OYJ	Finland	Manufacturing - Other	13.471	18.214	11.415	12.111	29.221	44.275
78	2001	Hitachi Ltd.	Japan	Manufacturing - Machinery, Electrical Equipment, Appliance, and Component	12.769	70.412	14.130	60.753	72.849	321.517
80	2001	McDonald's Corp.	United States	Manufacturing - Food, Beverage & Tobacco Product	12.755	22.535	8.535	14.870	251.023	395.000
89	2001	Johnson & Johnson	United States	Manufacturing - Chemical	10.891	38.488	12.800	33.004	50.645	101.800
90	2001	Rio Tinto Plc.	United Kingdom/Australia	Manufacturing & Mining - Petroleum and Coal Products	10.852	19.616	6.052	10.438	26.384	36.141
95	2001	Verizon Communications Inc.	United States	Telecommunication	10.159	170.795	2.541	67.190	10.012	250.309
96	2001	Alcoa Inc.	United States	Manufacturing - Other	9.966	28.355	7.859	22.859	72.500	129.000
1	2002	General Electric Company	United States	Manufacturing - Machinery, Electrical Equipment, Appliance, and Component	229.001	575.244	45.403	131.698	150.000	315.000
3	2002	Ford Motor Company	United States	Manufacturing - Transportation Equipment	165.024	295.222	54.472	163.420	188.453	350.321
4	2002	British Petroleum Plc.	United Kingdom	Manufacturing & Mining - Petroleum and Coal Products	126.109	159.125	145.982	180.186	97.400	116.300
5	2002	General Motors Corp.	United States	Manufacturing - Transportation Equipment	107.926	370.782	48.071	186.763	101.000	350.000
6	2002	Royal Dutch/Shell Plc.	Netherlands/United Kingdom	Manufacturing & Mining - Petroleum and Coal Products	94.402	145.392	114.294	179.431	65.000	111.000
7	2002	Toyota Motor Corp.	Japan	Manufacturing - Transportation Equipment	79.433	167.270	72.820	127.113	85.057	264.096
8	2002	Total S.A.	France	Manufacturing & Mining - Petroleum and Coal Products	79.032	89.450	77.461	96.993	68.554	121.469
10	2002	Exxon Mobil Corp.	United States	Manufacturing & Mining - Petroleum and Coal Products	60.802	94.940	141.274	200.949	56.000	92.000
11	2002	Volkswagen Group	Germany	Manufacturing - Transportation Equipment	57.133	114.156	59.662	82.244	157.887	324.892
12	2002	E.ON AG	Germany	Utilities	52.294	118.526	13.104	35.054	42.063	107.856
14	2002	Vivendi Universal S.A.	France	Publishing & Broadcasting	49.667	72.682	30.041	55.004	45.772	61.815
15	2002	Chevron Corp.	United States	Manufacturing & Mining - Petroleum and Coal Products	48.489	77.359	55.087	98.691	37.038	66.038
17	2002	Siemens AG	Germany	Manufacturing - Machinery, Electrical Equipment, Appliance, and Component	47.511	76.474	50.724	77.244	251.340	426.000
19	2002	Fiat S.P.A.	Italy	Manufacturing - Transportation Equipment	46.150	96.990	24.560	52.638	98.703	186.492
20	2002	Honda Motor Company Ltd.	Japan	Manufacturing - Transportation Equipment	43.641	63.755	49.167	65.366	42.885	63.310
21	2002	News Corporation Ltd.	Australia	Publishing & Broadcasting	40.331	45.214	16.028	17.421	31.220	35.000
22	2002	Roche Holding AG	Switzerland	Manufacturing - Chemical	40.152	46.160	18.829	19.173	61.090	69.659
23	2002	Suez S.A.	France	Utilities	38.739	44.805	34.165	43.596	138.200	198.750
24	2002	BMW AG	Germany	Manufacturing - Transportation Equipment	37.604	58.192	30.211	39.995	20.120	96.263
25	2002	ENI Group S.P.A.	Italy	Manufacturing & Mining - Petroleum and Coal Products	36.991	68.987	22.820	45.329	36.973	80.655
26	2002	Nestlé S.A.	Switzerland	Manufacturing - Food, Beverage & Tobacco Product	36.145	63.007	34.870	57.508	150.232	254.199
27	2002	DaimlerChrysler AG	Germany	Manufacturing - Transportation Equipment	147.419	196.375	117.700	141.491	173.997	365.571
29	2002	IBM corp.	United States	Manufacturing - Computer and Electronic Product	34.951	96.484	48.427	81.186	178.602	315.889
32	2002	Sony Corp.	Japan	Manufacturing - Computer and Electronic Product	29.821	69.476	42.858	61.284	94.000	161.100
33	2002	Carrefour S.A.	France	Retail Trade	28.594	40.804	31.809	65.011	271.031	386.762

Rang	Jahr	Unternehmen	Land	Branche	Vermögen (Mio. US-$) Ausland	Vermögen (Mio. US-$) Total	Umsatz (Mio. US-$) Ausland	Umsatz (Mio. US-$) Total	Mitarbeiter Ausland	Mitarbeiter Total
34	2002	Hewlett-Packard Company	United States	Manufacturing - Computer and Electronic Product	28.247	70.710	33.286	56.588	56.326	141.000
35	2002	ABB Ltd.	Switzerland	Manufacturing - Machinery, Electrical Equipment, Appliance, and Component	28.155	29.533	17.144	18.295	131.321	139.051
36	2002	Unilever	Netherlands/United Kingdom	Manufacturing - Food, Beverage & Tobacco Product	27.937	46.752	27.614	46.122	193.000	258.000
37	2002	Philips Electronics N.V.	Netherlands	Manufacturing - Machinery, Electrical Equipment, Appliance, and Component	27.880	33.849	28.673	30.099	140.827	170.087
38	2002	Novartis AG	Switzerland	Manufacturing - Chemical	25.874	45.588	20.588	20.906	40.282	72.877
39	2002	Aventis S.A.	France	Manufacturing - Chemical	23.753	32.574	14.767	19.506	37.802	78.099
44	2002	BASF AG	Germany	Manufacturing - Chemical	22.694	36.781	17.878	30.473	39.078	89.398
47	2002	Saint-Gobain S.A.	France	Manufacturing - Other	22.361	31.604	19.708	28.636	122.373	172.357
48	2002	Altria Group Inc.	United States	Manufacturing - Food, Beverage & Tobacco Product	21.513	87.540	35.683	80.408	40.795	166.000
50	2002	Mitsui & Company Ltd.	Japan	Wholesale trade	21.020	54.286	46.979	108.541	14.611	37.734
51	2002	Royal Ahold N.V.	Netherlands	Retail Trade	20.598	25.933	46.343	59.293	236.698	341.909
52	2002	Procter & Gamble Company	United States	Manufacturing - Chemical	20.282	43.706	21.524	43.377	61.200	98.000
53	2002	Hitachi Ltd.	Japan	Manufacturing - Machinery, Electrical Equipment, Appliance, and Component	20.189	84.489	15.589	67.172	83.478	339.572
54	2002	GlaxoSmithKline Plc.	United Kingdom	Manufacturing - Chemical	19.992	35.821	29.320	31.899	58.471	104.499
57	2002	Diageo Plc.	United Kingdom	Manufacturing - Food, Beverage & Tobacco Product	18.526	26.729	12.637	14.971	26.999	38.955
58	2002	Thomson Corp.	Canada	Publishing & Broadcasting	18.125	18.542	7.735	7.915	41.300	42.000
59	2002	Bayer AG	Germany	Manufacturing - Chemical	17.957	43.706	14.923	28.021	52.000	122.600
60	2002	Matsushita Electric Industrial Company Ltd.	Japan	Manufacturing - Machinery, Electrical Equipment, Appliance, and Component	17.941	65.028	32.373	60.694	166.873	288.324
61	2002	Holcim AG	Switzerland	Manufacturing - Other	17.499	18.364	7.875	8.391	49.765	51.115
62	2002	Volvo AB	Sweden	Manufacturing - Transportation Equipment	17.441	27.367	17.982	19.234	45.740	71.160
63	2002	Renault S.A.	France	Manufacturing - Transportation Equipment	17.441	55.799	21.206	34.370	35.351	132.351
64	2002	Dow Chemical Company	United States	Manufacturing - Chemical	17.386	39.562	16.350	27.609	24.725	49.959
65	2002	Coca-Cola Company	United States	Manufacturing - Food, Beverage & Tobacco Product	17.379	24.501	13.089	19.353	45.100	56.000
66	2002	Mitsubishi Corp.	Japan	Wholesale trade	17.285	67.213	15.613	109.296	12.182	47.370
71	2002	B.A.T. Industries Plc.	United Kingdom	Manufacturing - Food, Beverage & Tobacco Product	15.592	26.129	25.041	37.117	60.107	85.819
74	2002	Verizon Communications Inc.	United States	Telecommunication	14.239	167.468	3.269	67.625	19.513	229.497
76	2002	McDonald's Corp.	United States	Manufacturing - Food, Beverage & Tobacco Product	13.771	23.971	8.951	15.406	237.269	413.000
77	2002	BHP Billiton Group Ltd.	Australia	Manufacturing & Mining - Petroleum and Coal Products	13.753	20.578	15.731	17.506	23.259	34.801
79	2002	Stora Enso OYJ	Finland	Manufacturing - Other	13.127	19.094	8.165	12.091	29.177	43.853
80	2002	Du Pont Nemours & Company	United States	Manufacturing - Chemical	13.040	34.621	12.584	24.006	29.755	79.000
83	2002	Johnson & Johnson	United States	Manufacturing - Chemical	12.814	40.556	13.843	36.298	34.218	108.300
85	2002	Alcatel	France	Telecommunication	12.688	27.130	9.963	15.652	50.559	75.940
91	2002	Alcan Inc.	Canada	Manufacturing - Other	11.678	17.538	11.541	12.540	38.000	50.000
95	2002	Alcoa Inc.	United States	Manufacturing - Other	11.109	29.810	7.379	20.263	73.500	127.000
100	2002	Motorola Inc.	United States	Manufacturing - Computer and Electronic Product	10.433	31.152	18.169	37.621	53.350	97.000
1	2003	General Electric Company	United States	Manufacturing - Machinery, Electrical Equipment, Appliance, and Component	258.900	647.483	54.086	134.187	150.000	305.000
3	2003	Ford Motor Company	United States	Manufacturing - Transportation Equipment	173.882	304.594	60.761	164.196	138.663	327.531
4	2003	General Motors Corp.	United States	Manufacturing - Transportation Equipment	154.466	448.507	51.627	185.524	104.000	294.000
5	2003	British Petroleum Plc.	United Kingdom	Manufacturing & Mining - Petroleum and Coal Products	141.551	177.572	192.875	232.571	86.650	103.700
6	2003	Exxon Mobil Corp.	United States	Manufacturing & Mining - Petroleum and Coal Products	116.853	174.278	166.926	237.054	53.748	88.300
7	2003	Royal Dutch/Shell Plc.	Netherlands/United Kingdom	Manufacturing & Mining - Petroleum and Coal Products	112.587	168.091	129.864	201.728	100.000	119.000
8	2003	Toyota Motor Corp.	Japan	Manufacturing - Transportation Equipment	94.164	189.503	87.353	149.179	89.314	264.410
9	2003	Total S.A.	France	Manufacturing & Mining - Petroleum and Coal Products	87.840	100.989	94.710	118.117	60.931	110.783

303

Rang	Jahr	Unternehmen	Land	Branche	Vermögen (Mio. US-$)		Umsatz (Mio. US-$)		Mitarbeiter	
					Ausland	Total	Ausland	Total	Ausland	Total
11	2003	Suez S.A.	France	Utilities	74.147	88.343	33.715	44.720	111.445	172.291
13	2003	E.ON AG	Germany	Utilities	64.033	141.260	18.659	52.330	29.651	69.383
17	2003	Siemens AG	Germany	Manufacturing - Machinery, Electrical Equipment, Appliance, and Component	58.463	98.011	64.484	83.784	247.000	417.000
18	2003	Volkswagen Group	Germany	Manufacturing - Transportation Equipment	57.853	150.462	71.190	98.367	160.299	334.873
19	2003	Honda Motor Company Ltd.	Japan	Manufacturing - Transportation Equipment	53.113	77.766	54.199	70.408	93.006	131.600
20	2003	Vivendi Universal S.A.	France	Publishing & Broadcasting	52.421	69.360	15.764	28.761	32.348	49.617
21	2003	Chevron Corp.	United States	Manufacturing & Mining - Petroleum and Coal Products	50.806	81.470	72.227	120.032	33.843	61.533
22	2003	News Corporation Ltd.	Australia	Publishing & Broadcasting	50.803	55.317	17.772	19.086	35.604	38.500
25	2003	BMW AG	Germany	Manufacturing - Transportation Equipment	44.948	71.958	35.014	47.000	26.086	104.342
26	2003	ENI Group S.P.A.	Italy	Manufacturing & Mining - Petroleum and Coal Products	43.967	85.042	29.341	58.112	36.658	76.521
27	2003	Roche Holding AG	Switzerland	Manufacturing - Chemical	42.926	48.089	22.790	23.183	57.317	65.357
28	2003	DaimlerChrysler AG	Germany	Manufacturing - Transportation Equipment	157.732	225.143	124.187	153.992	179.324	362.063
29	2003	Fiat S.P.A.	Italy	Manufacturing - Transportation Equipment	41.552	79.160	36.078	53.353	88.684	162.237
30	2003	Nestlé S.A.	Switzerland	Manufacturing - Food, Beverage & Tobacco Product	41.078	72.402	44.308	65.329	247.506	253.000
31	2003	IBM corp.	United States	Manufacturing - Computer and Electronic Product	40.987	104.457	55.369	89.131	180.515	319.273
33	2003	Sony Corp.	Japan	Manufacturing - Computer and Electronic Product	35.257	84.880	44.366	64.661	96.400	162.000
34	2003	Carrefour S.A.	France	Retail Trade	34.323	49.335	39.368	79.780	138.283	419.040
38	2003	Procter & Gamble Company	United States	Manufacturing - Chemical	33.361	57.048	27.719	51.407	68.694	110.000
40	2003	Hewlett-Packard Company	United States	Manufacturing - Computer and Electronic Product	32.144	74.708	43.843	73.061	73.158	142.000
41	2003	Mitsubishi Corp.	Japan	Wholesale trade	31.258	78.342	20.054	130.912	14.765	49.219
43	2003	Unilever	Netherlands/United Kingdom	Manufacturing - Food, Beverage & Tobacco Product	28.654	47.952	27.635	48.186	179.000	234.000
44	2003	Philips Electronics N.V.	Netherlands	Manufacturing - Machinery, Electrical Equipment, Appliance, and Component	28.524	36.626	31.594	32.773	136.750	164.438
45	2003	Nissan Motor Company Ltd.	Japan	Manufacturing - Transportation Equipment	28.517	73.388	42.000	64.082	50.836	123.748
48	2003	BASF AG	Germany	Manufacturing - Chemical	27.099	42.437	21.999	37.653	37.054	87.159
49	2003	Saint-Gobain S.A.	France	Manufacturing - Other	27.056	38.008	23.834	33.967	122.696	172.811
50	2003	Novartis AG	Switzerland	Manufacturing - Chemical	26.748	49.317	16.076	24.864	41.031	78.541
51	2003	Mitsui & Company Ltd.	Japan	Wholesale trade	26.262	62.709	47.508	105.936	10.826	39.735
52	2003	Altria Group Inc.	United States	Manufacturing - Food, Beverage & Tobacco Product	25.711	96.175	34.371	60.704	40.557	165.000
54	2003	Alcan Inc.	Canada	Manufacturing - Other	25.275	31.957	13.172	13.640	38.000	49.000
55	2003	BHP Billiton Group Ltd.	Australia	Manufacturing & Mining - Petroleum and Coal Products	24.254	36.675	17.673	24.943	25.294	35.070
56	2003	GlaxoSmithKline Plc.	United Kingdom	Manufacturing - Chemical	23.893	42.813	32.296	35.006	56.360	100.919
57	2003	Renault S.A.	France	Manufacturing - Transportation Equipment	22.342	71.283	27.330	42.353	34.921	130.740
59	2003	Royal Ahold N.V.	Netherlands	Retail Trade	20.884	29.552	47.744	63.282	189.945	257.140
61	2003	Dow Chemical Company	United States	Manufacturing - Chemical	20.039	41.891	19.810	32.623	22.964	46.400
62	2003	Volvo AB	Sweden	Manufacturing - Transportation Equipment	19.451	31.787	23.160	24.023	47.603	75.740
64	2003	Bayer AG	Germany	Manufacturing - Chemical	18.892	47.020	17.033	32.334	48.700	115.400
65	2003	Thomson Corp.	Canada	Publishing & Broadcasting	18.418	18.732	7.943	8.159	38.350	39.000
67	2003	B.A.T. Industries Plc.	United Kingdom	Manufacturing - Food, Beverage & Tobacco Product	17.871	33.891	27.972	41.832	68.702	86.941
70	2003	Hitachi Ltd.	Japan	Manufacturing - Machinery, Electrical Equipment, Appliance, and Component	16.296	89.545	21.177	80.602	80.226	326.344
73	2003	McDonald's Corp.	United States	Manufacturing - Food, Beverage & Tobacco Product	15.913	25.525	11.101	17.140	240.142	418.000
74	2003	Stora Enso OYJ	Finland	Manufacturing - Other	15.910	22.646	10.382	15.373	29.156	42.814
75	2003	Du Pont Nemours & Company	United States	Manufacturing - Chemical	15.840	37.039	14.888	26.996	39.657	81.000
76	2003	Rio Tinto Plc.	United Kingdom/Australia	Manufacturing & Mining - Petroleum and Coal Products	15.419	24.015	9.773	10.009	26.000	36.016

Rang	Jahr	Unternehmen	Land	Branche	Vermögen (Mio. US-$) Ausland	Vermögen (Mio. US-$) Total	Umsatz (Mio. US-$) Ausland	Umsatz (Mio. US-$) Total	Mitarbeiter Ausland	Mitarbeiter Total
81	2003	Matsushita Electric Industrial Company Ltd.	Japan	Manufacturing - Machinery, Electrical Equipment, Appliance, and Component	14.739	69.449	42.025	69.839	170.965	290.493
82	2003	Verizon Communications Inc.	United States	Telecommunication	13.831	165.968	2.449	67.752	17.269	203.100
88	2003	Alcoa Inc.	United States	Manufacturing - Other	12.931	31.711	8.319	21.504	70.700	120.000
90	2003	Marubeni Corp.	Japan	Wholesale trade	12.814	39.722	25.175	73.815	1.723	24.417
91	2003	Holcim AG	Switzerland	Manufacturing - Other	12.808	20.091	6.596	10.187	46.946	48.200
96	2003	Robert Bosch GmbH	Germany	Manufacturing - Machinery, Electrical Equipment, Appliance, and Component	12.683	40.410	32.761	45.919	123.000	232.000
97	2003	Motorola Inc.	United States	Manufacturing - Computer and Electronic Product	12.618	32.098	17.983	27.058	48.400	88.000
1	2004	General Electric Company	United States	Manufacturing - Machinery, Electrical Equipment, Appliance, and Component	448.901	750.507	56.896	152.866	142.000	307.000
3	2004	Ford Motor Company	United States	Manufacturing - Transportation Equipment	179.856	305.341	71.444	171.652	102.749	225.626
4	2004	General Motors Corp.	United States	Manufacturing - Transportation Equipment	173.690	479.603	59.137	193.517	114.612	324.000
5	2004	British Petroleum Plc.	United Kingdom	Manufacturing & Mining - Petroleum and Coal Products	154.513	193.213	232.388	285.059	85.500	102.900
6	2004	Exxon Mobil Corp.	United States	Manufacturing & Mining - Petroleum and Coal Products	134.923	195.256	202.870	291.252	52.968	105.200
7	2004	Royal Dutch/Shell Plc.	Netherlands/United Kingdom	Manufacturing & Mining - Petroleum and Coal Products	129.939	192.811	170.286	265.190	96.000	114.000
8	2004	Toyota Motor Corp.	Japan	Manufacturing - Transportation Equipment	122.967	233.721	102.995	171.467	94.666	265.753
9	2004	Total S.A.	France	Manufacturing & Mining - Petroleum and Coal Products	98.719	114.636	123.265	152.353	62.227	111.401
11	2004	Volkswagen Group	Germany	Manufacturing - Transportation Equipment	84.042	172.949	80.037	110.463	165.152	342.502
15	2004	Suez S.A.	France	Utilities	74.051	85.788	38.838	50.585	100.485	160.712
16	2004	E.ON AG	Germany	Utilities	72.726	155.364	21.996	60.970	32.819	72.484
18	2004	Siemens AG	Germany	Manufacturing - Machinery, Electrical Equipment, Appliance, and Component	65.830	108.312	59.224	93.333	266.000	430.000
19	2004	Nestlé S.A.	Switzerland	Manufacturing - Food, Beverage & Tobacco Product	65.396	76.965	68.586	69.778	240.406	247.000
21	2004	Honda Motor Company Ltd.	Japan	Manufacturing - Transportation Equipment	65.036	89.483	61.621	79.951	76.763	137.827
22	2004	Vivendi Universal S.A.	France	Publishing & Broadcasting	57.589	94.439	11.613	26.607	23.377	37.906
23	2004	Chevron Corp.	United States	Manufacturing & Mining - Petroleum and Coal Products	57.186	93.208	80.034	150.865	31.000	56.000
24	2004	BMW AG	Germany	Manufacturing - Transportation Equipment	55.726	91.826	40.198	55.050	70.846	105.972
25	2004	DaimlerChrysler AG	Germany	Manufacturing - Transportation Equipment	175.981	248.850	145.944	176.391	199.569	384.723
27	2004	ENI Group S.P.A.	Italy	Manufacturing & Mining - Petroleum and Coal Products	50.212	98.553	47.749	89.840	30.186	71.497
28	2004	Nissan Motor Company Ltd.	Japan	Manufacturing - Transportation Equipment	49.553	94.588	55.638	79.268	112.530	183.607
29	2004	IBM corp.	United States	Manufacturing - Computer and Electronic Product	47.928	109.183	60.656	96.293	175.832	329.001
31	2004	Hewlett-Packard Company	United States	Manufacturing - Computer and Electronic Product	45.816	76.138	50.543	79.905	93.188	151.000
32	2004	Mitsubishi Corp.	Japan	Wholesale trade	43.867	87.879	5.476	38.319	22.485	51.381
34	2004	Roche Holding AG	Switzerland	Manufacturing - Chemical	42.884	51.322	24.794	25.149	35.587	64.703
37	2004	Fiat S.P.A.	Italy	Manufacturing - Transportation Equipment	39.658	77.971	31.281	57.990	87.761	160.549
38	2004	Unilever	Netherlands/United Kingdom	Manufacturing - Food, Beverage & Tobacco Product	38.415	46.144	44.361	50.121	171.000	223.000
39	2004	Carrefour S.A.	France	Retail Trade	36.756	53.090	45.874	90.230	142.129	430.695
40	2004	Procter & Gamble Company	United States	Manufacturing - Chemical	36.128	61.527	31.399	56.741	62.731	110.000
41	2004	Sony Corp.	Japan	Manufacturing - Computer and Electronic Product	35.959	87.309	48.285	69.077	90.092	151.400
42	2004	Mitsui & Company Ltd.	Japan	Wholesale trade	35.749	72.929	14.071	32.587	17.614	38.210
45	2004	Saint-Gobain S.A.	France	Manufacturing - Other	31.952	42.071	27.144	39.765	129.034	181.228
47	2004	Philips Electronics N.V.	Netherlands	Manufacturing - Machinery, Electrical Equipment, Appliance, and Component	30.330	41.848	36.155	37.646	134.814	161.586
50	2004	Novartis AG	Switzerland	Manufacturing - Chemical	29.081	54.469	27.917	28.247	43.163	81.392
51	2004	GlaxoSmithKline Plc.	United Kingdom	Manufacturing - Chemical	28.971	43.607	34.057	37.275	44.679	100.019
53	2004	Bayer AG	Germany	Manufacturing - Chemical	28.577	51.493	20.913	36.950	48.700	112.500
54	2004	Altria Group Inc.	United States	Manufacturing - Food, Beverage & Tobacco Product	28.545	101.648	48.388	89.610	64.023	156.000

Rang	Jahr	Unternehmen	Land	Branche	Vermögen (Mio. US-$) Ausland	Vermögen (Mio. US-$) Total	Umsatz (Mio. US-$) Ausland	Umsatz (Mio. US-$) Total	Mitarbeiter Ausland	Mitarbeiter Total
55	2004	BASF AG	Germany	Manufacturing - Chemical	27.771	46.197	27.715	46.609	35.289	81.955
56	2004	Alcan Inc.	Canada	Manufacturing - Other	25.455	33.341	23.381	24.885	71.000	82.000
57	2004	Royal Ahold N.V.	Netherlands	Retail Trade	24.659	28.202	51.668	64.567	206.057	231.003
58	2004	Renault S.A.	France	Manufacturing - Transportation Equipment	24.406	83.009	33.004	50.555	54.390	130.573
60	2004	Dow Chemical Company	United States	Manufacturing - Chemical	22.196	45.885	25.107	40.161	23.841	43.000
61	2004	Volvo AB	Sweden	Manufacturing - Transportation Equipment	21.730	33.698	26.643	28.630	52.550	81.080
63	2004	B.A.T. Industries Plc.	United Kingdom	Manufacturing - Food, Beverage & Tobacco Product	20.664	34.139	12.496	22.721	40.275	60.953
64	2004	McDonald's Corp.	United States	Manufacturing - Food, Beverage & Tobacco Product	20.565	27.838	12.539	19.065	240.142	418.000
67	2004	Matsushita Electric Industrial Company Ltd.	Japan	Manufacturing - Machinery, Electrical Equipment, Appliance, and Component	20.129	77.381	34.013	80.538	184.110	334.752
70	2004	Thomson Corp.	Canada	Publishing & Broadcasting	19.221	19.643	7.837	8.098	38.920	40.000
71	2004	Coca-Cola Company	United States	Manufacturing - Food, Beverage & Tobacco Product	19.204	31.327	15.245	21.962	40.400	50.000
74	2004	Johnson & Johnson	United States	Manufacturing - Chemical	18.339	53.317	19.578	47.348	41.622	109.900
75	2004	Diageo Plc.	United Kingdom	Manufacturing - Food, Beverage & Tobacco Product	18.147	25.661	13.715	16.544	29.922	38.955
81	2004	Hitachi Ltd.	Japan	Manufacturing - Machinery, Electrical Equipment, Appliance, and Component	16.832	93.510	22.451	83.435	104.533	347.424
83	2004	Marubeni Corp.	Japan	Wholesale trade	16.581	40.415	7.424	28.085	7.597	24.106
85	2004	Stora Enso OYJ	Finland	Manufacturing - Other	15.467	22.355	10.319	15.392	29.959	43.779
89	2004	Verizon Communications Inc.	United States	Telecommunication	15.170	165.958	2.127	71.300	12.731	210.000
95	2004	BHP Billiton Group Ltd.	Australia	Manufacturing & Mining - Petroleum and Coal Products	14.225	21.510	17.673	24.943	25.980	35.070
97	2004	Alcoa Inc.	United States	Manufacturing - Other	14.084	32.609	8.994	23.478	71.200	119.000
98	2004	Motorola Inc.	United States	Manufacturing - Computer and Electronic Product	13.900	30.889	17.729	31.323	34.544	68.000
1	2005	General Electric Company	United States	Manufacturing - Machinery, Electrical Equipment, Appliance, and Component	412.692	673.342	59.815	149.702	155.000	316.000
3	2005	General Motors Corp.	United States	Manufacturing - Transportation Equipment	175.254	476.078	65.288	192.604	194.000	335.000
4	2005	British Petroleum Plc.	United Kingdom	Manufacturing & Mining - Petroleum and Coal Products	161.174	206.914	200.293	253.621	78.100	96.200
5	2005	Royal Dutch/Shell Plc.	Netherlands/United Kingdom	Manufacturing & Mining - Petroleum and Coal Products	151.324	219.516	184.047	306.731	92.000	109.000
6	2005	Exxon Mobil Corp.	United States	Manufacturing & Mining - Petroleum and Coal Products	143.860	208.335	248.402	358.955	52.920	84.000
7	2005	Toyota Motor Corp.	Japan	Manufacturing - Transportation Equipment	131.676	244.391	117.721	186.179	107.763	285.977
8	2005	Ford Motor Company	United States	Manufacturing - Transportation Equipment	119.131	269.476	80.325	177.089	160.000	300.000
9	2005	Total S.A.	France	Manufacturing & Mining - Petroleum and Coal Products	108.098	125.717	132.960	178.300	64.126	112.877
12	2005	Volkswagen Group	Germany	Manufacturing - Transportation Equipment	82.579	157.621	85.896	118.646	165.849	345.214
14	2005	Chevron Corp.	United States	Manufacturing & Mining - Petroleum and Coal Products	81.225	125.833	99.970	193.641	32.000	59.000
15	2005	E.ON AG	Germany	Utilities	80.941	149.900	29.148	83.177	45.820	79.947
16	2005	Suez S.A.	France	Utilities	78.400	95.085	39.565	51.670	96.741	157.639
18	2005	Siemens AG	Germany	Manufacturing - Machinery, Electrical Equipment, Appliance, and Component	66.854	103.754	64.447	96.002	296.000	461.000
19	2005	Honda Motor Company Ltd.	Japan	Manufacturing - Transportation Equipment	66.682	89.923	69.791	87.686	126.122	144.785
21	2005	Procter & Gamble Company	United States	Manufacturing - Chemical	60.251	135.695	38.760	68.222	69.835	138.000
24	2005	BMW AG	Germany	Manufacturing - Transportation Equipment	55.308	88.316	44.404	58.105	25.924	105.798
25	2005	Nissan Motor Company Ltd.	Japan	Manufacturing - Transportation Equipment	53.747	97.661	59.771	83.440	89.336	183.356
26	2005	DaimlerChrysler AG	Germany	Manufacturing - Transportation Equipment	51.342	238.813	76.981	186.530	103.184	382.724
27	2005	Nestlé S.A.	Switzerland	Manufacturing - Food, Beverage & Tobacco Product	51.112	78.602	72.071	73.258	245.777	253.000
29	2005	ENI Group S.P.A.	Italy	Manufacturing & Mining - Petroleum and Coal Products	46.804	99.312	50.914	91.820	32.073	72.258
30	2005	IBM corp.	United States	Manufacturing - Computer and Electronic Product	45.662	105.748	56.183	91.134	195.406	329.373
32	2005	Mitsubishi Corp.	Japan	Wholesale trade	44.827	88.558	29.648	168.744	18.322	53.738
33	2005	Fiat S.P.A.	Italy	Manufacturing - Transportation Equipment	44.672	73.971	41.678	57.965	96.595	173.695

Rang	Jahr	Unternehmen	Land	Branche	Vermögen (Mio. US-$)		Umsatz (Mio. US-$)		Mitarbeiter	
					Ausland	Total	Ausland	Total	Ausland	Total
34	2005	Roche Holding AG	Switzerland	Manufacturing - Chemical	44.564	52.731	28.161	28.564	60.358	68.218
37	2005	Mitsui & Company Ltd.	Japan	Wholesale trade	40.335	72.927	15.491	36.422	8.587	40.993
39	2005	Sony Corp.	Japan	Manufacturing - Computer and Electronic Product	38.559	90.230	46.216	66.158	96.900	158.500
40	2005	Saint-Gobain S.A.	France	Manufacturing - Other	36.525	48.321	30.185	43.726	137.837	186.266
41	2005	Hewlett-Packard Company	United States	Manufacturing - Computer and Electronic Product	36.243	77.317	56.148	86.696	85.962	150.000
42	2005	GlaxoSmithKline Plc.	United Kingdom	Manufacturing - Chemical	34.659	46.802	36.237	39.436	56.729	100.728
43	2005	Carrefour S.A.	France	Retail Trade	33.998	54.778	48.471	92.778	301.474	436.474
44	2005	Philips Electronics N.V.	Netherlands	Manufacturing - Machinery, Electrical Equipment, Appliance, and Component	32.926	40.105	36.534	37.854	133.116	159.226
45	2005	Novartis AG	Switzerland	Manufacturing - Chemical	32.146	57.732	31.846	32.212	47.365	90.924
47	2005	BASF AG	Germany	Manufacturing - Chemical	31.272	50.030	31.938	53.234	35.325	80.945
48	2005	Altria Group Inc.	United States	Manufacturing - Food, Beverage & Tobacco Product	30.530	107.949	54.951	97.854	81.670	199.000
50	2005	Renault S.A.	France	Manufacturing - Transportation Equipment	30.075	81.026	34.576	51.482	56.673	126.584
52	2005	Bayer AG	Germany	Manufacturing - Chemical	27.850	43.494	19.245	34.103	41.800	93.700
54	2005	Vivendi Universal S.A.	France	Publishing & Broadcasting	26.930	52.686	9.051	24.265	20.889	34.031
57	2005	Unilever	Netherlands/United Kingdom	Manufacturing - Food, Beverage & Tobacco Product	25.734	46.637	29.218	49.407	157.000	206.000
60	2005	Marubeni Corp.	Japan	Wholesale trade	23.043	39.018	8.068	27.788	12.058	27.377
64	2005	BHP Billiton Group Ltd.	Australia	Manufacturing & Mining - Petroleum and Coal Products	21.548	48.516	28.646	32.153	19.148	33.184
65	2005	Volvo AB	Sweden	Manufacturing - Transportation Equipment	21.412	32.322	30.270	32.331	54.790	81.860
66	2005	Hitachi Ltd.	Japan	Manufacturing - Machinery, Electrical Equipment, Appliance, and Component	21.219	85.240	24.051	83.763	113.220	355.879
68	2005	Dow Chemical Company	United States	Manufacturing - Chemical	21.116	45.934	28.783	46.307	19.767	42.413
70	2005	Royal Ahold N.V.	Netherlands	Retail Trade	20.685	23.694	43.318	55.415	116.956	168.568
72	2005	McDonald's Corp.	United States	Manufacturing - Food, Beverage & Tobacco Product	19.469	29.989	13.505	20.460	328.380	421.000
73	2005	Coca-Cola Company	United States	Manufacturing - Food, Beverage & Tobacco Product	19.438	29.427	16.404	23.104	44.600	55.000
74	2005	B.A.T. Industries Plc.	United Kingdom	Manufacturing - Food, Beverage & Tobacco Product	19.207	32.776	10.611	16.978	35.885	55.364
75	2005	Alcan Inc.	Canada	Manufacturing - Other	19.182	26.638	17.313	20.320	52.000	63.000
76	2005	Thomson Corp.	Canada	Publishing & Broadcasting	18.999	19.436	8.403	8.703	39.413	40.500
77	2005	Diageo Plc.	United Kingdom	Manufacturing - Food, Beverage & Tobacco Product	18.568	25.296	14.504	17.259	11.816	22.966
78	2005	Johnson & Johnson	United States	Manufacturing - Chemical	18.521	58.025	22.137	50.514	70.560	115.600
85	2005	Matsushita Electric Industrial Company Ltd.	Japan	Manufacturing - Machinery, Electrical Equipment, Appliance, and Component	17.891	67.747	37.904	78.715	189.531	334.402
86	2005	Holcim AG	Switzerland	Manufacturing - Other	17.649	28.972	9.371	14.855	39.443	59.901
96	2005	Alcoa Inc.	United States	Manufacturing - Other	15.943	33.696	10.641	26.155	83.700	129.000

Anhang V: Übersicht über die verwendeten Variablen zur Charakterisierung der Objekte

Bezeichnung der Variablen	Beschreibung der Variablen
Wachstumsrate	
W-Rate SA	Wachstumsrate des Umsatzes im Ausland
W-Rate VA	Wachstumsrate des Vermögens im Ausland
W-Rate MA	Wachstumsrate der Mitarbeiterzahl im Ausland
W-Rate SI	Wachstumsrate des Umsatzes im Inland
W-Rate VI	Wachstumsrate des Vermögens im Inland
W-Rate MI	Wachstumsrate der Mitarbeiterzahl im Inland
Wachstumsstärke	
W-Stärke S	Wachstumsstärke des Umsatzes
W-Stärke V	Wachstumsstärke des Vermögens
W-Stärke M	Wachstumsstärke der Mitarbeiterzahl
Konzentration	
Konz. SA	Konzentration des Umsatzes im Ausland
Konz. VA	Konzentration des Vermögens im Ausland
Konz. MA	Konzentration der Mitarbeiterzahl im Ausland
Konz. SI	Konzentration des Umsatzes im Inland
Konz. VI	Konzentration des Vermögens im Inland
Konz. MI	Konzentration der Mitarbeiterzahl im Inland
Korrelation	
Korrel. SA/VA	Korrelation zwischen Umsatz im Ausland und Vermögen im Ausland
Korrel. SA/MA	Korrelation zwischen Umsatz im Ausland und Mitarbeitern im Ausland
Korrel. SA/VI	Korrelation zwischen Umsatz im Ausland und Vermögen im Inland
Korrel. SA/MI	Korrelation zwischen Umsatz im Ausland und Mitarbeitern im Inland
Korrel. SI/VA	Korrelation zwischen Umsatz im Inland und Vermögen im Ausland
Korrel. SI/MA	Korrelation zwischen Umsatz im Inland und Mitarbeitern im Ausland
Korrel. SI/VI	Korrelation zwischen Umsatz im Inland und Vermögen im Inland
Korrel. SI/MI	Korrelation zwischen Umsatz im Inland und Mitarbeitern im Ausland

Anhang VI: Unternehmensverteilung nach Branchen und Ländern

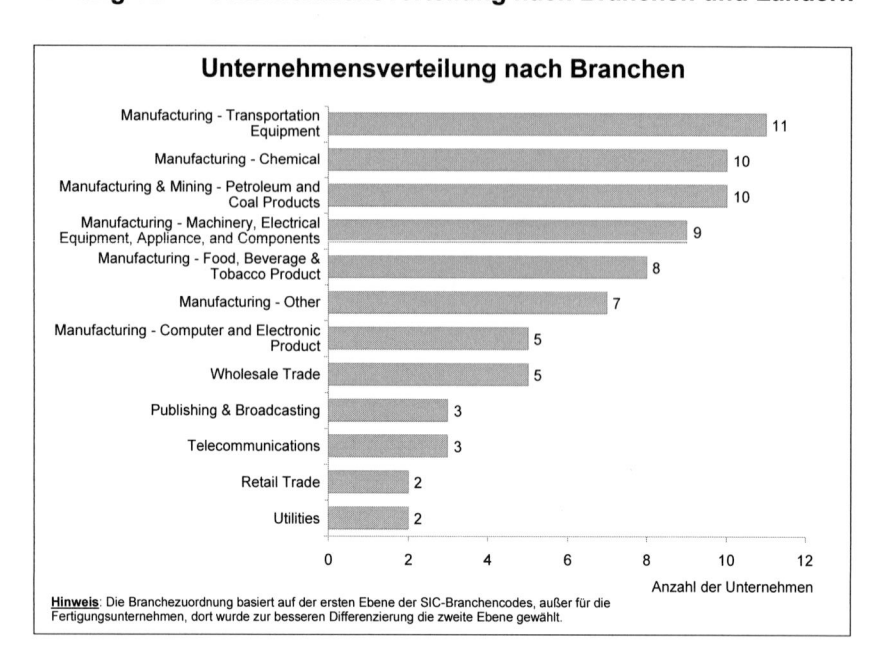

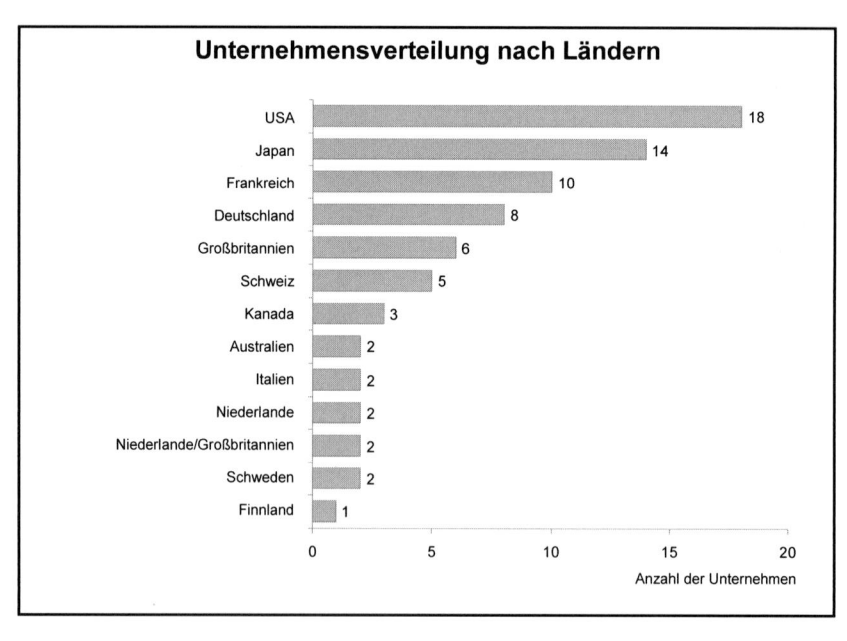

Unternehmensverteilung nach Branchen

Branche	Anzahl der Unternehmen
Manufacturing - Transportation Equipment	11
Manufacturing - Chemical	10
Manufacturing & Mining - Petroleum and Coal Products	10
Manufacturing - Machinery, Electrical Equipment, Appliance, and Components	9
Manufacturing - Food, Beverage & Tobacco Product	8
Manufacturing - Other	7
Manufacturing - Computer and Electronic Product	5
Wholesale Trade	5
Publishing & Broadcasting	3
Telecommunications	3
Retail Trade	2
Utilities	2

Hinweis: Die Branchezuordnung basiert auf der ersten Ebene der SIC-Branchencodes, außer für die Fertigungsunternehmen, dort wurde zur besseren Differenzierung die zweite Ebene gewählt.

Unternehmensverteilung nach Ländern

Land	Anzahl der Unternehmen
USA	18
Japan	14
Frankreich	10
Deutschland	8
Großbritannien	6
Schweiz	5
Kanada	3
Australien	2
Italien	2
Niederlande	2
Niederlande/Großbritannien	2
Schweden	2
Finnland	1

Anhang VII: Verteilung der Wachstumsstärke nach dem Sitz der Unternehmen

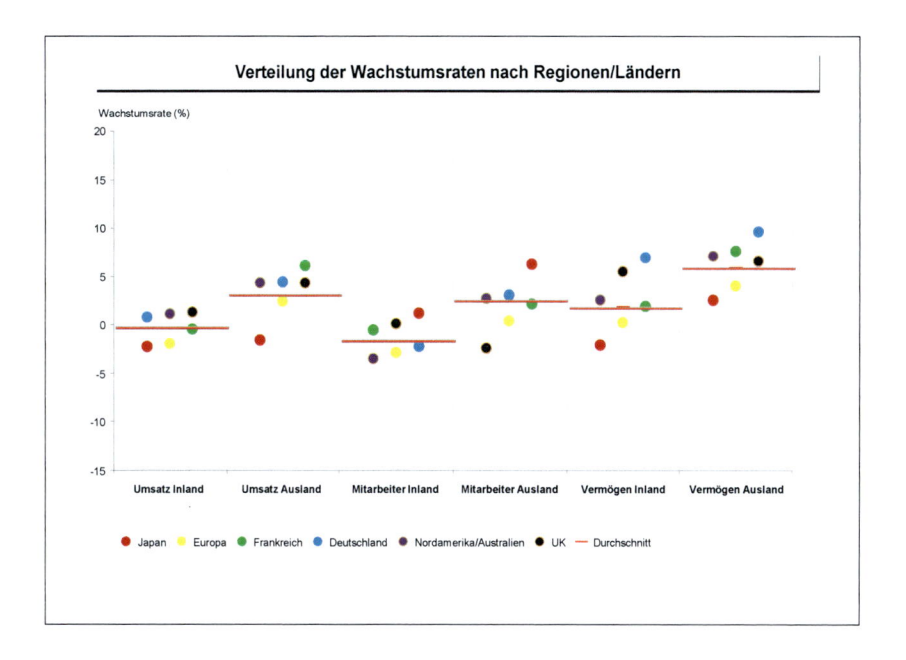

Verteilung der Wachstumsraten nach Regionen/Ländern

● Japan ● Europa ● Frankreich ● Deutschland ● Nordamerika/Australien ● UK — Durchschnitt

Anhang VIII: Korrelationsmatrix zwischen den Variablen

	W-Rate SA	W-Rate-VA	W-Rate MA	W-Rate SI	W-Rate VI	W-Rate MI	W-Stärke S	W-Stärke V	W-Stärke M	Konz. SA	Konz. VA	Konz. MA	Konz. SI	Konz. VI	Konz. MI	Korrel. SA/VA	Korrel. SA/MA	Korrel. SA/VI	Korrel. SA/MI	Korrel. SI/VA	Korrel. SI/MA	Korrel. SI/VI	Korrel. SI/MI
W-Rate SA	1,00																						
W-Rate-VA	0,71	1,00																					
W-Rate MA	0,41	0,48	1,00																				
W-Rate SI	0,39	0,43	0,33	1,00																			
W-Rate VI	0,46	0,41	0,14	0,59	1,00																		
W-Rate MI	-0,02	0,11	0,35	0,39	0,33	1,00																	
W-Stärke S	0,00	0,03	-0,14	0,10	-0,02	-0,11	1,00																
W-Stärke V	0,20	0,18	0,35	0,14	0,21	0,26	0,02	1,00															
W-Stärke M	-0,03	-0,05	0,00	0,07	0,10	0,09	-0,06	-0,02	1,00														
Konz. SA	-0,01	0,01	0,00	0,05	-0,02	-0,04	0,05	-0,03	0,14	1,00													
Konz. VA	-0,02	0,07	0,15	0,08	0,03	0,01	-0,03	-0,03	0,07	0,43	1,00												
Konz. MA	-0,19	-0,11	0,02	-0,11	-0,02	0,03	-0,04	-0,02	0,06	0,12	0,26	1,00											
Konz. SI	-0,09	-0,02	-0,08	0,14	0,18	0,12	-0,05	0,01	0,20	0,32	0,12	0,04	1,00										
Konz. VI	-0,08	-0,04	-0,10	0,10	-0,03	0,03	0,11	0,04	0,06	0,33	0,20	0,02	0,12	1,00									
Konz. MI	0,05	0,04	0,02	0,15	0,10	0,14	-0,15	-0,12	0,08	0,05	0,24	0,46	0,10	0,10	1,00								
Korrel. SA/VA	0,65	0,32	0,15	0,10	0,14	0,16	-0,03	0,05	-0,06	-0,21	-0,27	-0,15	0,00	-0,05	1,00								
Korrel. SA/MA	0,39	0,28	0,13	0,17	0,14	-0,23	0,11	0,15	0,04	0,03	0,12	0,02	0,04	0,36	-0,03	0,42	1,00						
Korrel. SA/VI	0,09	0,18	0,22	0,09	0,04	0,23	0,05	0,23	-0,01	-0,02	-0,10	0,14	-0,19	-0,13	-0,09	0,01	-0,09	1,00					
Korrel. SA/MI	-0,18	-0,22	-0,08	0,03	-0,02	0,24	-0,03	0,19	0,11	-0,07	-0,12	0,16	-0,04	0,27	0,04	0,04	0,12	0,35	1,00				
Korrel. SI/VA	0,34	0,28	0,15	0,57	0,36	0,15	0,06	0,22	0,04	0,07	0,04	0,00	0,01	0,10	-0,01	0,17	0,09	0,34	0,23	1,00			
Korrel. SI/MA	0,18	0,11	0,07	0,16	0,04	0,06	0,18	0,33	0,19	0,16	0,02	-0,03	0,08	0,23	-0,01	0,29	0,29	0,42	0,51	0,39	1,00		
Korrel. SI/VI	-0,03	-0,02	-0,05	0,15	-0,08	0,04	0,18	0,03	0,14	-0,03	-0,17	-0,02	-0,19	0,24	0,10	0,08	0,03	0,12	0,22	0,15	1,00	1,00	
Korrel. SI/MI	-0,08	-0,24	-0,11	0,02	0,01	-0,05	-0,14	-0,25	0,18	0,26	0,18	-0,06	0,33	0,35	0,14	0,01	0,31	-0,30	0,15	0,00	0,10	0,05	1,00

Anhang IX: Dendrogramm – Single Linkage

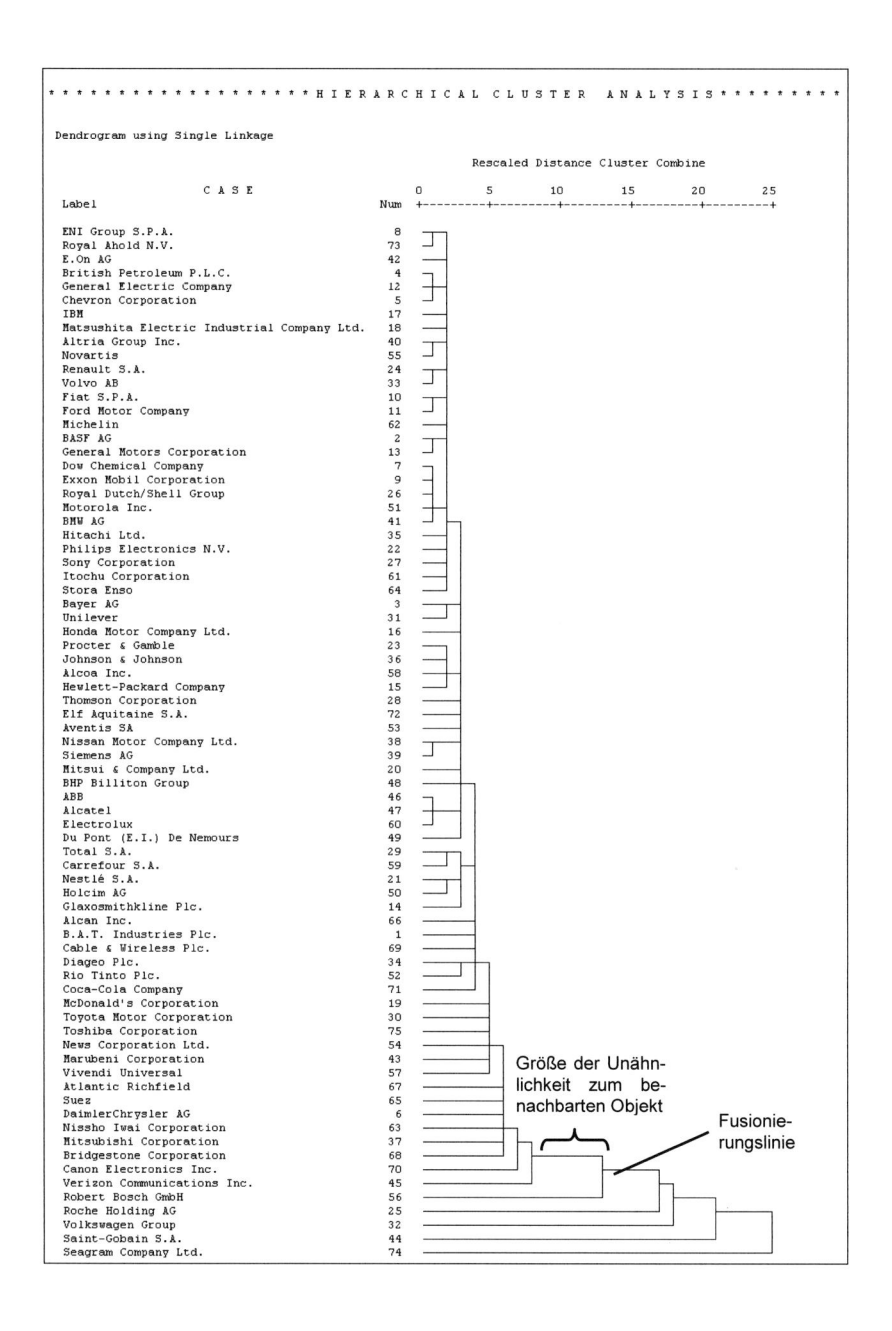

```
* * * * * * * * * * * * * * * * * * * * * * * H I E R A R C H I C A L   C L U S T E R   A N A L Y S I S * * * * * * * * * *

Dendrogram using Single Linkage
                                                  Rescaled Distance Cluster Combine

                   C A S E             0         5        10        15        20        25
  Label                          Num   +---------+---------+---------+---------+---------+

  ENI Group S.P.A.                 8   ─┐
  Royal Ahold N.V.                73   ─┘
  E.On AG                         42   ─┐
  British Petroleum P.L.C.         4   ─┤
  General Electric Company        12   ─┤
  Chevron Corporation              5   ─┤
  IBM                             17   ─┤
  Matsushita Electric Industrial Company Ltd. 18
  Altria Group Inc.               40   ─┤
  Novartis                        55   ─┤
  Renault S.A.                    24   ─┤
  Volvo AB                        33   ─┤
  Fiat S.P.A.                     10   ─┤
  Ford Motor Company              11   ─┤
  Michelin                        62   ─┤
  BASF AG                          2   ─┤
  General Motors Corporation      13   ─┤
  Dow Chemical Company             7   ─┤
  Exxon Mobil Corporation          9   ─┤
  Royal Dutch/Shell Group         26   ─┤
  Motorola Inc.                   51   ─┤
  BMW AG                          41   ─┤
  Hitachi Ltd.                    35   ─┤
  Philips Electronics N.V.        22   ─┤
  Sony Corporation                27   ─┤
  Itochu Corporation              61   ─┤
  Stora Enso                      64   ─┤
  Bayer AG                         3   ─┤
  Unilever                        31   ─┤
  Honda Motor Company Ltd.        16   ─┤
  Procter & Gamble                23   ─┤
  Johnson & Johnson               36   ─┤
  Alcoa Inc.                      58   ─┤
  Hewlett-Packard Company         15   ─┤
  Thomson Corporation             28   ─┤
  Elf Aquitaine S.A.              72   ─┤
  Aventis SA                      53   ─┤
  Nissan Motor Company Ltd.       38   ─┤
  Siemens AG                      39   ─┤
  Mitsui & Company Ltd.           20   ─┤
  BHP Billiton Group              48   ─┤
  ABB                             46   ─┤
  Alcatel                         47   ─┤
  Electrolux                      60   ─┤
  Du Pont (E.I.) De Nemours       49   ─┤
  Total S.A.                      29   ─┤
  Carrefour S.A.                  59   ─┤
  Nestlé S.A.                     21   ─┤
  Holcim AG                       50   ─┤
  Glaxosmithkline Plc.            14   ─┤
  Alcan Inc.                      66   ─┤
  B.A.T. Industries Plc.           1   ─┤
  Cable & Wireless Plc.           69   ─┤
  Diageo Plc.                     34   ─┤
  Rio Tinto Plc.                  52   ─┤
  Coca-Cola Company               71   ─┤
  McDonald's Corporation          19   ─┤
  Toyota Motor Corporation        30   ─┤
  Toshiba Corporation             75   ─┤
  News Corporation Ltd.           54   ─┤
  Marubeni Corporation            43   ─┤
  Vivendi Universal               57   ─┤
  Atlantic Richfield              67   ─┤
  Suez                            65   ─┤
  DaimlerChrysler AG               6   ─┤
  Nissho Iwai Corporation         63   ─┤
  Mitsubishi Corporation          37   ─┤
  Bridgestone Corporation         68   ─┤
  Canon Electronics Inc.          70   ─┤
  Verizon Communications Inc.     45   ─┤
  Robert Bosch GmbH               56   ─┤
  Roche Holding AG                25   ─┤
  Volkswagen Group                32   ─┤
  Saint-Gobain S.A.               44   ─┤
  Seagram Company Ltd.            74   ─┘
```

Größe der Unähnlichkeit zum benachbarten Objekt

Fusionierungslinie

Anhang X: Zuordnungsübersicht – Ward

Zuordnungsübersicht

Schritt	Zusammengeführte Cluster		Verschmelzungsniveau	Erstes Vorkommen des Clusters		Nächster Schritt
	Cluster 1	Cluster 2		Cluster 1	Cluster 2	
1	7	9	3,0	0	0	5
2	38	52	6,0	0	0	25
3	10	11	9,3	0	0	15
4	24	31	13,0	0	0	29
5	7	48	16,9	1	0	23
6	25	39	21,1	0	0	23
7	8	69	25,6	0	0	53
8	2	13	30,2	0	0	37
9	43	44	34,9	0	0	26
10	5	12	39,8	0	0	35
11	18	33	44,8	0	0	21
12	34	54	50,0	0	0	32
13	4	40	55,5	0	0	28
14	21	47	61,1	0	0	46
15	10	58	66,9	3	0	36
16	36	37	72,9	0	0	39
17	3	30	79,0	0	0	36
18	22	57	85,8	0	0	24
19	28	55	92,6	0	0	49
20	45	68	100,4	0	0	48
21	17	18	108,4	0	11	41
22	32	49	116,4	0	0	50
23	7	25	124,5	5	6	37
24	22	60	133,4	18	0	57
25	26	38	142,4	0	2	42
26	43	46	151,9	9	0	33
27	15	23	162,7	0	0	38
28	4	16	173,5	13	0	35
29	24	27	184,5	4	0	42
30	20	41	195,6	0	0	40
31	1	50	206,8	0	0	41
32	14	34	218,2	0	12	38
33	43	56	230,5	26	0	57
34	59	63	243,1	0	0	54
35	4	5	255,9	28	10	60
36	3	10	268,8	17	15	56
37	2	7	283,0	8	23	53
38	14	15	297,4	32	27	44
39	36	62	312,1	16	0	47
40	20	35	327,6	30	0	61
41	1	17	344,5	31	21	58
42	24	26	361,4	29	25	50
43	51	53	378,5	0	0	47
44	14	65	395,6	38	0	49
45	64	67	414,1	0	0	61
46	21	61	432,6	14	0	51
47	36	51	453,5	39	43	55
48	6	45	474,9	0	20	55
49	14	28	498,5	44	19	64
50	24	32	523,2	42	22	56
51	21	42	549,6	46	0	59
52	19	29	576,0	0	0	64
53	2	8	604,1	37	7	60
54	59	70	633,9	34	0	62
55	6	36	664,5	48	47	63
56	3	24	695,3	36	50	63
57	22	43	727,3	24	33	58
58	1	22	764,4	41	57	62
59	21	66	807,3	51	0	65
60	2	4	853,3	53	35	68
61	20	64	899,4	40	45	66
62	1	59	950,4	58	54	66
63	3	6	1003,2	56	55	67
64	14	19	1059,2	49	52	65
65	14	21	1126,3	64	59	68
66	1	20	1200,0	62	61	67
67	1	3	1300,1	66	63	69
68	2	14	1408,2	60	65	69
69	1	2	1587,0	67	68	0

Anhang XI: Dendrogramm – Ward

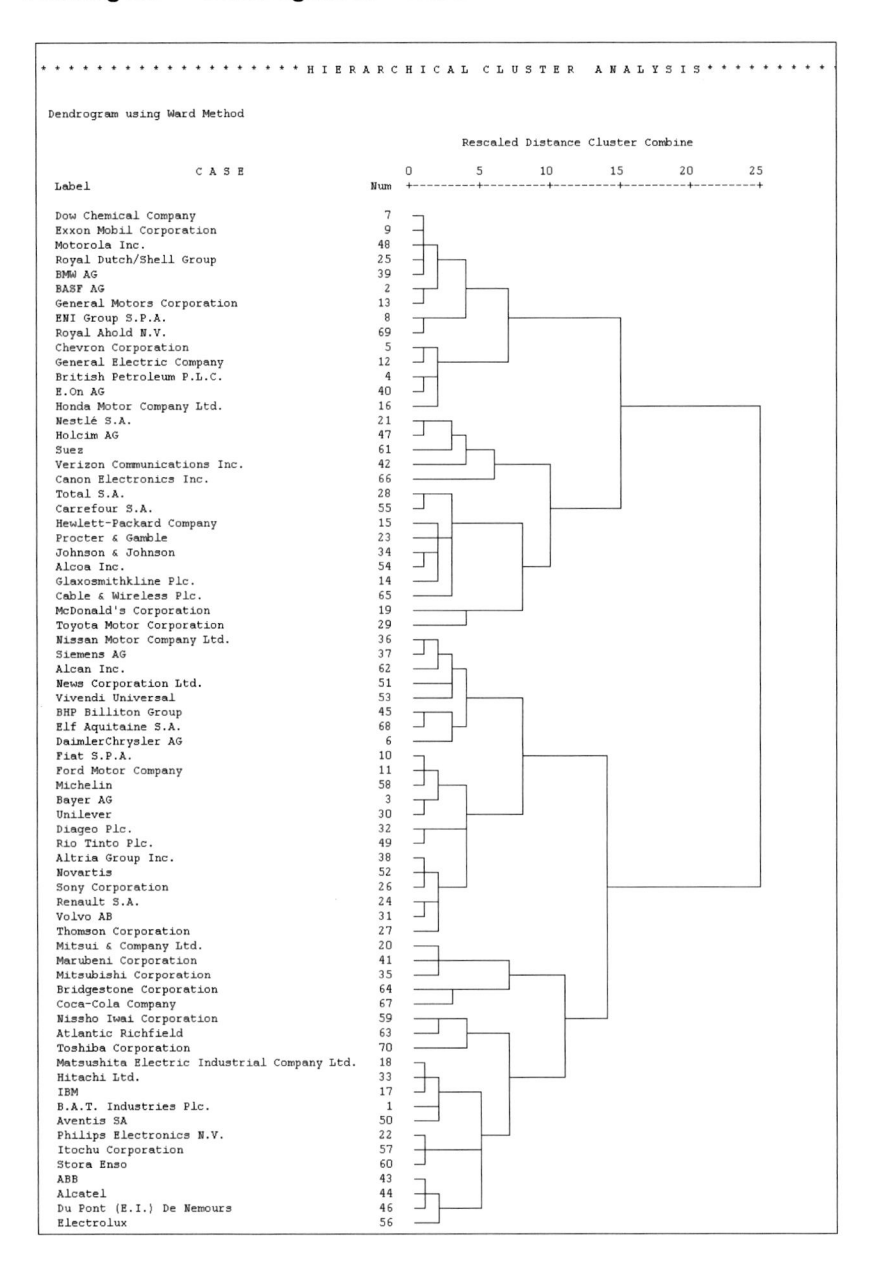

```
* * * * * * * * * * * * * * * * * * * * * * H I E R A R C H I C A L   C L U S T E R   A N A L Y S I S * * * * * * * * *

Dendrogram using Ward Method

                                                           Rescaled Distance Cluster Combine

                         C A S E                    0         5        10        15        20        25
    Label                                    Num    +---------+---------+---------+---------+---------+

    Dow Chemical Company                       7    ─┐
    Exxon Mobil Corporation                    9    ─┤
    Motorola Inc.                             48    ─┤
    Royal Dutch/Shell Group                   25    ─┤
    BMW AG                                    39    ─┤
    BASF AG                                    2    ─┤
    General Motors Corporation                13    ─┤
    ENI Group S.P.A.                           8    ─┤
    Royal Ahold N.V.                          69    ─┤
    Chevron Corporation                        5    ─┤
    General Electric Company                  12    ─┤
    British Petroleum P.L.C.                   4    ─┤
    E.On AG                                   40    ─┤
    Honda Motor Company Ltd.                  16    ─┤
    Nestlé S.A.                               21    ─┤
    Holcim AG                                 47    ─┤
    Suez                                      61    ─┤
    Verizon Communications Inc.               42    ─┤
    Canon Electronics Inc.                    66    ─┤
    Total S.A.                                28    ─┤
    Carrefour S.A.                            55    ─┤
    Hewlett-Packard Company                   15    ─┤
    Procter & Gamble                          23    ─┤
    Johnson & Johnson                         34    ─┤
    Alcoa Inc.                                54    ─┤
    Glaxosmithkline Plc.                      14    ─┤
    Cable & Wireless Plc.                     65    ─┤
    McDonald's Corporation                    19    ─┤
    Toyota Motor Corporation                  29    ─┤
    Nissan Motor Company Ltd.                 36    ─┤
    Siemens AG                                37    ─┤
    Alcan Inc.                                62    ─┤
    News Corporation Ltd.                     51    ─┤
    Vivendi Universal                         53    ─┤
    BHP Billiton Group                        45    ─┤
    Elf Aquitaine S.A.                        68    ─┤
    DaimlerChrysler AG                         6    ─┤
    Fiat S.P.A.                               10    ─┤
    Ford Motor Company                        11    ─┤
    Michelin                                  58    ─┤
    Bayer AG                                   3    ─┤
    Unilever                                  30    ─┤
    Diageo Plc.                               32    ─┤
    Rio Tinto Plc.                            49    ─┤
    Altria Group Inc.                         38    ─┤
    Novartis                                  52    ─┤
    Sony Corporation                          26    ─┤
    Renault S.A.                              24    ─┤
    Volvo AB                                  31    ─┤
    Thomson Corporation                       27    ─┤
    Mitsui & Company Ltd.                     20    ─┤
    Marubeni Corporation                      41    ─┤
    Mitsubishi Corporation                    35    ─┤
    Bridgestone Corporation                   64    ─┤
    Coca-Cola Company                         67    ─┤
    Nissho Iwai Corporation                   59    ─┤
    Atlantic Richfield                        63    ─┤
    Toshiba Corporation                       70    ─┤
    Matsushita Electric Industrial Company Ltd. 18  ─┤
    Hitachi Ltd.                              33    ─┤
    IBM                                       17    ─┤
    B.A.T. Industries Plc.                     1    ─┤
    Aventis SA                                50    ─┤
    Philips Electronics N.V.                  22    ─┤
    Itochu Corporation                        57    ─┤
    Stora Enso                                60    ─┤
    ABB                                       43    ─┤
    Alcatel                                   44    ─┤
    Du Pont (E.I.) De Nemours                 46    ─┤
    Electrolux                                56    ─┘
```

Anhang XII: Dendrogramm – Proportionale Fehlerverbesserung, Erklärte Streuung

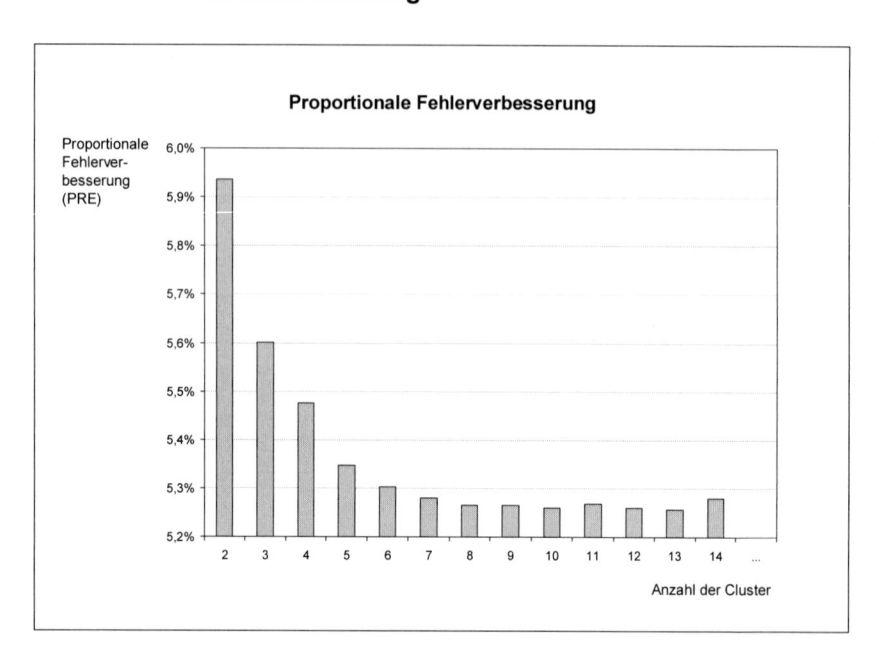

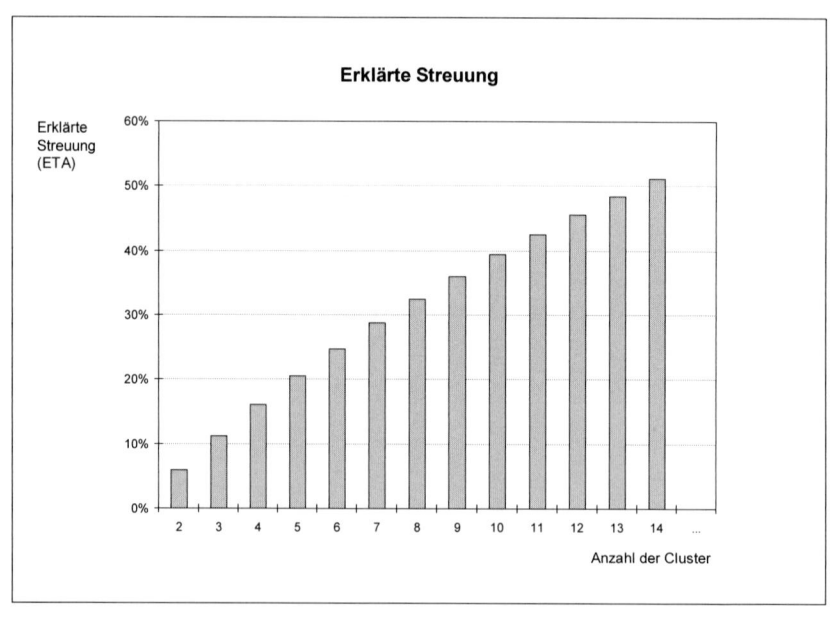

Anhang XIII: Zufallstestung des Verschmelzungsschemas

Zufallstestung des Verschmelzungsschemas

Schritt	Empirische Lösung Verschmelzungsniveau	„Zufällige" Lösung Mittelwert	STD	Minimum (−2*STD)	Maximum (+2*STD)	Schritt	Empirische Lösung Verschmelzungsniveau	„Zufällige" Lösung Mittelwert	STD	Minimum (−2*STD)	Maximum (+2*STD)
1	-0,999	-1,219	0,015	-1,248	-1,189	36	-0,308	-0,207	0,008	-0,223	-0,192
2	-0,991	-1,202	0,014	-1,231	-1,174	37	-0,271	-0,165	0,008	-0,181	-0,148
3	-0,983	-1,184	0,014	-1,211	-1,157	38	-0,234	-0,121	0,009	-0,140	-0,103
4	-0,973	-1,165	0,013	-1,190	-1,139	39	-0,196	-0,077	0,010	-0,097	-0,057
5	-0,963	-1,145	0,012	-1,169	-1,120	40	-0,155	-0,032	0,011	-0,053	-0,010
6	-0,952	-1,124	0,011	-1,146	-1,101	41	-0,112	0,015	0,012	-0,009	0,038
7	-0,940	-1,102	0,011	-1,123	-1,081	42	-0,068	0,063	0,012	0,039	0,087
8	-0,928	-1,080	0,010	-1,100	-1,060	43	-0,023	0,113	0,012	0,089	0,136
9	-0,916	-1,057	0,009	-1,076	-1,039	44	0,021	0,164	0,011	0,141	0,187
10	-0,904	-1,034	0,009	-1,051	-1,017	45	0,069	0,216	0,011	0,194	0,238
11	-0,890	-1,010	0,008	-1,026	-0,995	46	0,117	0,270	0,011	0,248	0,292
12	-0,877	-0,986	0,007	-1,000	-0,972	47	0,172	0,325	0,011	0,302	0,347
13	-0,863	-0,961	0,006	-0,974	-0,948	48	0,227	0,381	0,012	0,358	0,405
14	-0,848	-0,935	0,006	-0,946	-0,924	49	0,289	0,440	0,013	0,415	0,465
15	-0,833	-0,909	0,005	-0,919	-0,899	50	0,353	0,501	0,012	0,477	0,526
16	-0,818	-0,882	0,005	-0,891	-0,873	51	0,421	0,565	0,012	0,541	0,588
17	-0,802	-0,855	0,005	-0,865	-0,846	52	0,490	0,630	0,012	0,607	0,654
18	-0,784	-0,827	0,005	-0,837	-0,817	53	0,563	0,698	0,012	0,674	0,722
19	-0,766	-0,798	0,005	-0,809	-0,788	54	0,641	0,768	0,013	0,742	0,794
20	-0,746	-0,769	0,006	-0,780	-0,758	55	0,720	0,841	0,014	0,813	0,869
21	-0,725	-0,739	0,006	-0,751	-0,728	56	0,800	0,918	0,015	0,887	0,948
22	-0,704	-0,709	0,006	-0,721	-0,697	57	0,883	0,997	0,016	0,966	1,028
23	-0,683	-0,678	0,006	-0,690	-0,665	58	0,980	1,081	0,015	1,051	1,110
24	-0,660	-0,646	0,007	-0,659	-0,633	59	1,091	1,169	0,016	1,138	1,200
25	-0,637	-0,613	0,007	-0,627	-0,599	60	1,211	1,261	0,016	1,230	1,293
26	-0,612	-0,581	0,007	-0,595	-0,566	61	1,331	1,360	0,017	1,327	1,393
27	-0,584	-0,547	0,008	-0,562	-0,532	62	1,463	1,465	0,017	1,432	1,498
28	-0,556	-0,513	0,008	-0,529	-0,497	63	1,600	1,581	0,015	1,552	1,610
29	-0,527	-0,478	0,008	-0,494	-0,461	64	1,746	1,706	0,016	1,674	1,738
30	-0,498	-0,442	0,008	-0,458	-0,425	65	1,920	1,840	0,017	1,806	1,874
31	-0,469	-0,405	0,008	-0,421	-0,390	66	2,112	1,989	0,019	1,951	2,026
32	-0,440	-0,367	0,007	-0,382	-0,353	67	2,372	2,152	0,022	2,108	2,196
33	-0,408	-0,329	0,007	-0,343	-0,315	68	2,653	2,347	0,025	2,297	2,398
34	-0,375	-0,289	0,007	-0,304	-0,275	69	3,118	2,577	0,032	2,513	2,641
35	-0,342	-0,249	0,008	-0,265	-0,233						

Anhang XIV: Gleichheitstest der Gruppenwillewerte

Gleichheitstest der Gruppenmittelwerte					
Variablenbezeichnung	Wilks' Lambda	F	df1	df2	Signifikanz
W-Rate SA	0,542	18,623	3	66	0,00
W-Rate-VA	0,584	15,685	3	66	0,00
W-Rate MA	0,885	2,863	3	66	0,04
W-Rate SI	0,485	23,396	3	66	0,00
W-Rate VI	0,540	18,739	3	66	0,00
W-Rate MI	0,730	8,147	3	66	0,00
W-Stärke S	0,800	5,503	3	66	0,00
W-Stärke V	0,836	4,308	3	66	0,01
W-Stärke M	0,878	3,070	3	66	0,03
Konz. SA	0,965	0,791	3	66	0,50
Konz. VA	0,955	1,044	3	66	0,38
Konz. MA	0,813	5,073	3	66	0,00
Konz. SI	0,840	4,197	3	66	0,01
Konz. VI	0,882	2,951	3	66	0,04
Konz. MI	0,880	2,994	3	66	0,04
Korrel. SA/VA	0,683	10,219	3	66	0,00
Korrel. SA/MA	0,906	2,274	3	66	0,09
Korrel. SA/VI	0,682	10,278	3	66	0,00
Korrel. SA/MI	0,715	8,756	3	66	0,00
Korrel. SI/VA	0,488	23,070	3	66	0,00
Korrel. SI/MA	0,820	4,830	3	66	0,00
Korrel. SI/VI	0,859	3,623	3	66	0,02
Korrel. SI/MI	0,625	13,175	3	66	0,00

Anhang XV: Veränderung der Clusterzuordnung

Veränderung der Clusterzuordnung

Unternehmen	Bestehende Clusterzuordnung	Clusterverfahren – Average Linkage	Distanzmaß – City-Block-Metric	Variablen – ohne nicht signifikante Variablen	Unternehmen – ohne Unternehmen < 15 Jahre	Unternehmen	Bestehende Clusterzuordnung	Clusterverfahren – Average Linkage	Distanzmaß – City-Block-Metric	Variablen – ohne nicht signifikante Variablen	Unternehmen – ohne Unternehmen < 15 Jahre
B.A.T. Industries	1	1	1	1	1	Nissan Motor Com.	3	3	3	2	
BASF	2	2	2	2	2	Siemens	3	3	3	2	
Bayer	3	3	2	2	1	Altria Group	3	1	3	2	
British Petroleum	2	2	2	3	2	BMW	2	2	2	3	
Chevron Corpor.	2	2	2	3	2	E.ON	2	2	2	3	
DaimlerChrysler	3	3	2	4	3	Marubeni Cor.	1	1	2	1	
Dow Chemical	2	2	2	3	2	Verizon	4	2	4	4	
ENI Group	2	2	2	3	2	ABB	1	1	1	1	
Exxon Mobil	2	2	2	3	1	Alcatel	1	1	1	1	
Fiat	3	3	3	2	1	BHP Billiton Group	3	3	3	2	
Ford Motor Com.	3	3	3	2	1	Du Pont	1	1	1	1	
General Electric	2	2	2	3	2	Holcim	4	4	4	4	
General Motors	2	2	2	2	1	Motorola	2	2	2	3	
GlaxoSmithKline	4	4	4	4	4	Rio Tinto	3	3	3	2	
Hewlett-Packard	4	4	4	4	4	Aventis	1	1	3	1	
Honda Motor	2	2	2	3	2	News Corporation	3	3	3	2	
IBM	1	1	3	1	1	Novartis	3	1	3	2	
Matsushita	1	1	3	1	1	Vivendi Universal	3	1	1	1	
McDonald's	4	2	3	4	4	Alcoa	4	4	4	4	
Mitsui & Company	1	1	3	1	1	Carrefour	4	4	4	4	
Nestlé	4	4	4	4	3	Electrolux	1	1	1	1	
Philips Electronics	1	1	1	1	1	Itochu Corporation	1	1	1	1	
Procter & Gamble	4	4	4	4	4	Michelin	3	3	3	2	
Renault	3	1	3	2	1	Nissho Iwai Cor.	1	1	1	1	
Royal Dutch/Shell	2	2	2	3	1	Stora Enso	1	1	1	1	
Sony Corporation	3	1	3	2	4	Suez	4	2	2	4	
Thomson Cor.	3	3	3	2	1	Alcan	3	2	3	2	
Total	4	4	4	4	3	Atlantic Richfield	1	1	1	1	
Toyota Motor	4	4	2	1	4	Bridgestone Cor.	1	1	3	1	
Unilever	3	3	3	2	1	Cable & Wireless	4	4	4	4	
Volvo	3	1	3	2	1	Canon Electronics	4	3	3	4	
Diageo	3	3	3	2		Coca-Cola	1	1	3	1	
Hitachi	1	1	3	1		Elf Aquitaine	3	3	3	2	
Johnson & Johnson	4	4	4	4		Royal Ahold	2	2	2	3	
Mitsubishi Cor.	1	1	3	1		Toshiba Cor.	1	3	3	4	

Anhang XVI: Test der Homogenität der Varianzen

Test der Homogenität der Varianzen

	Levene-Statistik	df1	df2	Signifikanz
W-Rate SA	1,476	3	66	,229
W-Rate-VA	1,100	3	66	,355
W-Rate MA	,304	3	66	,822
W-Rate SI	4,929	3	66	,004
W-Rate VI	2,069	3	66	,113
W-Rate MI	,904	3	66	,444
W-Stärke S	3,506	3	66	,020
W-Stärke V	3,647	3	66	,017
W-Stärke M	2,332	3	66	,082
Konz. SA	1,226	3	66	,307
Konz. VA	2,730	3	66	,051
Konz. MA	11,748	3	66	,000
Konz. SI	9,703	3	66	,000
Konz. VI	4,814	3	66	,004
Konz. MI	2,479	3	66	,069
Korrel. SA/VA	4,683	3	66	,005
Korrel. SA/MA	1,345	3	66	,267
Korrel. SA/VI	5,103	3	66	,003
Korrel. SA/MI	1,836	3	66	,149
Korrel. SI/VA	1,439	3	66	,239
Korrel. SI/MA	,508	3	66	,678
Korrel. SI/VI	2,705	3	66	,052
Korrel. SI/MI	5,506	3	66	,002

Varianzen können als homogen angesehen werden, wenn das Signifikanzniveau größer 0,05 ist.

Anhang XVII: Branchen- und Länderverteilung nach Clustern

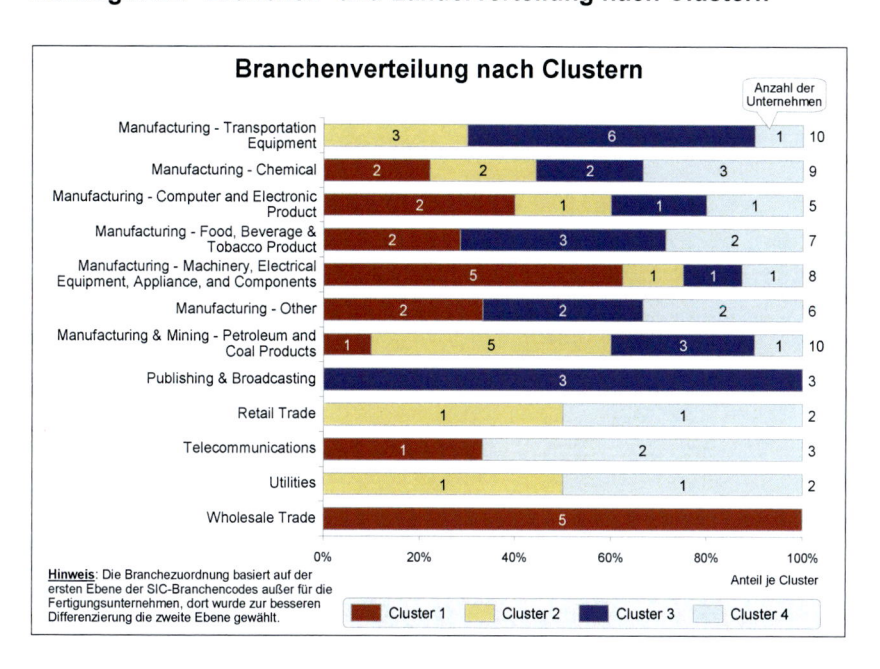

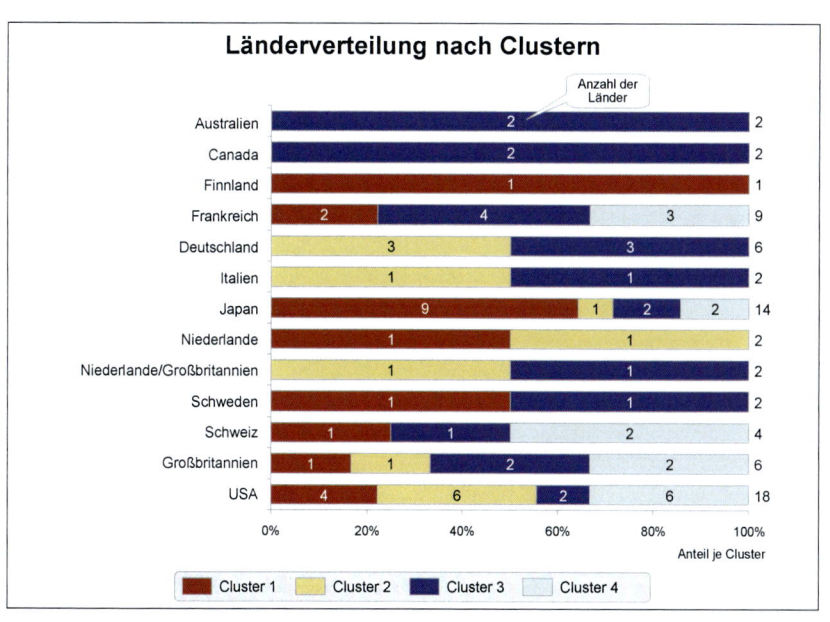

Branchenverteilung nach Clustern

Branche	Cluster 1	Cluster 2	Cluster 3	Cluster 4	Anzahl der Unternehmen
Manufacturing - Transportation Equipment		3	6	1	10
Manufacturing - Chemical	2	2	2	3	9
Manufacturing - Computer and Electronic Product	2	1	1	1	5
Manufacturing - Food, Beverage & Tobacco Product	2	3		2	7
Manufacturing - Machinery, Electrical Equipment, Appliance, and Components	5		1	1	8
Manufacturing - Other	2		2	2	6
Manufacturing & Mining - Petroleum and Coal Products	1	5	3	1	10
Publishing & Broadcasting			3		3
Retail Trade		1	1		2
Telecommunications	1			2	3
Utilities		1		1	2
Wholesale Trade	5				5

Hinweis: Die Branchezuordnung basiert auf der ersten Ebene der SIC-Branchencodes außer für die Fertigungsunternehmen, dort wurde zur besseren Differenzierung die zweite Ebene gewählt.

Länderverteilung nach Clustern

Land	Cluster 1	Cluster 2	Cluster 3	Cluster 4	Anzahl der Länder
Australien			2		2
Canada			2		2
Finnland	1				1
Frankreich	2	4	3		9
Deutschland		3	3		6
Italien		1	1		2
Japan	9	1	2	2	14
Niederlande	1	1			2
Niederlande/Großbritannien	1		1		2
Schweden	1		1		2
Schweiz	1	1	2		4
Großbritannien	1	1	2	2	6
USA	4	6	2	6	18

Anhang XVIII: Tamhane-Test der Gruppenunterschiede

Tamhane-Test der Gruppenunterschiede

Abhängige Variable	(I) Ward Method	(J) Ward Method	Mittlere Differenz (I-J)	Standardfehler	Signifikanz	Abhängige Variable	(I) Ward Method	(J) Ward Method	Mittlere Differenz (I-J)	Standardfehler	Signifikanz
W-Rate SA	1	2	-,1062*	,0170	,000	W-Rate SI	1	2	-,0751*	,0143	,000
		3	-,0748*	,0134	,000			3	-,0087	,0173	,997
		4	-,0998*	,0186	,000			4	-,1238*	,0190	,000
	2	1	,1062*	,0170	,000		2	1	,0751*	,0143	,000
		3	,0314	,0155	,289			3	,0665*	,0125	,000
		4	,0064	,0202	1,000			4	-,0487*	,0149	,024
	3	1	,0748*	,0134	,000		3	1	,0087	,0173	,997
		2	-,0314	,0155	,289			2	-,0665*	,0125	,000
		4	-,0250	,0173	,656			4	-,1151*	,0177	,000
	4	1	,0998*	,0186	,000		4	1	,1238*	,0190	,000
		2	-,0064	,0202	1,000			2	,0487*	,0149	,024
		3	,0250	,0173	,656			3	,1151*	,0177	,000
W-Rate-VA	1	2	-,1085*	,0198	,000	W-Rate VI	1	2	-,0720*	,0157	,000
		3	-,0543*	,0148	,004			3	-,0536*	,0179	,028
		4	-,0951*	,0181	,000			4	-,1373*	,0203	,000
	2	1	,1085*	,0198	,000		2	1	,0720*	,0157	,000
		3	,0542*	,0185	,047			3	,0184	,0151	,795
		4	,0133	,0213	,990			4	-,0653*	,0179	,009
	3	1	,0543*	,0148	,004		3	1	,0536*	,0179	,028
		2	-,0542*	,0185	,047			2	-,0184	,0151	,795
		4	-,0408	,0167	,123			4	-,0836*	,0199	,001
	4	1	,0951*	,0181	,000		4	1	,1373*	,0203	,000
		2	-,0133	,0213	,990			2	,0653*	,0179	,009
		3	,0408	,0167	,123			3	,0836*	,0199	,001
W-Rate MA	1	2	-,0209	,0211	,909	W-Rate MI	1	2	,0299	,0177	,469
		3	,0038	,0174	1,000			3	,0254	,0192	,725
		4	-,0478*	,0211	,017			4	-,0567*	,0196	,040
	2	1	,0209	,0211	,909		2	1	-,0299	,0177	,469
		3	,0247	,0190	,749			3	-,0045	,0159	1,000
		4	-,0269	,0224	,809			4	-,0866*	,0164	,000
	3	1	-,0038	,0174	1,000		3	1	-,0254	,0192	,725
		2	-,0247	,0190	,749			2	,0045	,0159	1,000
		4	-,0516	,0190	,068			4	-,0821*	,0180	,000
	4	1	,0478*	,0211	,017		4	1	,0567*	,0196	,040
		2	,0269	,0224	,809			2	,0866*	,0164	,000
		3	,0516	,0190	,068			3	,0821*	,0180	,000

* Die Differenz der Mittelwerte ist auf dem Niveau 0,05 signifikant.

Tamhane-Test der Gruppenunterschiede

Abhängige Variable	(I) Ward Method	(J) Ward Method	Mittlere Differenz (I-J)	Standardfehler	Signifikanz	Abhängige Variable	(I) Ward Method	(J) Ward Method	Mittlere Differenz (I-J)	Standardfehler	Signifikanz
W-Stärke S	1	2	-2,8960*	,9625	,034	Konz. SA	1	2	,0179	,0163	,860
		3	1,4955	,7881	,333			3	-,0047	,0192	1,000
		4	2,8265	1,9357	,656			4	-,0177	,0248	,981
	2	1	2,8960*	,9625	,034		2	1	-,0179	,0163	,860
		3	4,3915*	,9402	,001			3	-,0227	,0177	,756
		4	5,7225	2,0025	,060			4	-,0356	,0237	,617
	3	1	-1,4955	,7881	,333		3	1	,0047	,0192	1,000
		2	-4,3915*	,9402	,001			2	,0227	,0177	,756
		4	1,3310	1,9247	,984			4	-,0130	,0258	,997
	4	1	-2,8265	1,9357	,656		4	1	,0177	,0248	,981
		2	-5,7225	2,0025	,060			2	,0356	,0237	,617
		3	-1,3310	1,9247	,984			3	,0130	,0258	,997
W-Stärke V	1	2	-2,6399	1,4195	,408	Konz. VA	1	2	,0382	,0243	,553
		3	,8412	,7121	,818			3	-,0038	,0265	1,000
		4	-1,7581*	,7574	,043			4	,0085	,0257	1,000
	2	1	2,6399	1,4195	,408		2	1	-,0382	,0243	,553
		3	3,4811	1,5265	,190			3	-,0420	,0211	,285
		4	,8819	1,5481	,994			4	-,0297	,0200	,619
	3	1	-,8412	,7121	,818		3	1	,0038	,0265	1,000
		2	-3,4811	1,5265	,190			2	,0420	,0211	,285
		4	-2,5993	,9428	,056			4	,0123	,0227	,995
	4	1	1,7581*	,7574	,043		4	1	-,0085	,0257	1,000
		2	-,8819	1,5481	,994			2	,0297	,0200	,619
		3	2,5993	,9428	,056			3	-,0123	,0227	,995
W-Stärke M	1	2	,1287	1,2221	1,000	Konz. MA	1	2	,1394*	,0377	,008
		3	-,5432	1,0950	,997			3	,0826	,0398	,255
		4	-2,9657	1,3466	,191			4	,0687	,0422	,515
	2	1	-,1287	1,2221	1,000		2	1	-,1394*	,0377	,008
		3	-,6719	,7373	,939			3	-,0568*	,0194	,037
		4	-3,0944*	1,0761	,047			4	-,0707*	,0238	,044
	3	1	,5432	1,0950	,997		3	1	-,0826	,0398	,255
		2	,6719	,7373	,939			2	,0568*	,0194	,037
		4	-2,4225*	,9291	,042			4	-,0139	,0270	,997
	4	1	2,9657	1,3466	,119		4	1	-,0687	,0422	,515
		2	3,0944*	1,0761	,047			2	,0707*	,0238	,044
		3	2,4225*	,9291	,042			3	,0139	,0270	,997

* Die Differenz der Mittelwerte ist auf dem Niveau 0.05 signifikant.

Tamhane-Test der Gruppenunterschiede

Abhängige Variable	(I) Ward Method	(J) Ward Method	Mittlere Differenz (I-J)	Standardfehler	Signifikanz	Abhängige Variable	(I) Ward Method	(J) Ward Method	Mittlere Differenz (I-J)	Standardfehler	Signifikanz
Konz. SI	1	2	,0512	,0190	,067	Korrel. SA/VA	1	2	-,6446*	,1414	,000
		3	,0004	,0282	1,000			3	-,5661*	,1257	,001
		4	-,0809	,0442	,407			4	-,5465*	,1725	,020
	2	1	-,0512	,0190	,067		2	1	,6446*	,1414	,000
		3	-,0509*	,0244	,025			3	,0785	,0913	,953
		4	-,1322*	,0420	,038			4	,0981	,1493	,987
	3	1	-,0004	,0282	1,000		3	1	,5661*	,1257	,001
		2	,0509*	,0244	,025			2	-,0785	,0913	,953
		4	-,0813	,0469	,456			4	,0196	,1346	1,000
	4	1	,0809	,0442	,407		4	1	,5465*	,1725	,020
		2	,1322*	,0420	,038			2	-,0981	,1493	,987
		3	,0813	,0469	,456			3	-,0196	,1346	1,000
Konz. VI	1	2	,0828	,0331	,114	Korrel. SA/MA	1	2	-,1671	,1535	,866
		3	,0254	,0378	,985			3	-,2624	,1301	,272
		4	-,0420	,0500	,957			4	-,3243	,1403	,153
	2	1	-,0828	,0331	,114		2	1	,1671	,1535	,866
		3	-,0574*	,0231	,011			3	-,0953	,1344	,981
		4	-,1248*	,0401	,040			4	-,1572	,1443	,868
	3	1	-,0254	,0378	,985		3	1	,2624	,1301	,272
		2	,0574*	,0231	,011			2	,0953	,1344	,981
		4	-,0674	,0440	,595			4	-,0619	,1191	,996
	4	1	,0420	,0500	,957		4	1	,3243	,1403	,153
		2	,1248*	,0401	,040			2	,1572	,1443	,868
		3	,0674	,0440	,595			3	,0619	,1191	,996
Konz. MI	1	2	,1001*	,0329	,028	Korrel. SA/VI	1	2	-,1003	,0880	,840
		3	,0271	,0410	,987			3	,5477*	,1291	,001
		4	-,0354	,0481	,978			4	,0131	,1361	1,000
	2	1	-,1001*	,0329	,028		2	1	,1003	,0880	,840
		3	-,0729*	,0354	,025			3	,6479*	,1277	,000
		4	-,1354*	,0435	,033			4	,1134	,1347	,958
	3	1	-,0271	,0410	,987		3	1	-,5477*	,1291	,001
		2	,0729*	,0354	,025			2	-,6479*	,1277	,000
		4	-,0625	,0499	,776			4	-,5346*	,1646	,016
	4	1	,0354	,0481	,978		4	1	-,0131	,1361	1,000
		2	,1354*	,0435	,033			2	-,1134	,1347	,958
		3	,0625	,0499	,776			3	,5346*	,1646	,016

* Die Differenz der Mittelwerte ist auf dem Niveau 0.05 signifikant.

Tamhane-Test der Gruppenunterschiede											
Abhängige Variable	(I) Ward Method	(J) Ward Method	Mittlere Differenz (I-J)	Standardfehler	Signifikanz	Abhängige Variable	(I) Ward Method	(J) Ward Method	Mittlere Differenz (I-J)	Standardfehler	Signifikanz
Korrel. SA/MI	1	2	,5064*	,1260	,002	Korrel. SI/VI	1	2	-,0538	,1234	,999
		3	,6137*	,1398	,001			3	,3096*	,1422	,046
		4	,0451	,1770	1,000			4	-,0858	,1490	,994
	2	1	-,5064*	,1260	,002		2	1	,0538	,1234	,999
		3	,1074	,1296	,959			3	,3634*	,1206	,030
		4	-,4613	,1691	,072			4	-,0320	,1285	1,000
	3	1	-,6137*	,1398	,001		3	1	-,3096*	,1422	,046
		2	-,1074	,1296	,959			2	-,3634*	,1206	,030
		4	-,5686*	,1796	,023			4	-,3954	,1466	,065
	4	1	-,0451	,1770	1,000		4	1	,0858	,1490	,994
		2	,4613	,1691	,072			2	,0320	,1285	1,000
		3	,5686*	,1796	,023			3	,3954	,1466	,065
Korrel. SI/VA	1	2	-,4252*	,1165	,006	Korrel. SI/MI	1	2	,5226*	,1205	,001
		3	,3658*	,1048	,008			3	-,0512	,1319	,999
		4	-,4548*	,1355	,013			4	-,2731	,1260	,209
	2	1	,4252*	,1165	,006		2	1	-,5226*	,1205	,001
		3	,7910*	,0977	,000			3	-,5738*	,0924	,000
		4	-,0296	,1301	1,000			4	-,7958*	,0838	,000
	3	1	-,3658*	,1048	,008		3	1	,0512	,1319	,999
		2	-,7910*	,0977	,000			2	,5738*	,0924	,000
		4	-,8207*	,1198	,000			4	-,2219	,0995	,180
	4	1	,4548*	,1355	,013		4	1	,2731	,1260	,209
		2	,0296	,1301	1,000			2	,7958*	,0838	,000
		3	,8207*	,1198	,000			3	,2219	,0995	,180
Korrel. SI/MA	1	2	-,0255	,1542	1,000						
		3	,3303*	,1210	,047						
		4	-,1795	,1588	,846						
	2	1	,0255	,1542	1,000						
		3	,3558	,1398	,105						
		4	-,1540	,1736	,945						
	3	1	-,3303*	,1210	,047						
		2	-,3558	,1398	,105						
		4	-,5098*	,1449	,011						
	4	1	,1795	,1588	,846						
		2	,1540	,1736	,945						
		3	,5098*	,1449	,011						

* Die Differenz der Mittelwerte ist auf dem Niveau 0.05 signifikant.

Quellenverzeichnis

Agarwal, Sanjeev (1994): Socio-Cultural Distance and the Choice of Joint Ventures: A Contingency Perspective. In: Journal of International Marketing, Vol. 2, Nr. 2, 1994, S. 63–80.
Agarwal, Sanjeev/Ramaswami, Sridhar N. (1992): Choice of Foreign Market Entry Mode: Impact of Ownership, Location and Internalization Factors. In: Journal of International Business Studies, Vol. 23, Nr. 1, 1992, S. 1–27.
Aharoni, Yair (1966): The Foreign Investment Decision Process. Harvard University, Boston, 1966.
Al-Obaidan, Abdullah M./Scully, Gerald W. (1995): The Theory and Measurement of the Net Benefits of Multinationality: The Case of the International Petroleum Industry. In: Applied Economics, Vol. 27, Nr. 2, 1995, S. 231–238.
Albach, Horst (1965): Zur Theorie des wachsenden Unternehmens. In: Krelle, Wilhelm (1965, Hrsg.): Theorien des gesamtwirtschaftlichen und einzelwirtschaftlichen Wachstums. Duncker & Humblot, Berlin, S. 9–97.
Albach, Horst (1986): Empirische Theorie der Unternehmensentwicklung. Westdeutscher Verlag, Opladen, 1986.
Albach, Horst/Bock, Kurt/Warnke, Thomas (1985): Kritische Wachstumsschwellen in der Unternehmensentwicklung. Poeschel, Stuttgart, 1985.
Almus, Matthias (2002): What Characterizes a Fast-growing Firm? In: Applied Economics, Vol. 34, Nr. 12, 2002, S. 1497–1508.
Almus, Matthias/Nerlinger, Eric A. (1999): Zum Zusammenhang zwischen Größe und Wachstum bei Gründungen – Empirische Ergebnisse für West-Deutschland. ZEW, Centre for European Economic Research, Diskussionspapier, Mannheim, 1999.
Andersen, Otto/Kheam, Low Suat (1998): Resource-based Theory and International Growth Strategies: An Exploratory Study. In: International Business Review, Vol. 7, Nr. 2, 1998, S. 163–184.
Anderson, Erin/Coughlan, Anne T. (1987): International Market Entry and Expansion via Independent or Integrated Channels of Distribution. In: Journal of Marketing, Vol. 51, Nr. 1, 1987, S. 71–82.
Annavarjula, Madan/Beldona, Sam (2000): Multinationality-Performance Relationship: A Review and Reconceptualization. In: International Journal of Organizational Analysis, Vol. 8, Nr. 1, 2000, S. 48–67.
Ansoff, Harry Igor (1958): A Model for Diversification. In: Management Science, Vol. 4, Nr. 4, 1958, S. 392–414.
Ansoff, Harry Igor (1965): Corporate Strategy. An Analytic Approach to Business Policy for Growth and Expansion. McGraw-Hill, New York, 1965.
Arbaugh, Ben (2003): Outsourcing Intensity, Strategy, and Growth in Entrepreneurial Firms. In: Journal of Enterprising Culture, Vol. 11, Nr. 2, 2003, S. 89–110.
Arrow, Kenneth J. (1958): The Optimal Expansion of the Firm. In: Arrow, Kenneth.J./Karlin, Samuel/Scharf, Hugo (1958, Hrsg.): Studies in the Mathematical Theory of Inventory and Production. Stanford University Press, Stanford, S. 92–105.
Astley, W. Graham (1984): Toward an Appreciation of Collective Strategy. In: Academy of Management Review, Vol. 9, Nr. 3, 1984, S. 526–535.

Audretsch, David B. (1995): Innovation, Growth and Survival. In: International Journal of Industrial Organization, Vol. 13, Nr. 4, 1995, S. 441–457.

Aulakh, Preet S./Kotabe, Masaaki (1997): Antecedents and Performance Implications of Channel Integration in Foreign Markets. In: Journal of International Business Studies, Vol. 28, Nr. 1, 1997, S. 145–175.

Bacher, Johann (1996): Clusteranalyse. Anwendungsorientierte Einführung. Oldenbourg, München/Wien, 1996.

Bacher, Johann (2001): Teststatistiken zur Bestimmung der Clusterzahl für Quick Cluster. In: ZA-Information, Vol. 48, 2001, S. 71–97.

Bacher, Johann (2004): Neue Analyseverfahren – Data Mining und Clusteranalyse. In: Wittenberg, Reinhard (2004, Hrsg.): Neues aus Wissenschaft & Praxis für Praxis & Wissenschaft. Beiträge zum 4. Nürnberger AbsolventInnnentag der Sozialwissenschaften am 4./5. Juli 2003. Wirtschafts- und Sozialwissenschaftliche Fakultät der Friedrich-Alexander-Universität Erlangen-Nürnberg, Nürnberg, S. 40–53.

Backhaus, Klaus (2000): Multivariate Analysemethoden. Eine anwendungsorientierte Einführung. Springer, Berlin (u. a.), 2000.

Bain, Joe S. (1968): Industrial Organization. Wiley, New York, 1968.

Barkema, Harry G./Vermeulen, Freek (1998): International Expansion through Start-Up or Acquistion: A Learning Perspective. In: Academy of Management Journal, Vol. 41, Nr. 1, 1998, S. 7–26.

Bartlett, Christopher A. (1985): Global Competition and MNC Managers. Harvard Business School, ICCH Note No 0-385-287, Boston, 1985.

Bartlett, Christopher A. (1989): Aufbau und Management der transnationalen Unternehmung: Die neue organisatorische Herausforderung. In: Porter, Michael E. (1989, Hrsg.): Globaler Wettbewerb. Strategien der neuen Internationalisierung. Gabler, Wiesbaden, S. 425–464.

Bartlett, Christopher A./Ghosbal, Sumantra (1987): Managing across Borders: New Organizational Responses. In: Sloan Management Review, Vol. 29, Nr. 1, 1987, S. 43–53.

Bartlett, Christopher A./Ghoshal, Sumantra (1990): Internationale Unternehmensführung. Innovation, globale Effizienz, differenziertes Marketing. Campus-Verlag, Frankfurt a. M./New York, 1990.

Bartlett, Christopher A./Ghoshal, Sumantra (1991): Managing Across Borders. The Transnational Solution. Harvard Business School Press, Boston, 1991.

Baughn, C. Christopher/Osborn, Richard N. (1990): The Role of Technology in the Formation and Form of Multinational Cooperative Arrangements. In: The Journal of High Technology Management Research, Vol. 1, Nr. 2, 1990, S. 181–192.

Baumol, William J. (1962): On the Theory of Expansion of the Firm. In: American Economic Review, Vol. 52, Nr. 5, 1962, S. 1078–1087.

Bäurle, Iris (1996): Internationalisierung als Prozessphänomen: Konzepte, Besonderheiten, Handhabung. Gabler, Wiesbaden, 1996.

Bäurle, Iris/Schmid, Stefan (1994): Process Orientation and Deep Structure – Perspectives on the Internationalising Corporation. Wirtschaftswissenschaftliche Fakultät Ingolstadt, Katholische Universität Eichstätt, Diskussionsbeitrag Nr. 59, Ingolstadt, 1994.

Bea, Franz Xaver (1974): Wachstumsziele und Wachstumsstrategien der Unternehmung. In: Wild, Jürgen (1974, Hrsg.): Unternehmensführung. Festschrift für Erich Kosiol zu seinem 75. Geburtstag. Duncker & Humblot, Berlin, S. 445–463.

Bellgardt, Egon (2004): Statistik mit SPSS. Ausgewählte Verfahren für Wirtschaftswissenschaftler. Vahlen, München, 2004.
Bierich, Marcus (1988): Der wirtschaftliche Erfolg von Auslandsgesellschaften. In: Domsch, Michel/Eisenführ, Franz/Perlitz, Manfred (1988, Hrsg.): Unternehmenserfolg. Planung, Ermittlung, Kontrolle. Gabler, Wiesbaden, S. 43–51.
Birkinshaw, Julian/Morrison, Allen/Hulland, John (1995): Structural and Competitive Determinants of a Global Integration Strategy. In: Strategic Management Journal, Vol. 16, Nr. 8, 1995, S. 637–655.
Birley, Sue/Westhead, Paul (1990): Growth and Performance Contrasts between 'Types' of Small Firms. In: Strategic Management Journal, Vol. 11, Nr. 7, 1990, S. 535–557.
Birley, Sue/Westhead, Paul (1994): A Taxonomy of Business Start-Up Reasons and their Impact on Firm Growth and Size. In: Journal of Business Venturing, Vol. 9, Nr. 1, 1994, S. 7–31.
Blashfield, Roger K. (1976): Mixture Model Tests of Cluster Analysis: Accuracy of Four Agglomerative Hierarchical Methods. In: Psychological Bulletin, Vol. 83, Nr. 3, 1976, S. 377–388.
Bock, Hans Hermann (1974): Automatische Klassifikation. Theoretische und praktische Methoden zur Gruppierung und Strukturierung von Daten (Cluster-Analyse). Vandenhoeck & Ruprecht, Göttingen/Zürich, 1974.
Borschberg, Edwin (1969): Die Diversifikation als Wachstumsform der industriellen Unternehmung. Paul Haupt, Bern/Stuttgart/Wien, 1969.
Bortz, Jürgen (2005): Statistik für Human- und Sozialwissenschaftler mit 242 Tabellen. Springer-Medizin-Verlag, Heidelberg, 2005.
Box, Thomas M./White, Margaret A./Barr, Steve H. (1993): A Contingency Model of New Manufacturing Firm Performance. In: Entrepreneurship: Theory & Practice, Vol. 18, Nr. 2, 1993, S. 31–45.
Brickley, James A./Dark, Frederick H. (1987): The Choice of Organizational Form: The Case of Franchising. In: Journal of Financial Economics, Vol. 18, Nr. 2, 1987, S. 401–420.
Brockhoff, Klaus (1966): Unternehmenswachstum und Sortimentsänderungen. Westdeutscher Verlag, Köln (u. a.), 1966.
Brouthers, Keith D. (1995): The Influence of International Risk on Entry Mode Strategy in the Computer Software Industry. In: Management International Review, Vol. 35, Nr. 1, 1995, S. 7–28.
Buckley, Peter J./Dunning, John H./Pearce, Robert D. (1984): An Analysis of the Growth and Profitability of the World's Largest Firms 1972–1977. In: Kyklos, Vol. 37, Nr. 1, 1984, S. 3–26.
Bühl, Achim/Zöfel, Peter (2005): SPSS 12 – Einführung in die moderne Datenanalyse unter Windows. Pearson, München, 2005.
Bühner, Rolf (1983): Portfolio-Risikoanalyse der Unternehmensdiversifikation von Industrieaktiengesellschaften. In: Zeitschrift für Betriebswirtschaft, Vol. 59, Nr. 11, 1983, S. 1023–1041.
Bühner, Rolf (1987): Assessing International Diversification of West German Corporations. In: Strategic Management Journal, Vol. 8, Nr. 1, 1987, S. 25–37.
Bureau-of-Labor-Statistics (2010): CPI Inflation Calculator. Internetseiten von United States Department of Labour, 2010.
    URL: http://www.bls.gov/data/inflation_calculator.htm (17.03.2010).
Canals, Jordi (2000): Managing Corporate Growth. Oxford University Press, New York (u. a.), 2000.

Canals, Jordi (2005): Corporate Growth: some Key Drivers. In: Die Unternehmung, Vol. 59, Nr. 4, 2005, S. 367–375.

Cantwell, John. A./Sanna-Randaccio, Franceses (1993): Multinationality and Firm Growth. In: Weltwirtschaftliches Archiv, Vol. 129, Nr. 2, 1993, S. 275–299.

Capar, Nejat/Kotabe, Masaaki (2003): The Relationship between International Diversification and Performance in Service Firms. In: Journal of International Business Studies, Vol. 34, Nr. 4, 2003, S. 345–355.

Carpano, Claudio/Chrisman, James J./Roth, Kendall (1994): International Strategy and Environment: an Assessment of the Performance Relationship. In: Journal of International Business Studies, Vol. 25, Nr. 3, 1994, S. 639–656.

Caves, Richard E./Mehra, Sanjeev K. (1986): Entry of Foreign Multinationals into the U.S. Manufacturing Industries. In: Porter, Michael (1986, Hrsg.): Competition in Global Industries. Harvard Business School Press, Boston, S. 449–481.

Cavusgil, S. Tamer (1984): Differences among Exporting Firms Based on their Degree of Internationalization. In: Journal of Business Research, Vol. 12, Nr. 2, 1984, S. 195–208.

Chan, Peng S. (1995): International Joint Ventures vs. Wholly-owned Subsidiaries. In: Multinational Business Review, Vol. 3, Nr. 1, 1995, S. 37–44.

Chandler, Alfred Dupont (1962): Strategy and Structure. Chapters in the History of the American Industrial Enterprise. The MIT Press, Cambridge (Mass.), 1962.

Chandler, Gaylen N./Hanks, Steven H. (1994): Market Attractiveness, Resource-Based Capabilities, Venture Strategies, and Venture Performance. In: Journal of Business Venturing, Vol. 9, Nr. 4, 1994, S. 331–394.

Chang, Sea-Jin/Rosenzweig, Philip M. (2001): The Choice of Entry Mode in Sequential Foreign Direct Investment. In: Strategic Management Journal, Vol. 22, Nr. 8, 2001, S. 747–776.

Churchill, Neil C./Lewis, Virginia L. (1983): The Five Stages of Small Business Growth. In: Harvard Business Review, Vol. 61, Nr. 3, 1983, S. 30–50.

Cichon, Wieland (1988): Globalisierung als strategisches Problem. VVF, München, 1988.

Collins, J. Markham (1990): A Market Performance Comparison of U.S. Firms Active in Domestic, Developed and Developing Countries. In: Journal of International Business Studies, Vol. 21, Nr. 2, 1990, S. 271–287.

Contractor, Farok J./Kundu, Sumit K./Chin-Chun, Hsu (2003): A Three-stage Theory of International Expansion: The Link between Multinationality and Performance in the Service Sector. In: Journal of International Business Studies, Vol. 34, Nr. 1, 2003, S. 5–18.

Cvar, M. R. (1989): Fallstudien: Erfolge und Fehlschläge im globalen Wettbewerb. In: Porter, Michael E. (1989, Hrsg.): Globaler Wettbewerb. Strategien der neuen Internationalisierung. Gabler, Wiesbaden, S. 553–590.

Dähn, Mathias (1996): Wettbewerbsvorteile internationaler Unternehmen: Analyse – Kritik – Modellentwicklung. Gabler, Wiesbaden, 1996.

Daniels, John D./Bracker, John (1989): Profit Performance: Do Foreign Operations Make a Difference? In: Management International Review, Vol. 29, Nr. 1, 1989, S. 46–56.

Datta, Deepak, K./Herrmann, Pol/Rasheed, Abdul A. (2002): Choice of Foreign Market Entry Modes: Critical Review and Future Direction. In: Hitt, Michael A./Cheng, Joseph L.C. (2002, Hrsg.): Managing Transnational Firms: Resources, Market Entry and Strategic Alliances. Elsevier Science, Amsterdam (u. a.), S. 85–153.

Davidson, William H./McFetridge, Donald G. (1985): Key Characteristics in the Choice of International Technology Transfer Mode. In: Journal of International Business Studies, Vol. 16, Nr. 2, 1985, S. 5–21.

Davidsson, Per (1991): Continued Entrepreneurship: Ability, Need, and Opportunity as Determinants of Small Firm Growth. In: Journal of Business Venturing, Vol. 6, Nr. 6, 1991, S. 405–429.

Davidsson, Per/Wiklund, Johan (2000): Conceptual and Empirical Challenges in the Study of Firm Growth. In: Sexton, Donald L./Landström, Hans (2000, Hrsg.): The Blackwell Handbook of Entrepreneurship. Blackwell Publishing, Oxford (u. a.), S. 26–44.

Davidsson, Per/Kirchhoff, Bruce/Hatemi-J, Abdulnasser et al. (2002): Empirical Analysis of Business Growth Factors Using Swedish Data. In: Journal of Small Business Management, Vol. 40, Nr. 4, 2002, S. 332–349.

Davis, Peter S./Desai, Ashay B./Francis, John D. (2000): Mode of International Entry: An Isomorphism Perspective. In: Journal of International Business Studies, Vol. 31, Nr. 2, 2000, S. 239–258.

Delmar, Frédéric (1997): Measuring Growth: Methodological Considerations and Empirical Results. In: Donckels, Rik R./Miettinen, Asko (1997, Hrsg.): Entrepreneurship and SME Research: On its Way to the Next Millennium. Brookfield, Aldershot, S. 190–216.

Delmar, Frédéric/Davidsson, Per/Gartner, William B. (2003): Arriving at the High-Growth Firm. In: Journal of Business Venturing, Vol. 18, Nr. 2, 2003, S. 189–216.

Devinney, Timothy M./Midgley, David F./Venaik, Sunil (2000): The Optimal Performance of the Global Firm: Formalizing and Extending the Integration-responsiveness Framework. In: Organization Science, Vol. 11, Nr. 6, 2000, S. 674–695.

Dieckhaus, Oliver-Till (1993): Management und Controlling im Beteiligungslebenszyklus. Eul, Bergisch Gladbach (u. a.), 1993.

Domke-Damonte, Darla (2000): Interactive Effects of International Strategy and Throughput Technology on Entry Mode for Service Firms. In: Management International Review, Vol. 40, Nr. 1, 2000, S. 41–59.

Doz, Yves L. (1989): Die Rolle des Staates im globalen Wettbewerb. In: Porter, Michael E. (1989, Hrsg.): Globaler Wettbewerb. Strategien der neuen Internationalisierung. Gabler, Wiesbaden, S. 257–306.

Doz, Yves L./Bartlett, Christopher A./Prahalad, Coimbatore K. (1981): Global Competitive Pressures and Host Country Demands. In: California Management Review, Vol. 23, Nr. 3, 1981, S. 63–74.

Doz, Yves L. (1980): Strategic Management in Multinational Companies. In: Sloan Management Review, Vol. 21, Nr. 2, 1980, S. 27–46.

Doz, Yves L. (1990): Strategic Management in Multinational Companies. Pergamon Press, Oxford/New York/Toronto (u. a.), 1990.

Doz, Yves L./Prahalad, Coimbatore K. (1988): Quality of Management: An Emerging Source of Global Competitive Advantage. In: Hood, Neil/Vahlne, Jan-Erik (1988, Hrsg.): Strategies in Global Competition: Selected Papers. Croom Helm, London, S. 345–369.

Doz, Yves L./Santos, José/Williamson, Peter (2001): From Global to Metanational. Harvard Business School Press, Boston, 2001.

Dunkelberg, William G./Cooper, Arnold C./Woo, Carolyn Y. et al. (1987): New Firm Growth and Performance. In: Churchill, N. C./Hornaday, J. A./Kirchhoff, Bruce et al. (1987, Hrsg.): Frontiers of Entrepreneurship Research. Babson College, Boston, S. 307–321.

Dunne, Paul/Hughes, Alan (1994): Age, Size, Growth and Survival: UK Companies in the 1980s. In: Journal of Industrial Economics, Vol. 42, Nr. 2, 1994, S. 115–140.

Dunne, Timothy/Roberts, Mark J./Samuelson, Larry (1989): The Growth and Failure of U.S. Manufacturing Plants. In: Quarterly Journal of Economics, Vol. 104, Nr. 4, 1989, S. 671–698.

Dunning, John H. (1973): The Determinants of International Production. In: Oxford Economic Papers, Vol. 25, Nr. 3, 1973, S. 289–336.

Engelhard, Johann/Dähn, Mathias (2002): Theorien der internationalen Unternehmenstätigkeit – Darstellung, Kritik und zukünftige Anforderungen. In: Macharzina, Klaus/Oesterle, Michael-Jörg (2002, Hrsg.): Handbuch Internationales Management. 2., Gabler, Wiesbaden, S. 23–44.

Erramilli, M. Krishna (1991): The Experience Factor in Foreign Market Entry Behavior of Service Firms. In: Journal of International Business Studies, Vol. 22, Nr. 3, 1991, S. 479–501.

Erramilli, M. Krishna (1996): Nationality and Subsidiary Ownership Patterns in Multinational Corporations. In: Journal of International Business Studies, Vol. 27, Nr. 2, 1996, S. 225–248.

Erramilli, M. Krishna/Rao, Chatrathi. P. (1993): Service Firms' International Entry Mode Choice: A Modified Transaction Cost Approach. In: Journal of Marketing, Vol. 57, Nr. 3, 1993, S. 19–38.

Evans, David S. (1987): Tests of Alternative Theories of Firm Growth. In: Journal of Political Economy, Vol. 95, Nr. 4, 1987, S. 657–674.

Fagre, Nathan/Wells Jr., Louis T. (1982): Bargaining Power of Multinationals and Host Governments. In: Journal of International Business Studies, Vol. 13, Nr. 2, 1982, S. 9–23.

Fayerweather, John (1969): International Business Management: A Conceptual Framework. McGraw-Hill, New York, 1969.

Fisch, Jan Hendrik/Oesterle, Michael-Jörg (2003): Exploring the Globalization of German MNCs with the Complex Spread and Diversity Measure. In: Schmalenbach Business Review (SBR), Vol. 55, Nr. 1, 2003, S. 2–21.

Fischbach, Rainer/Wollenberg, Klaus (2007): Volkswirtschaftslehre 1: Einführung und Grundlagen mit Lösungen. 13. Aufl., Oldenbourg München/Wien, 2007.

Fladmoe-Lindquist, Karin/Jacque, Laurent L. (1995): Control Modes in International Service Operations: The Propensity to Franchise. In: Management Science, Vol. 41, Nr. 7, 1995, S. 1238–1250.

Flaherty, M. Therese (1989): Die Koordination globaler Fertigungsprozesse. In: Porter, Michael E. (1989, Hrsg.): Globaler Wettbewerb. Strategien der neuen Internationalisierung. Gabler, Wiesbaden, S. 95–125.

Fligstein, Neil (1990): The Transformation of Corporate Control. Harvard University Press, Cambridge, 1990.

Fraboni, Maryann/Saltstone, Robert (1992): The WAIS-R Number-of-factors Quandary: A Cluster Analytic Approach to Construct Validation. In: Educational & Psychological Measurement, Vol. 52, Nr. 3, 1992, S. 603–621.

Fröhlich, Hans-Joachim (1968): Ansätze zur Ermittlung des Finanzbedarfs einer wachsenden Industrieunternehmung. Universität Göttingen Dissertation, Göttingen, 1968.

Fuchs, Manfred/Apfelthaler, Gerhard (2002): Management internationaler Geschäftstätigkeit. Springer, Berlin (u. a.), 2002.

Gatignon, Hubert/Anderson, Erin (1988): The Multinational Corporation's Degree of Control over Foreign Subsidiaries: An Empirical Test of a Transaction Cost Explanation. In: Journal of Law, Economics & Organization, Vol. 4, Nr. 2, 1988, S. 305–337.

Geringer, J. Michael/Beamish, Paul W./daCosta, Richard C. (1989): Diversification Strategy and Internationalization: Implications for MNE Performance. In: Strategic Management Journal, Vol. 10, Nr. 2, 1989, S. 109–119.

Geroski, Paul A. (2005): Understanding the Implications of Empirical Work on Corporate Growth Rates. In: Managerial & Decision Economics, Vol. 26, Nr. 2, 2005, S. 129–138.

Geroski, Paul A./Machin, Stephen J./Walters, Christopher F. (1997): Corporate Growth and Profitability. In: Journal of Industrial Economics, Vol. 45, Nr. 2, 1997, S. 171–189.

Gerybadze, Alexander/Stephan, Michael (2003): Growth Strategies of Multinational Corporations: An Empirical Analysis of Corporate Growth in the 1983–1997 Period. Universität Hohenheim Forschungsstelle Internationales Management und Innovation, Discussion Paper on International Management and Innovation Nr. 03-02, Stuttgart, 2003.

Gerybadze, Alexander/Stephan, Michael (2004): Expansion durch Diversifikation: Wachstumsstrategien in multinationalen Unternehmen. In: Wildemann, Horst (2004, Hrsg.): Organisation und Personal: Festschrift für Rolf Bühner. TCW, München, S. 399–428.

Ghemawat, Pankaj/Spence, A. Michael (1989): Die Modellierung des globalen Wettbewerbs. In: Porter, Michael E. (1989, Hrsg.): Globaler Wettbewerb. Strategien der neuen Internationalisierung. Gabler, Wiesbaden, S. 69–91.

Ghoshal, Sumantra/Nohria, Nitin (1993): Horses for Courses: Organizational Forms for Multinational Corporations. In: Sloan Management Review, Vol. 34, Nr. 2, 1993, S. 23–35.

Gibrat, Robert (1931): Les Inégalités Economiques. Paris, 1931.

Glaum, Martin (1995): Internationalisierung und Unternehmenserfolg: eine Diskussion theoretischer Erklärungsansätze und empirischer Untersuchungen zur Erfolgswirkung der Internationalisierung von Unternehmungen. Gabler, Wiesbaden, 1995.

Glaum, Martin (1996): Internationalisierung und Unternehmenserfolg. Gabler, Wiesbaden, 1996.

Gomes-Casseres, Benjamin (1989): Ownership Structures of Foreign Subsidiaries: Theory and Evidence. In: Journal of Economic Behavior and Organization, Vol. 11, Nr. 1, 1989, S. 1–25.

Gomes, Lenn/Ramaswamy, Kannan (1999): An Empirical Examination of the Form of the Relationship between Multinationality and Performance. In: Journal of International Business Studies, Vol. 30, Nr. 1, 1999, S. 173–187.

Goodnow, James D./Hansz, James E. (1972): Environmental Determinants of Overseas Market Entry Strategies. In: Journal of International Business Studies, Vol. 3, Nr. 1, 1972, S. 33–50.

Gouthier, Matthias/Schmid, Stefan (2001): Kunden und Kundenbeziehungen als Ressourcen von Dienstleistungsunternehmungen: Eine Analyse aus der Perspektive der ressourcenbasierten Ansätze des Strategischen Managements. In: Die Betriebswirtschaft, Vol. 61, Nr. 2, 2001, S. 223–239.

Graham, Edward M. (1978): Transatlantic Investment by Multinational Firms: A Rivalistic Pheonomenon? In: Journal of Post Keynesian Economics, Vol. 1, Nr. 1, 1978, S. 82–99.
Grant, Robert M. (1987): Multinationality and Performance among British Manufacturing Companies. In: Journal of International Business Studies, Vol. 18, Nr. 3, 1987, S. 79–89.
Grant, Robert M. (1991): The Resource-Based Theory of Competitive Advantage: Implications for Strategy Formulation. In: California Management Review, Vol. 33, Nr. 3, 1991, S. 114–135.
Grant, Robert M./Jammine, Azar P./Thomas, Howard (1988): Diversity, Diversification and Profitability among British Manufacturing Companies 1972–84. In: Academy of Management Journal, Vol. 31, Nr. 4, 1988, S. 771–801.
Greiner, Larry E. (1972): Evolution and Revolution as Organizations Grow. In: Harvard Business Review, Vol. 50, Nr. 4, 1972, S. 35–46.
Greiner, Larry E. (1998): Evolution and Revolution as Organizations Grow. In: Harvard Business Review, Vol. 76, Nr. 3, 1998, S. 55–68.
Grimm, Joachim (1966): Wachstumsprozesse industrieller Unternehmen. Erich Schmidt Verlag, Berlin, 1966.
Günther, Fabian (2007): Firm Growth, Diversification and Success. Gabler, Wiesbaden, 2007.
Haar, Jerry (1989): A Comparative Analysis of the Profitability Performance of the Largest U.S., European and Japanese Multinational Enterprises. In: Management International Review, Vol. 29, Nr. 3, 1989, S. 5–18.
Hakim, Catherine (1989): Identifying Fast Growth Small Firm. In: Employment Gazette, Nr. 01, 1989, S. 29–41.
Hall, Bronwyn H. (1987): The Relationship between Firm Size and Firm Growth in the US Manufacturing Sector. In: Journal of Industrial Economics, Vol. 35, Nr. 4, 1987, S. 583–606.
Hamel, Gary/Prahalad, Coimbatore K. (1988): Creating Global Strategy Capability. In: Hood, Neil/Vahlne, Jan-Erik (1988, Hrsg.): Strategies in Global Competition: Selected Papers. Croom Helm London, S. 5–39.
Hansen, Eric L. (1995): Entrepreneurial Networks and New Organization Growth. In: Entrepreneurship: Theory & Practice, Vol. 19, Nr. 4, 1995, S. 7–19.
Harrigan, Kathryn Rudie (1988): Joint Ventures and Competitive Strategy. In: Strategic Management Journal, Vol. 9, Nr. 2, 1988, S. 141–158.
Harzing, Anne-Wil (2000): An Empirical Analysis and Extension of the Bartlett and Ghoshal Typology of Multinational Companies. In: Journal of International Business Studies, Vol. 31, Nr. 1, 2000, S. 101–120.
Harzing, Anne-Wil (2010): Journal Quality List. Internetseiten von Harzing, 2010. URL: http://www.harzing.com/jql.htm (20.10.2010).
Hauth, Werner (1964): Grundfragen des Unternehmenswachstums unter besonderer Berücksichtigung seiner Finanzierung. Karl Mayer, Stuttgart, 1964.
Heckscher, Eli (1919/1949): The Effect of Foreign Trade on the Distribution of Income. In: Readings in the Theory of International Trade, selected by a Committee of the American Economic Association. The Blakiston Company, Philadelphia/Toronto, 1919/1949.
Hedlund, Gunnar (1986): The Hypermodern MNC – a Heterarchy? In: Human Resource Management, Vol. 25, Nr. 1, 1986, S. 9–35.
Heidhues, Franz (1969): Zur Theorie der internationalen Kapitalbewegungen. Eine kritische Untersuchung unter besonderer Berücksichtigung der Direktinvestitionen. J. C. B. Mohr (Paul Siebeck), Tübingen, 1969.

Hellmund, Uwe/Klitzsch, Walter/Schumann, Klaus (1992): Grundlagen der Statistik. Verlag Moderne Industrie, Landsberg/Lech, 1992.

Hennart, Jean-Francois/Larimo, Jorma (1998): The Impact of Culture on the Strategy of Multinational Enterprises: Does National Origin Affect Ownership Decisions? In: Journal of International Business Studies, Vol. 29, Nr. 3, 1998, S. 515–538.

Hennart, Jean-François (1991): The Transaction Costs Theory of Joint Ventures: An Empirical Study of Japanese Subsidiaries in the United States. In: Management Science, Vol. 37, Nr. 4, 1991, S. 483–497.

Hennart, Jean-François/Park, Young-Ryeol (1993): Greenfield vs. Acquisition: The Strategy of Japanese Investors in the United States. In: Management Science, Vol. 39, Nr. 9, 1993, S. 1054–1070.

Hennart, Jean-François/Reddy, Sabine (1997): The Choice between Mergers/Acquisitions and Joint Ventures: The Case of Japanese Investors in the United States. In: Strategic Management Journal, Vol. 18, Nr. 1, 1997, S. 1–12.

Henzler, Herbert/Rall, Wilhelm (1985): Aufbruch in den Weltmarkt. Manager Magazin, Vol. 15, Nr. 9, 1985, S. 176–190.

Hitchens, David M./O'Farrell, Patrick N./Conway, Cheryl D. (1993): The Comparative Performance of Business Services in Northern Ireland and the Republic of Ireland. In: Urban Studies, Vol. 33, Nr. 7, 1993, S. 1093–1110.

Hitt, Michael A./Hoskisson, Robert E./Kim, Hicheon (1997): International Diversification: Effects on Innovation and Firm Performance in Product-Diversified Firms. In: Academy of Management Journal, Vol. 40, Nr. 4, 1997, S. 767–798.

Hoy, Frank/McDougall, Patricia Phillips/Dsouza, Derrick E. (1992): Strategies and Environments of High-growth Firms. In: Sexton, Donald L./Kasarda, John D. (1992, Hrsg.): The State of the Art of Entrepreneurship. PWS-Kent Publishing, Boston, S. 341–357.

Hufbauer, Gary C. (1966): Synthetic Materials and the Theory of International Trade. Harvard University Press, Cambridge, 1966.

Hutzschenreuter, Thomas (2001): Wachstumsstrategien: Einsatz von Managementkapazitäten zur Wertsteigerung. Deutscher Universitäts-Verlag, Wiesbaden, 2001.

Hutzschenreuter, Thomas (2004): Unternehmensentwicklung: Stand der Forschung und Entwicklungstendenzen. WHU, Forschungspapier Nr. 100, Vallendar, 2004.

Hymer, Stephen Herbert (1976): The International Operations of National Firms: A Study of Direct Foreign Investment. MIT Press, Cambridge/London, 1976.

Iversen, Carl (1936/1967): Aspects of the Theory of International Capital Movements. 2. Aufl., Augustus M. Kelley Publishers, New York, 1936/1967.

Jäger, Heinz (1974): Modell zur Formulierung der Wachstumspolitik einer industriellen Unternehmung. Paul Haupt, Bern/Stuttgart/Wien, 1974.

Jain, Anil K./Dubes, Richard C. (1988): Algorithms for Clustering Data. Prentice Hall, London/New York/Toronto (u. a.), 1988.

Jain, Subhash C. (1989): Standardization of International Marketing Strategy: Some Research Hypotheses. In: Journal of Marketing, Vol. 53, Nr. 1, 1989, S. 70–79.

Jansen, Axel (2006): 3D-Diversifikation und Unternehmenserfolg. Die Erfolgswirkung der horizontalen, geografischen und vertikalen Diversifikation deutscher Aktiengesellschaften. Deutscher Universitäts-Verlag, Wiesbaden, 2006.

Janssen, Jürgen/Laatz, Wilfried (2003): Statistische Datenanalyse mit SPSS für Windows: eine anwendungsorientierte Einführung in das Basissystem und das Modul exakte Tests; mit 165 Tabellen. Springer, Berlin (u. a.), 2003.

Jarillo, J. Carlos/Martinez, Jon I. (1990): Different Roles for Subsidiaries: The Case of Multinational Corporations in Spain. In: Strategic Management Journal, Vol. 11, Nr. 7, 1990, S. 501–512.

Johanson, Jan/Vahlne, Jan-Erik (1977): The Internationalization Process of the Firm – A Model of Knowledge Development and Increasing Foreign Market Commitments. In: Journal of International Business Studies, Vol. 8, Nr. 1, 1977, S. 23–32.

Johansson, Johny K./Yip, George S. (1994): Exploiting Globalization Potential: U.S. and Japanese Strategies. In: Strategic Management Journal, Vol. 15, Nr. 8, 1994, S. 579–601.

Johnson, Gerry/Scholes, Kevan (1999): Exploring Corporate Strategy. 5. Aufl., Prentice Hall, London/New York/Toronto (u. a.), 1999.

Johnson, Jr. Julius H. (1995): An Empirical Analysis of the Integration-responsiveness Framework: U.S. Construction Equipment Industry Firms in Global Competition. In: Journal of International Business Studies, Vol. 26, Nr. 3, 1995, S. 621–635.

Jones, Mary (1991): Employment Change in Small Firms: A Cohort Analysis from 1985, 1988 and 1991 Survey Findings. Paper presented to the 14th Small Firms Policy and Research Conference, Blackpool,1991.

Jovanovic, Boyan (1982): Selection and the Evolution of Industry. In: Econometrica, Vol. 50, Nr. 3, 1982, S. 649–670.

Keeble, David (1997): Small Firms, Innovation and Regional Development in Britain in the 1990s. In: Regional Studies, Vol. 31, Nr. 3, 1997, S. 281–293.

Kieser, Alfred (1976): Wachstum und Wachstumstheorien. In: Grochla, Erwin (1976, Hrsg.): Handwörterbuch der Betriebswirtschaft. 4. Aufl., Poeschel, Stuttgart, S. 4301–4318.

Kim, W. Chan/Hwang, Peter (1992): Global Strategy and Multinationals' Entry Mode Choice. In: Journal of International Business Studies, Vol. 23, Nr. 1, 1992, S. 29–53.

Kirsch, Werner (1991): Unternehmenspolitik und strategische Unternehmensführung. 2. Aufl., Verlag Barbara Kirsch, München, 1991.

Knickerbocker, Frederick T. (1973): Oligopolistic Reaction and Multinational Enterprise. Harvard University, Boston, 1973.

Kobrin, Stephen J. (1987): Testing the Bargaining Hypothesis in the Manufacturing Sector in Developing Countries. In: International Organization, Vol. 41, Nr. 4, 1987, S. 609–638.

Kobrin, Stephen J. (1991): An Empirical Analysis of the Determinants of Global Integration. In: Strategic Management Journal, Vol. 12, Nr. 4, 1991, S. 17–31.

Kobrin, Stephen J. (1994): Is there a Relationship between a Geocentric Mind-set and Multinational Strategy? In: Journal of International Business Studies, Vol. 25, Nr. 3, 1994, S. 493–511.

Kogut, Bruce (1985): Designing Global Strategies: Comparative and Competitive Value-Added Chains. In: Sloan Management Review, Vol. 26, Nr. 4, 1985, S. 15–28.

Kogut, Bruce/Singh, Harbir (1988a): Network Analysis for Cooperative Interfirm Relationships. In: Contractor, Faroc/Lorange, Peter (1988, Hrsg.): Cooperative Strategies in International Business. Lexington, Toronto, S. 241–251.

Kogut, Bruce/Singh, Harbir (1988b): The Effect of National Culture on the Choice of Entry Mode. In: Journal of International Business Studies, Vol. 19, Nr. 3, 1988, S. 411–432.

Kolvereid, Lars (1992): Growth Aspirations among Norwegian Entrepreneurs. In: Journal of Business Venturing, Vol. 7, Nr. 3, 1992, S. 209–222.

Kornmeier, Martin (2007): Wissenschaftstheorie und wissenschaftliches Arbeiten: Eine Einführung für Wirtschaftswissenschaftler. Springer, Berlin (u. a.), 2007.

Kortzfleisch, Gert v./Zahn, Erich (1988): Wachstum II: Betriebswirtschaftliche Probleme. In: Albers, Willi/Born, Erich/Dürr, Ernst et al. (1988, Hrsg.): Handwörterbuch der Wirtschaftswissenschaften. Vandenhoeck + Ruprecht, Stuttgart, S. 432–449.

Kuchinka, Petra (2004): Levels of Corporate Globalization. Developing a Measurement Scale for Global Customer Management. Palgrave Macmillan, New York, 2004.

Kumar, Brij N. (1993): Globale Wettbewerbsstrategien für den europäischen Binnenmarkt. In: Haller, Matthias (1993, Hrsg.): Globalisierung der Wirtschaft. Einwirkungen auf die Betriebswirtschaftslehre. Wissenschaftliche Jahrestagung des Verbandes der Hochschullehrer für Betriebswirtschaft e. V., Haupt, Bern, S. 49–67.

Kumar, Manmohan S. (1985): Growth, Acquisition and Investment: An Analysis of the Growth of Industrial Firms and their Overseas Activities. Cambridge University Press, Cambridge, 1985.

Kumar, Venkatesh/Subramaniam, Velavan (1997): A Contingency Framework for the Mode of Entry Decision. In: Journal of World Business, Vol. 32, Nr. 1, 1997, S. 53–72.

Kürpig, Heinrich (1981): Das Unternehmenswachstum als betriebliches Problem. Duncker & Humblot, Berlin, 1981.

Küting, Karlheinz (1980): Unternehmerische Wachstumspolitik: Eine Analyse unternehmerischer Wachstumsentscheidungen und die Wachstumsstrategien deutscher Unternehmungen. Erich Schmidt Verlag, Berlin, 1980.

Kutschker, Michael (1987): Internationalisierungsstrategie der Unternehmung. In: Investitionsgüter-Marketing, Vol. 4, Nr. 1, 1987, S. 22–25.

Kutschker, Michael (1994): Strategische Kooperationen als Mittel der Internationalisierung. In: Schuster, Leo (1994, Hrsg.): Die Unternehmung im internationalen Wettbewerb. Erich Schmidt Verlag, Berlin, S. 121–157.

Kutschker, Michael/Bäurle, Iris (1997): Three + One: Multidimensional Strategy of Internationalization. In: Management International Review, Vol. 37, Nr. 2, 1997, S. 103–125.

Kutschker, Michael/Schmid, Stefan (2006): Internationales Management 5. Aufl., Oldenbourg, München/Wien, 2006.

Kutschker, Michael/Bäurle, Iris/Schmid, Stefan (1997): International Evolution, International Episodes, and International Epochs – Implications for Managing Internationalization. In: Management International Review, Vol. 37, Nr. 2, 1997, S. 101–124.

Kux, Barbara/Rall, Wilhelm (1990): Marketing im globalen Wettbewerb. In: Welge, Martin K. (1990, Hrsg.): Globales Management. Erfolgreiche Strategien für den Weltmarkt. Poeschel, Stuttgart, S. 73–84.

Kwon, Yung-Chul/Konopa, Leonard J. (1993): Impact of Host Country Market Characteristics in the Choice of Foreign Market Entry Mode. In: International Marketing Review, Vol. 10, Nr. 2, 1993, S. 60–77.

Kwon, Yung-Chul/Hu, Michael Y. (1995): Comparative Analysis of Export-oriented and Foreign Production-oriented Firms' Foreign Market Entry Decisions. In: Management International Review, Vol. 35, Nr. 4, 1995, S. 325–336.

Langenegger, Ernst (1964): Probleme der Wachstumsfinanzierung. In: Die Unternehmung, Vol. 18, Nr. 1, 1964, S. 201–213.

Lathrop, Richard G./Williams, Janice E. (1989): The Shape of the Inverse Scree Test for Cluster Analysis. In: Educational & Psychological Measurement, Vol. 49, Nr. 4, 1989, S. 827–834.

Lawrence, Paul R./Lorsch, Jay W. (1967): Organization and Environment. Harvard Business School Press, Boston, 1967.

Leitherer, Eugen (1989): Betriebliche Marktlehre. Poeschel, Stuttgart, 1989.

Leong, Siew Meng/Tan, Chin Tiong (1993): Managing Across Borders: An Empirical Test of the Bartlett and Ghoshal (1989) Organisational Typology. In: Journal of International Business Studies, Vol. 24, Nr. 3, 1993, S. 449–464.

Leontiades, James C. (1990): Multinational Corporate Strategy. Planning for World Markets. Lexington Books, Lexington, 1990.

Li, Lee/Qian, Gongming (2005): Dimensions of International Diversification: Their Joint Effects on Firm Performance. In: Journal of Global Marketing, Vol. 18, Nr. 4, 2005, S. 7–35.

Link, Wolfgang (1997): Erfolgspotentiale für die Internationalisierung: gedankliche Vorbereitung, empirische Relevanz, Methodik. Gabler, Wiesbaden, 1997.

Lippman, Steven. A./Rumelt, Richard. P. (1982): Uncertain Imitability: an Analysis of Interfirm Differences in Efficiency under Competition. In: Bell Journal of Economics, Vol. 13, Nr. 2, 1982, S. 418–438.

Lu, Jane W./Beamish, Paul W. (2004): International Diversification and Firm Performance: The S-curve Hypothesis. In: Academy of Management Journal, Vol. 47, Nr. 4, 2004, S. 598–609.

Luckan, Eberhard (1970): Grundlagen der betrieblichen Wachstumsplanung. Gabler, Wiesbaden, 1970.

Luostarinen, Reijo (1989): Internationalization of the Firm. An Empirical Study of the Internationalization of Firms with Small and Open Domestic Markets with Special Emphasis on Lateral Rigidity as a Behavioral Characteristic in Strategic Decision-Making. 3. Aufl., Helsinki School of Economics, Helsinki, 1989.

Macharzina, Klaus/Engelhard, Johann (1991): Paradigm Shift in International Business Research: From Partist and Eclectic Approaches to the GAINS Paradigm. In: Management International Review, Vol. 31, Special Issue, 1991, S. 23–34.

Macharzina, Klaus/Oesterle, Michael-Jörg (2002): Das Konzept der Internationalisierung im Spannungsfeld zwischen praktischer Relevanz und theoretischer Unschärfe. In: Macharzina, Klaus/Oesterle, Michael-Jörg (2002, Hrsg.): Handbuch Internationales Management. 2. Aufl., Gabler, Wiesbaden, S. 3–21.

Macrae, Donald. J. R. (1992): Characteristics of High and Low Growth Small and Medium Sized Business. In: Management Research News, Vol. 15, Nr. 2, 1992, S. 11–17.

Madhok, Anoop (1998): The Nature of Multinational Firm Boundaries: Transaction Costs, Firm Capabilities and Foreign Market Entry Mode. In: International Business Review, Vol. 7, Nr. 3, 1998, S. 259–290.

Mahini, Amir/Wells, Louis, T. (1989): Das globale Unternehmen und seine Beziehungen zum Gastgeberland. In: Porter, Michael E. (1989, Hrsg.): Globaler Wettbewerb. Strategien der neuen Internationalisierung. Gabler, Wiesbaden, S. 335–360.

Makino, Shige/Neupert, Kent E. (2000): National Culture, Transaction Costs, and the Choice between Joint Venture and Wholly Owned Subsidiary. In: Journal of International Business Studies, Vol. 31, Nr. 4, 2000, S. 705–713.

Marris, Robin (1964): The Economic Theory of 'Managerial' Capitalism. The Free Press, New York, 1964.

Martinez, Jon I./Jarillo, J. Carlos (1991): Coordination Demands of International Strategies. In: Journal of International Business Studies, Vol. 22, Nr. 3, 1991, S. 429–444.

Mason, Edward S. (1959): Economic Concentration and the Monopoly Problem. Harvard University Press, Cambridge, 1959.

Mathur, Ike/Singh, Manohar/Gleason, Kimberly C. (2004): Multinational Diversification and Corporate Performance: Evidence from European Firms. In: European Financial Management, Vol. 10, Nr. 3, 2004, S. 439–464.

McGee, Jeffrey E./Thomas, H. (1988): Making Sense of Complex Industries. In: Hood, Neil/Vahlne, Jan-Erik (1988, Hrsg.): Strategies in Global Competition: Selected Papers. Croom Helm London, S. 141–160.

McGee, Jeffrey E./Dowling, Michael J./Megginson, William L. (1995): Cooperative Strategy and New Venture Performance: The Role of Business Strategy and Management Experience. In: Strategic Management Journal, Vol. 16, Nr. 7, 1995, S. 565–580.

Meffert, Heribert (1989): Globalisierungsstrategien und ihre Umsetzung im internationalen Wettbewerb. In: Die Betriebswirtschaft, Vol. 49, Nr. 4, 1989, S. 445–463.

Meffert, Heribert (1990): Implementierungsprobleme globaler Strategien. In: Welge, Martin K. (1990, Hrsg.): Globales Management. Erfolgreiche Strategien für den Weltmarkt. Poeschel, Stuttgart, S. 93–115.

Meffert, Heribert/Bolz, Joachim (1998): Internationales Marketing-Management. 3. Aufl., Kohlhammer, Stuttgart/Berlin/Köln, 1998.

Meffert, Heribert/Bruhn, Manfred (2006): Dienstleistungsmarketing. 5. Aufl., Gabler Verlag, Wiesbaden, 2006.

Meffert, Heribert/Kirchgeorg, Manfred (2007): Marketing: Grundlagen marktorientierter Unternehmensführung. Konzepte – Instrumente – Praxisbeispiele. Mit neuer Fallstudie VW Golf. 10. Aufl., Gabler, Wiesbaden, 2007.

Meissner, Hans Günther/Gerber, Stephan (1980): Die Auslandsinvestition als Entscheidungsproblem. In: Betriebswirtschaftliche Forschung und Praxis, Vol. 32, Nr. 3, 1980, S. 217–228.

Michel, Allen/Shaked, Israel (1986): Multinational Corporations vs. Domestic Corporations: Financial Performance and Characteristics. In: Journal of International Business Studies, Vol. 17, Nr. 3, 1986, S. 89–100.

Milligan, Glenn W./Cooper, Martha C. (1985): An Examination of Procedures for Determining the Number of Clusters in a Data Set. In: Psychometrika, Vol. 50, Nr. 2, 1985, S. 159–179.

Mintzberg, Henry (1978): Patterns in Strategy Formation. In: Management Science, Vol. 24, Nr. 9, 1978, S. 834–948.

Mintzberg, Henry/Waters, James A. (1985): Of Strategies, Deliberate and Emergent. In: Strategic Management Journal, Vol. 6, Nr. 3, 1985, S. 257–272.

Mintzberg, Henry/Ahlstrand, Bruce/Lampel, Joseph (1999): Strategy Safari. Eine Reise durch die Wildnis des Strategischen Managements. Ueberreuter, Wien/Frankfurt/Main, 1999.

Mojena, Robert (1977): Hierarchical Grouping Methods and Stopping Rules: An Evaluation. In: The Computer Journal, Vol. 20, Nr. 4, 1977, S. 359–363.

Müller, Walter (1964): Zur betriebswirtschaftlichen Problematik des Unternehmenswachstums. In: Die Unternehmung, Vol. 18, Nr. 1, 1964, S. 185–196.

Münstermann, Hans (1968): Zum Problem der Planung und Kontrolle des betrieblichen Wachstums. In: Zeitschrift für Betriebswirtschaft, Vol. 38, Nr. 10, 1968, S. 727–742.

Murtha, Thomas P./Lenway, Stefanie Ann/Bagozzi, Richard P. (1998): Global Mindsets and Cognitive Shift in a Complex Multinational Corporation. In: Strategic Management Journal, Vol. 19, Nr. 2, 1998, S. 97–114.

Neubauer, Werner/Bellgardt, Egon/Behr, Andreas (2002): Statistische Methoden. Ausgewählte Kapitel für Wirtschaftswissenschaftler. Vahlen, München, 2002.

Nurske, Ragnar (1935): Internationale Kapitalbewegungen. Julius Springer, Wien, 1935.

Oesterle, Michael-Jörg (1997): Time-Span until Internationalization: Foreign Market Entry as a Built-In-Mechanims of Innovations. In: Management International Review, Vol. 2, Special Issue, 1997, S. 125–149.

Oesterle, Michael-Jörg/Laudin, Sven (2008): Messkonzepte der Internationalisierung. In: Czech-Winkelmann, Susanne/Kopsch, Anke (2008, Hrsg.): Handbuch International Business – Strategie, Praxis, Fallbeispiele. Erich Schmidt Verlag, Berlin, S. 25–42.

Oesterle, Michael-Jörg/Richta, Benjamin T. (2009): Erfolgswirkungen internationaler Unternehmenstätigkeit – Stand der empirischen Forschung und Notwendigkeit verbesserter Forschungsansätze. In: Schmid, Stefan (2009, Hrsg.): Management der Internationalisierung. Festschrift zum 65. Geburtstag von Michael Kutschker. Gabler, Wiesbaden, S. 51–85.

Oesterle, Michael-Jörg/Richta, Benjamin T./Stratmann, Christian (2008): Internationalization and Firm Performance. State of the Empirical Research and the Need for Improved Approaches. 34th EIBA Annual Conference, Tallinn/Estonia,2008.

Ohlin, Bertil (1931/1952): Interregional and International Trade. Harvard University Press, Cambridge, 1931/1952.

Ohmae, Kenichi (1985): Macht der Triade. Die neue Form weltweiten Wettbewerbs. Gabler, Wiesbaden, 1985.

Osborn, Richard N./Baughn, C. Christopher (1990): Forms of Interorganizational Governance for Multinational Alliances. In: Academy of Management Journal, Vol. 33, Nr. 3, 1990, S. 503–519.

Palich, Leslie E./Cardinal, Laura B./Miller, Chet C. (2000): Curvilinearity in the Diversification-performance Linkage: An Examination of over three Decades. In: Strategic Management Journal, Vol. 21, Nr. 2, 2000, S. 155–174.

Pausenberger, Ehrenfried (1982): Die internationale Unternehmung: Begriff, Bedeutung und Entstehungsgründe. In: WISU – Das Wirtschaftsstudium, Vol. 11, Nr. 3, 1982, S. 118–123.

Penrose, Edith Tilton (1959): The Theory of the Growth of the Firm. Blackwell, Oxford, 1959.

Perich, Robert (1993): Unternehmensdynamik. Zur Entwicklungsfähigkeit von Organisationen aus zeitlich-dynamischer Sicht. 2. Aufl., Paul Haupt, Bern/Stuttgart/Wien, 1993.
Perlitz, Manfred (2004): Internationales Management. 5. Aufl., Lucius & Lucius, Stuttgart, 2004.
Perlmutter, Howard V. (1969): The Tortuous Evolution of the Multinational Corporation. In: Columbia Journal of World Business, Vol. 4, Nr. 1, 1969, S. 9–18.
Perlmutter, Howard V./Heenan, David A. (1986): Cooperate to Compete Globally. In: Harvard Business Review, Vol. 64, Nr. 2, 1986, S. 136–152.
Perridon, Louis/Rössler, Martin (1980): Die internationale Unternehmung: Entwicklung und Wesen. In: Wirtschaftswissenschaftliches Studium, Vol. 9, Nr. 5, 1980, S. 211–217.
Porter, Michael E. (1980): Competitive Strategy. Techniques for Analyzing Industries and Competitors. The Free Press, New York, 1980.
Porter, Michael E. (1985): Competitive Advantage. Creating and Sustaining Superior Performance. The Free Press, New York, 1985.
Porter, Michael E. (1986): Changing Patterns of International Competition. In: California Management Review, Vol. 28, Nr. 2, 1986, S. 9–40.
Porter, Michael E. (1989a): Der Wettbewerb auf globalen Märkten: Ein Rahmenkonzept. In: Porter, Michael E. (1989, Hrsg.): Globaler Wettbewerb. Strategien der neuen Internationalisierung. Gabler, Wiesbaden, S. 17–68.
Porter, Michael E. (1989b): Globaler Wettbewerb. Strategien der neuen Internationalisierung. Gabler, Wiesbaden, 1989b.
Porter, Michael E. (1990): The Competitive Advantage of Nations. Macmillan, London/Basingstoke, 1990.
Porter, Michael E. (1999): Wettbewerbsvorteile. Spitzenleistungen erreichen und behaupten. 5. Aufl., Campus-Verlag, Frankfurt a. M./New York, 1999.
Posner, Michael V. (1961): International Trade and Technical Change. In: Oxford Economic Papers, Vol. 13, Nr. 3, 1961, S. 323–341.
Prahalad, Coimbatore K. (1975): Changing Patterns of International Competition Harvard Business School, Dissertation, Boston, 1975.
Prahalad, Coimbatore K./Doz, Yves L. (1987): The Multinational Mission. Balancing Local Demands and Global Vision. Free Press, New York, 1987.
Rall, Wilhelm (1986): Globalisierung von Industrien und ihre Konsequenzen für die Wirtschaftspolitik. In: Kuhn, Helmut (1986, Hrsg.): Probleme der Stabilitätspolitik. Festgabe zum 60. Geburtstag von Norbert Kloten. Vandenhoeck & Ruprecht, Göttingen, S. 152–174.
Ramanujam, Vasudevan/Varadarajan, P. Rajan (1989): Research on Corporate Diversification: A Synthesis. In: Strategic Management Journal, Vol. 10, Nr. 6, 1989, S. 523–551.
Rand, William M. (1971): Objective Criteria for the Evaluation of Clustering Methods. In: Journal of the American Statistical Association, Vol. 66, Nr. 336, 1971, S. 846–850.
Reichstein, Toke/Dahl, Michael S. (2004): Are Firm Growth Rates Random? Analyzing Patterns and Dependencies. In: International Review of Applied Economics, Vol. 18, Nr. 2, 2004, S. 225–246.
Reiter, Gerhard/Matthäus, Wolf-Gert (1996): Marktforschung und Datenanalyse mit Excel: moderne Software zur professionellen Datenanalyse; mit praxisbezogenen Beispielen und zahlreichen Übungsaufgaben. Oldenbourg, München/Wien, 1996.

Reynolds, Paul D./Miller, Brenda (1988): Minnesota New Firm Study: An Exploration of New Firms and their Economic Contribution. Centre for Urban and Regional Affairs, Minneapolis, 1988.

Rhoades, Dawna L./Rechner, Paula L. (1997): The Role of Ownership and Corporate Governance Factors in International Entry Mode Selection. Academy of Management Best Papers Proceedings, Briarcliff Manor, Academy of Management, 1997.

Ricardo, David (1817/1970): On the Principles of Political Economy and Taxation. Part of the Works and Correspondence of David Ricardo edited Piero Sraffa. University Press, Cambridge, 1817/1970.

Robinson, Austin (1934): The Problem of Management and the Size of Firms. In: Economic Journal, Vol. 44, Nr. 174, 1934, S. 242–257.

Roth, Kendall/Morrison, Allen J. (1990): An Empirical Analysis of the Integration-responsiveness Framework in Global Industries. In: Journal of International Business Studies, Vol. 21, Nr. 4, 1990, S. 541–564.

Roxin, Jan (1992): Internationale Wettbewerbsanalyse und Wettbewerbsstrategie. Gabler, Wiesbaden, 1992.

Ruigrok, Winfried/Wagner, Hardy (2003): Internationalization and Performance: An Organizational Learning Perspective. In: Management International Review, Vol. 43, Nr. 1, 2003, S. 63–83.

Sambharya, Rakesh B. (1995): The Combined Effect of International Diversification and Product Diversification Strategies on the Performance of U.S.-Based Multinational Corporations. In: Management International Review, Vol. 35, Nr. 3, 1995, S. 197–218.

Sarkar, Mitrabarun/Cavusgil, S. Tamer (1996): Trends in International Business Thought and Literature: A Review of International Market Entry Mode Research: Integration and Synthesis. In: The International Executive, Vol. 38, Nr. 6, 1996, S. 825–847.

Schäfer, Erich (1974): Absatzwirtschaft. In: Tietz, Bruno (1974, Hrsg.): Handwörterbuch der Absatzwirtschaft. Poeschel, Stuttgart, S. 186–193.

Scherer, Frederic M. (1970): Industrial Market Structure and Economic Performance. Rand McNally, Chicago, 1970.

Schindewolf, Hanns Martin (2004): Organisches Wachstum internationaler Unternehmen. Eine empirische Exploration. Eul, Bergisch Gladbach (u. a.), 2004.

Schmid, Stefan (1996): Multikulturalität in der internationalen Unternehmung. Konzepte – Reflexionen – Implikationen. Gabler, Wiesbaden, 1996.

Schmid, Stefan (1998): Shareholder-Value-Orientierung als oberste Maxime der Unternehmungsführung? – Kritische Überlegungen aus der Perspektive des Strategischen Managements. In: Zeitschrift für Planung, Vol. 9, Nr. 3, 1998, S. 219–238.

Schmid, Stefan/Kutschker, Michael (2003): Rollentypologien für ausländische Tochtergesellschaften in Multinationalen Unternehmungen. In: Holtbrügge, Dirk (2003, Hrsg.): Management Multinationaler Unternehmungen. Festschrift zum 60. Geburtstag von Martin K. Welge. Physika/Springer, Heidelberg, S. 161–182.

Schmid, Stefan/Oesterle, Michael-Jörg (2009): Internationales Management als Wissenschaft – Herausforderungen und Zukunftsperspektiven. In: Oesterle, Michael-Jörg/Schmid, Stefan (2009, Hrsg.): Internationales Management. Forschung, Lehre, Praxis. Schäffer-Poeschel, Stuttgart.

Schmid, Stefan/Grosche, Philipp (2009): Konfiguration und Koordination von Wertschöpfungsaktivitäten in internationalen Unternehmen – Ein kritischer Beitrag zum State-of-the-Art. ESCP Europe Wirtschaftshochschule Berlin, Working Paper Nr. 48, Berlin, 2009.

Schmid, Stefan/Kotulla, Thomas (2009): The Debate on Standardization and Adaptation in International Marketing and Management Research – What Do We Know, What Should We Know? ESCP Europe Wirtschaftshochschule Berlin, Working Paper Nr. 50, Berlin, 2009.

Schmid, Stefan/Kotulla, Thomas (2011): 50 Years of Research on International Standardization and Adaptation – From a Systematic Literature Analysis to a Theoretical Framework. In: International Business Review, Vol. 20, Nr. 5, 2011, S. 491–507.

Schmidt, Reinhard (1981): Zur Messung des Internationalisierungsgrades von Unternehmen. In: Wacker, Wilhelm H./Haussmann, Helmut/Kumar, Brij (1981, Hrsg.): Internationale Unternehmensführung. Managementprobleme international tätiger Unternehmen. Erich Schmidt Verlag, Berlin, S. 57–70.

Schmidt, Reinhart (1989): Internationalisierungsgrad. In: Macharzina, Klaus/Welge, Martin K. (1989, Hrsg.): Handwörterbuch Export und internationale Unternehmung. Poeschel, Stuttgart, S. 964–973.

Schnell, Rainer/Hill, Paul Bernhard/Esser, Elke (2005): Methoden der empirischen Sozialforschung. Oldenbourg, München/Wien, 2005.

Shaked, Israel (1986): Are Multinational Corporations Safer? In: Journal of International Business Studies, Vol. 17, Nr. 1, 1986, S. 83–106.

Shrader, Rodney C. (2001): Collaboration and Performance in Foreign Markets: The Case of Young High-technology Manufacturing Firms. In: Academy of Management Journal, Vol. 44, Nr. 1, 2001, S. 45–60.

Shrader, Rodney C./Oviatt, Benjamin M./Phillips McDougall, Patricia (2000): How New Ventures Exploit Trade-offs among International Risk Factors: Lessons for the Accelerated Internationalization of The 21st Century. In: Academy of Management Journal, Vol. 43, Nr. 6, 2000, S. 1227–1247.

Siddharthan, N. S./Lall, Sanjaya (1982): The Recent Growth of the Largest US Multinational. In: Oxford Bulletin of Economics & Statistics, Vol. 44, Nr. 1, 1982, S. 1–13.

Siegel, Robin/Siegel, Eric/MacMillan, Ian C. (1993): Characteristics Distinguishing High-Growth Ventures. In: Journal of Business Venturing, Vol. 8, Nr. 2, 1993, S. 169–180.

Simon, Markus C. (2007): Der Internationalisierungsprozess von Unternehmen. Gabler, Wiesbaden, 2007.

Singh, Harbir/Kogut, Bruce (1989): Industry and Competitive Effects on the Choice of Entry Mode. Academy of Management Best Papers Proceedings, Briarcliff Manor, Academy of Management.

Smith, Adam (1775/1976): Der Wohlstand der Nationen. Eine Untersuchung seiner Natur und seiner Ursachen. Aus dem Englischen übertragen und mit einer Würdigung von Horst Klaus Reckenwald. Beck, München, 1775/1976.

Sousa, Carlos M. P./Martínez-López, Francisco J./Coelho, Filipe (2008): The Determinants of Export Performance: A Review of the Research in the Literature between 1998 and 2005. In: International Journal of Management Reviews, Vol. 10, Nr. 4, 2008, S. 343–374.

Starbuck, William H. (1971): Organizational Metamorphosis. In: Starbuck, William H./Dutton, John M. (1971, Hrsg.): Organizational Growth and Development. Penguin, Harmondsworth, S. 275–298.

Steinmann, Horst/Schreyögg, Georg (1997): Management, Grundlagen der Unternehmensführung. Konzepte – Funktionen – Fallstudien. 4. Aufl., Gabler, Wiesbaden, 1997.
Stephan, Michael (2003): Technologische Diversifikation von Unternehmen. Ressourcentheoretische Untersuchung der Determinanten. Deutscher Universitäts-Verlag, Wiesbaden, 2003.
Stopford, John M./Wells, Louis T. (1972): Managing the Multinational Enterprise. Organization of the Firm and Ownership of the Subsidiaries. Basic Books, New York, 1972.
Storey, David (1994): Understanding the Small Business Sector. Routledge, New York, 1994.
Storey, David/Watson, R./Wynarczyk, Pooran (1989): Fast Growth Small Businesses: Case Studies of 40 Small Firms in Northern England. Department of Employment, Research Paper No. 67, 1989.
Storey, David/Keasey, Kevin/Watson, Robert et al. (1987): The Performance of Small Firms. Profits, Jobs and Failures. Croon Helm, London/Sydney/Wolfeboro, 1987.
Strebel, Heinz (1968): Die Bedeutung von Forschung und Entwicklung für das Wachstum industrieller Unternehmungen. Erich Schmidt Verlag, Berlin, 1968.
Strietzel, Markus (2005): Unternehmenswachstum durch Internationalisierung in Emerging Markets. Eine neo-kontingenztheoretische Analyse. Deutscher Universitäts-Verlag, Wiesbaden, 2005.
Sullivan, Daniel (1994): Measuring the Degree of Internationalization of a Firm. In: Journal of International Business Studies, Vol. 25, Nr. 2, 1994, S. 325–342.
Swoboda, Bernhard (2002): Dynamische Prozesse der Internationalisierung. Managementtheoretische und empirische Perspektiven des unternehmerischen Wandels. Deutscher Universitäts-Verlag, Wiesbaden, 2002.
Sykes, Michael R./Cotis, Jean-Philippe/OECD (2004): Was ist Wirtschaftswachstum? Eine Betrachtung aus makroökonomischer, branchenbezogener und betriebswirtschaftlicher Sicht. OECD, Paris, 2004.
Taggart, James H. (1996): Evolution of Multinational Strategy: Evidence from Scottish Manufacturing Subsidiaries. In: Journal of Marketing Management, Vol. 12, Nr. 6, 1996, S. 533–549.
Taggart, James H. (1997): An Evaluation of the Integration-responsiveness Framework: MNC Manufacturing Subsidiaries in the UK. In: Management International Review, Vol. 37, Nr. 4, 1997, S. 295–318.
Takeuchi, Hirotaka/Porter, Michael E. (1989): Die drei Aufgaben des internationalen Marketing im Rahmen der globalen Unternehmensstrategie. In: Porter, Michael E. (1989, Hrsg.): Globaler Wettbewerb. Strategien der neuen Internationalisierung. Gabler, Wiesbaden, S. 127–164.
Taylor, Charles R./Zou, Shaoming/Osland, Gregory E. (1998): A Transaction Cost Perspective on Foreign Market Entry Strategies of US and Japanese Firms. In: Thunderbird International Business Review, Vol. 40, Nr. 4, 1998, S. 389–412.
Teuscher, Heinz (2006): Betriebswirtschaft: Einführung in die Problemstellungen und Lösungskonzepte der Betriebswirtschaftslehre. Compendio, Zürich, 2006.
The-World-Bank (2010): GDP – Current US$. Internetseiten von The-World-Bank, 2010.
URL: http://data.worldbank.org/indicator/NY.GDP.MKTP.CD (26.08.2010).

Tinnefeld, Franz-Josef (1965): Die Möglichkeit der Messung des Wachstums der Unternehmungen. Eine empirische Untersuchung der Entwicklung des betrieblichen Sachkapitals als Ausdruck der Produktionskapazität. Universität Münster Dissertation, Münster, 1965.

Tong, Tony W./Alessandri, Todd M./Reuer, Jeffrey J. et al. (2008): How Much Does Country Matter? An Analysis of Firms' Growth Options. In: Journal of International Business Studies, Vol. 39, Nr. 3, 2008, S. 387–405.

Tushman, Michael L./Romanelli, Elaine (1985): Organizational Evolution: a Metamorphosis Model of Convergence and Reorientation. In: Research in Organizational Behavior, Vol. 7, Nr. 1, 1985, S. 171–222.

UNCTAD (2010a): Largest Transnational Corporations. Internetseiten von UNCTAD, 2010.
URL: http://www.unctad.org/Templates/Page.asp?intItemID=2443&lang=1 (17.03.2010).

UNCTAD (2010b): Definitions Used in Tables of Largest TNCs. Internetseiten von UNCTAD, 2010b.
URL: http://www.unctad.org/Templates/Page.asp?intItemID=2444&lang=1 (17.03.2010).

Variyam, Jayachandran. N./Kraybill, David. S. (1992): Empirical Evidence on Determinants of Firm Growth. In: Economics Letters, Vol. 38, Nr.1, 1992, S. 31–36.

Venaik, Sunil/Midgley, David F./Devinney, Timothy M. (2000): Is the Integration-Responsiveness Framework Two-dimensional? An Exploratory Study. Australian Centre for International Business, Working Paper Nr. 11, Melbourne/New South Wales, 2000.

Venaik, Sunil/Midgley, David F./Devinney, Timothy M. (2004): A New Perspective on the Integration-Responsiveness Pressures Confronting Multinational Firm. In: Management International Review, Vol. 44, Nr. 1, 2004, S. 15–48.

Venkatraman, N. (1989): The Concept of Fit in Strategy Research: Toward Verbal and Statistical Correspondence. In: Academy of Management Review, Vol. 14, Nr. 3, 1989, S. 423–444.

Vernon, Raymond (1971): Sovereignty at Bay: The Multinational Spread of U.S. Enterprises. Basic Books, New York/London, 1971.

Vernon, Raymond (1966): International Investment and International Trade in the Product Cycle. In: Quarterly Journal of Economics, Vol. 80, Nr. 2, 1966, S. 190–207.

Wagner, Joachim (1992): Firm Size, Firm Growth, and Persistence of Chance: Testing GIBRAT's Law with Establishment Data from Lower Saxony. In: Small Business Economics, Vol. 4, Nr. 2, 1992, S. 125–131.

Weber, Max (1956): Wirtschaft und Gesellschaft. 4. Aufl., J. C. B. Mohr (Paul Siebeck), Tübingen, 1956.

Weinzimmer, Laurence G./Nystrom, Paul C./Freeman, Sarah J. (1998): Measuring Organizational Growth: Issues, Consequences and Guidelines. In: Journal of Management, Vol. 24, Nr. 2, 1998, S. 235–262.

Werner, Steve (2002): Recent Developments in International Management Research: A Review of 20 Top Management Journals. In: Journal of Management, Vol. 28, Nr. 3, 2002, S. 277–305.

Westhead, Paul/Birley, Sue (1995): Employment Growth in New Independent Owner-managed Firm in Great Britain. In: International Small Business Journal, Vol. 13, Nr. 3, 1995, S. 11–34.

Wijewardena, Hema/Tibbits, Garry E. (1999): Factors Contributing to the Growth of Small Manufacturing Firms: Data from Australia. In: Journal of Small Business Management, Vol. 37, Nr. 2, 1999, S. 88–95.

Wilson, Brent D. (1980): Disinvestment of Foreign Subsidiaries. UMI Research, Ann Arbor, 1980.

Woo, Carolyn Y./Cooper, Arnold C./Dunkelberg, W. C. et al. (1989): Determinants of Growth for Small and Large Entrepreneurial Startups. In: Brockhaus, Robert/Churchil, Neil C./Katz, Jerome A. et al. (1989, Hrsg.): Frontiers of Entrepreneurship Research. Proceedings of the Ninth Annual Babson College Entrepreneurship Research Conference. Babson College, Boston, S. 134–147.

Woywode, Michael (2004): Determinanten des Wachstums und Scheiterns von Unternehmen. In: Zeitschrift für Betriebswirtschaft, Vol. 74, Nr. 10, 2004, S. 1009–1046.

Wynarczyk, Pooran/Watson, R./Storey, David et al. (1993): The Managerial Labour Market in Small and Medium Sized Enterprises. Routledge, New York, 1993.

Yip, George S. (1996): Die globale Wettbewerbsstrategie: Weltweit erfolgreiche Geschäfte. Gabler, Wiesbaden, 1996.

Yip, George S. (1989): Global Strategy in a World of Nations? In: Sloan Management Review, Vol. 31, Nr. 1, 1989, S. 29–41.

Zöfel, Peter (2003): Statistik für Wirtschaftswissenschaftler. Pearson, München, 2003.